LITIGÂNCIA

FRANCISCO DA COSTA OLIVEIRA
MESTRE EM CIÊNCIAS JURÍDICO-CRIMINAIS

LITIGÂNCIA

LITIGÂNCIA

AUTOR
FRANCISCO DA COSTA OLIVEIRA

EDITOR
EDIÇÕES ALMEDINA, SA
Av. Fernão Magalhães, n.° 584, 5.° Andar
3000-174 Coimbra
Tel.: 239 851 904
Fax: 239 851 901
www.almedina.net
editora@almedina.net

PRÉ-IMPRESSÃO | IMPRESSÃO | ACABAMENTO
G.-C. GRÁFICA DE COIMBRA, LDA.
Palheira – Assafarge
3001-453 Coimbra
producao@graficadecoimbra.pt

Fevereiro, 2009

DEPÓSITO LEGAL
288873/09

Os dados e as opiniões inseridos na presente publicação
são da exclusiva responsabilidade do(s) seu(s) autor(es).

Toda a reprodução desta obra, por fotocópia ou outro qualquer
processo, sem prévia autorização escrita do Editor, é ilícita
e passível de procedimento judicial contra o infractor.

Biblioteca Nacional de Portugal – Catalogação na Publicação

OLIVEIRA, Francisco da Costa, 1969-

Litigância

ISBN 978-972-40-3769-1

CDU   347
      343

Advocacy is not a science, like law, but an art, and therefore, to a greater extent, it is a highly individual attainment

MUNKMAN, JOHN

NOTA BIOGRÁFICA DO AUTOR

O autor nasceu em 1969, é licenciado em Direito pela Faculdade de Direito da Universidade de Lisboa, onde obteve o grau académico de Mestre em Ciências Jurídico Criminais, foi assistente e leccionou de 1993 até 2001.

Exerce a advocacia desde o início do estágio profissional na Ordem dos Advogados, em 1993, tendo acumulado experiência de Litigância em Arbitragens e nos Tribunais Judiciais, particularmente em Instâncias Cíveis, Criminais, de Comércio, de Família e Menores, de Trabalho, e Marítimo.

Tem como obras jurídicas publicadas:

- *O Direito Penal Militar: Questões de Legitimidade*, Associação Académica da Faculdade de Direito de Lisboa, 1996

- *Homicídio a Soldo em Portugal: Fenomenologia e Presença Jurisprudencial*, Associação Académica da Faculdade de Direito de Lisboa, 1999

- *Defesa Criminal Activa (Guia da sua Prática Forense)*, Almedina, 2004

- *A Defesa e a Investigação do Crime (Guia Prático para a Análise da Investigação e para a Investigação pelos Recursos Próprios da Defesa Criminal)*, Almedina, 2004 (1.ª edição), 2008 (2.ª edição)

- *O Interrogatório de Testemunhas, sua Prática na Advocacia*, Almedina, 2006 (1.ª edição), 2007 (2.ª edição)

- *Negociação, sua Prática na Advocacia*, Almedina, 2008

ÍNDICE

PARTE I – Introdução

1) Objecto do Estudo..	13
2) O Paradigma do Advogado Litigante: Características?.................	19
3) Orientação Jurídica e Processual, Escrita e Oralidade	23

PARTE II – Da Situação Jurídica ao Foro

4) Base Legal da Demanda	31
5) Prévia Avaliação Processual	35
6) Meios Alternativos para a Solução de Disputas: Remissão	41
7) Medidas Preliminares ao Início da Actuação Judicial	47
8) Recomendações para a Redacção de Peças Processuais	49
9) As Intervenções em Tribunal	63

PARTE III – Conclusão

10) Vinte Peças Processuais para Ilustração Prática		75
I.	Intervenção em Processo Contra-ordenacional	77
II.	Oposição a Despacho de Reversão Fiscal	85
III.	Requerimento Inicial de Regulação de Poder Paternal	89
IV.	Queixa Crime por Burla e Abuso de Confiança Qualificados	95
V.	Requerimento de Abertura de Instrução Criminal	107
VI.	Contestação Criminal	123
VII.	Providência Cautelar de Suspensão de Despedimento Individual	137
VIII.	Acção de Condenação Ordinária em Tribunal Marítimo	145

IX.	Acção de Condenação em Litisconsórcio Passivo em Tribunal Cível	149
X.	Acção Comum de Condenação em Tribunal do Trabalho	165
XI.	Oposição à Execução em Tribunal Tributário	179
XII.	Contestação em Acção de Condenação Cível com Litisconsórcio Passivo	197
XIII.	(Complexa) Contestação em Tribunal Arbitral com Dedução de Pedido Reconvencional	213
XIV.	Réplica com Dedução de Incidente de Despejo Imediato ...	345
XV.	Alegações de Direito em Acção de Condenação Ordinária	357
XVI.	Alegações de Recurso de Apelação	367
XVII.	Contra-Alegações de Recurso de Apelação	397
XVIII.	Alegações de Recurso para a Secção Criminal do Tribunal da Relação	407
XIX.	Alegações de Recurso de Revista	507
XX.	Contra Alegações de Recurso para o Pleno da Secção de Contencioso Administrativo do Supremo Tribunal Administrativo	533

PARTE I – Introdução

1) OBJECTO DO ESTUDO

A litigância é parte integrante do cerne da advocacia.

Não creio que exista advogado que, em consciência, haja desistido de aperfeiçoar-se na litigância. Verifico, aliás, que mesmo no caso dos mais ilustres e experientes colegas de profissão, com quem tenho tido o privilégio de colaborar ou contender, não existe um só que não deseje enriquecer mais ainda a sua prática. Referimo-nos claramente aos que exercem a advocacia também na barra dos tribunais, onde representam os seus constituintes envergando a toga: os causídicos. Estes manifestam uma invariável apetência por descobrir novos caminhos, aprofundar a sua sabedoria e munirem-se progressivamente de mais e mais conhecimentos e capacidades. A litigância é uma missão árdua – mais para uns do que para outros, talvez – e sempre solitária, por maior que seja afinal a equipa de colegas de profissão em que se esteja eventualmente inserido.

Litigância é uma palavra estranha no léxico comum, sendo porventura algo críptica para quem não lida com os assuntos jurídicos frequentemente, como talvez possa inferir-se da sua omissão na generalidade dos dicionários de língua portuguesa. Corresponde à actividade desenvolvida pelos intervenientes no âmbito de uma contenda, questão, demanda, pleito, disputa ou lide judicial. Porém, o conceito de litigância pode também ser objecto de algum equívoco. A actuação do *litigante* não se confunde com a do julgador nem com a dos participantes eventuais (testemunhas, peritos, tradutores), em razão de o primeiro se encontrar obrigatoriamente constituído como uma parte interessada (parte processual ou interveniente como tal qualificado na lei processual, ou ainda sujeito processual no domínio do Direito Penal e Contra-Ordenacional). Ou seja aquele que prossegue um interesse próprio enquanto este seja objecto da aplicação da Justiça num tribunal. O litigante – e só ele – pode ainda ser sancionado no caso de haver actuado de má-fé: por ter deduzido pretensão ou oposição cuja falta de fundamento não devesse ignorar; por ter alterado a verdade dos factos ou omitido factos relevantes para a decisão da causa; por ter praticado omissão grave do dever de cooperação; ou por ter feito do processo ou dos meios processuais um uso manifestamente reprovável, com o fim de conseguir um objectivo ilegal, impedir a descoberta da verdade, entorpecer a acção da justiça ou protelar, sem fundamento sério, o trânsito em julgado da decisão[1]. A parte litigante também não se confunde com o mandatário que o patrocina em juízo: o advogado. No entanto, a realidade prática, por oposição à abstracção das normas, diz-nos exactamente o inverso. Os atributos do litigante denunciam-no. Ou seja, o bom ou mau litigante, o técnico especialista na litigância, o único que intervém materialmente nos tribunais e conhece os seus meandros é o advogado – não o seu representado. O mesmo é dizer que quem *materialmente* litiga é o advogado, embora o faça *formalmente* em nome do seu representado.

A prosaica dualidade que referimos não consegue, todavia, deturpar um facto que para todos é evidente: a litigância é uma parte componente de importância crucial em uma única actividade profissional: a advocacia. O papel de interlocutor das partes representadas junto dos tribunais está na origem do significado do próprio termo *advogado*. Os tribunais são hoje os órgãos de soberania com competência para administrar a Justiça. Mas mesmo antes da sua institucionalização nos moldes actuais, já o advogado intervinha no exercício da função jurisdicional como todos sabemos. A expressão latina *ad vocat*, que significa *chamado para junto de*, exprime afinal a essência da função daquele profissional, enquanto pessoa qualificada para representar o seu constituinte junto das instituições jurisdicionais, para defender uma dada causa no momento solene da aplicação da Justiça. Como dissemos numa obra anterior, o advogado é o interlocutor do cidadão, a sua voz habilitada nos complexos meandros da administração da Justiça, mas também um interventivo auxiliar desta[2],

---

[1] Designadamente nos processos regidos, directa ou subsidiariamente, pelo Código de Processo Civil, e nos termos dos arts. 456.° e segs. de tal diploma.

[2] Dispõe o n.° 1 artigo 83.° do Estatuto da Ordem dos Advogados (L 15/2005 de 26.1) que: «*O advogado é indispensável à administração da justiça (...)*» e o n.° 1 do artigo 85.° do mesmo diploma que: «*O advogado está obrigado a defender os direitos, liberdades e garantias, a pugnar pela boa aplicação das leis, pela rápida administração da justiça e pelo aperfeiçoamento da cultura e instituições jurídicas*».

entre tantas outras funções como as de prestador de serviços de consultoria e assistência prudencial.

Iniciar ou contradizer um litígio nos tribunais será sempre mais do que aquilo que possa ser reduzido a escrito, tal como a cor não se torna perceptível preto no branco, tal como o movimento não se observa numa folha de papel e tal como a vívida realidade sempre escapa ao livro. Neste sentido, jamais teríamos a veleidade de apresentar esta obra como um manual sobre a litigância. A dificuldade em esgotar o tema não carece de demonstração, aliás. Quem litiga nos tribunais sabe como as intervenções processuais – orais ou escritas – importam uma realidade multifacetada, a qual por sua vez é bem distinta da que pode fascinar alguns curiosos, da que chega aos meios de comunicação social distorcida pelas luzes dos holofotes, da que é reproduzida de modo adulterado nas obras de ficção. Interpor e conduzir até final uma acção judicial, ou deduzir oposição à mesma, implica não apenas profunda ciência do Direito Substantivo e do Direito Adjectivo vigentes, mas ainda conhecimentos adquiridos pela experiência acerca da funcionalidade e do funcionamento concreto do sistema judicial, como também, afinal, o domínio de muitos aspectos linguísticos e comunicacionais, e até noções mínimas de psicologia judiciária, ainda que estas se venham a adquirir de modo parcialmente intuitivo. No entanto, por contraditório que possa parecer, estamos convictos de que não se trata de uma actividade que requeira ao advogado que a pratique, de modo algum, características excepcionais ou de invulgar resistência emocional.

Na senda de várias obras anteriores por nós dedicadas à prática da advocacia (*Defesa Criminal Activa*, *A Defesa e a Investigação do Crime*, *Interrogatório de Testemunhas*, *Negociação*), seguimos uma metodologia de abordagem a este novo tema uma vez mais eminentemente prática. A finalidade do texto é a de proporcionar elementos de reflexão sobre o objecto do estudo, bem como a de realizar o intercâmbio de conhecimentos empíricos acerca de mais um tema indissociável da advocacia em si mesma. De onde, o nosso livro não tem por objectivo explicar nem perscrutar a lei processual em si, assim como também não visa completar nem muito menos substituir a função de um manual de Direito Processual. Assim sendo, e porque até estaríamos a fazê-lo inutilmente em face da multiplicidade de boas obras que versam sobre o Direito Processual, não iremos debruçar-nos sobre aspectos específicos do regime legal. Em seu lugar, procuraremos deixar registo de noções fundamentais acerca da litigância nos tribunais, relativamente àqueles aspectos precisamente omitidos em monografias académicas, em comentário de leis e em obras jurídicas. Poderemos mesmo dizer que, para além da análise da litigância nos tribunais sob um prisma objectivo e neutral e para além da transmissão de conhecimentos específicos, uma parte do conteúdo deste texto se poderá apelidar de conselhos pessoais de quem realiza a litigância habitualmente. Isto, porque nos parece útil no contributo para a orientação inicial de algum neófito que sinceramente procure informar-se, bem como para a partilha de concepções com os demais interessados na experiência individual de um advogado. Sejamos claros e sem de algum modo pretendermos estabelecer comparações: qual é o advogado que não desejaria que os seus colegas de profissão, alguns deles reconhecidos como grandes causídicos, houvessem dedicado algum do seu tempo a realizar tal exercício, sobretudo no que isso poderia trazer em benefício da sua evolução e aperfeiçoamento individual? Quem não desejaria poder consultar pontualmente algumas das suas alegações e articulados, para sobre estes reflectir, ou mesmo ler da sua pena alguns segredos de profissão? As respostas são óbvias, tanto mais que a litigância é um domínio da advocacia onde sempre haverá muito a aprender. A experiência demonstra-o diariamente.

Por outro lado, a escolha da litigância como tema justifica-se por si própria, dada a sua importância no seio da advocacia. Aliás, depois do aconselhamento jurídico, é certamente a necessidade de patrocínio judiciário a razão mais ponderosa que leva o cliente ao escritório do advogado. Mas, para vincarmos a relevância do tema proposto, recorramos momentaneamente à configuração da advocacia nos sistemas anglo-saxónicos, onde os precedentes jurisprudenciais condicionam as decisões dos tribunais. De modo extremamente simplificado, podemos dizer que na terminologia do sistema britânico, por exemplo, a expressão *lawyer* é usada na acepção da nossa expressão *jurista*. Isto é, designando toda a variedade de profissionais formados em Direito que exerçam uma profissão relacionada com actividade jurídica. Onde se incluem, nomeadamente, os advogados que prestam serviços aos seus clientes, como também os consultores jurídicos empresariais, os redactores de legislação e os próprios magistrados. Já no domínio específico da advocacia, distingue-se entre *solicitor* (ou *attorney*) e *barrister*, ambas sendo figuras que têm correspondência ao nosso tradicional advogado. A diferença entre um e o outro daqueles reside na função específica de cada qual, sendo a litigância precisamente a actividade que os distingue. *Solicitor* é o advogado que tem contacto mais directo com o cliente, sendo o frequente ponto de contacto com este, por quem é consultado para a obtenção de conselho legal ou serviços e diligências diversas[3]. Pelo contrário, *barrister* é o especialista em litigância, que só é envolvido quando um caso determinado exige representação em tribunal. Os seus conhecimentos são mais aprofundados quando ao Direito Processual, matérias probatórias e quanto aos precedentes das decisões judiciais. O seu papel é preponderante na redacção de peças processuais, preparação da produção da prova e intervenção em julgamentos. O *barrister*, na gíria designado também por *litigator*, é portanto o advogado que por excelência desenvolve a litigância nos tribunais.

Ora, em sistemas jurídicos como o nosso, onde o advogado acumula todas aquelas funções, justifica-se plenamente a divulgação de elementos escritos que possam concorrer para o estudo específico da litigância, uma vez que esta não é menor nem menos exigente ou intensa da que se pratica no referido sistema que nos serviu de exemplo. O aprofundamento das matérias conexas e o estudo específico do modo de propositura das acções judiciais, da eleição do foro destinatário, dos moldes das peças processuais e de muitos outros elementos envolvidos na litigância parece-nos, aliás, bastante recomendável.

Naturalmente que a personalidade e outras características individuais do advogado influem nos diversos aspectos relativos à sua litigância. Certamente que cada um tem a sua postura particular, o seu juízo, as suas convicções pessoais acerca do que seja ou não conveniente fazer. Esta consideração é de tal forma óbvia que decidimos mesmo incluí-la sob forma de citação no proémio do livro. Contudo, somos do entendimento de que poderão existir algumas concepções prévias, ou preconceitos, quanto ao que serão as *boas ou más* características individuais do advogado relativamente à sua aptidão e habilidade para a litigância. Daí, igualmente, a razão de ordem do nosso livro. Onde a procura das características individuais do advogado (bom) litigante estará em primeiro lugar, partindo da opinião dos próprios envolvidos. Trata-se de um exercício a partir do qual se tornará certamente fértil a reflexão. Na sequência, retiraremos as nossas próprias conclusões e tomaremos uma posição, sempre no sentido da introdução a este tema tão peculiar e multifacetado, onde o

---

[3] O *solicitor at law* também pode ter intervenção judicial, mas apenas em tribunais de jurisdição inferior.

terreno parece estar todo ainda por desbravar. Seguidamente, procuraremos transmitir certas noções que temos por adquiridas sobre a litigância, bem como deixar determinadas recomendações, acompanhando o percurso da semente até à árvore, o mesmo será dizer desde a análise da situação jurídica ao processo judicial. No que saia prejudicado pela generalidade e pela abstracção do nosso texto, encontrará a final o leitor a ilustração conveniente das nossas recomendações, perante exemplos de peças processuais, arrumadas por categorias, as quais foram concretamente utilizadas em diversos casos de litigância.

2) O PARADIGMA DO ADVOGADO LITIGANTE: CARACTERÍSTICAS?

Não parece haver dúvida possível acerca do facto de certos advogados se haverem distinguido pela qualidade, o brilho e a eficácia dos serviços prestados a clientes seus na *barra do tribunal*. Os causídicos mais ilustres são, aliás, sobejamente conhecidos e por mérito próprio. Servem muitas vezes de inspiração para os seus colegas, quando não mesmo de exemplo. Casos distintos são aqueles em que a notoriedade de um advogado se adquire, fugaz e casualmente, pela exposição mediática de um dado caso em que participou. A destrinça, no entanto, será fácil de fazer por parte dos seus colegas de profissão.

Aquela qualidade, aquele brilho, aquela eficácia serão certamente devidos a vários factores. Alguns destes factores poderão ser características inatas ou qualidades da pessoa adquiridas ao longo dos anos com trabalho árduo e dedicação. Poderão também ter alguma conexão com um pendor natural para o contencioso judicial. Sobre este assunto, e pensando em possíveis características paradigmáticas do causídico que exerce primorosamente a litigância, façamos a evocação de um ilustre colega de profissão, por meio do trecho que passamos a transcrever, aliás irrepetível pela riqueza pictórica que encerra: «*Ei-lo, submerso, silencioso e especulativo no estudo das lei e dos dossiers, das doutrinas, das jurisprudências e das hermenêuticas. Ei-lo, atento, reflexivo e interrogativo, na confidência sigilosa do seu gabinete, no aconselhamento dos seus constituintes. Ei-lo, amável, cortês e por vezes até transigente, no trato profissional e transaccional com os seus colegas. Ei-lo, inventivo e consistente, convicto e convincente, directo ou enfático, natural ou hiperbólico, dogmático ou pragmático, tocando ora com mestria e partitura adequada ao caso, ora grave, lento e "largo", ora vivo, rápido e "scherzo", já na rigorosa escrita dos articulados, recurso e requerimentos, já na palavra oratória, retórica e eloquente na barra dos pretórios. Estou a lê-lo, a ouvi--lo, a vê-lo, no seu poderoso verbo, escrito e oral, que ele maneja, fluente, embora prévia e cuidadosamente preparado e pensado, temível, imparável e com que ele esgrime, como arma de sedução e convicção, mosqueteiro de capa e espada, envolto na toga, desenvolto na palavra. As suas alegações com as suas tiradas, extensas, minuciosas e documentadas, as suas estratégicas hesitações, pausas e "reprises", o seu estilo, no sentido arquitectónico do discurso, é também gestual, escrito por uma caligrafia no espaço em que ele desenha uma conjugação misteriosa entre a palavra e o gesto, entre o movimento das frases e do corpo, similar à que faz coincidir um som e um sentido, sim, repito, um sentido, face a um tribunal que é preciso convencer, chocar, tranquilizar, despertar, espantar, inquietar, rodear, envolver, tomar em velocidade e, finalmente, tornar silencioso, íntimo e cúmplice pela convicção e pela adesão a que conduzem a razão, a sensibilidade, o sentimento e a emoção (...)»*[4].

Ouçamos ainda o entendimento de um dos mais experientes e ilustres causídicos a quem desafiámos para nos responder, ao fluir da pena e em três linhas apenas, que qualidades ou características definem um advogado como bom litigante: «*Antes de mais, a coragem e a incorruptibilidade. Depois, o apego à verdade e à lealdade, desde logo para com os Colegas, mesmo os opositores. Por fim, a "transpiração" (o estudo e a preparação da intervenção) e a inspiração (viva atenção e reflexos rápidos)!*»[5]. E, em resposta ao mesmo desafio, respondeu-nos da seguinte forma um dos mais célebres bastonários da Ordem dos Advogados Portugueses, cuja briosa reputação na litigância é por todos reconhecida: «*As qualidades de um bom litigante têm a ver com o saber e a cultura. A escrita de um bom Advogado deverá ser sempre simples e atractiva. A ironia por vezes ajuda. Em audiência a postura e a voz devem exprimir o carácter que imprime convicção, transmitindo persuasão e cativação da atenção. Um bom Advogado litigante nunca desiste; mas o talento consiste em não deixar transparecer teimosia. Os piores defeitos de um Advogado litigante são a arrogância, a vaidade e a presunção*»[6].

---

[4] VEIGA, MIGUEL, *O Direito nas Curvas da Vida*, Concelho Distrital do Porto da Ordem dos Advogados, 2006, pp.19 e 20.
[5] GARCIA PEREIRA, ANTÓNIO.
[6] CASTRO CALDAS, JÚLIO.

Um bom causídico deverá reunir, sem dúvida, uma quantidade apreciável de atributos, mas existirão atributos intrínsecos a cada pessoa que possam considerar-se como requisitos para um bom litigante, ou não haverá a este propósito uma certa mistificação em torno da figura? Não faríamos a maldade de havermos citado tais ilustres colegas para depois, insidiosa e cruamente, contestarmos ou comentarmos o seu muito válido pensamento, valendo-nos de toda a argumentação que reuníssemos, com o tempo que dispusemos para o presente livro. Muito provavelmente, até, cada uma daquelas referências encerra um simbolismo que estará bem mais próximo da verdade do que as considerações que iremos apresentar. Feita esta ressalva, começaremos por afirmar que, em nossa convicção, não existirão advogados que não possam aprender e aperfeiçoar as suas aptidões naturais para a litigância judicial, conquanto se empenhem continuamente em melhorar as suas capacidades e em analisar o resultado das suas acções. Como veremos adiante nesta obra, parecem-nos preponderante, sobre todos os demais aspectos, os dois seguintes:

a) a boa orientação jurídica e processual – no que tal represente de conhecimentos jurídicos substantivos e adjectivos, mas também de conhecimentos adquiridos quanto ao funcionamento e à funcionalidade dos tribunais;

b) o domínio da escrita – traduzido no uso certeiro da linguagem, na assertividade da linguagem, no direccionamento da redacção do texto para o fim persuasivo e na capacidade de síntese; esta última quer quanto à composição e descrição da matéria de facto (nos articulados) quer quanto à explanação da argumentação jurídica (nas alegações).

A medida da experiência é ainda, sem dúvida, um forte contributo para as qualidades que poderão enformar um bom causídico. E a oralidade, a nosso ver, apenas relevará enquanto complemento, não obstante possa tornar-se significativamente influente no que concerne à produção da prova testemunhal. Não estarão em causa, então, características extraordinárias, invulgares ou longe do alcance do comum jurista que, depois de formado em Direito na universidade, abrace a profissão de advogado.

Mas desengane-se aquele que acreditar que as qualidades do advogado serão bastantes por si só para que os não juristas o considerem como um bom litigante. Já que a avaliação da qualidade de um advogado quanto à sua litigância, sobretudo por parte dos seus clientes, dependerá do resultado dos seus desempenhos. Esta sim, uma crua verdade. Pois repetem-se continuamente os exemplos em que as óptimas capacidades de litigância do advogado nada garantem quanto ao desfecho de uma lide judicial. E, aqui situados, compreenderemos que aquilo que se exige muitas vezes a um advogado para que seja considerado como um bom litigante é, muito mais do que um bom desempenho ou um desempenho extraordinário, um bom resultado. E não é afinal de qualquer advogado que o cliente espera um bom resultado? A resposta, afirmativa, coloca sobre o mesmo a necessidade de aperfeiçoar continuamente a sua prática da litigância.

3) ORIENTAÇÃO JURÍDICA E PROCESSUAL, ESCRITA E ORALIDADE

A litigância nos tribunais está repleta de *dos and don'ts*. Não menos, hipoteticamente, do que uma intervenção cirúrgica, cujo melindre varia, não apenas em função da avaliação diagnóstica inicial, mas também em função da(s) especialidade(s) envolvidas, da natureza da intervenção, do lugar onde se realiza, dos meios e condições de que se dispõe e de outros factores. As decisões e conduta dos intervenientes são, igualmente, fulcrais.

Como acima dissemos, e pensando por ora no prisma de quem despoleta o pleito, a montante da actividade desenvolvida pelos intervenientes no âmbito de uma lide judicial, está o que designámos sinteticamente de *orientação jurídica e processual*. Com efeito, num primeiro momento o diagnóstico jurídico da situação existente levará à determinação da base legal da demanda. Naturalmente que todos os desvios que se verificarem involuntariamente neste domínio irão gerar uma orientação inicial desconforme, que em muitos casos poderá levar a gorarem-se totalmente as expectativas dos sujeitos interessados, quando não mesmo à extinção irremediável dos seus direitos subjectivos. Num segundo momento, já depois de apurada a base legal da demanda, a avaliação e a eleição dos meios processuais a usar – que hão de variar de acordo, pelo menos, com os objectivos fixados e a estratégia de acção delineada – serão igualmente decisivos. A interposição de uma acção judicial num foro inadequado (ou até incompetente) leva desde logo à perda de precioso tempo, quando não mesmo ao resultado que referimos para um diagnóstico jurídico errado: expectativas goradas, quando não mesmo a extinção dos direitos subjectivos. No prisma reactivo, isto é, no ponto de vista de quem se opõem ou contradiz num pleito, já muitas decisões foram tomadas pela parte contrária ou pela entidade responsável pelo libelo acusatório. No entanto, mesmo nestes casos, haverá que fiscalizar as decisões e as escolhas da parte contrária (ou da referida entidade), para além de se manter inalterada a necessidade de diagnóstico jurídico e de fixação de objectivos e de uma estratégia processual.

Daí que consideremos a boa orientação jurídica e processual como determinante para o desfecho da actividade litigante. Implicando, como também dissemos, exigentes conhecimentos jurídicos – substantivos e adjectivos – mas também fiáveis conhecimentos quanto ao funcionamento e à funcionalidade dos tribunais. Acresce, sem menor importância, que uma vez iniciada a lide, existirão sempre e durante o processo judicial muitas decisões a tomar e intervenções a fazer, para as quais será sempre solicitada a orientação jurídica e processual do advogado. Pelo menos até ao trânsito em julgado de uma decisão, se convenientemente ignorarmos por ora a execução coerciva da mesma.

Não obstante, uma vez realizada aquela orientação prévia a montante do processo em si, estará ainda por construir todo o processo judicial, no caso onde este esteja na disposição da vontade das partes, como sucede na generalidade dos casos de Direito Privado, mas também na grande maioria dos casos de Direito Público, à excepção do Direito Penal e do Contra-ordenacional. Construir um processo, tal como toda a actividade de construção, pode obviamente sempre realizar-se de modo mais ou menos adequado. E aqui surge a importância do domínio da linguagem escrita, por parte do causídico.

Expor uma causa de pedir e ajustar um ou mais pedidos correspondentes são tarefas onde o que parece ser fácil pode ser extremamente complexo. Tal como sucede, aliás, na contradição e na oposição àqueles. Isto, porque o advogado deve ter em mente, sempre, que a redacção deve ser orientada pela finalidade material da sustentação de um direito, mas também pela finalidade processual. Uma ou várias palavras, uma ou várias frases, podem deitar tudo a perder. Irremediável e ingloriamente tudo a perder. É mister, portanto, que na redacção dos articulados se leve em conta como se irão desenrolar os autos do processo judicial, a que fases e inflexões eles vão ser sujeitos, e estabelecer metas de curto, médio e de longo alcance.

Exemplificando com uma singela referência, vejam-se os problemas que podem surgir da redacção espontânea da seguinte frase, imaginando-a inserida numa petição inicial:

«*O Autor da herança mobilou a casa de morada de família exclusivamente com bens de sua propriedade*»

Suponhamos que foi exactamente assim que o advogado compreendeu a informação de facto que lhe foi transmitida pelo seu cliente. Ora, invocado este facto nestes termos, as normas substantivas relativas ao ónus da prova serão mais tarde chamadas à colação e, como sabemos: *àquele que invocar um direito cabe fazer a prova dos factos constitutivos do direito alegado*[7]. Igualmente as normas adjectivas relativas à repartição do ónus da prova e aos casos de dúvida sobre a realidade de um facto poderão ser chamadas à colação e, como também sabemos: *a dúvida sobre a realidade de um facto e sobre a repartição do ónus da prova resolve-se contra a parte a quem o facto aproveita*[8]. Trata-se de um exemplo extremamente simplificado, mas talvez suficiente para se compreender que aquela frase inserida na nossa imaginária petição inicial (de providência cautelar de arrolamento, de acção de inventário judicial, de acção de prestação de contas, ou outras possibilidades ainda), virá provavelmente a ser transcrita de modo literal para um dos pontos da Base Instrutória (ou quesito, na terminologia antiga). Tal, quando da fase dos articulados os autos transitarem para a fase da instrução. Ora, quando chegados mais tarde à fase de audiência de discussão e julgamento, correr-se-á seriamente o risco de aquele facto vir a ser considerado simplesmente «não provado».

O primeiro problema surge desde logo no advérbio *exclusivamente*. Uma vez que bastará que se demonstre que uma ou mais peças de mobiliário que constituam a mobília da casa referida não tenha sido adquirida pelo referido autor da herança para que a alegação de facto entre em crise. Em bom rigor, bastará que nenhuma testemunha consiga afirmar peremptoriamente que tem a certeza infalível de que o Autor da herança mobilou a casa de morada de família exclusivamente com bens de sua propriedade, ou que isso não passa de uma convicção sua. É certo que o juiz de julga-

---

[7] Conforme dispõe o n.º 1 do art. 342.º do Código Civil.
[8] Conforme dispõe o art. 516.º do Código de Processo Civil.

mento poderá cindir a matéria de facto, dando por provada apenas uma parte daquele quesito. Mas mesmo isso poderá trazer novas questões que venham a colidir com a boa decisão da causa. O advérbio em causa, assim como outro tipo de afirmações absolutas, tornam a missão da actividade probatória extremamente difícil, sem que houvesse afinal necessidade de tal vir a ocorrer. Pois foi no momento da redacção da petição inicial que o causídico deveria haver previsto os problemas práticos que poderiam surgir-lhe a jusante, e evitar a sua verificação. Porém os problemas ínsitos naquela frase do articulado não se esgotam no advérbio *exclusivamente*. O verbo *mobilou*, a qualificação do imóvel como *casa de morada de família*, e a consideração genérica de *bens de sua propriedade* podem igualmente vir a causar embaraço ou efeitos colaterais indesejados, se outros cuidados não tiverem sido respeitados no articulado imaginário. E ainda não nos referimos sequer aos aspectos que foram omitidos naquela redacção... Ora, feita a brevíssima referência ilustrativa, cremos ter pelo menos conseguido exprimir a importância do domínio da linguagem escrita por parte do litigante material, pois há de reflectir-se desde logo em todos os aspectos relativos à descrição e à narração dos factos, como melhor veremos adiante. Um importância que se reflecte logo na composição do objecto do processo.

Seja como for, até aqui referimo-nos apenas aos articulados. Porém, é óbvio que a omnipresença da escrita na litigância vai muito para além desse território. Desde logo porque cada intervenção suscitada – às partes ou pelas partes – durante a evolução processual terá de realizar-se exclusivamente por meio de requerimentos e/ou exposições escritos – salvas as honrosas excepções que conhecemos, nos momentos da presença física dos mandatários judiciais em diligência judicial. Isto é: a esmagadora maioria das intervenções nos autos realiza-se por peça escrita, existindo consequentemente razões de sobra para que se sobrepesem todos os termos na redacção a utilizar, em função da finalidade e das circunstâncias.

Quando o que temos vindo a dizer já se tornou bem patente, acrescentemos ainda – à boa maneira do causídico – a realidade emblemática das alegações. Alegações de Direito no processo civil ordinário e as alegações em toda a espécie de recurso (motivações, na designação do Processo Penal), onde toda a contenda passa a desenrolar-se exclusivamente por escrito. Em sede de alegações, relevarão múltiplos factores que se prendem com aspectos linguísticos, tais como a capacidade de apresentação de um raciocínio lógico, a habilidade na explanação clara de argumentos jurídicos, a noção da boa economia do texto, etc. Em suma, uma série de ferramentas de linguagem escrita de que deverá dispor também qualquer jurista – seja ele um jurisconsulto académico, um consultor jurídico empresarial, um assessor jurídico governamental ou camarário, ou mesmo um magistrado. E estamos apenas a referir-nos ao patamar situado bem acima dos aspectos mais básicos da escrita da Língua Portuguesa, como a sintaxe e a ortografia, domínios em que, apesar de tudo, as incorrecções não dão origem, geralmente, a efeitos processualmente perniciosos.

Nas alegações e contra-alegações escritas esgrimam-se os argumentos jurídicos, a definição dos contornos dos factos, a ponderação e a valoração da prova, e muitas vezes, por se encontrar o processo nas Instâncias Superiores, a oralidade é simplesmente uma parte ausente. De onde a nossa convicção acerca da importância maior do uso certeiro da linguagem escrita, da assertividade do texto, do direccionamento da redacção para o fim persuasivo e da capacidade de síntese. Mas não se pode, é certo, escamotear que, para a litigância no conjunto, a oralidade desempenha também um papel de relevo. Os dons de oratória são importantes, é claro, sobressaindo no momento da audiência de julgamento. Mas não definem o advogado como um litigante competente. Desde logo porque poucos milagres poderá fazer um bom orador quando a redacção da matéria de facto e a prova lhe forem desfavoráveis. A oralidade é um importante complemento, sobretudo na esfera da produção da prova testemunhal, como relembraremos *infra* neste texto. Já o mesmo não poderá dizer-se do momento das alegações orais – alegações sobre a matéria de facto no Processo Civil; alegações sobre a matéria de facto e de Direito no Processo Penal. Já que a realidade demonstra serem muito relativos os seus efeitos processuais, quando as alegações são declamadas ante um julgador experiente. O julgador poderá, efectivamente, ser levado a considerar novos aspectos, ser solicitado a ponderar aspectos de facto, aspectos de prova e aspectos puramente jurídicos numa nova perspectiva que venha a ser gerada depois de ouvir as alegações do advogado, já que nenhum homem é uma ilha. Mas naturalmente que não deixará de reflectir na solidão do seu gabinete, nem de desconstruir o que seja meramente aparente ou não fundamentado, valorando sobretudo o que foi alegado por escrito e o que foi objecto de prova. Pois, a final da audiência, o que há para decidir será o objecto do processo, e no objecto do processo praticamente só influi o que ficou escrito, salvo no caso específico do Processo Penal onde não se fixa

Base Instrutória. Em todo o caso, não são as palavras proferidas pelo advogado as que o julgador mais levará em conta, daí toda a singularidade do trabalho que o causídico deve realizar ao inquirir ou contra-interrogar as testemunhas oferecidas a juízo.

Aqui chegados na introdução ao nosso livro, permitimo-nos repetir a nossa ideia inicial. Levando em linha de conta o respectivo condicionamento, ou impacto no percurso crítico, de um processo judicial, a parte mais proeminente do trabalho do advogado é sem dúvida a escrita. Se a ela somarmos a boa orientação jurídica e processual, já a oralidade será um mero complemento. Portanto, em nosso entender também, não será a oratória que qualifica o advogado como um bom litigante. De resto, como qualquer colega de profissão experiente sabe, de igual modo um bom litigante não tem necessariamente de ser um exímio jurisconsulto. Saber suscitar questões e incidentes, manter o sangue frio perante circunstâncias adversas, agir com oportunidade e pragmatismo, adaptar o modo às circunstâncias, ler e reflectir com boa concentração, procurar e estudar sempre que necessário, são várias vezes qualidades que suplantam a oralidade e a ciência jurídica na actividade da litigância.

PARTE II – DA SITUAÇÃO JURÍDICA AO FORO

4) BASE LEGAL DA DEMANDA

A montante de toda e qualquer actuação em Juízo há de estar sempre o aconselhamento jurídico. Aquilo que acabamos de apelidar sinteticamente de *orientação jurídica e processual* – da qual deve dispor o advogado qualificado, em ordem a dotar a sua litigância da maior eficácia e da competência que se impõe em face da dignidade da administração da Justiça – é afinal a soma de diversas diligências, operações de raciocínio e juízo jurídico, nem sempre simples de traduzir de modo analítico. No entanto, movidos pelo intuito de objectivarmos conhecimentos empíricos, podemos, para efeitos de reflexão, traduzir aquela noção de orientação jurídica e processual da seguinte forma.

Num primeiro momento estará um juízo a realizar sobre os factos, analisando-os em face das previsões da lei substantiva (apuramento e análise da base legal da demanda). Num segundo momento situar-se-á um juízo a realizar sobre as previsões da lei adjectiva, do funcionamento e da funcionalidade dos tribunais (avaliação processual). Por outras palavras, num primeiro momento estará o apuramento da(s) base(s) legal(ais) da demanda, ao passo que no segundo se fará uma prévia avaliação processual.

Abordemos, por ora, apenas o primeiro momento, o qual se pode traduzir esquematicamente deste modo:

- Sobre a informação fornecida > procede-se à selecção de factos e circunstâncias segundo critérios jurídicos > e depois ao enquadramento analítico da situação jurídica > o qual deverá ser sujeito à avaliação da situação jurídica (para efeitos de litigância) ou apuramento de *base(s) legal(ais) da demanda*

- Sobre a(s) base(s) legal(ais) da demanda > há de incidir um *juízo de mérito substantivo*

A avaliação da situação jurídica, ou seja a selecção dos factos a considerar e o seu enquadramento legal, constitui o primeiro momento de reflexão no caminho do oferecimento de um dado caso concreto à sua apreciação em tribunal. Situamo-nos, claramente, na(s) consulta(s) jurídica(s) inicialmente prestada(s) pelo advogado ao seu cliente, caso tal ocorra antes da existência de uma acção pendente em tribunal. Por outra parte, nas situações em que o cliente procure o conselho jurídico do seu advogado já depois de ter sido citado para contestar uma acção judicial contra si movida (ou para tomar posição na mesma como interveniente processual), caberá também ao advogado realizar aquela primeira avaliação da situação jurídica, muito embora o objecto processual já se encontre definido, pelo menos parcialmente. Nesta modalidade reactiva, a(s) consulta(s) jurídica(s) inicialmente prestada(s) pelo advogado ao seu cliente levará(ão) em conta a configuração fáctica já existente no processo – pondo-a também em causa. Porém, igualmente haverá necessidade de seleccionar outros factos ainda não considerados nos autos e proceder ao respectivo enquadramento legal do conjunto dos factos. Encontramo-nos pois, em qualquer um dos casos, no âmbito de uma operação que decorre logicamente antes da intervenção em juízo. Por comodidade de raciocínio debrucemo-nos sobre esta avaliação da situação jurídica sob o prisma da parte que interporá a acção em tribunal.

Ora, ao prestar o conselho inicial ao seu cliente, o elemento fulcral a trabalhar de início por parte do advogado será a informação. Informação prestada pelo cliente, a qual deverá ser objecto de triagem por parte do causídico. E também informação procurada e prestada pelo advogado ao seu cliente, mormente de âmbito jurídico. Isto é, para a avaliação da situação jurídica, o advogado selecciona a informação fornecida pelo seu constituinte, de acordo com a sua <u>relevância jurídica</u>, nomeadamente destrinçando:

a) o que são os actos e os factos jurídicos (relevantes) a considerar;

b) o que são as circunstâncias jurídicas e as meras circunstâncias de facto (relevantes), que podem influir nos efeitos jurídicos dos actos e factos jurídicos a considerar;

c) o que são actos, factos e/ou circunstâncias sem qualquer relevância jurídica.

De modo reflexo e depois de proceder ao enquadramento jurídico daquela informação de ordem puramente fáctica, o advogado transmitirá ao seu cliente a correspondente informação de ordem jurídica, pesquisando previamente o que vier a ser conveniente. Destas operações se haverá de estabelecer o apuramento da existência ou não existência de base legal para uma demanda.

O tema da consulta jurídica é, todavia, igualmente complexo. Pois a realidade não se compadece com uma cisão lógica tão Cartesiana como aquela que acabamos de enunciar, muito embora ela possa servir para uma reflexão pontual. Como temos vindo a afirmar em obras anteriores, durante a consulta jurídica a informação deve ser prestada de modo simbiótico e transparente, por forma a que o advogado saiba igualmente quais são as convicções e até as pretensões naturais do seu cliente e, por outro lado, de modo a que o cliente conheça e fique inteiramente esclarecido acerca das questões jurídico legais que podem limitar ou conformar tais pretensões. Até porque deve existir, desde logo, a preocupação de impor alguma razoabilidade nas convicções do cliente, não apenas em função da limitação decorrente dos aspectos jurídico-legais, como também das limitações previsíveis que dimanam da peculiaridade do sistema jurisdicional (avaliação processual) – aspecto este que deixaremos para o capítulo seguinte.

Ora, na relação de confiança que há de estabelecer-se entre o advogado e o seu cliente, deverá obter-se o esclarecimento exacto e detalhado, não apenas dos factos centrais ao litígio, mas também das suas circunstância e contexto, historial prévio e explicação causal e ainda das características e reivindicações já conhecidas e/ou declaradas de parte a parte entre os intervenientes dos factos. O conselho legal do advogado deve, em sequência, dirigir-se quer para os possíveis enquadramentos dados pela lei substantiva aos factos e às circunstâncias, quer para a análise da razoabilidade das possíveis pretensões da parte contrária, quer ainda para a análise da razoabilidade das pretensões da parte representada. Assim, numa alternativa configuração esquemática, poderemos ainda fazer corresponder a avaliação da situação jurídica em ordem ao apuramento de uma base legal da demanda ao seguinte percurso crítico:

- informação e pretensões;
- enquadramento jurídico;
- conformação das pretensões.

A determinação e a discussão simbiótica da base legal da demanda não se resume, portanto, à mera subsunção dos Factos ao Direito. E, por seu turno, também o apuramento da base legal da demanda não pode ser isolado do ordenamento jurídico no seu todo, ou seja, dependerá sempre da conjugação com todo o conjunto normativa vigente que a condiciona. De resto, também não pode ser encarada como uma realidade fria, de ordem puramente objectiva. Pois se a sua finalidade é a aferição da necessidade e/ou da adequação do recurso aos tribunais, o causídico deverá por último submeter a base legal da demanda a um último teste, o do *juízo de mérito substantivo*. Isto é, perante os factos, o seu enquadramento legal e as pretensões iniciais do constituinte, o advogado deverá conseguir realizar ainda uma última triagem – ainda com recurso ao Direito substantivo – que lhe permita ajuizar se, de acordo com a sua ponderação de todos os factores e perante a sua experiência quanto ao Direito aplicado, a litigância poderá ou não vir a ser bem sucedida. Pois o Direito não é uma ciência exacta e, por outro lado, pleitear a causa em tribunal requer do advogado uma boa dose de *convicção* quanto ao cabimento e à razoabilidade das pretensões a defender.

Somamos às nossas considerações, todavia, ainda as seguintes recomendações derivadas da nossa experiência individual:

- Respeite o rigor da solução jurídico-legal, mas pondere e apresente a variação possível quando à medida dos resultados da aplicação da lei ao caso concreto

- Seja comedido nas soluções peremptórias e sujeite a primeira avaliação a uma confirmação subsequente e mais profunda

- Pondere as vertentes jurídicas que estão para além das mais evidentes

- Proceda aos ajustes da solução da lei substantiva às decisões dos tribunais

- Não tome por adquiridos os juízos prévios de terceiros, em especial do constituinte

- Considere o desvio possível da informação com a realidade

5) PRÉVIA AVALIAÇÃO PROCESSUAL

Recuperando as primeiras considerações do capítulo anterior, onde distinguimos dois grandes momentos dentro do conjunto da boa orientação jurídica e processual, falemos agora do segundo daqueles, ou seja o da prévia avaliação processual. O que designamos por prévia avaliação processual compreende, à semelhança do apuramento da base legal da demanda, um conjunto de diligências e operações extremamente diverso, porquanto a sua natureza diverge, muito embora sejam dirigidas sempre para a mesma finalidade: a da ponderação e a de tomada de decisões relativas à litigância a realizar ou não realizar.

Esquematicamente, poderemos traduzi-la do modo seguinte:

- Sobre a base legal da demanda > procede-se à análise criteriosa das possibilidades processuais de satisfação das pretensões e dos meios processuais adequados para os atingir > daqui decorrerá o estabelecimento de *objectivos* em conexão com a definição da *estratégia* a prosseguir

- Sobre a base legal da demanda, os objectivos traçados e a estratégia definida > deverão ainda incidir novas operações de sindicância que se traduzem em:

    – *Juízo de viabilidade processual*, traduzido na pesagem de factos, na pesagem dos meios de prova que poderão ser obtidos e das possibilidades de desfecho de acordo com o funcionamento e da funcionalidade dos tribunais
    – *Juízo da necessidade ou conveniência da litigância*, perante os factores do tempo, dos custos, e dos resultados possíveis mediante o recurso a meios alternativos para a solução de disputas

Perante o apuramento da existência de base legal para uma determinada demanda – ou também da existência de base legal para a oposição a uma demanda já em curso – impõe-se, como dissémos, que o causídico realize aquilo a que designamos de prévia avaliação processual. A avaliação *ex ante* dos meios processuais a serem utilizados é de relevância crucial quer na decisão de recurso aos tribunais para obtenção da solução jurídica pretendida quer ainda no direccionamento da litigância, uma vez que até mesmo já dentro de um determinado foro e no âmbito de uma dada acção judicial em concreto, serão ainda extremamente variáveis as possibilidades de actuação de ordem processual. Tratam-se das opções processuais e da eleição dos meios processuais ao dispor, para além da determinação (em alguns casos mesmo a escolha) do foro da litigância e do(s) tipo(s) de procedimento(s) judicial(ais) a adoptar.

No seio do que apelidámos de prévia avaliação processual, integram-se pelo menos as duas operações que podemos distinguir:

a) a determinação de objectivos a atingir;

b) a definição de uma estratégia processual para os prosseguir.

Mas uma vez mais estamos perante um processo simbiótico, agora não apenas limitado à interacção entre os sujeitos, cliente e advogado. Isto, porque se a estratégia processual deve variar em função dos objectivos que forem fixados, também os objectivos fixados deverão adaptar-se à estratégia processual. Demos um exemplo concreto para melhor esclarecimento da nossa afirmação. Num dado caso em que interviemos, fomos consultados por um particular que se mostrava seriamente incomodado por, num terreno contíguo à sua residência de férias, ter sido instalado uma pista de aeronaves ultraleves, da qual descolavam e na qual aterravam continuamente aeronaves, desde o raiar do Sol até ao começo da noite, sobretudo aos fins de semana, períodos festivos e durante os meses de Verão. Não apenas o ruído produzido impedia o descanso da sua família, como também a sua propriedade e a piscina eram sobrevoados a baixa altitude, havendo o notório perigo de um acidente vir a verificar-se sobre os bens do nosso cliente ou sobre os membros da sua família, que também se sentiam devassados no seu lazer. A pista em questão não se encontrava licenciada e o risco de acidentes com este tipo de aeronaves era exponencialmente maior durante as operações de descolagem e aterragem – ou seja, na proximidade da casa e área social do cliente em questão. Ora, a base legal para uma demanda era de vária índole, sobressaindo desde logo a existência de uma lesão continuada de direitos de personalidade (que vieram a justificar uma providência cautelar procedente e uma acção de condenação ordinária), a verificação de riscos objectivos e injustificados sobre direitos patrimoniais, alguns aspectos de invasão de privacidade, mas também a ausência de inúmeros actos de licenciamento administrativo necessários à actividade de pista de aviação, desde a construção de um hangar, até às alterações das características naturais do solo. Assim, tornava-se desde logo possível admitir uma actuação por vias dos tribunais civis, uma actuação pela via administrativa, quer junto do Instituto Nacional de Aviação Civil, quer junto do competente órgão da administração local, a qual poderia progredir para os tribunais administrativos, e ainda a ponderação da actuação pelas vias penais. Porém – e é aqui que desejávamos chegar – optando por um destes foros, naturalmente que os objectivos da actuação também deveriam ser reajustados ao respectivo meio processual. Pois, no nosso exemplo, a via administrativa jamais contemplaria a indemnização pelos danos sofridos pelo nosso cliente, e o foro cível igualmente não poderia pronuncoar-se sobre as questões de Direito Público. Por outro lado, poderia ser despoletada uma actuação simultânea nos vários foros ou, em alternativa, realizarem-se apenas diligências prévias de recolha de informação e documentos, para apenas serem utilizados na via dos tribunais civis.

    Demonstra-se, portanto, que para a prática bem sucedida da litigância é imprescindível uma boa prévia avaliação processual. Até porque, se o Direito pode ser encarado como uma realidade una, ele possui inúmeras vertentes que se traduzem na possibilidade de actuação em frentes bem diversas: administrativa, contra-ordenacional, cível, criminal, laboral, fiscal, etc. O causídico sabe-o como ninguém, mas o seu cliente também deverá acompanhá-lo naquela operação de prévia avaliação processual, sobretudo para que não se venha a sentir frustrado nos seus objectivos iniciais, nem venha a envolver meios significativos desnecessariamente.

    Para o estabelecimento dos objectivos da parte representada e para o planeamento da actuação processual, deverá o advogado, também, esforçar-se para conformar as pretensões iniciais do seu cliente, no sentido de as adaptar – expandindo, limitando ou alterando – às possibilidades jurídicas quer em face da lei substantiva, quer em face da lei processual, quer ainda da habitualidade das decisões judiciais. Por outra via, o trabalho de prévia avaliação processual envolve aspectos processuais eminentemente técnicos, que só o jurista conhece em profundidade, e que inserimos na definição da *estratégia* processual. Aqui, relevarão questões como sejam as relativas à selecção do foro ou a actuação em frentes processual múltiplas, aos tipos de procedimentos a interpor incluindo eventuais procedimentos cautelar ou outras medidas jurisdicionais complementares, à legitimidade das partes processuais a envolver, ao alcance do caso julgado em cada foro, à configuração dos pedidos judiciais a submeter à instância concreta, entre outras. Todas estas no seio da referida orientação jurídica e processual a realizar pelo causídico, com a colaboração informativa do seu constituinte. A estratégia processual deverá ser sensível a diversas condicionantes, não apenas às características dos meios jurisdicionais ao dispor e às pretensões individuais, mas igualmente ao prisma em que se coloca o constituinte na situação jurídica concreta e ao estado evolutivo presente da mesma situação jurídica, da qual pode resultar a necessidade de tomar medidas preventivas, de agir ou de reagir, ou até de prosseguir a na lide judicial.

Finalmente, uma vez que a prévia avaliação processual faz parte de um todo maior a que referimos *supra* como orientação jurídica e processual e, como tal, aquela compreende igualmente diversos outros factores inerentes à decisão de recorrer ou não à justiça dos tribunais. Porquanto, esta última questão decisiva dependerá de ainda de aspectos práticos atinentes ao funcionamento e à própria funcionalidade dos tribunais. É ainda o que o cliente pretende saber, para além da base legal, quando pergunta ao seu advogado: *então senhor doutor, e quais são as minhas hipóteses? Valerá a pena?*

O causídico deve dispor de uma visão global dos meios processuais e do percurso ou dos trâmites judiciais dos autos, que o capacite para aconselhar e tomar decisões acerca do recurso aos tribunais e acerca dos melhores caminhos a prosseguir. Para tanto, a prévia avaliação processual deverá incluir igualmente a "pesagem" dos factos e a "pesagem" da prova enquanto operações independentes, das quais se aferem as probabilidades maiores ou menores de alcance dos objectivos propostos, e ainda a consideração do que, em concreto, é expectável que venha a ser o sentido e o alcance prático da decisão judicial. A esta operação de "sindicância" processual podemos chamar de *juízo de viabilidade processual*, traduzido na pesagem de factos, na pesagem da prova e das possibilidades de desfecho de acordo com o funcionamento e a funcionalidade dos tribunais.

Tão ou mais relevante do que fixar objectivos e definir uma estratégia processual será este juízo de viabilidade processual, a realizar em face dos factos e do correspondente suporte probatório de que poderá vir a dispor-se. Caminho que haverá de apontar também indícios sobre as possibilidades de desfecho – de acordo com a experiência pessoal, com a jurisprudência e os conhecimentos empíricos que possua o causídico acerca dos tribunais. Os factos em si, o seu peso na acção judicial, são certamente determinantes para a composição do litígio, desde logo porque serão os elementos constitutivos da narração que constituirá a causa de pedir (e sua contestação) no processo civil, ou a acusação (e sua contestação) no processo penal. Mas, *num dado caso de facto, muito embora a lei material possa encontrar-se do lado de uma das partes litigantes, se esta não vier a dispor da correspondente prova, as suas pretensões sucumbirão quase obrigatoriamente*[9]. Daí a relevância da avaliação dos meios de prova quando se decide do recurso ao tribunais, presentes e futuros. Ou seja, haverá que levar em conta:

1) os meios de prova de que já se dispõe;

2) os meios de prova que poderão vir a ser obtidos;

3) e também os meios de prova cuja obtenção seja muito improvável.

A prova é o suporte processual dos factos dos quais depende a aplicação do Direito por parte do julgador, daí a sua importância crucial na litigância. Mais ainda relativamente ao Direito Criminal, já que «(...) *a prova é o substracto do processo penal durante as suas fases preliminares e mesmo a condição da sua persistência, uma vez que o processo só subsiste*

---

[9] Claro que a afirmação se torna relativa no ponto de vista do arguido no processo penal, onde a actividade probatória obedece ao princípio *in dubio pro reo*. A prova dos pressupostos de que depende a aplicação de uma pena ao arguido está sem dúvida sujeita a tal princípio, muito embora ele não se encontre literalmente expresso em qualquer disposição legal. Porém, está por demonstrar que este princípio que dimana da presunção de inocência consagrada no art. 32.º n.º 2 da Constituição da República Portuguesa seja aplicável no que respeita à prova dos factos que o arguido alegue em sede da sua defesa que extravasem os factos constitutivos da responsabilidade penal.

para além da fase do Inquérito mediante a existência – nos autos – de prova (ou indícios) suficiente para a submissão do arguido a um Julgamento»[10]. A par e passo com a avaliação dos meios de prova estudará o causídico, ainda que a título preliminar, a própria programação da actividade probatória de acordo com o que melhor se adequar às circunstâncias de cada situação.

Finalmente, para além desta sindicância da viabilidade processual do caso concreto, deverá o causídico e o seu constituinte abordar uma última sindicância, que designámos figurativamente por *juízo da necessidade ou conveniência da litigância*. Nesta derradeira sindicância deverão ser certamente levados em consideração os demais aspectos da envolvente judicial da demanda que possam ter impacto significativo no binómio custo/benefício da litigância, nomeadamente:

a) a duração provável do litígio;

b) os custos prováveis do litígio;

c) os resultados possíveis na eventualidade do recurso a meios alternativos para a solução de disputas.

Em termos práticos, o advogado e o seu cliente deverão fazer como que diferentes simulações da realidade que poderá vir a resultar do recurso aos tribunais, para efeito da ponderação final das suas decisões.

---

[10] Acerca da importância da prova no Processo Penal recomendamos a leitura do capítulo intitulado «II. AFLORAMENTOS DA PROBLEMÁTICA DA PROVA NO PROCESSO PENAL» da nossa obra anterior *Defesa Criminal Activa, Guia da sua Prática Forense*, Almedina 2004.

6) MEIOS ALTERNATIVOS PARA A SOLUÇÃO DE DISPUTAS: REMISSÃO

A Litigância nos tribunais não é um fim em si mesmo, mas apenas um meio para a solução de disputas e diferendos, se não pensarmos por ora nos casos específicos do Direito Público Sancionatório[11]. Portanto, naturalmente não ficaria completa a análise do nosso tema sem uma breve referência aos meios alternativos para a solução de disputas, ainda que já a tenhamos feito em obra anterior, para a qual remetemos[12]. Dentro de tais meios alternativos sobressai, sem qualquer dúvida, a *negociação* em si mesma. E assiste-se hoje ao advento de uma crescente importância da *mediação*, da *conciliação* e da *arbitragem* como formas autonomizadas de solução de litígios, em alternativa à resposta tradicional da Justiça dos tribunais judiciais, conotada com a demora, com a falibilidade, e em torno da qual se vem manifestando alguma insatisfação generalizada, mesmo a nível mundial. Concretamente no nosso país, tem vindo a ganhar terreno a institucionalização no seio do próprio Estado de Centros de Arbitragem de Conflitos, nomeadamente no domínio das relações de consumo e do sector automóvel, sendo cada vez mais frequente o recurso das empresas e dos particulares à mediação e à arbitragem, institucionalizadas por meio de reconhecimento legal de tais atribuições a entidades diversas, muitas de âmbito associativo. Surgiu ainda, há poucos anos apenas, a figura, de

---

[11] Note-se, todavia, que mesmo o legislador penal começa a ceder à preocupação da desjudicialização da Justiça criminal, mediante a criação (pela Lei 21/2007 de 12 de Junho, ainda em regime experimental) do procedimento de Mediação em Processo Penal, aplicável aos crimes de Injúria, Furto, Dano, Burla e Ofensa à integridade física simples.

[12] *Negociação, sua Prática na Advocacia*, Almedina 2008.

natureza híbrida, do Julgado de Paz, integrado no próprio sistema jurisdicional nacional, mas apelando à fase da mediação como prévia à da aplicação do Direito ao caso concreto. E, por último exemplo, foi também há relativamente poucos anos que a lei processual passou a estabelecer tentativas de conciliação promovidas pelo juiz do tribunal judicial, como fases prévias à instrução do processo, nos casos do processo civil comum e do laboral, muito embora isso fosse já tradicional no processo especial de acção de divórcio litigioso.

No entanto, nem a mediação, nem a conciliação, nem muito menos a arbitragem são criações modernas. E, por outra via, não se distanciam tanto assim da clássica negociação, já que esta subjaz a todas aquelas, mesmo até no caso da arbitragem, pelo menos por via da necessária convenção de arbitragem.

Negociação

A negociação é uma das mais relevantes actividades desenvolvidas pelo advogado na defesa dos interesses do seu constituinte, para além do simples aconselhamento legal. À negociação subjaz um fenómeno de comunicação que pressupõe a existência de pelo menos dois sujeitos com interesses inicialmente divergentes (ou reciprocamente desconhecidos) e corresponde, em regra, ao processo de averiguação inicial e à subsequente aproximação (tendencialmente gradual) de duas ou mais posições inicialmente díspares (ou desconhecidas), no sentido de se alcançar um acordo uniforme de vontades, por via do qual se produzam efeitos jurídicos. Daí, que a negociação seja um dos caminhos clássicos para a solução de um problema, obviando a chegada deste à barra do tribunal, sob forma de litígio. A sanação consensual de um potencial litígio poderá, naturalmente, favorecer os interesses de todas as partes envolvidas:

(1) quer pelo menor grau de conflitualidade pessoal e social;

(2) quer pelos benefícios de vária ordem que sempre representa uma solução rápida;

(3) quer ainda pela eliminação de um *certo grau de alietoriedade* na aplicação da Justiça por parte de um julgador (o risco da demanda);

(4) quer pela possibilidade de uma melhor adaptação da solução ao contexto (*taylor made solution*);

(5) quer também pela possibilidade de manutenção de são relacionamento com a(s) parte(s) oposta(s), após a conclusão do conflito.

A função do advogado na negociação em nome do seu constituinte implica várias actividades como o aconselhamento legal e estratégico, a redacção dos termos das declarações negociais e das cláusulas contratuais, a realização das comunicações com a parte contrária (ou mandatário desta); a discussão e argumentação jurídicas com a parte contrária, ou mandatário desta. Constituirá certamente o meio alternativo para solução de disputas mais familiar ao leitor.

Conciliação

A conciliação é um procedimento, presenciado ou promovido por um terceiro (embora não necessariamente), no sentido de levar as partes a negociar e a discutirem concretamente os termos de uma possível solução consensual a dar ao litígio. Neste caso, as partes dialogam directamente sob a assistência de um terceiro tendencialmente não interventivo. A conciliação pode instituir-se de forma voluntária (pela via contratual, por exemplo) ou induzida por obrigação legal, como no caso das tentativas de conciliação previstas na lei de processo civil e na lei processual laboral, ou ainda das comissão de conciliação extrajudicial, previstas no Dec.-Lei n.º 59/99 de 2 de Março no âmbito do processo contencioso das Empreitadas de Obras Públicas. Da conciliação pode, nomeadamente, resultar a diminuição do objecto sobre o qual subsiste diferendo, impondo a boa prática que seja reproduzido em acta todo o processado.

Mediação

A mediação é um processo específico mediante o qual a intervenção de um terceiro – o mediador – junto das partes procura levá-las a um entendimento recíproco que lhes permita resolver uma disputa por meio de um acordo. Pressupõe a especialização do mediador no assunto que é submetido e pressupõe igualmente a intervenção activa do mesmo, no sentido de colaborar com cada uma das partes. A mediação deverá ser precedida de uma acordo de mediação onde se estabeleçam as regras procedimentais, sendo habitual prever-se que a frustração da mesma canalize o assunto para uma arbitragem. As técnicas específicas da mediação, geralmente implicam a sugestão de soluções concretas que poderão ser adoptadas pelas partes em litígio, sem que jamais uma delas possa ser imposta[13].

Arbitragem

A arbitragem é uma forma privada de resolução de litígios, e consiste tipicamente na adjudicação da resolução, com efeitos vinculativos, de uma dada disputa a um ou mais especialistas independentes – designados por árbitros. A confidencialidade do procedimento, o domínio especializado dos assuntos submetidos e muitas vezes a sua rapidez, concorrem geralmente como razões principais para que as partes concordem em sujeitar-se à decisão do seu litígio por meio de agentes independentes, especialmente empenhados em resolvê-lo. Para o estabelecimento de uma arbitragem, podem as partes negociar e celebrar um acordo ou compromisso arbitral, por via do qual estabeleçam todas as normas da Arbitragem, ou remeter para as disposições da Lei da Arbitragem Voluntária[14], havendo ainda a possibilidade de aderir a arbitragens voluntárias institucionalizadas em qualquer uma das entidades autorizadas por diploma legal[15]. No âmbito do acordo arbitral (ou convenção de arbitragem na terminologia legal) podem as partes designar as regras segundo as quais os árbitros julgarão o caso, nomeadamente o Direito constituído de um Estado ou a equidade.

Em alternativa à arbitragem *tout court*, as partes conflituantes podem optar apenas por atribuir, a um único perito independente (ou árbitro) a missão de propor uma solução concreta sobre um dado aspecto singular e

---

[13] Para aprofundamento, das obras publicadas entre nós sobre a matéria recomendamos a leitura de Mediação, José Vasconcelos-Sousa, Quimera, 2002.
[14] A Lei n.º 31/86 de 29 de Agosto, alterada pelo D-L n.º 38/2003 de 8 de Março.
[15] *Vide* a respectiva lista no Portaria n.º 81/2001 de 8 de Fevereiro.

determinado em que as partes estão em desacordo ou carecem de competência técnica para o fazer. Poderão fazê-lo informal ou formalmente (por via contratual), e optar ou não por dar carácter vinculativo à sugestão final do árbitro, como, por exemplo: no caso de uma proposta técnica de um engenheiro agrónomo para dividir uma herdade em várias explorações agrícolas economicamente viáveis; no caso de um relatório de auditoria para sanar um conflito entre a administração de uma sociedade e os titulares do capital social; no caso de um avaliação independente das verbas que integram um acervo hereditário; no caso de um perito que dá o seu parecer sobre a atribuição da responsabilidade entre duas empresas do ramo segurador; etc.

Provedorias

A provedoria consiste na assistência gratuita de um especialista ou de corpo especializado de consultores que prestam aconselhamento privilegiado a uma dada instituição, no domínio de questões de âmbito técnico, no sentido de dar resposta às exposições e queixas dos particulares e, ainda, sempre que possível, no sentido de levar tal instituição a dar satisfação voluntária às pretensões dos particulares. O exemplo máximo será o do Provedor de Justiça – figura consagrada na própria Constituição da República Portuguesa[16] –, que é um agente independente eleito pela Assembleia da República que tem por missão apreciar – sem poder decisório – as queixas dos cidadãos sobre os poderes públicos e dirigir recomendações aos órgãos competentes para prevenir e reparar injustiças. Mas a figura dos Provedores do Cliente tem vindo a ser progressivamente criada no seio de instituições públicas e privadas, absolutamente independentes do Estado, nomeadamente no sector bancário e segurador, no sector das telecomunicações, das agências de viagens e turismo, dos transporte, de agências criadas pelo Estado (por exemplo para o investimento e comércio externo), e até de grandes grupos empresariais.

---

[16] *Vide* os arts. 23.º, 163.º alínea i) e 283.º da C.R.P.

7) MEDIDAS PRELIMINARES AO INÍCIO DA ACTUAÇÃO JUDICIAL

Decidido que esteja o recurso às vias judiciais (ou mesmo ao um foro arbitral, onde a tramitação e as peças processuais se tornam em tudo semelhantes) a estratégia processual que venha a fixar-se não deverá ser independente de outras medidas, preliminares ou concomitantes. Isto, quer por forma a *complementar* a litigância com actividades paralelas também dirigidas à prossecução dos interesses do constituinte, quer ainda por forma a obter mais elementos que possam vir a *instruir* futuramente aquela litigância. Não estamos a referir-nos aos incidentes processuais da Instância, onde se incluem os (tão solicitados pelo cliente) procedimentos cautelares especificados e não especificados, uma vez que eles serão em si mesmo já formas de actuação estritamente judicial. Mas sim a todo o vasto campo de actuação na livre disposição das partes, que lhes permite interagir com a realidade ou com os demais sujeitos das relações jurídicas, em função dos efeitos que se pretendam alcançar com impacto no desenvolvimento da litigância, como sejam, entre muitos:

a) a exploração da via negocial;

b) a eliminação de aspectos dúbios quanto à factualidade e/ou circunstâncias de facto ou de Direito;

c) a obtenção de declarações das partes opostas e outras formas de reforço dos meios de prova;

d) o cumprimento estrito de pressupostos impostos pela lei substantiva para o exercício dos direitos subjectivos.

Esta nossa breve referência abarca, portanto, os inúmeros outros recursos que seja conveniente utilizar e que podem variar quase indefinidamente. Desde os mais simples – como a mera troca de correspondência directa entre as partes envolvidas; a apresentação de advertências e/ou reclamações formais; as rescisões contratuais, interpelações e outras comunicações previstas na lei substantiva e destinadas à produção de efeitos jurídicos que tornem exigíveis certas obrigações; ou as (por vezes esquecidas) notificações judiciais avulsas – até àquelas que envolvem a mobilização de alguns meios humanos ou técnicos adicionais – como o levantamento técnico ou meramente fotográfico de pessoas, bens e locais; ou as clássicas visitas acompanhadas com futuras testemunhas para averiguação de factos ou memória futura do estado das coisas; a obtenção de informações (certificadas ou não) junto de entidades terceiras – até àquelas que sejam mais onerosas ou requeiram meios extraordinários – como a obtenção de resultados laboratoriais e perícias particulares; pareceres técnicos de vária ordem; ou mesmo de pareceres jurídicos.

8) RECOMENDAÇÕES PARA A REDACÇÃO DE PEÇAS PROCESSUAIS

Haverá pouco menos possibilidades de se redigir de forma diferente uma peça processual, quantas aquelas que permite a operação de redacção de qualquer texto em Língua Portuguesa. E redigir uma peça processual – seja um articulado, sejam alegações, seja um simples requerimento – requer muito mais do que escolher vocábulos e preencher uma folha em branco com caracteres, ainda que com ortografia correcta e frases bem construídas. A técnica envolvida é demasiadamente dependente do sujeito que a rediz, para que tivéssemos a veleidade de ensaiar regras invariáveis para a descrevermos. No que concerne ao estilo da prosa individual, então as hipóteses aumentam ainda exponencialmente.

Existe um imperativo omnipotente e natural a respeitar, do qual o jurista não pode desviar-se sob pena de votar desde logo ao insucesso o seu trabalho. E este é a obediência, estrita, às *regras de tramitação processual* e mesmo das *regras de forma previstas para cada espécie de peça processual* na boa lei de processo[17]. Ou seja, uma quantidade apreciável de disposições normativas contidas no Código de Processo Civil, no Código de Processo Penal, no Código do Processo Especial de Insolvência, no Código de Processo de Trabalho, no Código de Processo Administrativo, do Código de Procedimento e Processo Tributário, na Lei de Organização Tutelar de Menores, etc. Tais normas deverão ser sempre consideradas caso a caso. Há especificidades próprias da tramitação processual de cada respectivo foro e especificidades próprias para cada espécie de peça

---

[17] Tome-se por exemplo paradigmático o art. 467.º do Código de Processo Civil, que versa sobre os requisitos da petição inicial.

processual, que se traduzem por vezes em minudências que exigem do causídico toda a sua cautela (requisitos externos e requisitos internos). Deveres vários, de cujo cumprimento depende quer a admissibilidade da mesma peça processual quer o desempenho da função processual da mesma, tal como, em certos casos, o dever de apresentação liminar da prova, o ónus de impugnação especificada, o ónus de formular conclusões, entre inúmeros outros. O conhecimento profundo do Direito Adjectivo por parte do advogado será, por isso mesmo, uma ferramenta indispensável na redacção de peças processuais. E quanto maior for o domínio daquele conjunto de normas – quanto a cada foro que se considere e quanto a cada espécie de acção – maior será, claramente, a sua capacidade de exercer a litigância com maior eficácia.

As verdadeiras e únicas *regras* a considerar na redacção das peças processuais são, portanto, as que se encontram impostas pelo legislador processual. Em complemento daquelas, existirá ainda uma outra espécie de "regra", esta já relativa ao teor material da peça processual, e imposta indirectamente pelo Direito substantivo. Será a necessidade de a peça processual ser construída de molde a proporcionar a decisão jurídica que se pretende, ou seja, devendo conter a fundamentação necessária – de facto e/ou de Direito – para que se proporcione a aplicação pretendida do Direito ao caso concreto. Por outras palavras, na peça processual não podem (pelo menos) ser omitidos quaisquer dos elementos necessários para a configuração dos direitos subjectivos que se pretendem ver acautelados, sob pena de jamais se poder atingir o efeito desejado no momento da aplicação do Direito.

Falámos, até aqui, das regras para a redacção das peças processuais, referimo-nos no fundo ao que serão os *requisitos formais* e os *requisitos materiais* das peças processuais.

Sem embargo, o problema inicial persiste. Bastará, aliás, um mínimo de experiência individual do causídico para que este constate, nem que seja apenas pela observação das peças processuais dos seus colegas de profissão, que estas podem infinitamente variar quanto à técnica e ao estilo de redacção – ainda que todos no cumprimento estrito das citadas regras. Deixemos então as regras para o estudo individual e a indispensável consulta caso a caso por parte do advogado, e passemos a falar das nossas *recomendações*. Pois o propósito do nosso livro é precisamente esse – o de ir para além do que se encontra estabelecido na lei e nos manuais académicos de Direito Processual.

Por consideração ao leitor, deixaremos de lado as recomendações para todos óbvias que seriam as de: redigir com ortografia e sintaxe correctas; usando uma linguagem cuidadosa e sem injustificados excessos ou referências de mau gosto que pudessem criar anticorpos ou uma antipatia involuntária nos seus destinatários; ajustando com exactidão e adequadamente as palavras à informação que se pretende transmitir; respeitando as habituais insígnias a usar quando se dirige a cada determinada Instância; manifestando a preocupação com o equilíbrio e a boa economia do texto; sintetizando a descrição dos factos de molde a facilitar a sua avaliação; etc. Em seu lugar, deixaremos apenas as seguintes 10 (dez) recomendações que entendemos justificadas.

Consideração permanente das finalidades mediatas e imediatas da peça processual

Para efeito do nosso estudo, poderíamos considerar as peças processuais em três grandes conjuntos: os articulados; as alegações; e os outros requerimentos. A distinção terá todavia de ser adaptada em função das diferentes realidades processuais dos foros que não obedecem ao processo civil. Por isso, em alternativa, consideremos os seguintes três conjuntos nucleares:

1) peças processuais em que fundamentalmente se realize a descrição de matéria de facto;

2) peças processuais em que fundamentalmente se discuta matéria de Direito;

3) outros requerimentos previstos na lei e requerimentos *ad hoc*.

Seja qual for o daqueles conjuntos onde se insira uma dada peça processual, a montante da sua redacção deverá encontrar-se, em primeiro lugar, a consideração da sua *respectiva finalidade processual*. Queremos com isto dizer, não apenas que cada peça processual deverá sofrer adaptações a determinados cânones de formatação específica (tal como os que hoje se podem consultar em compêndios de minutas processuais editados), mas sim essencialmente aquilo que aparentemente seria óbvio, ou seja: a peça processual deve ser concebida para o fim da aplicação do Direito por parte do julgador, tendo em conta ainda a tramitação específica dos autos que lhe será consequente.

Para esclarecermos o que pretendemos dizer, e que não se resume ao que já dissémos a propósito dos requisitos formais e materiais, tomemos por referência o conjunto de peças processuais em que fundamentalmente se realize a descrição de matéria de facto. Ora, os factos que vierem a ser narrados (v.g. nos articulados no processo civil), constituirão adiante a massa celular de que se compõe o processo, definindo aliás o próprio *objecto do processo*. Assim, a exposição dos factos condiciona todo o desenrolar subsequente dos autos. Os factos que forem incluídos serão objecto de triagem e mais tarde considerados; os factos que não forem incluídos tendencialmente não serão considerados. Mas o que dissemos vai ainda para mais além disto. O causídico deve ter em mente ao que se destina a sua peça processual, não apenas considerando os efeitos de *longo prazo* (aplicação do Direito por parte do julgador), mas também qual vai ser o destino imediato da peça processual e o impacto que será produzido nos trâmites que lhe serão subsequentes a *curto prazo* (a oposição pela parte contrária, o saneamento do processo, a selecção dos factos relevantes para o exame e a decisão da causa, a actividade probatória). Pensar na formulação da peça processual em que fundamentalmente se realize a descrição de matéria de facto deverá, portanto, implicar permanentemente a ponderação de tudo quanto virá a suceder, em consequência e no futuro do processo. Nomeadamente, ponderar a formulação, ou a configuração, que se pretende dar aos factos, por forma a:

a) dificultar a missão de contradição pela partes oponentes;

b) obter melhores resultados na formulação da matéria de facto assente (ou operação processual equivalente);

c) obter melhores resultados na forma concreta como será redigida a própria base instrutória (ou operação processual equivalente);

d) facilitar a actividade probatória futura;

e) dificultar a actividade probatória futura a realizar pelas partes oponentes.

Ou seja, pensando já na actividade probatória e pensando igualmente no que está imediatamente antes da mesma. Por isso, a boa redacção da peça processual em que fundamentalmente se realize a descrição de matéria de facto poderá ser meio caminho andado para que a litigância venha a ser bem sucedida. E, nessa mesma peça processual, *a maior relevância conformadora dos autos manifesta-se no momento da narração dos factos*, não no momento das considerações de Direito, até porque a determinação da solução jurídica do caso caberá ao julgador. Não se pode dizer que este seja um segredo de profissão, mas será certamente uma boa técnica a recomendar. Sobretudo porque a substância do processo admite uma realidade singular que vai além da realidade dos factos. É a realidade das *proposições de facto*. Como dissemos numa obra anterior[18], no mundo do Direito, a prova não lida directamente com factos, mas sim com enunciados de factos[19]. Parece efectivamente insensato falar-se em prova da verdade dos factos, em vez de em prova da afirmação da verdade dos factos[20]. Assim, "prova de um facto" e "prova da verdade de um facto", não deverão significar mais do que "*prova da verdade das proposições*"[21]. Até porque aquilo que se considera prova só o será quando esse algo seja agregado a uma dada hipótese apresentada, podendo, ulteriormente, ser-lhe atribuído um valor probatório positivo ou negativo[22]. Lembrando a for-

---

[18] A Defesa e a Investigação do Crime (Guia Prático para a Análise da Investigação e para a Investigação pelos Recursos Próprios da Defesa Criminal), Almedina, 2004 (1.ª edição), 2008 (2.ª edição).

[19] De acordo com a concepção de GIULIO UBERTIS, em *La Ricerca della Verità Giudiziale*, "Sisifo e Penelope. Il Nuovo Codice di Procedura Penale dal Progetto Preliminare alla Riconstruzione del Sistema", Turim, 1993, pp.89 ss.

[20] Desde logo porque a verdade só se encontra nos próprios factos, e até no processo penal não se pode andar atrás de outra coisa que não da verdade de proposições, de acordo com F. CARRARA, *Programma del Corso di Diritto Criminale, Parte Generale*, III, Prato, 1886, §900, p.201.

[21] Insistindo neste ponto de vista, GIULIO UBERTIS, em *La Prova Penale, Profili Giuridici ed Epistemologici*, Turim, Utet, 1995, pp.8 e 9, demonstra ser errada a perspectiva de análise inversa, em que faria sentido falar-se de "*factos falsos*" e "*factos verdadeiros*", em nítida contradição com as características ônticas do discurso fáctico do mundo real.

[22] Neste sentido, e fazendo a correspondência entre o valor probatório de um elemento de prova e a probabilidade da hipótese que se pretende demonstrar, em L.J.COHEN, *The Probable and the Provable*, Oxford, 1977, p.245, apoiando-se em citações de A.GIULIANI, *Il Concetto di Prova. Contributo alla Logica Giuridica*, Milão, 1961.

mulação que temos usado em várias obras anteriores e que poderá ter eventualmente o mérito de ser elucidativa: *a batalha entre os diferentes interesses processuais trava-se no terreno das proposições de facto e as armas usadas, de parte a parte, são as provas*.

Recomendações equivalentes deverão, *mutatis mutandis*, fazer-se também quanto às peças processuais em que fundamentalmente se discuta matéria de Direito, sobretudo no âmbito das alegações em sede de recursos[23]. Desde logo porque naquelas peças se fará, uma vez mais, a delimitação inicial do objecto do recurso, sabendo que haverá a considerar importantes especialidades quando, para além da matéria de Direito, o recurso abarque ainda a matéria de facto. Assim, a selecção e a exposição das questões de Direito, a invocação dos sentidos interpretativos das normas, o juízo probatório e os elementos probatórios a considerar na apre-ciação da matéria de facto, e a argumentação jurídica, condicionarão também todo o desenrolar subsequente dos autos. As questões que forem incluídas serão objecto de triagem e mais tarde consideradas; as questões que não forem incluídas tendencialmente não serão consideradas. Deve, portanto, o causídico uma vez mais ter em mente ao que se destina a sua peça processual, não apenas considerando os efeitos de longo prazo, mas também qual vai ser o destino imediato da peça processual e o impacto que será produzido nos trâmites que lhe serão subsequentes a curto prazo. Pensar na formulação da peça processual em que fundamentalmente se realize a discussão da matéria de Direito deverá, portanto, implicar permanentemente a ponderação de tudo quanto virá a suceder, em consequência e no futuro do processo. Nomeadamente, ponderar a formulação, ou a configuração, que se pretende dar aos factos, por forma a:

a) dificultar a missão de contradição pela partes oponentes;

b) centrar a apreciação jurídica no território e nos domínios mais favoráveis aos interesses processuais.

---

[23] Casos há onde no simples requerimento de interposição do recurso é obrigatória a menção das normas ou princípios violados, v.g. em certos recursos perante o Tribunal Constitucional – vide a Lei de Organizaçao, Funcionamento e Processo do Tribunal Constitucional (L 28/82 de 15.11 e sucessivas alterações).

Subdividir os factos e as questões de Direito cuja demonstração seja assegurada

Em consequência do que acabamos de explicar, nas peças processuais em que fundamentalmente se realize a descrição de matéria de facto poderá existir alguma conveniência em subdividir factos, quando os mesmos sejam favoráveis aos interesses representados e quando a respectiva demonstração por meio de prova esteja razoavelmente assegurada. Desde que aqueles sejam cindíveis, como é óbvio, e desde que tal operação se realize sem exageros que a fizessem cair no ridículo. Todavia, esta operação só por si poderá vir a proporcionar a jusante um rol de factos assentes e de factos considerados provados mais extenso, contribuindo assim para um maior peso relativo da matéria de facto favorável.

De igual modo, embora com efeitos mais atenuados e/ou imperceptíveis, nas peças processuais em que fundamentalmente se discuta matéria de Direito, poderá ser útil segmentar e subdividir questões e considerações, quando cada item venha a ser de demonstração assegurada. Pois quando se fizer o encadeamento das questões e argumentos jurídicos haverá maior relevo do mesmos aspectos.

Segmentação e articulação do texto

Ainda na sequência do que dissemos acima, e mesmo nos casos em que tal obrigatoriedade não tenha sido imposta pelo legislador processual, a narração dos factos numa peça processual deve fazer-se de forma segmentada, articulada, sendo exposto cada facto (ou conjunto indissociável) à sua vez. E não se trata de apego a uma espécie de habitualidade ou costume judiciário, não é isso. É que fazer um texto corrido não é adequado à finalidade processual. Desde logo, porque narrar os factos em juízo pressupõe já uma selecção prévia da matéria juridicamente relevante. E tal, consegue-se de melhor modo fazendo uma segmentação, tradicionalmente parágrafo por parágrafo. Esse trabalho prévio facilitará também ao julgador a operação seguinte da selecção dos factos relevantes para o exame e a decisão da causa. Mas é, sobretudo, a necessidade de síntese e de assertividade do texto que impõem tal contributo para a boa economia processual. A segmentação do texto e a sua numeração por artigos proporcionam, em acréscimo, a remissão imediata para cada trecho do texto que seja conveniente fazer, evitando repetições e auxiliando a sua composição lógica. E, ainda, facilitam a ponderação futura de cada facto singularmente considerado para que dele se retirem as devidas consequências jurídicas.

Por outro lado, também nas peças processuais em que fundamentalmente se discuta matéria de Direito, ou em requerimentos de vária ordem que mostrem alguma complexidade, é de toda a conveniência proceder do mesmo modo, cindindo o texto, decompondo-o em unidades mais simples (embora sem a necessidade de se numerarem os diversos parágrafos). O benefício será o de se identificarem pausada e mais facilmente as questões concretas abordadas, os argumentos e consequências jurídicas que se apresentam, bem como todas as demais referências pretendidas, melhor conseguindo que nenhuma passe despercebida ao julgador.

Acompanhamento do texto com a sua demonstração passo a passo

Mesmo nas situações em que não exista a obrigatoriedade imposta pela lei processual de junção (e/ou apresentação) dos meios de prova com os articulados, nas peças processuais em que fundamentalmente se realize a descrição de matéria de facto é recomendável que, facto a facto, a sua descrição seja acompanhada com a menção e a junção da prova correspondente, sempre que possível (e desde que isso não prejudique outros aspectos da estratégia processual, que amiúde pode tornar vantajosa a retenção de alguns meios de prova até ao tempo mais oportuno para a sua produção). Sobretudo quando esta seja documental, a prova deve ir demonstrando a fidedignidade do causídico aos factos, aportando credibilidade a toda a sua peça processual. Se a descrição tiver ainda correspondência literal no texto do documento para que se remete, melhor ainda. Isto, não apenas também para a obtenção de alguns dos efeitos que referimos atrás (p. ex. não deixar lugar à contradição dos factos, ou obter melhores resultados na formulação da matéria de facto assente), mas ainda para que as proposições de facto surjam alicerçados na objectiva e incontornável realidade, tornando-a evidente.

Alicerçar os factos na sua demonstração imediata, proporcionará um efeito de credibilidade sustentada e em crescendo, que poderá resultar numa maior adesão e convicção por parte do julgador. Por vezes, a demonstração não se pode fazer documentalmente mas sim com a menção de outros factos incontroversos ou algum outro tipo de referências.

Por outro lado, também nas peças processuais em que fundamentalmente se discuta matéria de Direito, a mesma demonstração passo a passo deve manter-se como objectivo, nomeadamente com alusões, citações e remissões para trechos de documentos, para conclusões de pareceres ou para o teor de Jurisprudência dos tribunais, mas também com as meras referências às folhas do processo onde se encontram determinados elementos dos autos (depoimentos, despachos, documentos).

Assertividade e objectividade, na matéria de facto e na matéria de Direito

Com maior ou menor expressividade, com menos ou mais pronunciado estilo na prosa, a peça processual deverá sempre ser essencialmente objectiva e todas as questões deverão ser abordadas de modo assertivo. Enquanto parte integrante do processo, qualquer pela processual destina-se a fazer aplicar o Direito ao caso concreto. Portanto os factos devem ser considerados já expurgados da subjectividade de quem os expõe, e as questões jurídicas deverão ser apresentadas num sentido afirmativo, uma vez que a aplicação do Direito pela qual se pugna requer soluções determinadas. São, por isso, elementos acidentais e estranhos ao processo os aspectos relativos à pessoa do declarante e ainda muitos dos aspectos atinentes a características pessoais dos intervenientes dos factos (embora, em certa medida, alguns destes possam assumir relevância). São também elementos acidentais e estranhos ao processo as divagações, as apreciações de ordem pessoal ou opinativas, as conjecturas vagas, o enunciar de dúvidas que não venham a ser solucionadas.

Num plano um pouco mais profundo, teremos ainda a considerar que a peça processual sairá tanto mais aperfeiçoada quanto o causídico se possa manter no domínio das afirmações óbvias acerca dos factos e acerca do Direito, deixando assim cada vez mais exíguo o espaço dado à controvérsia. Perante dados factos, as consequências de facto e de Direito deverão decorrer como que por via da consequência necessária, tal como os pedidos formulados deverão estar na exacta correspondência da causa de pedir. Este esforço, porém, deve ser realizado sem colidir com o rigor dos factos nem com o rigor das apreciações jurídicas.

Inteligibilidade imediata do texto

Na redacção de uma peça processual, o causídico deve organizar os factos (ou as questões de Direito) de molde a tornarem-se mais simples e imediatamente perceptíveis por parte do leitor. Aquilo que se acrescentar em inteligibilidade vai traduzir-se em boa compreensão por parte do julgador e, consequentemente, em convicção. Aliás, quando a primeira apreensão do texto se realiza de um modo sólido, criará uma convicção inicial mais difícil de desvanecer perante as peças processuais dos opositores que se venham a seguir na tramitação dos autos. Para tanto, ao redigir a sua peça processual, o causídico deve colocar-se na posição do declaratário, essencialmente na de um julgador que partirá para a leitura da peça processual com desconhecimento prévio do assunto que lhe será exposto. Idealmente, quanto mais simples e acessível for o texto, melhor. Nem sempre será fácil simplificar a realidade que se expõe, ou reduzir as questões jurídicas envolvidas à sua expressão mais escorreita. No entanto, deverá ser essa uma das preocupações sempre presentes, simplificando, sem contudo prejudicar o pormenor a que seja necessário chegar. O texto deverá resultar em um de leitura cómoda, explicando e lembrando mesmo alguns conceitos do conhecimento jurídico geral.

Além deste teor *auto-explicativo* do texto, deve ainda o advogado preocupar-se com a necessidade de captar e de manter a atenção do leitor, não obstante o dever de leitura decorrer *ex officio*. É ao julgador que se dirige o causídico. Daí, deve ainda o advogado tentar prever em que matérias poderão surgir as questões naturais no íntimo do leitor e também quais serão as mesmas questões, por forma a dar-lhes preferencialmente resposta antes que o faça a parte contrária.

De resto, o texto deve ser redigido de acordo com uma sequência, cronológica ou lógica. Como qualquer exposição ou narrativa escrita, naturalmente o texto da peça processual precisa de ordenação, ou seja as suas partes integrantes deverão ser dispostas mediante uma sequência, determinada por forma a tornar a respectiva mensagem inteiramente perceptível. Normalmente, a sequência cronológica na narração dos factos é a que mais se adequa a tal pretendido fim. Tal não implica, contudo, que antes ou durante a narração dos factos não se possam inserir breves trechos de considerações particulares não directamente atinentes aos factos – sob forma de proémio, comentário pontual ou enquadramento circunstancial – desde que tais inserções facilitem a leitura e/ou o entendimento da mensagem. Só em casos excepcionais e justificados se deve interromper a sequência cronológica para dar benefício à sequência lógica.

Esta máxima demonstrará todas as suas vantagens precisamente nos casos em que a matéria de facto a descrever atinja maior grau de complexidade.

Naturalmente, na descrição da matéria de Direito, o encadeamento das questões deverá obedecer à sequência lógica das mesmas, naquilo com que está familiarizado o jurista.

A perceptibilidade do texto deve ser a preocupação primordial, não esquecendo que o leitor destinatário poderá vir a ter de interromper a leitura. Para tanto, é de boa prática segmentar grandes conjuntos de matérias, por meio de títulos ou capítulos separadores, aliás bastante frequentes no mundo judiciário.

A finalidade persuasiva não deve tornar-se demasiado evidente no texto

Ninguém gosta de se sentir influenciado. Daí, a influência deverá passar subliminarmente. É óbvio que o advogado procurará vencer a sua causa e que, para tanto, se empenhará em redigir a sua intervenção escrita em juízo orientado pelo fim persuasivo. No cumprimento dos seus deveres profissionais, procurará influenciar a leitura dos factos e a interpretação da lei, e expontaneamente apresentará os factos da maneira mais conveniente aos interesses do seu constituinte, mencionará circunstâncias que também lhe sejam favoráveis, e explorará com maior relevos os argumentos jurídicos que mais facilmente lhe darão razão. Recorrerá por vezes a silogismos, outras vezes a determinados exageros, nada mais natural. Porém, recomendamos algum esforço no sentido de não patentear demasiadamente aquele fim persuasivo da sua alocução. Quanto maior for a objectividade na matéria de facto e na matéria de Direito, aí sim, o *ganhar razão* será muito mais firme. Recorde-se também que o julgador é experiente, dispõe de boa capacidade crítica. Se o texto respeitar sempre aquela objectividade na consideração dos factos e do Direito, poderá ainda assim criar-se um efeito de empatia com o leitor neutral. Pelo contrário, omissões, distorções, exageros gratuitos, irão gerar o efeito contrário, colocando o leitor na defensiva e suscitando-lhe a necessidade de colocar mais reservas sobre a informação que lhe seja transmitida.

A adjectivação e as considerações de ordem opinativa devem ser pontuais

Há quem opte pelo estilo telegráfico, na redacção das suas peças processuais. Há quem opte pelo estilo bíblico. Há de tudo. Há mesmo quem considere que o estilo faz o advogado, certamente coberto de razão. A liberdade na escrita das peças processuais é, aliás, uma riqueza profissional da advocacia, sem a qual tudo se tornaria cinzento. Mas em nosso entender, se é verdade que se humaniza e enriquece uma peça processual com qualificações e atributos subjectivos e alguma consideração de natureza pessoal, também é certo que, ao vulgarizarem-se, todos perderão o seu eventual peso na leitura do texto. Optamos, por isso, por apenas o fazermos pontualmente, no local mais indicado e em tempo oportuno, por forma a não prejudicar a objectividade do todo. De resto as adjectivações, os comentários opinativos (e até conclusões lógicas) são tendencialmente eliminados dos autos até à fase do julgamento, tornando-se também fastidiosos para o leitor quando existam em demasia.

Ajuste a intensidade do texto à medida adequada

É certo que o causídico deve expor o caso à Instância julgadora com convicção. Por isso, tenderá algumas vezes a fazê-lo com fervor. Porém, a eloquência (ainda que escrita) não deve confundir-se com a veemência das afirmações. Quando um texto contem invariavelmente expressões fortes, grandes adjectivações e uma veemência continuada, esta última dilui-se e perde-se no juízo crítico de quem o lê, pois estará claramente a ser prejudicada a objectividade de que já falámos, aliás. Ora, a nossa recomendação é simples: reserve-se a veemência para quando ela mais se justifique. Os sublinhados e outros meios de realce do texto, as expressões mais drásticas e peremptórias, devem ser objecto de uma certa reserva e usadas com acuidade e oportunidade extremas, por forma a que se justifiquem por si mesmas. De resto, a intensidade deve ser conferida ao texto não apenas com a preocupação enfática, mas sobretudo com a finalidade de acrescentar perceptibilidade ao texto.

Alegações de recurso: depois de fixado o objecto de recurso, os autos tudo contêm; mas...

Sabemos que a aplicação do Direito cabe ao julgador. Sabemos também a importância conformadora (que já referimos) das alegações de recurso quanto ao objecto deste. Ora, definido o objecto de recurso, o tribunal da Instância superior deverá dispor já de todos os meios suficientes para proferir a sua decisão, atendendo ao teor dos autos. Mas a realidade faz-nos aconselhar algo mais.

É nas alegações de recurso que o causídico tem a oportunidade para salientar determinadas questões de facto e de Direito contidas nos autos, e também para apresentar e relembrar todos os demais aspectos – factuais, circunstanciais e jurídicos – que não se encontrem imediatamente perceptíveis nos autos. É por meio das alegações, portanto, que deverão ser dados todos os contributos que se justifiquem no caso, no sentido de fornecer elementos a ter em conta na decisão final. Porque a questão jurídica e a sua solução variam por vezes em função do ponto de vista do intérprete-aplicador da lei, naturalmente o advogado terá diante de si inúmeros domínios a explorar, no sentido de favorecer uma decisão que tenha por equitativa, tais como: a profundidade e a complexidade das questões de facto e de Direito; o alcance dos meios de prova; a relevância jurídica de determinados aspectos e/ou consequências; as incoerências verificadas nos autos; a articulação entre as diferentes disposições normativas aplicáveis; as decisões consonantes constantes da Jurisprudência dos tribunais; as considerações da melhor Doutrina.

Serão, portanto, as alegações de recurso uma oportunidade ímpar para inculcar, no espírito do julgador, a ideia de Justiça de uma solução jurídica apresentada para o caso concreto.

Aqui, nas alegações de recurso, encontra-se o maior desafio às capacidades do advogado, quer quanto ao seu poder de argumentação e raciocínio jurídicos, perspicácia quanto ao meio processual, agindo de forma a demandar maior reflexão por parte das Instâncias superiores, e esforçando-se para criar uma espécie de empatia lógica e intelectual com os julgadores.

9) AS INTERVENÇÕES EM TRIBUNAL

Sem menor importância do que as matérias que até aqui abordámos – muitas delas relativas ao que se passa a montante da existência do processo em tribunal – estão ainda outras considerações a fazer acerca das intervenções que o advogado fará no desenrolar do litígio. Uma vez iniciada a lide, existirão sempre e durante todo o processo judicial muitas decisões a tomar e intervenções a levar a efeito, para as quais serão convocadas as capacidades de orientação jurídica e processual do advogado. Exigências que se mantêm por toda a tramitação dos autos, pelo menos até ao trânsito em julgado de uma decisão e, a outro nível ainda, até à completa aplicação do Direito ao caso concreto quando haja necessidade de recorrer a uma execução coerciva daquela. Às intervenções por meio de requerimento escrito ou de outra espécie de peça processual somam-se, naturalmente, as *intervenções presenciais*. Ao passarmos a referir-nos a estas, as nossas considerações dirigem-se àquelas intervenções que se realizam quer na sala de audiências onde o advogado se apresenta togado (*maxime* a Audiência de Discussão e Julgamento), quer no gabinete dos magistrados. Mas as nossas considerações poderão ser ainda correspondentemente extensíveis, *mutatis mutandis*, às demais intervenções presenciais que o advogado venha a realizar junto de outros órgãos jurisdicionais ou entidades administrativas com poderes de autoridade, como sejam os Departamentos de Investigação e Acção Penal, os diversos organismos públicos com competência contra-ordenacional e até as esquadras de polícia.

Recuperemos antes de mais o que acima dissemos. Face à boa orientação jurídica e processual do causídico e face ao domínio da escrita que tanto influi na conformação do objecto do processo e em toda a sua tramitação, a nosso ver a oralidade é apenas um importante complemento, não obstante possa tornar-se significativamente influente no que concerne à produção da prova testemunhal. A intervenção do advogado no que concerne à produção da prova em tribunal – uma actuação que se subdivide lógica e sequencialmente em actividades prévias, contemporâneas e posteriores à prova – merece-nos toda a atenção, como também já considerámos neste livro desde a prévia avaliação processual que se seguiu à determinação da base legal da demanda. A pessoa do advogado e a sua influência determinante na produção da prova testemunhal, mais especificamente ainda, justificaram inclusivamente um nosso outro livro[24] para o qual teremos de remeter o tratamento desse assunto, por forma a não prejudicarmos a boa economia do presente. Por isso, passaremos a referir-nos às intervenções presenciais do causídico já sem considerações específicas quanto ao interrogatório e contra-interrogatório das testemunhas, dirigindo-nos para toda a demais esfera de actuação que está ao seu alcance, ainda assim amplo.

O domínio da oralidade é a contraface do domínio da escrita, na moeda do domínio da linguagem. Servem aqui, portanto, várias das considerações que fizemos acerca da segunda realidade. Porém, os dons de retórica manifestam-se tanto em momentos para todos evidentes – como seja o dos monólogos discursivos ou proclamações, como no caso das alegações finais de um Julgamento, onde mais se patenteia o efeito dramático de uma eventual grandiloquência – como noutros menos notórios, como sejam brevíssimas interlocuções, requerimentos em acta, ou o simples diálogo informal na conciliação ou na discussão da base instrutória, por exemplos. A arte de bem falar tem o seu peso, é certo. Porém muitas vezes, no caso de exageros, poderá produzir efeitos colaterais indesejados, já que os julgadores são também experientes e não deixarão influenciar-se quando a boa oratória não seja mais que fogo de artifício. Pessoalmente – já o afirmámos – entendemos que o bom desempenho na oralidade que se leva a cabo na litigância não depende de características extraordinárias, invulgares ou longe do alcance do comum jurista. Ou seja, não sobrevalorizemos os dotes retóricos, pois muitas vezes não é o causídico que bem ora aquele que se torna mais convincente, ou eficaz. Nas intervenções

---

[24] *O Interrogatório de Testemunhas, sua Prática na Advocacia*, Almedina, 2006 (1.ª edição), 2007 (2.ª edição).

presenciais do causídico, falam mais alto a experiência na condução dos processos, a familiarização com o meio e o sentido de oportunidade. Louvando-nos no que dissemos quanto à discricionaridade técnica e ao estilo individual, de que cada colega de profissão é dono e único senhor, façamos apenas as seguintes breves 10 (dez) recomendações:

Preparação (prévia)

Nunca é demais realçar a importância da preparação prévia no bom desempenho de uma intervenção processual. Não apenas a do estudo prévio e o domínio das matérias de facto e de direito que estarão em causa, mas a preparação e a orientação prévios do que se irá afirmar e de como se o fará, ainda que forma meramente esquemática. O encadeamento lógico do discurso e o seu teor essencial devem ser objecto de reflexão prévia, sobretudo quando a complexidade do assunto não seja ínfima. Existem inúmeras razões para sustentar esta recomendação, mas a primeira é a dos principais inimigos do advogado em tribunal: a exaltação e o nervosismo, que trazem sobre as suas capacidades de raciocínio e de expressão uma espessa nuvem, *when push comes to shove*. O adversário é o próprio causídico, não há outro, nem há sequer razões para ler o tribunal como um meio hostil, nem para ver nos demais intervenientes uma espécie de rivais. A preparação prévia tranquiliza o advogado, que passará a estar seguro, confortável no seu papel e traduzindo conhecimentos que criarão uma natural empatia com o julgador. Também irá manter a sua orientação necessária, sem rigidez, pois deverá manter a boa adaptabilidade às circunstâncias novas e imprevisíveis com que se depare.

Persuasão e influência

O papel do advogado no processo não se confunde com o do julgador, pois a presença daquele está indissociavelmente ligada ao seu dever de proteger os interesses da parte que representa. Não se trata, de modo algum, de uma subversão do papel do advogado enquanto agente auxiliar da Justiça. Bem pelo contrário. Para se entender o que queremos significar, bastará constatar que a confrontação de pontos de vista e teses fácticas se fará de qualquer modo no processo, mesmo que o advogado se abstivesse de intervir. Pois a aplicação da Justiça aos factos praticados por pessoas, realiza-se sobre uma enumeração segmentada e verbalizada daqueles factos, sempre carreada para os autos também por alocuções linguísticas. Também nas convicções jurídicas, variam as interpretações da lei e na base da aplicação das leis estarão juízos e convicções formadas no íntimo de um julgador. Daí, julgamos que não se pode ignorar o *aspecto argumentativo* que, involuntária ou voluntariamente, cunha todos os dados do processo, sendo que desde o início eles foram sempre introduzidos de modo discursivo e sujeitos a um pré-tratamento de potencialidade persuasiva. A Justiça realiza-se pela intervenção de diversos sujeitos, cada qual com a sua missão, e pela confluência de várias proposições de facto, de várias interpretações jurídicas e convicções íntimas, pelo que ao advogado de uma das partes é exigido o empenho na respectiva sustentação e defesa de legítimos interesses – desde que naturalmente actue leal e conscenciosamente, observando os limites legais e os impostos pela deontologia, orientado para a justa composição do litígio. Estaríamos, aliás, a ser farisaicos se não considerássemos que também as intervenções presenciais do advogado devem obedecer à preocupação de persuadir e influenciar o julgador, nas muitíssimas manifestações que a sua conduta pode assumir.

Seja esclarecedor

Na sequência do que acabamos de dizer e sob pena de se transformar apenas num incómodo a ignorar, a conduta do advogado deve no entanto contribuir para o esclarecimento do vasto campo de problemas que se apresentam perante o julgador juntamente com a determinação da(s) solução(ões) legal(ais). Sem confundir o seu papel com o do julgador, o causídico deve avizinhar-se dele o mais possível (ainda que sob forma de projecção intelectual), colocando-se no seu lugar, questionando e fornecendo elementos válidos para a boa elucidação da causa. Fá-lo-á valendo-se nomeadamente dos seus conhecimentos adquiridos sobre os assuntos que são trazidos à Instância. Assim estará a colaborar com o apuramento da decisão mais ajustada, não ignorando o seu dever de focar e/ou realçar determinados aspectos que não estejam a ser convenientemente levados em conta, ou mesmo chamando atenção para dadas incoerências que surjam nas teses das partes opostas. Combatendo a ambiguidade dos documentos, dos textos e das afirmações; solicitando elementos adicionais ou medidas processuais quando necessário; reconhecendo até alguns desvios em que se estivesse a incorrer; enfim, agindo como verdadeiro auxiliar da aplicação da Justiça. Esclarecer-se é o que procura o tribunal. Logo, esclarecê-lo é também uma das melhores formas de conduzir o tribunal ao apuramento da verdade dos factos, sem prejuízo dos aspectos argumentativos emanentes ao processo.

Exame dos factos e da prova

As intervenções presenciais do advogado são tanto mais atendidas quanto mais se cinjam ao exame (e selecção) dos factos e da prova, ou mesmo à discussão da matéria de Direito quanto à sua interpretação e aplicação quando for o momento oportuno. Mas são, portanto, as preocupações de objectividade e assertividade, uma vez mais, as que melhor corresponderão ao bom desempenho das intervenções presenciais. O advogado está presente em juízo para dar o seu contributo esclarecedor e, este contributo esclarecedor deverá cinjir-se, tanto quanto possível, ao exame dos factos e da prova, salvo quando lhe seja dada a palavra para alegações de Direito (como no caso das alegações finais no Processo Penal). É sobretudo neste exame que o tribunal confere maior amplitude, aguarda e admite a colaboração dos mandatários das partes. A selecção da factualidade, a ponderação relativa dos factos conjugados entre si, e a valoração dos meios de prova conjugados entre si e com os factos, constituem provavelmente a parte mais árdua da função do julgador – o qual parte para o exame da causa como espectador. Será portanto neste território que existirá maior receptividade às intervenções do causídico.

Postura

É atrevimento – dirá algum nosso leitor – recomendar o que quer que seja quanto à postura individual do advogado nas suas intervenções presenciais em Juízo. Admitamos. Mas ainda assim queremos pelo menos explicar a importância que poderá ter a postura do causídico no seu bom ou mau desempenho. Tanto mais que existe a necessidade de que tudo aquilo que diga seja levado em conta. Quando se observa um advogado togado na sala de audiências, dele se espera naturalmente um comportamento leal, arrazoado e conforme com todos os seus deveres deontológicos. O respeito pela probidade e pela dignidade da Justiça manifesta-se, aliás, no comportamento sereno e de extrema civilidade que deve reinar já dentro do próprio tribunal. No entanto, há certos preceitos que – longe de se poderem considerar palacianos – contribuem para que as intervenções presenciais se realizem em boa e franca sintonia com os demais agentes da aplicação da Justiça. Há que atender aos costumes, há que se dirigir ao julgador e aos demais nos tempos e pelos modos próprios, há que adaptar inclusivamente as expressões e a linguagem à assembleia dos presentes, como em qualquer evento da vida social. Mas também há que saber ouvir e manifestar tolerância pelos pontos de vista e as afirmações com que não se esteja de acordo, e esperar sempre pela forma mais conveniente de expressar as discordâncias ou mesmo de reagir em conformidade. Tais preceitos são *le saufe conduit* das intervenções presenciais em Tribunal.

Causar uma impressão

Muito se pode dizer em tribunal sem que, ao cabo da intervenção do causídico, nada permaneça. Causar uma impressão não se trata de arrebatar a assembleia dos ouvintes, como uma onda que bate estrondosamente sobre um rochedo e depois se desvanece em espuma, não deixando afinal o menor vestígio. Causar uma impressão significa, aqui, deixar convicções e ideias impressas no espírito do julgador. E tal nem sempre é tarefa fácil, requerendo mais do que mera eloquência. Se uma imagem a duas dimensões já é uma forma de comunicação e de transmissão de informação susceptível de causar um impacto indelével em um destinatário, muito mais capacidade terá para o fazer que esteja na presença do julgador e possa com este interagir de viva voz. Daí, que o discurso directo represente sobretudo uma oportunidade singular de influir nas convicções íntimas do julgador que não deverá, portanto, ser desprezada. Será útil, no sentido de causar aquela impressão a que aludíamos, por exemplo concentrar parte do discurso em ideias chave, em *pièces de résistance* elegidas previamente e depois destacadas com muita acuidade e perspicácia. O fito requer sem dúvida saber de experiência feita, mas também ousadia.

Citando mais uma vez um nosso colega de profissão (a quem todos reconhecem a ousadia, aliás): «(...) *já Homero dizia, no século IX antes de Cristo, que a poesia é uma forma de colocar uma ideia na alma e que advogar é simplesmente isso: imprimir na alma do juiz a ideia de justiça. Ou não fosse o advogado um inspirador do juiz*»[25].

Convicção

Quem age ou intervém sem convicção dificilmente será convincente. Por isso, deve a convicção enformar cada intervenção do causídico. Uma convicção autêntica e intimamente ligada com o seu acreditar na justiça da causa pela qual pugna, aliás razão que deverá estar a montante da aceitação do patrocínio da mesma. A convicção aporta solidez e coerência ao discurso, revelando confiança no que se está a dizer, segurança na razoabilidade das convicções. É sem dúvida uma realidade que – de forma autónoma quanto aos argumentos de ordem objectiva – contribui para a sustentação e para a validação das afirmações. A convicção implica que o advogado seja firme, quando necessário, e mantenha a consistência das suas teses até final, pelo que se prende indissociavelmente com a pertinácia, que consideraremos de imediato.

Pertinácia

A litigância requer força anímica. E não uma força de explosão, ocasional e inconsequente, mas sim acompanhada da capacidade de resistência ou *endurance*. Insistir e persistir até ao limite do aceitável, não esmorecer perante os revezes iniciais ou as novas circunstâncias, pois que a tramitação do processo sempre tenderá a trazer novos obstáculos e contrariedades, configurando desafios às boas capacidades do causídico. Daí as expressões *batalha jurídica*, ou *luta nos tribunais*, que estão inculcadas na imagética do espírito colectivo. A contenda no tribunal dá-se pela colisão de forças opostas, pela discussão dialéctica onde continuamente se

---

[25] VEIGA, MIGUEL, *O Direito nas Curvas da Vida*, Concelho Distrital do Porto da Ordem dos Advogados, 2006, pp. 19.

encadeiam teses, antíteses e sínteses, acerca dos factos e acerca do Direito, até ao trânsito em julgado da decisão, ou mesmo à sua execução coerciva. Ora, a ausência de pertinácia de um dos lados, o simples esmorecimento das posições assumidas, ou a falta de continuação de uma dada actividade processual devida, propiciam o desequilíbrio e o desfavor da parte representada, embora nem sempre tal aconteça. Naturalmente que o que afirmámos não pode confundir-se com pura teimosia, ou a obstinação irracional e gratuita do mandatário.

Oportunidade e Pragmatismo

Intervir e tomar a palavra no momento certo e orientar o sentido da actuação em ordem a atingir resultados úteis, são questões que requerem um bom juízo prático do causídico, quando este está presente no tribunal. Uma simples palavra no momento certo – enquanto decorre uma dada diligência processual –, um incidente, um requerimento, uma iniciativa, podem fazer inflectir o curso dos acontecimentos para uma direcção desejada. E o contrário também sucede, exigindo pois a concentração máxima e a argúcia do advogado. Acerca de: quando se manifestar e em que sentido; quando deve, pelo contrário, revelar tolerância por afirmações diversas da parte contrária ou tolerar a decisão de um incidente que tenha sido contrária aos interesses prosseguidos; quando manifestar imediata oposição e mesmo quando interromper; quando reprimir uma vontade natural de intervir.

Faça-se ouvir

Fazer-se ouvir é uma arte, que aqui pouco mais significa do que captar a atenção de quem nos ouve, mormente a dos julgadores. E captar a atenção dos nossos destinatários não envolve apenas as preocupações de oportunidade e de postura que já referimos, mas ainda a delicados trâmites comunicacionais e cognitivos. Nomeadamente: (1) Fazer afirmações breves, por meio de frases simples e imediatamente inteligíveis; (2) Sintetizar, em lugar de discorrer em grandes alocuções onde se dispersa a reflexão dos ouvintes; (3) Gerir o tempo, pois ninguém mantém a sua melhor atenção indefinidamente; (4) Não ser repetitivo, e recuperar ideias apenas pontualmente e com parcimónia; (5) Criar desafios e espaços duvidosos, para adivinhar as questões íntimas de quem nos escuta e rapidamente lhes indicar a melhor resposta; (6) Usar tonalidades de voz variadas, em função do teor do discurso e falar em volume audível (alto e bom som); (7) Ser assertivo, consequente e imprimindo ritmo às considerações, progredindo equilibradamente nas ideias expotas; (8) Variar o discurso, torná-lo vivo e, claro está, parar se necessário, até ser novamente ouvido com a atenção necessária.

PARTE III – Conclusão

10) VINTE PEÇAS PROCESSUAIS PARA ILUSTRAÇÃO PRÁTICA

Foi necessária alguma abnegação para empreendermos um livro com as características deste, pelo qual se exporá adiante o produto do nosso trabalho profissional à apreciação crítica. Entendemos, no entanto, que a única via adequada para proporcionarmos a *compreensão integrada* das considerações que vimos fazendo – mormente acerca da importância determinante da escrita na configuração do processo judicial em si mesmo – seria a da apresentação pontual de nossas próprias peças processuais, que hajam sido efectivamente oferecidas em tribunal[26]. Ou sejam, textos que têm a particularidade de haverem passado da abstracção do pensamento do causídico à incorporação nos autos, embora surjam neste livro naturalmente expurgadas das referências pessoais de cada caso concreto.

Parece-nos ainda hoje mais conveniente fazer assim a ilustração devida, ao invés de apresentar minutas gerais e abstractas (as quais já se vão tornando abundantes em compilações publicadas). Fazemos voto de que tenham alguma utilidade para o leitor, pois não há nada como consultar o próprio texto que permanece para sempre sepultado no processo arquivado, no secretismo da secretaria judicial. Esperemos que a nossa decisão não seja tomada por manifestação exibicionista, até porque serão certamente abundantes as imperfeições que nas peças seguintes poderão ser encontradas. Porém, desde que um colega de profissão consiga retirar algum benefício das mesmas, já o nosso desígnio se terá justificado.

---

[26] Daí que as peças processuais obedeçam aos requisitos previstos na legislação em vigor à data da distribuição e/ou junção aos autos das mesmas junto das autoridades competentes e dos tribunais.

Não obstante ser imperscrutável qual foi o eventual efeito das peças processuais em causa no desfecho final de cada respectivo processo, iremos deliberadamente apresentar apenas algumas das que, pelo menos, vieram a ser incluídas em casos de litigância para nós *bem sucedida*. De resto, e adaptando-nos por força das circunstâncias à boa economia da obra, a selecção obedece à preocupação de expormos somente exemplos que contenham elementos esclarecedores do que até aqui afirmámos, ainda que imperceptíveis a um primeiro olhar desatento.

I. INTERVENÇÃO EM PROCESSO CONTRA-ORDENACIONAL

Parque Natural ___
Processo de Contra-ordenação n.º ___
V/Ref.ª Interna ___

        Exma. Senhora Presidente
        da Comissão Directiva (em gestão)

SOCIEDADE ___ LDA, arguida nos autos de Contra-Ordenação acima identificados, tendo sido notificada em ___ do teor do Ofício datado de ___ por via do qual se configura a aplicação de coima(s) pela prática de contra-ordenação, vem, ao abrigo do disposto no art. 50.º do Regime Geral das Contra-Ordenações (D-L 433/82 de 27.10 na sua actual redacção) e nos termos do art. 59.º do Código do Procedimento Administrativo, muito respeitosamente oferecer a V. Exa. a sua RESPOSTA ESCRITA, o que faz nos termos e com os fundamentos seguintes:

NULIDADE DO PROCEDIMENTO AUTUADO

        1.º

Os presentes autos padecem de vício de forma por irregularidade orgânica da própria entidade autuante, uma vez que, nos termos do art. 5.º do Decreto Regulamentar n.º 28/95 de 18 de Novembro, a entidade autuante (Comissão Directiva do Parque Natural ___) é um órgão necessariamente colegial, cujas deliberações de natureza contra-ordenacional devem ser tomadas por deliberação colegial, cabendo às Câmaras Municipais de ___ e ___ o direito a nelas ser ouvidas, e inexiste nesta data a investidura de todos os seus membros legalmente integrantes.

2.º

O que está longe de ser o incumprimento de uma mera formalidade, uma vez que não foi de forma despicienda que o legislador previu tal requisito de colegialidade, sobretudo porque as autarquias são partes absolutamente indispensáveis nas considerações ambientais da Comissão Directiva em causa, sendo ainda, aliás, também elas próprias e por si só competentes para a fiscalização do cumprimento das normas ambientais, conforme disposto no art. 21.º do D-L n.º 140/99 de 24.04, a par do Instituto de Conservação da Natureza (entidade da qual o Parque Natural do Vale do Guadiana é serviço local).

3.º

Assim sendo e nos termos conjugados dos mencionados preceitos e da alínea a) do n.º 2 do art. 133.º do Código do Procedimento Administrativo, são os presentes autos nulos e de nenhum efeito, por vício de forma que importa a nulidade, o que desde já se invoca ao abrigo do disposto no art. 134.º deste último diploma.

4.º

Em acréscimo, e pela falta de fundamento legítimo dos presentes autos, como melhor se demonstra *infra*, os presentes autos constituem um ofensa injustificada ao princípio da livre administração da Propriedade Privada, consagrado no ordenamento jurídico nacional, *maxime* no próprio art. 62.º da Constituição da República Portuguesa.

5.º

Assim sendo e nos termos conjugados do art. 62.º da Constituição da República Portuguesa e do art. 4.º e alínea d) do n.º 2 do art. 133.º ambos do Código do Procedimento Administrativo, são os presentes autos nulos e de nenhum efeito, por vício material que importa a nulidade, o que desde já se invoca ao abrigo do disposto no art. 134.º deste último diploma.

FALTA DE FUNDAMENTO DO PROCEDIMENTO AUTUADO

5.º

Terão eventualmente nascido de um equívoco os presentes autos, porque desde logo nos mesmos se parte do pressuposto de que a arguida, no seu pedido de Parecer apresentado no Parque Natural ___ em ___, requereu qualquer acto de licenciamento, o que não aconteceu.

6.º

E não aconteceu por a arguida ter entendido <u>não carecer de autorização</u> por parte do Instituto de Conservação da Natureza (entidade da qual o Parque Natural ___ é serviço local) para o efeito,

7.º

pedido de licenciamento esse que, a existir e a dirigir à autoridade competente, daria origem ao pagamento de uma taxa, nos termos legais – o que não foi o caso.

8.º

Ora, tal equívoco quanto ao pedido de Parecer apresentado pela arguida em ___, constata-se de imediato pelo facto de em ___ <u>inusitadamente</u> o Parque Natural ___ a ter notificado de um pretenso e suposto *"indeferimento"*...

9.º

Contudo, nos termos do n.º 1 do art. 8.º do D-L n.º 140/99 de 24.04, conjugado com o n.º 8 do art. 7.º do mesmo diploma, <u>só para efeitos de um acto de licenciamento</u> é que o Parecer do Parque Natural ___ poderia ser <u>constitutivo de direitos ou juridicamente eficaz</u> no sentido de não permitir à arguida a prática de qualquer acto que carecesse de Licença.

10.º

De onde resulta que, <u>não é pelo facto de – prudentemente – a arguida ter voluntariamente consultado o Parque Natural ___</u>, para efeitos meramente informativos como é sua faculdade ao abrigo do disposto na alínea a) do n.º 1 do art. 7.º do Código de Procedimento Administrativo, <u>que daí poderia alguma vez resultar o efeito de lhe haver sido **negada** qualquer Licença.</u>

11.º

Em suma, não foi pedida qualquer Licença pela arguida ao Instituto de Conservação da Natureza (nem também ao Parque Natural ___), razão pela qual não lhe foi juridicamente negada qualquer Licença, para atribuição da qual devesse aquela lançar mão dos direitos de recurso consignados no n.º 4 do art. 17.º do D-L n.º 19/93 de 23.01 e no n.º 9 do art. 7.º do D-L n.º 140/99 de 24.04.

12.º
Assim se esclarece desde logo o equívoco constante do **ponto n.º 3 do Ofício Acusatório** a que se responde,

13.º
até para que dúvidas não subsistam quanto ao facto de a arguida não ter agido de má-fé nem ter desrespeitado qualquer indeferimento válido de acto de licenciamento, por inexistência do pedido de Licença.

14.º
Em todo e qual quer caso, o facto que permanece é que a arguida não violou qualquer preceito legal ou norma ambiental, o que deverá conduzir ao arquivamento dos presentes autos, como se passa a demonstrar.

15.º
A arguida é uma sociedade agro-pecuária que, em conjunto com a ___ LDA, explora a «Herdade ___» sita na freguesia de ___, concelho de ___.

16.º
A herdade em causa tem cerca de 1.100,0000 ha. (mil e cem hectares).

17.º
Nela, a arguida emprega 19 (dezanove) trabalhadores e cuida de 120 (cento e vinte) porcos pretos, 2.000 (duas mil) ovelhas, e ainda de 50 (cinquenta) veados, produzindo cerca de 300.000 (trezentos mil) litros de leite de ovelha e laborando 42 (quarenta e duas) toneladas de Queijo ___ DOP por ano, pautando toda a sua actividade agrícola pelo respeito do meio ambiente e da preservação das espécies, em harmonioso equilíbrio com a Natureza – o que não é fantasiosa poesia mas uma realidade por todos constatada como melhor se retira do documento emitido por Sua Excelência o Presidente da Câmara Municipal de ___ que aqui se junta e se dá por integralmente reproduzido (***Doc. n.º 1.***).

18.º
Naqueles 1.100,0000 ha. (mil e cem hectares), situam-se as parcelas n.º 1, n.º 2, n.º 3 e n.º 4, com cerca de 63,6200 hectares de área, composta por "Cultura Arvense" e na qual se produz essencialmente pastagem para o gado, semeando-se cevada e azevém.

19.º
Tal zona da herdade foi há muito desmatada, para nela se semear e produzir pastagem, com sementeira e,

20.º
também desde data muito anterior à da criação do próprio Parque Natural ___, que a herdade em questão já beneficiava de "rega de chuveiro" (queda livre) pela água de uma barragem existente no Rio Guadiana, que dá para a herdade.

21.º
Ora, na verdade os trabalhos de instalação de um pivot de rega levados a cabo pela arguida a que se reportam os presentes autos consistiram em:

a) instalação de um posto eléctrico de alta tensão, pela EDP;
b) nstalação de pequena barragem e colocação de tubagem no subsolo.

22.º
Isto, para a rega de um reduzido perímetro total de 18 ha. daquelas mencionadas parcelas da herdade, destinada a produção de pastagem, como se assinala na fotografia aérea (P3) aqui anexa que aqui se dá por reproduzida (**_Doc. n.º 2_**).

23.º
Como decorre da natureza das coisas, ainda que tal importasse uma mínima alteração das características superficiais do solo naquele perímetro, o certo é que isso em nada prejudica as espécies protegidas do Parque, por um lado, e, por outro lado acresce a bem visível possibilidade de contorno fácil da área em causa, quer por vôo, quer por via terrestre, por parte de toda a espécie de aves.

24.º
Porém, em rigor aqueles trabalhos levados a cabo pela arguida em nada violaram as disposições legais mencionadas nos Autos de Contra--Ordenação a que se responde.

25.º
Isto porque, por um lado, **não se procedeu a qualquer alteração do uso do solo**, o qual continuou exactamente a ser aproveitado para **sementeira de pastagem**, tal como antes.

26.º
Apenas se tendo limitado – com recurso a meios financeiros próprios e a investimento na actividade agrícola – ao melhor aproveitamento dos recursos hídricos já existentes, dentro do mesmo uso e da mesma finalidade – pois não se procedeu a alteração de culturas (como p.ex. para arroz, tomate ou girassol).

27.º
Por outro lado, **não se instalaram novas actividades** agrícolas, nem florestais nem pecuárias, como atesta o próprio antigo responsável da Zona Agrária de ___ no documento que aqui se junta e se dá por integralmente reproduzido (***Doc. n.º 3***).

28.º
Antes se tendo, no âmbito da **mesma actividade agro-pecuária**, dado melhor uso à terra em pleno período de grave seca decorrente da falta de pluviosidade que se regista em Portugal e que assola o Alentejo especialmente, desde o Verão de 2004.

29.º
Portanto, a arguida não violou qualquer um dos preceitos legais mencionados no **ponto n.º 2 do Ofício Acusatório a que se responde**.

30.º
Assim sendo, é injusta, imerecida e em todo o caso sempre seria desproporcionada, a qualificação da actuação da arguida como actuação contra-ordenacional mencionada no **ponto n.º 4 do Ofício Acusatório a que se responde**,

31.º
uma vez que, <u>sem violar qualquer preceito legal</u>, a arguida se limitou a "não cruzar os braços" em período de seca e, no pleno respeito pelas normas ambientais, rentabilizar os recursos hídricos exercendo o mesmo uso do solo e a mesma actividade agrícola na zona dos 18 ha. que passaram a ser regados com maior eficiência.

32.º
De resto, a actuação da entidade autuante violou os princípios da imparcialidade e da igualdade, previstos nos arts. 13.º da Constituição da República Portuguesa e 6.º do Código do Procedimento Administrativo.

33.º
Pois na mesma zona agrícola, o recurso a pequenos pivots de rega tem sido admitido a vários terceiros por todas as entidades administrativas competentes, como aliás <u>já o foi à arguida pela entidade autuante em data anterior</u>, considerando quanto ao impacto de tais condutas que: «(...) ***considera-se que o impacto não seja relevante em termos objectivos de conservação do parque natural*** (...)». (***<u>Doc. n.º 4</u>***).

Nestes termos, uma vez promovidas as diligências de instrução que ao caso melhor se afigurem, deverão os autos ser objecto de Arquivamento.

Ficando no entanto ao inteiro dispor de V. Exa. para esclarecer o que necessário for, **requer as seguintes diligências de Instrução**:

- Sejam levados a cabo os mais adequados procedimentos de avaliação de impacto ambiental, face à constatação efectiva das espécies avícolas existentes na herdade;
- Inquirição das seguintes testemunhas, todas a apresentar:

(...)

Junta 4 (quatro) documentos e procuração
E.D.

O ADVOGADO

II. OPOSIÇÃO A DESPACHO DE REVERSÃO FISCAL

DGCI
Serviço de Finanças de ___
Processo n.º ___

       Exmo. Senhor
       Chefe de Finanças

  ___, NIF ___, notificado nos autos à margem identificados, em que é executada ___ LDA (NIPC ___), para se pronunciar sobre o <u>projecto de Despacho de Reversão</u>, vem, ao abrigo do disposto no n.º 4 do art. 23.º e art. 60.º da L.G.T., manifestar a sua **Oposição**, o que faz nos termos e pelos fundamentos seguintes:

1.º

Efectivamente, à data a que se reporta a dívida exequenda o oponente constava como um dos gerentes da executada ___ LDA no respectivo Registo Comercial, por ter a qualidade de sócio (matrícula n.º ___ da Conservatória do Registo Comercial de ___). Porém,

2.º

Inexiste, por parte do oponente, qualquer obrigação de pagar a dívida exequenda, por diversa ordem de razões.

3.º

Desde logo, porque o oponente nunca exerceu na referida sociedade qualquer acto de administração ou de gerência, apesar de constar como gerente.

4.º
Aliás, a sociedade dispunha de **três gerentes** e apenas bastava a <u>intervenção e assinatura de</u> **dois** deles para obrigar a sociedade, como decorre do respectivo pacto social e se retira da certidão do Registo Comercial que aqui se junta (***Doc. n.º 1***).

5.º
E, na verdade, quem deu o giro à sociedade e praticou todos os actos de gerência sempre foram os outros dois gerentes, ___ e ___.

6.º
Designadamente e no período a que se reportam as dívidas exequendas, sempre foram aqueles outros dois gerentes ___ e ___ quem:

a) davam balanço e contas à actividade social;
b) administravam o património da sociedade, decidiam o pagamento de despesas e recebiam e davam destino a quaisquer receitas;
c) movimentavam contas bancárias e assinavam cheques da sociedade;
d) assinavam e rubricavam toda a correspondência da sociedade;
e) contactavam com quaisquer terceiros em nome da sociedade;
f) procediam a negociações e a contratações em nome da sociedade;
g) procediam à contratação de pessoal, chefiavam-no e exerciam todos os poderes de facto de direcção e supervisão;
h) assinavam e rubricavam toda a documentação dirigida à Segurança Social, aos Serviços do IVA e às demais repartições públicas e administrativas, preenchendo e entregando declarações de âmbito fiscal (início de actividade, declarações de IVA) e de âmbito de Segurança Social (folhas de remunerações, mapas de pessoal, descontos).

7.º
Pelo contrário, nunca o ora oponente tomou ou sequer participou em qualquer decisão relativa à administração corrente ou extraordinária daquela sociedade, nem subscreveu qualquer documento relativo ao giro social da mesma, nomeadamente qualquer um dos actos descritos no artigo anterior.

8.º
Na verdade, a própria circunstância de ser ainda sócio (minoritário) da referida sociedade, deveu-se unicamente ao facto de ter acedido à <u>solicitação nesse sentido do seu pai,</u> ___, o qual conhecia e tinha contacto diário com os referidos outros dois sócios-gerentes ___ e ___.

9.º
Isto, porque na altura em que foi constituída a sociedade executada, o pai do oponente era trabalhador dependente do BANCO ___ SA, exercendo funções no Serviço de ___ do Banco, o que o impedia de ser sócio na ___ LDA (***Doc. n.º 2***).

10.º
Portanto, também só nominativamente o oponente era sócio na executada ___ LDA, pois quem tomava todas as decisões respeitantes à quota social por si detida era o seu pai ___.

11.º
De resto, nunca o ora oponente teve qualquer contacto com a actividade social desenvolvida pela sociedade executada, sendo este actor de profissão, com o curso da Escola ___.

12.º
Assim, verifica-se que o ora oponente será parte ilegítima numa execução em caso de reversão, uma vez que não se verificam os respectivos pressupostos:

a) a prática de pelo menos um acto de gerência efectiva/gerência de facto;
b) nexo de causalidade entre actos de gerência e a dívida exequenda, que é social;
c) culpa, verificada em actos de gerência efectiva/gerência de facto.

13.º
Neste sentido, *vide* os arts. 23.º e 112.º da L.G.T. e ainda:

- Ac. STA de 2-10-1992 (R.13 359), em Acs. Dout. do STA, 367, 891;

- Ac. STA de 22-9-1993 (R.16 070), em Bol. da DGCI (Ciência e Técnica Fiscal), 376, 211;
- Ac. STA de 16-4-1997 (R.21 505), em BMJ, 466, 330.

14.º
Acresce que, em ___, o ora oponente fez questão de levar a registo a sua renúncia à gerência, <u>o que automaticamente o isenta de responsabilidades quanto ao período posterior a esta última data</u> (***Doc. n.º 3 e Doc. n.º 4 cuja junção protesta***).

15.º
Por último, nunca o ora oponente analisou ou dispôs de qualquer elemento de contabilidade da sociedade executada, pelo que se vê hoje impedida de impugnar de facto a dívida exequenda.

16.º
O ora oponente propõe-se à prova de tudo quanto deduziu em sua defesa.

Nestes termos,
Face ao exposto e articulado, não há lugar a responsabilidade tributária subsidiária por parte do oponente, pelo que a presente oposição deve ser admitida e julgada procedente, proferindo-se Desapacho de Reversão apenas contra os demais gerentes da executada.

TESTEMUNHAS:
(...)

JUNTA: 3 (três) documentos, procuração forense e duplicados legais.

PROTESTA JUNTAR: 1 (um) documento.

O ADVOGADO

III. REQUERIMENTO INICIAL DE REGULAÇÃO DE PODER PATERNAL

Exmo. Senhor Juiz do Tribunal
de Família e de Menores
de ___

___, NIF ___, casado sob regime da separação de bens e residente na Rua ___, em Lisboa, vem, ao abrigo dos arts. 175.º e 183.º da L.O.T.M. e do art. 1909.º do Código Civil, requerer a **Regulação do Poder Paternal** sobre os seus filhos menores ___ e ___, o que promove contra sua mulher ___, actualmente residente na Rua ___, em Pavia, o que faz nos termos e com os fundamentos seguintes:

DO ENQUADRAMENTO FAMILIAR E CIRCUNSTANCIAL

1.º

Requerente e a Requerida casaram em ___ 1992 e passaram a residir ambos na Rua ___, em Lisboa, desde 1999 até ao presente ano de 2004, ali estabelecendo assim a respectiva Casa de Morada de Família – vide a Certidão narrativa completa do respectivo Assento de Casamento que aqui se junta (***Doc. n.º 1 e Doc. n.º 2***);

2.º

Da união entre ambos nasceram os seus filhos menores que sempre residiram com ambos os pais, a saber:

a) ___, nascido em ___ de 1993, conforme Assento de Nascimento que aqui se junta (***Doc. n.º 3***);

b) e ___, nascida em ___ de 1994, conforme Assento de Nascimento que aqui se junta (***Doc. n.° 4***).

3.°
Até Maio de 2003, os Requerido e Requerida tinham as suas economias pessoais depositadas numa única conta bancária com o NIB ___, aberta na Agência do Banco ___ da Av. ___ (vide ***Doc. n.° 5 e seus documentos anexos***).

4.°
Em Maio de 2003, aquela conta de que ambos eram contitulares solidários apresentava ainda, fruto da poupança dos **vencimentos de ambos**, um saldo de EUR: 128.766,06 em carteira de títulos (vide ***Doc. n.° 5 e seus documentos anexos***).

5.°
«Às ocultas» e sem informar o Requerente, em Agosto de 2003 a Requerida movimentou a totalidade daquele saldo para uma outra conta bancária de que ela é a única titular, na mesma Agência da ___ do Banco ___ (vide ***Doc. n.° 5 e seus documentos anexos***).

6.°
E, em Setembro de 2003, a Requerida abordou pela primeira vez o Requerente com o assunto do seu divórcio amigável(!).

7.°
Desde Setembro de 2003 até ao início do mês de Junho de 2004, o Requerente e a Requerida discutiam por intermédio dos seus advogados os termos de um possível divórcio por mútuo consentimento, mantendo contudo a unidade familiar, pois viviam na Casa de Morada de Família com os seus dois filhos.

DO ABANDONO DO LAR POR PARTE DA REQUERIDA EM 6 DE JUNHO DE 2004

8.°
Porém, cerca das 6 horas da madrugada de dia **6 de Junho de 2004 (Domingo)**, sem qualquer razão ou causa aparente, a Requerida (mãe)

Parte III – Conclusão

irrompeu pelo quarto de dormir onde se encontravam o Requerente (pai) e os seus filhos, tendo-os acordado com gritos.

9.º

Acto contínuo e sem qualquer provocação ou causa aparente, a mãe tentou agredir fisicamente o pai com joelhadas e gritou-lhe:

– Você nunca me bateu! Bata-me agora!! – **o que se passou na presença de ambos os menores**.

10.º

Apesar da notória intenção de provocar qualquer reacção violenta no Requerente, este manteve a calma e conseguiu acalmar também a Requerida.

11.º

Mais tarde e sem avisar ou dar qualquer satisfação ao pai, **a mãe abandonou nesse dia a Casa de Morada de Família, por volta das 19H00, e nunca mais regressou ao lar familiar**.

12.º

Contudo, o que é muito mais grave, <u>**levou consigo o seu filho ___ e hospedou-o no Hotel ___, em Lisboa, apenas na manhã de Segunda-feira, dia 7 de Junho de 2004, desconhecendo-se até hoje onde passaram a noite**</u>.

13.º

Até às 8H00 horas do dia 7 de Junho de 2004, o pai não sabia onde parava o seu filho ___, apesar de se ter deslocado à 17.ª Esquadra da PSP de Lisboa, de ter procurado o filho em diversos pontos de Lisboa e Cascais e de ter telefonado para todos os familiares da mãe que pudessem dizer onde ela se encontrava.

14.º

Foi por ter acedido pela Internet ao site do Banco ___ que o pai conseguiu, cerca das 8H00 horas de dia 7, certificar-se de uma despesa no mencionado hotel e mais tarde certificar-se que a mãe levara o seu filho ___ para ali, por um telefonema que fez para a recepção do hotel.

15.º
No dia 7 de Junho e novamente sem nada comunicar ao pai, a mãe abandonou o concelho de Lisboa e partiu de viajem para Évora, e mais tarde para Pavia, onde se instalou com o filho ___ – **fazendo-o assim faltar às aulas e aos testes de Matemática e de Educação Visual e Tecnológica que estavam marcados para os dias 7 e 8 de Junho de 2004.**

16.º
Com a descrita atitude absolutamente irresponsável, **a mãe lesou e lesa hoje ainda gravemente os interesses e o equilíbrio psicológico dos seus dois filhos menores.**

17.º
Somente foi posto cobro a esta situação no dia 10 de Junho (feriado), porque o pai se deslocou a Pavia, onde se encontrou com o seu filho ___ que não via há já quatro dias e conseguiu trazê-lo de volta para a Casa de Morada de Família.

18.º
No dia 11 de Junho, o pai levou o filho ___ de volta à sua escola, o ___, onde já tinha combinado com o Coordenador de Ciclo e a Directora de Turma como seriam regularizadas as obrigações escolares e a situação «absentista» do seu filho.

19.º
Na verdade, desde há muitos anos a mãe padece de patologia psiquiátrica, enquadrável num síndroma maníaco-depressivo (doença bipolar), que a sujeita a ter de tomar medicação diária para compensar a flutuação das suas emoções («Haldol», «Priadel», «Valium», «Valdispert», «Lexotan», «Fluoxetina – Ratiopharm», e outros).

20.º
Crê-se que tal patologia teve origem hereditária, por parte do pai da Requerida.

21.º
Todavia, o que é um facto é que a Requerida tem muitas vezes um **comportamento imprevisível, com graves crises e grandes oscilações**

de humor (euforias e depressões), tendo já sido sujeita a internamento psiquiátrico no hospital ___, no Verão do ano de 2001.

22.º
Além disso, a mãe não tem trabalho desde 2002 e demonstrou ter falta de equilíbrio psicológico e comportamental e do bom senso necessários para prover a uma boa educação dos filhos, como se retira das atitudes descritas neste articulado.

23.º
A mãe abandonou, de sua livre e espontânea vontade, o lar conjugal em 6 de Junho de 2004 e não mais regressou, pelo que **abandonou ambos os filhos aos cuidados do pai**.

24.º
Pelo contrário, o pai tem um óptimo relacionamento com os seus dois filhos, zelando permanentemente pela sua estabilidade e apoio diário, sendo ele quem vai pôr os seus filhos à escola e levar e buscar às várias actividades circum-escolares.

25.º
É também o pai quem tem as boas características morais e o equilíbrio psicológico e comportamental necessários e as condições patrimoniais convenientes para prover, sozinho, ao sustento e à boa educação dos seus dois amados filhos

26.º
O pai aufere rendimentos regulares do seu trabalho e é, nomeadamente, comproprietário da Casa de Morada de Família onde reside com os seus filhos, partilhando tal titularidade com o seu irmão.

27.º
Portanto, é do interesse dos menores e no sentido da sua melhor situação e desenvolvimento futuro que o Poder Paternal seja confiado ao pai, mantendo com os seus filhos a residência na Casa de Morada de Família,

28.º

uma vez que o divórcio entre o Requerente e a Requerida é uma realidade desejada por ambos há muito e longos meses, sendo absolutamente irreversível.

Nestes termos e nos previstos nos arts. 1905.º, 1906.º e 1909.º do Código Civil, encontrando-se pai e mãe hoje separados de facto, requer a Regulação do Exercício do Poder Paternal de ambos os filhos por forma a que:

a) ambos fiquem imediatamente entregues à guarda e cuidados do pai, situação de facto que já ocorre por decisão exclusiva da Requerida;
b) seja fixado um regime de visitas aos filhos por parte da Requerida, sempre que o desejar aos fins-de-semana, entre as 10H00 e as 18H00 na Casa de Morada de Família e na presença do Requerente ou de um familiar;

Para tanto, requer a V. Exa. se digne convocar o Requerente e a Requerida para a Conferência prevista no art. 175.º da L.O.T.M.

TESTEMUNHAS A NOTIFICAR:
(...)

TESTEMUNHAS A APRESENTAR:
(...)

VALOR: EUR: 128.766,06 (cento e vinte e oito mil setecentos e sessenta e seis euros e seis cêntimos)

JUNTA: 5 (cinco) documentos e procuração.

O ADVOGADO

IV. QUEIXA CRIME POR BURLA E ABUSO DE CONFIANÇA QUALIFICADOS

Directoria-Geral da
Polícia Judiciária de ___

___, NIF ___, solteiro, maior, portador do Bilhete de Identidade n.º ___, residente na Rua ___, vem denunciar, apresentar queixa e requerer procedimento criminal contra o arguido:

- ___, portador do Bilhete de Identidade n.º ___, emitido em ___, pelo Arquivo de Identificação Civil e Criminal de Lisboa, residente na Rua ___, em Lisboa, filho de ___;

pela prática dos crimes de <u>Burla Qualificada</u>, p.p. no art. 218.º, n.º 2, alíneas a) e b) do Cód. Penal e <u>Abuso de Confiança Qualificado</u>, p.p. no art. 205.º n.º 4, alínea b) do Cód.Penal, ambos cometidos em regime de <u>crime continuado</u>, o que faz nos termos e com os fundamentos seguintes:

OS FACTOS

1.º
O queixoso conheceu o arguido em Setembro de ___.

2.º
Naquela data, o queixoso gozava a sua "Viagem de Finalistas" do curso de licenciatura que concluíu em ___ do ___, realizada à República Dominicana e à República do México.

3.º

O arguido foi o "guia turístico" daquela viagem de finalistas, designado pela agência de viagens promotora e, nessa qualidade, prontamente se familiarizou com todo o grupo de amigos do queixoso.

4.º

Nos anos seguintes, o arguido reiterou o convívio com o grupo de amigos do queixoso e este passou considerá-lo como pessoa de confiança.

5.º

Em todas as ocasiões o arguido mostrava dispor de grandes meios de fortuna, fazendo grandes dispêndios, dizendo-se envolvido em operações de investimento muito avultadas e dizendo-se titular de rendimentos de capital aplicado no estrangeiro, nomeadamente na Austrália.

6.º

O arguido referiu por diversas vezes ao queixoso e aos seus amigos que vivia de rendimentos de capital, desde que herdara uma grande fortuna do seu falecido pai, e que era titular de um depósito bancário numa dependência *Off Shore* do Banco ___, sita em Nassau, nas Bahamas, na qual tinha depositado para cima de um milhão de contos.

7.º

Em data que o queixoso não pode precisar, mas seguramente em finais de ___, o arguido propôs a um amigo daquele, ___, que, se este estivesse interessado em beneficiar das condições daquele depósito de capitais na referida dependência *Off Shore* do Banco ___, sita em Nassau, nas Bahamas, deveria entregar-lhe algum dinheiro para o efeito.

8.º

Para tanto, o arguido referiu a ___ que, qualquer quantia que este viesse a depositar na referida conta *Off Shore*, seria remunerada com o juro de 2,5% (dois e meio por cento) ao mês, equivalente a 30% (trinta por cento) ao ano.

9.º

Assim, o mencionado amigo do queixoso ___ entregou ao arguido um montante em escudos, cujo valor se desconhece, e efectivamente aquele passou a receber deste uma retribuição mensal de 2,5% (dois e meio por cento) por mês.

10.º

Mais tarde, em Janeiro de ___, o arguido abordou o queixoso e propôs-lhe igualmente que, se este estivesse também interessado em beneficiar das condições do mesmo depósito de capitais na referida dependência *Off Shore* do Banco ___, sita em Nassau, nas Bahamas, este deveria entregar-lhe algum dinheiro para o efeito – tanto quanto ele quisesse ou pudesse.

11.º

E, a fim de melhor convencer o queixoso, o arguido disse-lhe ainda que o seu amigo comum ___ fizera o mesmo e já estava a receber mensalmente o referido juro de 2,5% (dois e meio por cento) ao mês, equivalente a 30% (trinta por cento) ao ano, calculado sobre o capital entregue.

12.º

Na sequência da abordagem do arguido, o queixoso conversou com ___ e este confirmou-lhe ter entregue algum dinheiro ao primeiro para a operação acima descrita e confirmou também que estava a receber do arguido uma remuneração equivalente a 2,5% (dois e meio por cento) ao mês do capital entregue, mostrando-se plenamente satisfeito.

13.º

Nestas circunstâncias e tendo-se assim assegurado da seriedade do arguido junto de ___, o queixoso decidiu também entregar ao primeiro algum dinheiro que tinha economizado, a fim de este valor vir a beneficiar das mesmas condições no referido depósito bancário titulado pelo arguido na mencionada dependência *Off Shore* do Banco ___, sita em Nassau, nas Bahamas, ou seja, com o intuito de receber aquele juro remuneratório mensal de 2,5% (dois e meio por cento).

14.º

Com aquela finalidade, em 24 de Janeiro de ___ o queixoso entregou ao arguido o cheque n.º ___, sacado sobre a sua conta n.º ___ na dependência de ___ da CAIXA ___, no valor de Esc. 4.000.000$00 (quatro milhões de escudos) (***Doc. n.º 1***).

15.º
Por sua vez, o arguido fez sua aquela quantia, depositando-a numa conta de que era titular, presumivelmente no Banco ___, em Lisboa, numa conta com o NIB ___.

16.º
Depois, no final do mês seguinte, em 28 de Fevereiro de ___, o arguido transferiu da sua conta no Banco ___, com o NIB ___, o valor de Esc. 100.000$00 (cem mil escudos) para a conta titulada pelo queixoso n.º ___ na dependência de ___ da CAIXA ___ (***Doc. n.º 1***).

17.º
O arguido referiu então ao queixoso que, aquele valor de Esc. 100.000$00 (cem mil escudos) era o juro mensal de 2,5% (dois e meio por cento), correspondente ao mês de Fevereiro, quanto ao valor entregue e depositado na mencionada dependência *Off Shore* do Banco ___, sita em Nassau (Bahamas).

18.º
Em 7 de Abril, o arguido transferiu novamente da sua conta no Banco Espírito Santo, com o NIB ___, o valor de Esc. 100.000$00 (cem mil escudos) para a conta titulada pelo queixoso n.º ___ na dependência de ___ da CAIXA ___ (***Doc. n.º 2***).

19.º
E referiu uma vez mais ao queixoso que aquele valor de Esc. 100.000$00 (cem mil escudos) era o juro mensal relativo a de Março de ___.

20.º
Entusiasmado com os resultados obtidos e sob nova solicitação do arguido, em 22 de Abril de ___, o queixoso entregou-lhe o cheque n.º ___, sacado sobre a sua conta n.º ___ na dependência de ___ da CAIXA ___, no valor de Esc. 2.900.000$00 (dois milhões e novecentos mil escudos) (***Doc. n.º 2***).

21.º
E, em 12 de Setembro de ___, o queixoso entregou ao arguido o cheque n.º ___, sacado sobre a sua conta n.º ___ na dependência de ___

da CAIXA ___, no valor de Esc.1.000.000$00 (um milhão de escudos) (***Doc. n.º 3***).

22.º
E, efectivamente, o arguido continuou sempre a transferir mensalmente para o queixoso um valor equivalente a 2,5% (dois e meio por cento) do total do capital entregue por este, o que foi fazendo para a referida conta do mesmo, a conta n.º ___ na dependência dos Olivais da CAIXA ___.

23.º
Assim, o arguido criou no queixoso a perfeita convicção de que todo o dinheiro que este lhe entregasse era depositado na mencionada dependência *Off Shore* do Banco ___, sita em Nassau, nas Bahamas...

24.º
...e que esse mesmo dinheiro era remunerado por esta instituição com um juro de 2,5% (dois e meio por cento) por mês...

25.º
...continuando o queixoso a ser o "dono do seu dinheiro", embora estivesse depositado em nome do arguido.

26.º
Isto, porque expressamente o arguido sempre referiu ao queixoso que, quando quisesse o seu dinheiro de volta ou precisasse dele para alguma finalidade, era só pedir-lhe que aquele imediatamente o devolveria.

27.º
De resto, para traquilizar o queixoso quanto à segurança do dinheiro que este até então já lhe entregara, em 25 de Setembro de ___ o arguido emitiu uma declaração pela qual se comprometia a devolver àquele todas as quantias entregues até à data, bem como emitiu um cheque no valor de Esc. 8.000.000$00 (oito milhões de escudos) pré-datado para daí a um ano, o cheque n.º ___ sacado sobre a conta ___ do Banco ___, para servir como garantia da sua palavra e da sua honestidade (***Doc. n.º 4, Doc. n.º 5 e Doc. n.º 6***).

28.º
Em simultâneo com estes factos e até ao mês de Maio do ano ___, o arguido e o queixoso continuaram a conviver como amigos, conjuntamente com o mencionado ___ e com muitos outros amigos comuns.

29.º
Chegando mesmo a viajar em conjunto: em Janeiro de ___ para o Brasil; em Fevereiro de ___ para as Filipinas; e em Agosto de ___ para os Estados Unidos da América.

- Juntam-se duas fotografias para melhor identificação do arguido, nas quais figura à esquerda no grupo de quatro, e à direita na fotografia de dois (***Doc. n.º 7 e Doc. n.º 8***).

30.º
E, paralelamente a este convívio, o arguido continuava a transferir para a conta bancário do queixoso o valor mensal equivalente a 2,5% (dois e meio por cento) das quantias que lhe foram confiadas por este.

31.º
De igual modo, o queixoso continuou a entregar valores avultados ao queixoso, tendo em vista as já conhecidas condições da conta bancária supostamente titulada pelo primeiro na dependência *Off Shore* do Banco ___ em Nassau (Bahamas).

32.º
Designadamente e em acréscimo aos valores de Esc. 4.000.000$00 (quatro milhões de escudos), Esc. 2.900.000$00 (dois milhões e novecentos mil escudos) e Esc. 1.000.000$00 (um milhão de escudos) acima referidos, o queixoso entregou ainda ao arguido, para os mesmos fins:

   a) Em Maio de ___, entregou mais Esc.1.700.000$00 (***Doc. n.º 9, Doc. n.º 10 e Doc. n.º 11***);
   b) Em Dezembro de ___, entregou mais Esc.1.500.000$00 (***Doc. n.º 12***);
   c) Em Janeiro de ___, entregou mais Esc. 475.000$00 (***Doc. n.º 13***);
   d) Em Abril de ___, entregou mais Esc. 650.000$00 (***Doc. n.º 14***);
   e) Em Agosto de ___, entregou mais Esc. 625.000$00 (***Doc. n.º 15***);

f) Em Outubro de ___, entregou mais Esc. 600.000$00 (***Doc. n.º 16***);
g) Em Dezembro de ___, entregou mais Esc. 1.405.000$00 (***Doc. n.º 17***);
h) Em Janeiro de ___, entregou mais Esc. 6.000.000$00 (***Doc. n.º 18, Doc. n.º 19 e Doc. n.º 20***);
i) Em Fevereiro de ___, entregou mais Esc. 90.000$00;

33.º
Ou seja, ao todo e desde Janeiro de ___ até Abril de ___, **o queixoso entregou ao arguido um total de Esc. 20.945.000$00 (vinte milhões novecentos e quarenta e cinco mil escudos)**, a fim de este depositar tais valores na conta de que supostamente era titular na dependência *Off Shore* do Banco ___, sita em Nassau, nas Bahamas – *vide* a folha-resumo que aqui se junta (***Doc. n.º 21***).

34.º
Por outro lado, porém, **o arguido devolveu ao queixoso o total de Esc. 10.170.000$00 (quinze milhões e cem mil escudos)**, em parcelas mensais que cumpria quase escrupulosamente equivalentes a 2,5% (dois e meio por cento) calculados sobre o total do valor entregue, em cada data (***Doc. n.º 21***).

35.º
Acresce que, várias vezes o arguido não chegava a fazer as transferências mensais para o queixoso (as do valor equivalente a 2,5% do capital entregue), porque o próprio queixoso pedia ao arguido que não o fizesse e, em vez disso, procedesse ao depósito desse valor (supostamente remuneratório) na já conhecida conta da dependência *Off Shore* nas Bahamas – portanto, estes valores não chegaram a sair da posse do arguido, razão pela qual não são contabilizados.

36.º
Acresce ainda que, a fim de levar o queixoso a entregar-lhe mais dinheiro, o arguido disse-lhe, em Outubro de ___, que a partir de Dezembro de ___ e daí em diante, a dependência *Off Shore* do Banco ___ em Nassau tinha decidido passar a remunerar o depósito de que este era titular com uma nova taxa de 3,5% (três e meio por cento) ao mês.

37.º
No final do mês de Maio de ___, todavia, o arguido deixou de pagar ao queixoso o já referido juro mensal de 2,5% (dois e meio por cento) ao mês.

38.º
E, em Junho de ___, marcou um almoço com o queixoso, com ___ e com ___, um outro amigo comum com o qual o arguido mantinha a mesma "combinação" dos depósitos na conta *Off Shore*.

39.º
Efectivamente, nessa data de inícios de Junho de ___, almoçaram todos num restaurante sito no piso inferior do "Centro Comercial ___", em ___.

40.º
Durante esse almoço e perante a estupefacção de todos, o arguido confessou ao queixoso e aos demais presentes que:

a) nunca foi titular de qualquer conta bancária no estrangeiro, nem realizou quaisquer investimentos no exterior;
b) muito menos foi titular de uma conta em qualquer dependência *Off Shore* do Banco ___, sita em Nassau, nas Bahamas;
c) tinha inventado toda a história desta conta bancária no sentido de enganar o queixoso e os seus amigos, levando-os a entregarem-lhe dinheiro;
d) sempre se tinha limitado a "restituir" em parcelas de 2,5% (dois e meio por cento) ao mês o dinheiro que lhe era sucessivamente confiado por cada um dos seus amigos e pelo queixoso;
e) tinha pura e simplesmente gasto todo o restante dinheiro que o queixoso lhe entregou, assim como o que lhe foi entregue pelos outros amigos comuns;
f) não tem património algum, não tem bens próprios, nem qualquer forma de restituir ao queixoso e aos seus amigos o dinheiro que estes lhe confiaram desde ___ e ___.

41.º
Depois desta confissão, o arguido ausentou-se da sua morada habitual e nunca mais foi encontrado pelo queixoso, que o tem tentado localizar.

42.º
Assim, em 20 de Junho de ___, o queixoso apressou-se a apresentar a pagamento o referido cheque n.º ___ sacado sobre a conta ___ do Banco ___ em Lisboa, no valor de Esc. 8.000.000$00 (oito milhões de escudos), que lhe fora entregue pelo arguido em 25 de Setembro de ___, vindo o mesmo a revelar-se sem provisão (***Doc. n.º 5 e Doc. n.º 6***).

A RESPONSABILIDADE CRIMINAL DO ARGUIDO

43.º
Da forma ardilosa acima descrita, resulta que o arguido, por meio de um enredo por si inventado, enganou o queixoso e **levou-o a entregar-lhe o valor total de Esc. 20.945.000$00 (vinte e um milhões novecentos e quarenta e cinco mil escudos)**, em benefício exclusivo do primeiro.

44.º
Assim, o arguido cometeu o crime de Burla Qualificada, p.p. no art. 218.º, n.º 2, alíneas a) e b) do Cód.Penal, tanto mais que fazia disso modo de vida.

45.º
E, não obstante ter devolvido ao queixoso o valor total de Esc. 10.170.000$00 (quinze milhões e cem mil escudos), desde ___ até Abril de ___, o certo é que **o arguido apropriou-se ilegitimamente e fez sua a remanescente quantia de Esc. 10.775.000$00 (dez milhões setecentos e setenta e cinco mil escudos)**, a qual é pertença do primeiro.

46.º
Assim, o arguido cometeu o crime de Abuso de Confiança Qualificado, p.p. no art. 205.º n.º 4, alínea a) do Cód. Penal.

47.º
Ambos os crimes foram cometidos pelo arguido em regime de crime continuado, desde ___ até ao corrente ano ___.

48.º
Acresce que o arguido agiu com dolo directo e bem ciente de que a sua conduta lhe era proibida.

DAS MEDIDAS DE COACÇÃO DO PRESENTE INQUÉRITO

49.º

O arguido é um sujeito muito perigoso, no que toca ao risco para património de terceiros.

50.º

Isto porque, como bem foi explicitado acima, o arguido é useiro e vezeiro neste tipo de crimes, sendo do conhecimento do queixoso que tem em curso contra si <u>outros Inquéritos criminais</u> pela prática dos mesmos crimes contra terceiros.

51.º

Acresce que, em virtude dos seus conhecimentos, o arguido facilmente fabrica e distorce factos, inventa novos ardis e repete os procedimentos acima descritos, reunindo rapidamente avultadas quantias.

52.º

De resto, existe:

- perigo da continuação da actividade criminosa, por parte do arguido;
- perigo iminente de fuga do arguido, uma vez que o mesmo desapareceu do contacto com todos os seus amigos e se tem mostrado desesperado ante a hipótese de interposição da presente queixa;
- perigo de destruição de importantes elementos de prova, como sejam <u>toda a documentação relativa aos movimentos bancários das contas tituladas pelo arguido</u>.

53.º

Pelo que se afigura ajustada a medida de Prisão Preventiva ao caso em apreço.

DA APENSAÇÃO DE PROCESSOS CRIME

54.º

Tem o queixoso conhecimento de que **já correm Inquéritos Criminais contra o arguido**, **interpostos em Junho de** ___ por queixa e denúncia de ___, residente na Rua ___ e de ___, residente na ___, **pela prática de factos semelhantes nas mesmas datas**.

55.º

Assim e nos termos do **art. 29.º do Código de Processo Penal**, deverá determinar-se a apensação daqueles Inquéritos aos presentes autos, caso estes apresentem igual ou maior gravidade.

Nestes termos, o queixoso denuncia e requer o prosseguimento do devido processo criminal contra o arguido, pela prática dos crimes de Burla Qualificada, p.p. no art. 218.º, n.º 2, alíneas a) e b) do Cód. Penal e Abuso de Confiança Qualificado, p.p. no art. 205.º n.º 4, alínea a) do Cód. Penal, ambos cometidos em regime de crime continuado.

Mais requer a sua constituição como Assistente, para o que deverão desde já ser emitidas as respectivas guias.

TESTEMUNHAS:
(...)

JUNTA: 21 (vinte e um) Documentos e Procuração com poderes especiais

O ADVOGADO

V. REQUERIMENTO DE ABERTURA DE INSTRUÇÃO CRIMINAL

D.I.A.P.
___.ª Secção (magistrado ___)
NUIPC ___

Exmo. Senhor Doutor
Juiz de Instrução Criminal

___, co-arguido nos autos de Inquérito à margem identificados, notificado do douto despacho de Acusação Pública, de fls. , vem, ao abrigo dos arts. 286.° e segs. do Cód. Proc. Penal, **REQUERER A ABERTURA DA INSTRUÇÃO**, o que faz junto de V. Exa., nos termos e com os fundamentos seguintes:

1.°
No que diz respeito ao co-arguido ora requerente a <u>descrição dos factos</u> constantes da douta Acusação é falsa, em muito aspectos, e é flagrantemente omissa e distorcida, em outros aspectos, assim como a <u>qualificação jurídica</u> dos mesmos factos relativos à sua pessoa é errada, salvo o devido respeito pela posição assumida pelo Digmo. Magistrado do Ministério Público.

2.°
Na verdade, as infelizes ocorrências em torno da situação clínica do queixoso – ___ – não têm nem tiveram causa, directa e/ou indirecta, na actuação do arguido Dr. ___, ao contrário do que se conclui no Despacho de Acusação dos autos.

3.º
Pelo contrário, o co-arguido ora requerente limitou-se a praticar uma sequência de actos médicos:

a) quer de diagnóstico;
b) quer na intervenção médico-cirúrgica;
c) quer no pós-operatório e consultas de ambulatório;

todos de acordo com a melhor prática das **Leges Artis** da Medicina, tendo realizado e concluído, com sucesso, a <u>Prostatectomia Radical para remoção de Tumor Maligno da Próstata</u> do ora queixoso ___, no dia ___.

4.º
Em momento algum a sua conduta assumiu quaisquer contornos ou natureza criminal, não existindo razão válida para se concluir por uma <u>responsabilidade *ex delicto*</u> no caso concreto, no que concerne ao arguido Dr. ___.

5.º
Aliás, só depois de receber a douta Acusação é que este co-arguido ora requerente se apercebe do que lhe é (falsamente) imputado,

6.º
tendo sido, hoje, verdadeiramente colhido de surpresa pela injustiça de haver sido afinal incluído no "rol de acusados", o que só pode atribuir a erro judiciário.

7.º
Pelo que urge a Abertura da Instrução, a fim de se poder averiguar qual foi a verdadeira actuação do co-arguido ora requerente e a ausência de responsabilidade criminal, pela sua parte.

DOS FACTOS E CIRCUNSTÂNCIAS

8.º
Como correctamente refere o Digmo. Magistrado do Ministério Público, nos arts. 3.º e 4.º do Despacho de Acusação:

Parte III – Conclusão 109

- No dia ___, o ora arguido Dr. ___ realizou a cirurgia de Prostatectomia radical retropública (excisão da próstata e das vesículas seminais) do ora queixoso, no bloco operatório da «Clínica ___», na ___.

9.º
São, todavia, essenciais à aplicação do Direito ao caso concreto, todos os seguintes **factos**, desconsiderados e/ou distorcidos no mesmo Despacho de Acusação.
Vejamos.

10.º
Em finais de ___, o queixoso solicitou uma consulta de Urologia, na «Clínica ___», ao abrigo do acordo existente entre esta clínica e o ADSE.

11.º
Em ___, o queixoso apresentou-se à consulta do agora arguido e requerente, valorizando apenas queixas de <u>disfunção eréctil</u> e levando consigo resultados de alguns exames.

12.º
Em tal consulta, apesar de o queixoso não ter queixas miccionais, o agora arguido e requerente entendeu serem elevados e anormais os níveis de P.S.A. (Antigénico Prostático Específico) e solicitou-lhe a realização de uma segunda análise para contra-prova.

13.º
Em ___, o queixoso apresentou-se novamente à consulta do agora arguido e requerente, levando consigo os resultados da contra-prova, com os níveis de P.S.A. já enquadrados na normalidade.

14.º
Não obstante, por razões de segurança diagnóstica o agora arguido e requerente solicitou-lhe a **realização de mais análises para contra--prova**.

15.º
Foi já em ___ que o queixoso se apresentou novamente à consulta do

agora arguido e requerente, levando consigo os resultados das terceiras análises, os quais apontavam uma vez mais para níveis anormais de P.S.A.

16.º
Assim sendo, nesta 3.ª consulta o agora arguido e requerente solicitou ao queixoso a realização de biopsias prostáticas múltiplas.

17.º
Na 4.ª consulta, em ___, o arguido e requerente constatou que a biópsia relevava um **tumor maligno na próstata do queixoso**, do tipo adenocarcinoma GLEASON 7.

18.º
Ou seja: até este momento do percurso clínico em apreço, verifica-se que o Dr. ___ realizou todos os actos médicos adequados, tendo realizado correctamente um **Diagnóstico de tumor maligno da próstata** que não era aparente.

19.º
Em termos de **Profilaxia/Tratamento**, o mesmo Dr. ___ teve ainda um desempenho exemplar.
Com efeito,

20.º
para avaliação da possibilidade de imediata cirurgia para excluir a hipótese de alastramento do tumor (nomeadamente a existência de metástases), solicitou para o queixoso a realização de TAC Pélvico, Cintigrafia Óssea e várias rotinas pré-operatórias (análises, electrocardiograma, etc).

21.º
No TAC Pélvico veio a identificar-se uma imagem radiopaca circular ao nível da área rectal do queixoso, não valorizável para a cirurgia em vista.

22.º
E da avaliação de todos os referidos meios complementares de diagnóstico, o Dr. ___ concluiu pela conveniência de uma cirurgia de Prostatectomia radical retropúbica (excisão da próstata e das vesículas

seminais), por o tumor se encontrar aparentemente localizado na próstata, permanecendo ainda a possibilidade de o tumor se encontrar em alastramento sem sinais visíveis.

23.º
A cirurgia veio a realizar-se, uma vez mais ao abrigo do acordo existente entre a «Clínica ___» e o ADSE. Ou seja, não se tratou de uma cirurgia acordada somente entre médico e doente.

24.º
Ora, todos estes factos e circunstâncias foram simplesmente omitidos da Acusação, sendo todavia os mesmos reveladores do estrito cumprimento das melhores práticas das *Leges Artis* da Medicina por parte do ora arguido e requerente. E ainda reveladores do facto que <u>a vida do queixoso esteve em perigo, pois padecia de uma **doença mortal**</u>.
Mas prossigamos.

25.º
Em ___, o queixoso havia realizado todos os testes e exames adequados à cirurgia em causa.

26.º
Em ___, o bloco operatório da «Clínica ___» dispunha de todas as condições necessárias e convenientes (pessoal, equipamento e material) à realização da cirurgia em causa.

27.º
Em ___, o Dr. ___ dispunha da experiência, conhecimentos e inteira disponibilidade para a realização da cirurgia em causa.

28.º
Em óptimas condições de assepsia e em cumprimento do protocolo operatório previsto nas melhores práticas das *Leges Artis* da Medicina, o Dr. ___ realizou todos os actos cirúrgicos da Prostatectomia radical retropública (excisão da próstata e das vesículas seminais) do ora queixoso, entre os quais:

(1) Incisão abdominal mediana infraumbilical;

(2) Colocação de afastador cirúrgico;
(3) Abordagem da bexiga e próstata por via extra peritonial retropúbica;
(4) Aqueação de vasos do plexo prostático dorsal;
(5) Isolamento e incisão da uretera;
(6) Colocação dos pontos na uretera para sutura com a bexiga;
(7) Excisão da próstata e vesículas seminais;
(8) Colocação de algália;
(9) Anastomose da uretera com a bexiga;
(10) Excisão de gânglios ilíaco oturadores para exame;
(11) Sutura por camadas com colocação de drenagem.

29.º
A cirurgia foi bem sucedida, tendo-se removido a totalidade do tumor maligno, e com grande probabilidade de estar localizado afinal apenas à própria próstata do queixoso, de acordo com o exame histológico da peça operatória realizado depois.

30.º
O pós-operatório do queixoso não teve qualquer complicação inusual, tendo o Dr. ___ visitado diariamente o queixoso durante todo o internamento.

31.º
Passando o queixoso a regime de consultas em ambulatório, este apresentou-se na consulta do Dr. ___, de acordo com o seguinte historial clínico:

a) em ___ foi retirada a algália ao queixoso;
b) em ___, o queixoso mostrava-se praticamente continente;
c) em ___, o queixoso refere perdas urinárias na marcha e é indicado para reeducação períneo-esfincteriana;
d) em ___, o queixoso apresenta sintomas sugestivos de infecção urinária comprovada bacteriologicamente, tendo sido solicitado TAC pélvia e uretrocistografia para verificação do estado da união entre a bexiga e a uretera;
e) em consulta de ___, o queixoso já não apresentava sintomas de infecção urinária, mas foi solicitado novamente que fizesse o

TAC e uretrocistografia anteriormente pedidos e não efectivados, para verificação da união entre a bexiga e a uretera e das variações dos níveis de continência que referia e ainda novos exames, nomeadamente urofluxometria.

32.º
Todavia, depois de ___, o queixoso não se apresentou de novo na consulta do Dr. ___ ...(!).

33.º
Ou seja: verifica-se, ao longo de todo o percurso clínico do queixoso, que o Dr. ___ não violou qualquer dever de cuidado e pautou toda a sua actuação pelo estrito cumprimento das melhores práticas das *Leges Artis* da Medicina.

34.º
Como compreender então a imputação feita na Acusação, no sentido de que o Dr. ___, ora arguido, tenha praticado um crime de ofensa à integridade física por negligência?

35.º
Certamente por erro na qualificação jurídica dos factos.

36.º
Admitindo que tivesse permanecido no interior do corpo do queixoso, desde ___5, uma compressa aposta durante a cirurgia de Prostatectomia Radical para remoção de Tumor Maligno da Próstata, ainda assim, dizíamos, o Dr. ___ não praticou qualquer acto negligente e muito menos justificativo de responsabilidade *ex delicto* no caso concreto, como passamos a demonstrar **factualmente**.

37.º
Ao contrário do que parece dar a entender a Acusação, na cirurgia realizada pelo Dr. ___ em ___, terão sido apostas no interior do corpo do queixoso – no campo operatório – **entre 20 (vinte) a 40 (quarenta) compressas**, aliás como é habitual neste tipo de intervenções cirúrgicas.

38.º
Todas, à excepção da uma que aqui se coloca como hipótese, foram removidas do corpo do paciente.

39.º
Embora seja uma situação que toda a equipa cirúrgica tenta evitar o mais possível, a não remoção de uma compressa do interior do campo operatório é (se não mesmo uma contingência decorrente da operação, como no caso das infecções hospitalares), uma infelicidade bem mais usual do que sabe o comum do cidadão.

40.º
Todavia, no caso de ficar uma compressa no interior do campo operatório de um doente, geralmente a sua presença é descoberta pelo próprio cirurgião, mais tarde, nas consultas de ambulatório pós-operatórias (que no caso não se verificou porque o queixoso deixou de consultar o ora arguido...).

41.º
Seja como for, mesmo que resultasse de negligência a "não remoção" de uma das compressas do campo operatório no corpo de um doente, mesmo assim esse facto **não pode ser imputado** ao Dr. ___, ora co-arguido.

42.º
Isto, atendendo aos seguintes **factos** totalmente ignorados no Despacho de Acusação.

43.º
Para uma cirurgia com a complexidade da que está em análise, recomenda a correcta técnica cirúrgica que exista uma **equipa cirúrgica** composta por vários intervenientes, cada qual com a sua **função**.

44.º
Em cumprimento da correcta técnica cirúrgica, no caso concreto, na operação de Prostatectomia Radical para remoção de Tumor Maligno da Próstata a que foi submetido o queixoso, prestaram a sua colaboração os seguintes **4 (quatro) profissionais**:

a) Dr. ___, na qualidade de cirurgião;

Parte III – Conclusão

b) Dr. ___, na qualidade de médico ajudante;
c) Enfermeiro ___, na qualidade de enfermeiro instrumentista;
d) Enfermeiro circulante (cuja identidade se desconhece nesta data) que, embora formalmente não faça "parte" da equipa cirúrgica, materialmente integra-a, enquanto parte das infra-estruturas postas à disposição do cirurgião, para que o acto cirúrgico se realize nas condições devidas.

45.º

Não obstante a chefia da equipa cirúrgica ter cabido ao Dr. ___, a prática dos actos acima descritos [*(1) Incisão abdominal mediana infraumbilical; (2) Colocação de afastador cirúrgico; (3) Abordagem da bexiga e próstata por via extra peritonial retropúbica; (4) Laqueação de vasos do plexo prostático dorsal; (5) Isolamento e incisão da uretera; (6) Colocação dos pontos na uretera para sutura com a bexiga; (7) Excisão da próstata e vesículas seminais; (8) Colocação de algália; (9) Anastomose da uretera com a bexiga; (10) Excisão de gânglios ilíaco oturadores para exame; (11) Sutura por camadas com colocação de drenagem*] demandou toda a sua concentração,

46.º

sendo certo que foram, como devem ser, confiadas aos restantes membros da equipa as seguintes funções:

a) ao Dr. ___, na qualidade de médico ajudante, coube intervir no campo operatório afastando ou apresentando estruturas ou órgãos, cortando fios e em regra a prática de actos que visaram facilitar a prática médico-cirúrgica;
b) ao Enfermeiro ___, na qualidade de enfermeiro instrumentista, coube receber do enfermeiro circulante e entregar aos médicos todos os instrumentos cirúrgicos e materiais utilizados, assim como recepcionar em retorno os mesmos instrumentos e materiais;
c) ao Enfermeiro circulante (cuja identidade se desconhece nesta data), coube fornecer ao enfermeiro instrumentista e receber dele os mesmos instrumentos e materiais.

47.º
Coube ainda a uma Equipa de Anestesia não apenas a administração da anestesia ao queixoso, como também o controlo e a monitorização das funções vitais do mesmo durante a operação.

48.º
E coube aos 2 (dois) enfermeiros envolvidos a contagem das compressas:

1) que são entregues para serem apostas no campo operatório do corpo do doente;
2) que são removidas do campo operatório do corpo do doente.

49.º
Na verdade, aberto o corpo do doente, é necessário o uso de compressas para controlo das hemorragias e limpeza do campo operatório, sendo certo que os actos da operação são intercalados com sucessivas irrigação e lavagens do campo operatório – como sucedeu com total normalidade na cirurgia em causa nos presentes autos.

50.º
Na remoção das compressas utilizadas do interior do corpo do doente, há dificuldades evidentes pois as mesmas nem sempre se conseguem ver à vista desarmada, embebidas que estão em coágulos de sangue ou ocultas em zonas de difícil acesso.

51.º
Por isso, é medida adequada a contagem das compressas:

1) que são entregues para serem apostas no campo operatório do corpo do doente;
2) que são removidas do campo operatório do corpo do doente.

52.º
Isto, por forma a que na segunda contagem se identifiquem a falta de eventuais compressas que é preciso procurar para serem retiradas.

53.º
Ora, <u>contrariamente à consideração abstracta que se verteu nos artigos 13.º e 14.º do Despacho de Acusação</u>, este **dever de cuidado FOI CUMPRIDO** escrupulosamente pelos 2 (dois) enfermeiros em causa, na operação em causa, e <u>tendo ambos os enfermeiros obtido o mesmo número na contagem:</u>

1) <u>das compressas que foram usadas no campo operatório do corpo do doente;</u>
2) <u>e das que foram removidas do campo operatório do corpo do doente.</u>

54.º
Logo, aquilo que são **os cuidados possíveis** para evitar situações como a que vem descrita no Despacho de Acusação **foram levados a cabo na intervenção cirúrgica** em causa, muito embora nem mesmo tais cuidados possíveis possam sempre evitar a "não remoção" de uma compressa (por vária ordem de razões).

55.º
O certo, em todo o caso, é que não é exigível ao Dr. ___, na qualidade de cirurgião, que deixe de realizar a divisão funcional das tarefas como é comum e de boa prática na correcta técnica cirúrgica, quando dispõe de uma equipa com um ajudante e dois enfermeiros, e nestes deve **confiar** actos como o da conferência do número de compressas usadas e retiradas.

56.º
Se falarmos de violação de dever(es) de cuidado, como na negligência, teremos de perguntar:

- **O que não fez o arguido e deveria ter feito?**
- **O que fez o arguido e não deveria ter feito?**

57.º
A resposta a ambas as questões é **negativa: nada**. No caso concreto o arguido não violou qualquer dever de cuidado, nem lhe era exigível que também ele fizesse a contagem das compressas, quando tal tarefa foi adequadamente confiada a dois enfermeiros e quando dois enfermeiros fize-

ram essa operação e se certificaram de que todas as compressas haviam sido recuperadas. Só depois disso se fez a sutura do queixoso.

58.º
Portanto, como dissemos *supra*, no que concerne ao Dr. ___, em momento algum a sua conduta assumiu quaisquer contornos ou natureza criminal, não existindo razão válida para se concluir por uma <u>responsabilidade *ex delicto*</u> no caso concreto.

DA INEXISTÊNCIA DE RESPONSABILIDADE CRIMINAL

59.º
Tudo considerado e contrariamente à posição assumida pelo Digmo. Magistrado do Ministério Público na douta Acusação, é manifesto que o ora arguido e requerente não merece a censura penal, por vária ordem de razões.

- *Atipicidade e licitude da conduta do co-arguido*

60.º
Os elementos objectivos do tipo de ilícito previsto no art. 148.º n.º 1 do C.P. não se verificam, pois trata-se de um crime de resultado (e não de mera actividade), não tendo a conduta do arguido sido causa adequada de qualquer ofensa ao corpo ou à saúde do queixoso.

61.º
De igual modo, não se verificam os elementos objectivos do tipo de ilícito previsto no art. 150.º **n.º 2** do C.P., pois trata-se igualmente de um crime de resultado (e não de mera actividade), não tendo a conduta do arguido violado as *leges artis* nem tendo a mesma sido causa adequada de qualquer ofensa ao corpo ou à saúde do queixoso.

62.º
De resto, a conduta do arguido reconduz-se ao preceituado no art. 150.º **n.º 1** do C.P., pelo que não se considera uma conduta ilícita, mas sim plenamente lícita – tendo sido removido um perigo para a vida do queixoso (!) com os actos que foram praticados pelo Dr. ___ .

63.º
Acresce que, levando em conta os actos que foram praticados pelo Dr. ___, e o resultado que deles adveio, toda a actuação foi lícita por Consentimento (arts. 38.º e 31.º n.º 2 alínea d) do C.P.) e por superioridade do interesse salvaguardado (ex vi alínea c) do art. 34.º do C.P.).

64.º
Finalmente, ao nível da imputação subjectiva:

– Não se verifica o dolo, o qual é elemento subjectivo previsto necessariamente no art. 150.º n.º 2 do C.P.;
– Não se verificou qualquer uma das duas modalidades de negligência (consciente e inconsciente) previstas no art. 15.º do C.P. (e exigida no art. 148.º n.º 1 do C.P.), uma vez que o arguido:
   a) não violou qualquer dever de cuidado que, no caso concreto, lhe fosse exigível;
   b) não seria capaz de cumprir outros deveres de cuidado quando, no caso concreto, no final da cirurgia dois enfermeiros lhe asseguraram estarem na posse de todas as compressas que haviam sido introduzidas no campo operatório.

• **Enquadramento Jurisprudencial**

65.º
Não há portanto qualquer conduta típica do arguido e «*A nossa lei não prevê casos de responsabilidade objectiva nem por factos lícitos danosos no que toca à responsabilidade médica*», como se lê no Ac. do Supremo Tribunal de Justiça de 22/2/2005 (Rec. 4055/2004) in Col. Jur. 2005, tomo I, pp. 90.

66.º
O arguido não procedeu sequer a um diagnóstico errado [como no caso julgado pelo Ac. Trib. Relação de Lisboa de 11/9/2007 (Rec. 1360/2007) in Col. Jur., tomo IV, pp. 77], tendo pelo contrário actuado com o máximo zelo e cuidado ao longo do percurso clínico do queixoso, tendo observado na íntegra «*as regras de ordem técnica, isto é, as regras próprias da ciência e técnica médicas e ainda as regras de prudência (ou diligência) comuns*», como prevê o Ac. do Supremo Tribunal Administrativo de 17/6/1997 (Rec. n.º 38 856).

67.º
«*Tais regras impõem, no caso da prática de actos médicos, que o médico deve agir segundo as exigências da leges artis e os conhecimentos científicos então existentes, actuando de acordo com um dever objectivo de cuidado, assim como certos deveres específicos, como seja o dever de utilizar a técnica adequada ou ainda o dever de informação sobre tudo o que interesse à saúde do doente*» [Ac. do Supremo Tribunal Administrativo de 22/1/2004 (Rec. 1665/2003)] – como se verificou com o arguido *in caso*.

DA INSTRUÇÃO

68.º
Como acima ficou bem explicitado, a matéria de facto descrita na douta Acusação é falsa, omissa e distorcida, sob vários aspectos, desde logo porque não considera que ora arguido e requerente actuou licitamente e cumprindo todos os deveres de cuidados que lhe eram exigíveis no caso concreto.

69.º
Aliás, a douta Acusação descreve uma sucessão de factos e um enquadramento circunstancial realmente desconformes com a realidade dos factos ocorridos – desde logo omitindo:

   a) que o Dr. ___ colaborou na intervenção cirúrgica como médico assistente e realizou actos;
   b) que a equipa cirúrgica integrava materialmente também um segundo enfermeiro, cuja identidade é hoje desconhecida.

70.º
De resto, carece ainda de demonstração que a compressa referida a fls.3 e 46 tenha sido introduzida durante a intervenção cirúrgica de ___, uma vez que o ora arguido tem razões para duvidar que não possa ter sido oriunda de qualquer acto:

   a) anterior a ___ (em especial porque no TAC Pélvico realizado entre Maio e Junho de ___, veio a identificar-se uma imagem

radiopaca circular ao nível da área rectal do queixoso, não valorizável para a cirurgia em vista).
b) posterior a ___ (uma vez que o queixoso não foi acompanhado pelo ora arguido desde Novembro de ___).

71.º
A Acusação omite ainda todo o percurso clínico que explica a cirurgia realizada, e que justifica o seu êxito no plano médico.

72.º
O presente requerimento de Instrução visa possibilitar ao arguido a prova da matéria de facto que descreveu supra e que, só por si, demonstra a não veracidade de tudo quanto foi exposto em contrário na douta Acusação, susceptível de retirar toda e qualquer responsabilidade criminal à sua conduta.

73.º
Com efeito, existem e estão ao dispor do Tribunal meios de prova suficientes para demonstrar e provar a inocência plena do arguido, quanto à douta Acusação.

74.º
Pelo que urge realizar a competente investigação, nomeadamente pelos meios que adiante se requerem,

75.º
sem prejuízo, como decorre do n.º 4 do art. 288.º do Cód. Proc. Penal, de todas as demais diligências de investigação que V. Exa. doutamente decida levar a cabo em benefício do apuramento da VERDADE.

Neste termos, e nos demais de Direito que V.Exa. doutamente suprirá, ao abrigo dos arts. 287.º e segs. do Cód. Proc. Penal, o arguidos requer a abertura da Instrução.

No âmbito das diligências instrutórias e para constatação dos factos acima descritos, nos arts. 8.º a 58.º e 70.º do presente articulado, requer ainda a V. Exa. se digne ordenar:

I. o **depoimento de cada um dos co-arguidos**, a incidir sobre toda a matéria descrita nos arts. 8.º a 58.º e 70.º do presente articulado, nos termos do art. 292.º n.º 2 (última parte) do C.P.P.;

II. o depoimento da testemunha abaixo arrolada;

III. seja oficiada a «Clínica ___ », sita na Rua ___, na ___, para: (1) juntar aos autos a ficha clínica do queixoso ___, ADSE n.º ___, doente n.º ___; (2) fornecer a identificação completa e morada da pessoa sua contratada que, em ___ exerceu as funções de enfermeiro circulante na Prostatectomia Radical para remoção de Tumor Maligno da Próstata, realizada pelo Dr. ___;

IV. o depoimento da pessoa que viera a ser identificada na sequência da diligência anterior, a incidir sobre toda a matéria descrita nos arts. 8.º a 58.º e 70.º do presente articulado

V. seja oficiado o Professor Dr. ___, melhor identificado a fls. 3 e 46 (e possivelmente também fls. 32 a 41, 46 e 108 a 109), para fornecer aos autos todos os exames anteriores a ___, realizados ao queixoso;

VI. seja ordenada a análise laboratorial, em estabelecimento idóneo, da matéria que terá sido retirada do corpo do queixoso, referida a fls. 3 e 46, para identificação da sua natureza e composição; bem como prosseguir os demais termos da Instrução, nomeadamente com a reapreciação da prova já constante dos presentes autos, a qual é inconclusiva e insuficiente para sujeitar os co-arguidos ora requerentes a Audiência de Julgamento, até que haja de proferir-se o competente DESPACHO DE NÃO PRONÚNCIA, quanto ao ora requerente.

Testemunha, cujo depoimento se requer a incidir sobre toda a matéria descrita nos arts. 8.º a 58.º e 70.º do presente articulado:
(...), melhor identificado nos autos.

Junta: comprovativo do pagamento de taxa de justiça.

O ADVOGADO

VI. CONTESTAÇÃO CRIMINAL

Tribunal da Boa Hora
___.ª Vara Criminal de Lisboa
___.ª Secção

Proc.n.° ___
Exmo. Senhor Juiz

___, co-arguida nos autos de Inquérito à margem identificados, notificada do douto Despacho que designou data para Audiência de Julgamento, vem, ao abrigo do art. 315.° do Cód. Proc. Penal, oferecer a sua **CONTESTAÇÃO** e **ROL DE TESTEMUNHAS**, o que faz junto de V. Exa., nos termos e com os fundamentos seguintes:

1.°

A arguida não praticou qualquer um dos crimes de que vem acusada.

2.°

Na verdade e no que à arguida ___ diz respeito, a <u>descrição dos factos</u> constantes da douta Acusação é falsa, em muito aspectos, é flagrantemente omissa e distorcida, em outros aspectos, assim como a <u>qualificação jurídica</u> dos mesmos factos relativos à sua pessoa é errada, salvo o devido respeito pela posição assumida pelo Digmo. Magistrado do Ministério Público, no decurso dos presentes autos, a qual não foi contrariada pelo Mmo. Juiz de Instrução, apenas por ter entendido que não foram alterados os pressupostos daquela Acusação.

3.º

Porém, com efeito, as ocorrências em torno dos fornecimentos da ___ LDA à Câmara Municipal de ___ (C.M. ___), <u>durante os anos de ___ a ___</u>, tiveram contornos substancialmente diversos dos que constam da douta Acusação Pública, certamente e pelo menos no que concerne à arguida ___.

4.º

O que desde logo é evidenciado pelo facto de **a actuação da arguida não ter sido alguma vez objecto de procedimento disciplinar por parte da C.M. ___**, relativamente à matéria dos factos autuados, ao contrário do que sucedeu em tempo oportuno com os arguidos ___ e ___.

5.º

Pelo que se impõe que seja tratado de forma diferente o que é diferente, constatando-se a plena inocência da arguida e a correspondente ausência de responsabilidade criminal, pela sua parte.

DOS FACTOS E CIRCUNSTÂNCIAS

6.º

É certo que – independentemente do que os autos possam carrear quanto às dúvidas e suspeitas constantes do depoimento do arguido ___, a fls. 209 e segs. – o que é facto é que a arguida nunca recebeu deste ou de outra pessoa, qualquer **vantagem patrimonial** para a prática de actos ilícitos (pp. art. 420.º do C.P. aplicável) nem para a prática de actos lícitos (pp. art. 422.º do C.P. aplicável) e muito menos **falsificou documentos**.

7.º

Razão pela qual, aliás, **não existe 1 (um) único elemento de prova documental** (*hard evidence*) que sustente tais acusações contra a arguida ___ **nos 3 (três) Volumes iniciais dos autos e nos seus 7 (sete) Apensos**.

8.º

A este propósito, veja-se a diferença flagrante e abissal com o que sucedeu como os demais arguidos, na sequência das Buscas ordenadas a fls. 248 e nas respostas das diversas entidades bancárias constantes dos mencionados Apensos.

Isto porque,

9.º

a arguida, licenciada em ___ iniciou em ___ as suas funções de coordenadora do ___ da C.M.___ – o qual mais tarde veio a ser o ___ –, ainda com a categoria de estagiária na função pública, tendo adquirido a categoria de técnica superior só cerca de dois anos depois.

10.º

Nessa data, o ___ da C.M.___ tinha já as suas regras próprias de funcionamento e procedimentos habituais instituídos.

11.º

Designadamente, e quanto ao fornecimento de ___, o ___ limitava-se a receber instruções directamente do Departamento de ___ da C.M.___ e pedidos de reposição de Stocks directamente do Armazém de ___, afecto à Divisão de ___, por sua vez também uma divisão daquele ___.

12.º

Neste âmbito, o ___ em que trabalhava a arguida (1) **não tinha qualquer iniciativa no pedido de aquisição** de materiais, (2) **nem tinha qualquer função de controlo** sobre a necessidade da reposição de Stocks.

13.º

Com efeito, nesta matéria e enquanto coordenadora do ___, as funções da ___ eram, tão somente, as seguintes:

a) o Armazém de ___ comunicava ao "Sector de Compras" do ___, normalmente ao 1.º Oficial ___ (cujo paradeiro actual se desconhece), um pedido de reposição de Stocks;
b) tal pedido era comunicado então à arguida que deveria, por sua vez, verificar se a correspondente despesa previsível caberia na programação de verbas do Orçamento Camarário para a ___;
c) em caso afirmativo, a arguida deveria coordenar a equipa de auxiliares administrativos do ___, no sentido de se assegurar o procedimento previsto no D-L 390/82 de 17.9, e propor ao Director

do ___ a respectiva adjudicação à entidade que fizesse a melhor proposta;

d) mais tarde, o ___ recebia do Chefe do Armazém de ___ (situado noutra parte da cidade de ___) a factura relativa à compra do material em causa, o qual acusava a recepção do material, cabendo então à arguida a função de certificar o respectivo <u>cabimento orçamental definitivo</u>, por mera aposição de assinatura, e encaminhar tal factura para a Secção de Contabilidade da ___ respectiva, a qual escolheria o momento oportuno para o respectivo pagamento.

14.º

Isto é, o ___ limitava-se a ser um elo na cadeia dos fornecimentos, ao qual competia assegurar determinados formalismos – *vide* o depoimento da testemunha ___ a fls. 452 e segs. –

15.º

sem, também (3) **nada decidir quanto à adjudicação** das próprias aquisições e quanto ao (4) **efectivo pagamento** de quaisquer facturas, e muito menos com qualquer intervenção sobre o (5) **recebimento efectivo do material**, o qual, naturalmente, competia ao fiel de armazém e ao chefe de armazém, ambos do Armazém de ___.

16.º

Assim situados, é verdade que os fornecimentos para reposição de Stocks de fardamentos do Armazém de ___ da C.M.___ foram normalmente adjudicados à ___ LDA, entre ___ e ___.

17.º

Porém, assim já sucedia **<u>antes</u>** de a ___ ingressar no ___ da C.M.___.

18.º

Isto é, a ___ LDA tornara-se, de alguma forma, a fornecedora habitual dos fardamentos em apreço, por razões inteiramente desconhecidas, facto que teve continuidade depois de a ___ passar a coordenadora do ___.
Mas,

19.º
a verdade é que tal circunstância não teve nada de estranho, pois, no estrito cumprimento do disposto nos arts. 7.º a 9.º do citado D-L 390/82 de 17.9, também é verdade que o ___ **procedia sempre às obrigatórias consultas de, pelo menos, 3 (três) fornecedores** (n.º 6 do art. 8.º do D-L 390/82) antes da adjudicação de tais fornecimentos, entre os quais habitualmente a empresa ___ e a ___ LDA, sendo esta quem **apresentava sempre a proposta com preço mais baixo**.

20.º
Vide os documentos de fls. 52 e segs., entre muitos outros já nos autos.

21.º
Acresce, que nunca a arguida teve conhecimento de quaisquer queixas relativamente à **qualidade do material fornecido** pela ___ LDA, pelo que, naturalmente, esta continuou a ser a fornecedora habitual da C.M.___ – sem que isso trouxesse consigo qualquer ilegalidade.

22.º
Nem teve, de forma sustentada ou credível, qualquer conhecimento de que a ___ LDA tivesse **falhado na entrega dos materiais vendidos**.

23.º
De resto, o valor limitado das adjudicações em causa e a conhecida demora dos concursos públicos (cuja realização era legalmente dispensada pelo art. 8.º do mesmo D-L 390/82) que poderiam ser promovidos para tais adjudicações, tornavam aquele procedimento escolhido o melhor possível para os interesses da própria edilidade.

24.º
Mas, além disso, no caso de duas adjudicações de valor maior que foram feitas por Concurso Público (**em cuja Comissão de Avaliação nunca participou a arguida**), também a ___ LDA apresentou as melhores propostas e, por esse motivo, ganhou tais adjudicações, pelo que a arguida agiu sempre **licitamente** e no bom desempenho das suas funções específicas.

25.º
Contudo, questão inteiramente diferente é, por outro lado, a da existência de um desfasamento temporal na entrega do material fornecido, no Armazém de ___ da C.M.___.

26.º
Matéria, aliás, que era do conhecimento geral de todos, em especial também dos funcionários superiores da C.M.___ com funções no domínio dos fornecimentos – *vide* o depoimento da testemunha ___, a fls. 167, o depoimento da testemunha ___, a fls. 165, as ordens de serviço da testemunha ___ que vieram tentar por cobro a esta situação, a fls. 135 e segs., fls. 143 e segs. e fls. 149 e segs., o depoimento da testemunha ___, sintomaticamente não constituído arguido nos presentes autos, a fls. 161, entre muitos outros.

27.º
Pois, assim como a própria C.M.___ se atrasava várias vezes no pagamento das facturas dos seus fornecedores, também era prática habitual de muitos destes fornecedores atrasarem-se na entrega dos materiais a fornecer à edilidade.

28.º
Isto, para dizer que o caso da ___ LDA era apenas mais um.

29.º
E, se eventualmente a ___ LDA acabou por não entregar uma ou outra remessa de material devidas – facto que a ___ efectivamente desconhece, ainda hoje, se se verificou ou não – tal ocorrência constituiria apenas um incumprimento contratual (879.º alínea b) e 798.º do Cód. Civil), nunca sindicável em sede criminal, a menos que se demonstrasse qualquer conluio, nesse sentido.

30.º
No entanto, a verdade é que a ___ não interveio em qualquer <u>acordo</u> desse género, contrariamente ao que consta da douta Acusação, nem teve conhecimento da sua existência entre os demais arguidos.

31.º
E **os autos não carreiam um único documento ou sequer trecho de depoimento em que se sustente uma afirmação contrária, que seria sempre falsa!!**

32.º
Isto é, em momento algum dos presentes autos – à excepção da douta Acusação – é afirmado que a arguida sabia de qualquer incumprimento contratual por parte da ___ LDA ou que tinha combinado dar o seu silêncio perante tal.

33.º
Mais, em boa verdade, vários rumores constaram na C.M.___, muitas das vezes infundados, de que alguns fornecedores que normalmente se atrasavam a entregar os materiais (longe de a ___ LDA ser o caso único) acabavam por se "aproveitar da situação" e não os entregavam – de todo – uma ou outra vez,

34.º
pois aqueles "desfasamentos no tempo" na entrega das encomendas eram sempre propícios a tal espécie de boatos – o que a arguida sempre admitiu, desde o primeiro momento, v.g. a fls. 166, assim como outras testemunhas ouvidas nos autos.

35.º
O que era, na realidade, sempre muito difícil de apurar, concretamente, uma vez que **aqueles "desfasamentos no tempo" chegavam a atingir 2 (dois) anos de atraso, como era do conhecimento dos funcionários superiores da C.M.___** – vide fls. 391.

36.º
A verdade, porém, inegável sob qualquer ponto de vista é esta:

- Os únicos funcionários a quem competia verificar e certificar a recepção do material que deveria dar entrada no Armazém de ___ da C.M.___ (à imagem do que acontecia com a verificação de Stocks) eram um **fiel de armazém** (entre os quais a testemunha ___) e o **chefe de armazém**, o arguido ___.

37.º
Pelo contrário, à ___, quando deparada com duas assinaturas daqueles dois funcionários, apostas em cada factura em certificação de que o material havia dado entrada no armazém, <u>competia apenas certificar se havia ou não cabimento orçamental da despesa respectiva</u> (fls. 52 e segs. e fls.1 66 e 166v.º) e nada mais.

38.º
Pergunta-se, como se perguntava a própria ___ em cada uma dessas ocasiões:

- quem era ela para pôr em causa as declarações dos funcionários do armazém que declaravam que o material já tinha dado entrada no armazém, ou duvidar da sua boa-fé, quando aquele procedimento sempre esteve instituído?

39.º
Portanto, nem a arguida tinha razões para suspeitar de qualquer anomalia ou má-fé no procedimento dos seus colegas, nem lhe podem ser assacadas quaisquer responsabilidades no caso de atraso na entrega do respectivo material ou mesmo, no limite, em qualquer caso de incumprimento na entrega.

40.º
Daí, que a co-arguida ___ foi trazida "por arrasto", mas obviamente por engano, ao "rol de acusados" nos presentes autos.

41.º
Seja como for, em abono da verdade, cumpre ainda esclarecer os presentes autos quanto a mais uma série de equívocos constantes da douta Acusação.

42.º
De facto, é verdade que a co-arguida ___ conheceu pessoalmente o arguido ___ e estabeleceu com ele um relacionamento muito para além do meramente profissional.

43.º
o que nada se prende, todavia, com questões de natureza criminal.

44.º
Pois, não pode alguma vez confundir-se o facto de duas pessoas se conhecerem e se relacionarem, com a prática de crimes de corrupção e de falsificação (!).

45.º
A este respeito, sempre se dirá que é verdade que, em data que não sabe precisar mas bastante tempo depois de a ___ ingressar no ___, o arguido ___ foi-lhe apresentado pelo co-arguido ___, engenheiro então responsável pelo ___ da C.M.___, tendo este apelidado aquele de "*o senhor dos___s*".

46.º
Epíteto que se devia, certamente, ao facto de a ___ LDA ser há muito quem habitualmente repunha os Stocks de ___ da Divisão de ___ do ___ da C.M.___.

47.º
Seja como for, a ___ veio a relacionar-se intimamente com o arguido ___, o qual, mais tarde, veio a queixar-se de dificuldades financeiras.

48.º
Talvez por ingenuidade, mas sobretudo pela muita estima que começou a nutrir por aquele arguido, <u>a arguida emprestou-lhe valores, por mais de uma vez, mas sempre a título pessoal.</u>

49.º
Isto é: por muito estranho que pareça, quanto a vantagens patrimoniais (se é que o termo tem aplicação nesta realidade que se descreve) o que sucedeu foi precisamente o inverso do que consta na douta Acusação!

50.º
Contudo, estes empréstimos não constituem novidade alguma nos presentes autos, atento o primeiro depoimento do co-arguido ___, a fls. 220.

51.º
Este depoimento, de fls. 215 a 220, é de uma importância crucial, pois é o **único elemento** dos autos – aliado aos escritos do punho daquele mesmo arguido que se encontram a fls. 38 do Apenso VI, fls. 8 do Apenso V, fls. 10v.º e fls. 129 do Apenso VI, fls. 6v.º e fls. 81 do Apenso IV – que permitiu à Polícia Judiciária, mais tarde, formular as precipitadas conclusões constantes de fls. 476, onde se afirma que "existem razões" para dar como entregues valores à co-arguida ___.

52.º
Sendo certo que, a fls. 472, **a mesma Polícia Judiciária admite que todos os documentos do processo não são conclusivos a esse respeito** (ver pontos 4.7, 4.10. e 4.12 daquele relatório policial)!?

53.º
O que é natural, pois a arguida ___ não sabe sequer, concretamente, o que se passaria ou não, em termos de "combinações", entre os demais arguidos, aliás sempre qualquer "combinação" anterior à sua entrada em funções no ___ da C.M.___, mas o que é positivamente certo é que

54.º
é falso que o arguido ___, directamente ou por interposta pessoa, lhe tenha entregue os 400.000$00 e os 540.000$00, descritos na douta Acusação, a fls. 507 e 510, respectivamente.

55.º
E, veja-se, que é o próprio arguido ___ quem, no seu depoimento de fls. 215 a 220, **admite não ter a certeza** de tais valores terem sido entregues à ___, referindo-o **como mera possibilidade** (!), e,a fls. 219, dizendo mesmo ter entregue aqueles valores a outra pessoa.

56.º
Acresce, que tais valores foram titulados pelos cheques BANIF n.º ___ datado de ___ e BANIF n.º ___ datado de ___ (este no valor total de 1.540.000$00), respectivamente, os quais não tiveram a arguida ___ como destinatária.

57.º
Por último, **é verdade** que o arguido ___ devolveu à ___ 1.000.000$00 que esta lhe havia mutuado, sem juros, como aquele de imediato referiu no seu depoimento de fls. 220.

58.º
São estes os 1.000.000$00 aludidos a fls. 509 da douta Acusação, motivo pelo qual **não podem configurar qualquer vantagem patrimonial** da arguida.

59.º
Aqui reside a explicação do único valor constante da Acusação (1.000.000$00) verdadeiramente entregue pelo arguido ___ à arguida, sem quaisquer contornos criminais por se tratar efectivamente de um reembolso admitido e confessado por ambos – porque mentiria o arguido, se admite tudo o resto quanto aos outros arguidos?

60.º
Todavia, os autos mencionavam ainda uma máquina fotográfica NIKON no valor de ___, a qual, de todas as formas, nunca foi encontrada na posse da arguida ___ – *vide* os bem esclarecedores resultados das buscas na sua casa, a fls. 315 e segs.

61.º
Ora, a ___, porém, nada tem para esconder à Justiça e, nesse sentido da colaboração para a descoberta da verdade material dos factos, fez o competente esclarecimento em sede de Instrução.

62.º
Pois: a arguida ___ recebeu do arguido ___, em data que não sabe precisar, **a máquina fotográfica da marca CANNON, modelo EOS 100**, que ainda hoje tem em sua posse.

63.º
No entanto, aquele presente em nada se prendeu com o seu exercício de funções no ___ nem sequer tem alguma coisa a ver com os "presentes pelo Natal" a que alude o arguido ___ nos seus depoimentos nos autos.

64.º
Com efeito, ___ ofereceu aquela máquina à ___ porque assim quis e sem obter desta qualquer contrapartida ou vantagem, muito menos a nível camarário.

65.º
Só o mesmo ___ poderá esclarecer quais foram as razões daquela oferta, a que naturalmente não terá sido alheio o facto de a ___ lhe ter emprestado dinheiro por mais de uma vez e de manterem uma íntima relação pessoal.

66.º
Portanto, a arguida ___ não é a criminosa que a Acusação descreve, pois não praticou qualquer ilícito criminal.

DA INEXISTÊNCIA DE RESPONSABILIDADE CRIMINAL

67.º
Tudo considerado e contrariamente à posição assumida pelo Digmo. Magistrado do Ministério Público na douta Acusação, entende a arguida que o seu comportamento não merece a censura penal, por vária ordem de razões.

• *Atipicidade e licitude da conduta da co-arguida*

68.º
Em primeiro lugar, como dissemos acima e ficou detalhadamente descrito, a arguida nunca recebeu da ___ LDA ou do seu legal representante ___ e arguido, ou de qualquer outra pessoa, qualquer vantagem patrimonial para a prática de actos ilícitos (pp. art. 420.º do C.P. aplicável) nem para a prática de actos lícitos (pp. art. 422.º do C.P. aplicável) e muito menos falsificou documentos.

69.º
Em segundo lugar, também como dissemos acima e ficou detalhadamente descrito, a arguida não tinha qualquer combinação com os demais arguidos no sentido de levar a cabo, ou auxiliar ou permitir levar a cabo os

crimes descritos na Acusação, pelo que também não comparticipou no crime de outrém.

- *Tipicidade subsidiária*

70.º

Por dever de bom patrocínio e sem nada conceder, sempre deverá acrescentar-se que, caso se viesse a considerar que a arguida em apreço recebeu qualquer vantagem patrimonial, ainda assim, só poderia ser acusada de Corrupção Passiva para Acto Lícito, p.p. no art. 422.º do C.P aplicável, sob forma de mera cumplicidade, pois toda a sua actuação foi lícita, sem domínio do processo causal e no desconhecimento de a C.M.___ estar a ser lesada.

71.º

Assim, tal conduta deveria sempre ser dispensada de pena, ao abrigo do art. 75.º e 27.º n.º 2 do C.P. aplicável.

Neste termos,
e nos demais de Direito, deverá a arguida ser absolvida.

TESTEMUNHA A NOTIFICAR:
(...)

TESTEMUNHAS A APRESENTAR:
(...)

O ADVOGADO
(com procuração nos autos)

VII. PROVIDÊNCIA CAUTELAR DE SUSPENSÃO DE DESPEDIMENTO INDIVIDUAL

Exmo. Senhor Juiz do Tribunal
do Trabalho de Lisboa

___, NIF ___, arquitecto, residente na Rua ___, vem instaurar a presente <u>Providência Cautelar de suspensão de despedimento individual</u>, contra ___, LDA, NIPC ___, com sede na Rua ___, ao abrigo dos arts. 31.º e segs. do Código de Processo de Trabalho, o que faz nos termos e com os fundamentos seguintes:

1.º

O A. é trabalhador dependente da R. e esta despediu-o sumariamente por comunicação escrita datada de ___, sem justa causa e sem procedimento prévio, pelo que urge o decretamento imediato da suspensão do despedimento.

OS FACTOS

2.º

A R. é uma sociedade comercial que se dedica à exploração de ___, procedendo à sua concepção, licenciamento, construção, exploração e por vezes à venda de tais complexos, e que está inserida no seio de uma empresa multinacional ___.

3.º

A R. goza de boa reputação e saúde financeira, dispondo de uma ampla carteira de projectos executados e em execução em território nacional, para os quais recebeu importantes subsídios do Estado Português, a que oportunamente se candidatou.

4.º
Para a sua actividade, caracterizada por exigências técnicas muitos específicas do sector energético e industrial, a R. necessitou até à data de apoio e consultoria técnica, nomeadamente para implantação e acompanhamento da construção dos ___ em Portugal e também para todos as diligências que haveria a promover junto das entidades administrativas portuguesas competentes para os licenciamentos, a fiscalização e o financiamento dos referidos parques eólicos.

5.º
O A. é licenciado em Arquitectura, adquiriu formação e experiência profissional na ___, domina os conhecimentos técnicos do sector energético e industrial de ___ e participou como elemento fundamental na implantação da actividade da R., desde o início da sua actividade em Portugal, sendo inclusivamente seu sócio fundador, minoritário, e tendo exercido nela as funções de gerente entre ___ e ___.

6.º
No dia ___, e tendo em vista o fim do exercício das funções de gerente atrás referidas, a R. celebrou com o A. por escrito o contrato individual de trabalho que aqui se junta e se dá por integralmente reproduzido, para que este, sob ordens, direcção e fiscalização daquela, se prestasse a executar o seu trabalho como subordinado, ao abrigo da legislação laboral em vigor, como Director-Consultor (***Doc. n.º 1***).

7.º
A celebração de um contrato individual de trabalho – e não de um mero contrato de prestação de serviços – ao abrigo da legislação laboral portuguesa, foi um pressuposto essencial para a vontade contratual do A. no sentido de continuar vinculado à R., prestando-lhe a assessoria e a colaboração que lhe foi à data solicitada pela sociedade e de que esta carecia.

8.º
Nos termos do referido contrato de trabalho, a R. atribuiu ao A. a categoria profissional de Director-Consultor e como tal inscreveu-o na

Segurança Social e passou a processar mensalmente os correspondentes descontos, de acordo ainda com o respectivo mapa de pessoal.

9.º

Nos termos do referido contrato de trabalho, o A. passou a exercer as funções de consultor nos domínios de aquisição e licenciamento de ___ junto das autoridades oficiais licenciadoras – Ministérios, Comissões Regionais, Câmaras Municipais, Juntas de Freguesia, Comissões de Baldios e outras – e de representante *ad hoc* da sociedade nas associações profissionais e demais organismos representativos da actividade da empresa.

10.º

Ainda nos termos do referido contrato de trabalho, o A. ficou obrigado a desenvolver e acelerar a concretização de actuais e novos projectos, de acordo com as instruções da R. e principalmente a dar apoio na realização dos projectos de ___ e do ___.

11.º

A R. fixou ao A., como local de trabalho, a casa própria deste, assumindo a sociedade os custos de uma linha telefónica para tal efeito.

12.º

Atendendo à especificidade das funções para que foi o A. contratado, a R. não lhe fixou horário de trabalho.

13.º

Ao abrigo de tal contrato de trabalho, o A. ficou obrigado para com a R. a não exercer qualquer outra actividade, sem expressa autorização desta, sendo certo que foi autorizado a manter actividade independente de arquitecto, no *atelier* de que é sócio designado ___, e

14.º

o A. ficou ainda obrigado a pôr ao dispor da R., com carácter de permanência, «*todo o seu esforço, conhecimento e experiência profissional*».

15.º

Por força do mesmo contrato, o A. ficou obrigado a total sigilo sobre todas as informações e processos comerciais, empresariais ou técnicos que lhe fossem confiados ou de que viesse a tomar conhecimento, que dissessem respeito à sociedade.

16.º
A R. fixou ao A. um <u>ordenado mensal, fixo</u> e ilíquido no valor inicial de Esc. 760.000$00 (setecentos e sessenta mil escudos), a ser pago catorze meses por ano, acrescido de subsídio de refeição diário de Esc. 975$00 (novecentos e setenta e cinco escudos).

17.º
A R. consignou expressamente ao A. o direito a vinte e oito dias úteis de férias por ano, podendo ainda ser gozados os dias de férias "acumulados" de anos anteriores.

18.º
A. e R. celebraram tal contrato de trabalho sem termo e com expressa remissão para a lei laboral portuguesa vigente.

19.º
Desde a celebração de tal contrato de trabalho, o A. prestou efectivamente o seu trabalho à R., sempre colocando-se ao dispor desta para toda e qualquer assessoria e consultoria e respondendo a todas as solicitações de imediato e com zelo. Nomeadamente, colaborando com os funcionários da R., Eng.º___, Eng.º___ e Dr.___, esclarecendo-os, aconse-lhando-os e pondo-os ao corrente da totalidade dos processos da R. relativos a ___ em fase de projecto, solucionando questões junto de Câmaras Municipais, comparecendo em representação da R. na Associação Portuguesa de Produtores de ___, reunindo informações sobre o sector e prestando todas as diligências e informações que lhe foram solicitadas pelos funcionários da R.

20.º
Desde a celebração de tal contrato de trabalho, o A. passou a estar inscrito nas Finanças como trabalhador por conta de outrém, a cargo da R., fazendo esta a retenção na fonte devida a título de IRS.

21.º
Desde a celebração de tal contrato de trabalho, o A. passou a estar

inscrito na Segurança Social como trabalhador dependente da R., fazendo esta os devidos descontos.

22.º
Desde a celebração de tal contrato de trabalho, a R. pagou mensalmente a retribuição devida ao A., catorze vezes no ano como consigna a lei e procedeu aos respectivos descontos junto da Segurança Social.

22.º
Em consequência directa do contrato de trabalho celebrado, no período compreendido entre ___ e a presente data o A. deixou de procurar e de se habilitar a outras oportunidades no sentido de rentabilizar os seus conhecimentos, capacidades e experiência no domínio da ___, dedicando a sua disponibilidade e a lealdade devida à R.

23.º
Porém, **sem a precedência de qualquer procedimento de extinção de posto de trabalho ou de procedimento do foro disciplinar**,

24.º
Em ___ a R. manifestou pela primeira vez a vontade de despedir o A., com efeitos a produzir a partir de ___, por via da carta que aquela enviou a este e que aqui se junta (***Doc. n.º 2***).

25.º
O A. opôs-se àquela comunicação, por via da carta que endereçou à R. em ___ e que esta recebeu, conforme cópia que aqui se junta, dando-se o seu teor por integralmente reproduzido (***Doc. n.º 3***).

26.º
Contudo, em ___ a R. confirmou que procedia ao despedimento do A., revogando termos da sua comunicação anterior e fixando como data da cessação do contrato o dia ___ (***Doc. n.º 4***).

27.º
A R. recusou emitir ao A. a declaração de despedimento necessária para este obter o Subsídio de Desemprego, alegando tratar-se de rescisão de contrato de prestação de serviços – o que não é mais do que

uma esforçada ficção locubrada pelos seus consultores jurídicos (***Doc. n.° 5***).

28.°
O valor ilíquido da remuneração mensal do A., pago pela R. durante o ano de ___, é de EUR: 3.917,36 (três mil novecentos e dezassete euros e trinta e seis cêntimos), neste se incluindo subsídio de refeição no valor mensal de EUR:126,50 (cento e vinte e seis euros e cinquenta cêntimos) (***Docs. n.° 6 a n.° 9***).

29.°
O último vencimento pago pela R. ao A. foi o relativo ao mês de ___, acrescido do subsídio de férias, relativo às férias já vencidas em 31 de Dezembro de ___, não tendo pago qualquer proporção relativa aos duodécimos de férias, subsídio de férias e subsídio de Natal relativos ao direitos adquiridos no corrente ano de ___.

30.°
A R. declarou que nada mais pagará ao A. e proibiu-o de entrar nas suas instalações.

O DIREITO

31.°
Dos factos acima descritos resulta evidente que, em ___, A. e R. celebraram um contrato de trabalho, ao abrigo do art. 1.° do Decreto-Lei n.° 49 408 de 24.11.69 (hoje, do art. 10.° do Código do Trabalho), o qual passou a vigorar entre as partes com todas as suas características típicas.

32.°
Estão verificados todos os elementos de uma subordinação jurídica e económica, do A. face à R., característica de um contrato individual de trabalho.

33.°
O A. trabalhava sob autoridade, direcção e fiscalização da R. e a tal trabalho esteve sujeito

34.º
A R. despediu o A. sem justa causa, com efeitos a ___, e em plena vigência do contrato de trabalho.

35.º
Pelo que, nos termos do art. 429.º do Código do Trabalho, o despedimento do A. pela R. é ilícito, devendo ser declarado nulo e de nenhum efeito.

36.º
Assim sendo, e sem prejuízo do mais que cabe ao A. de Direito e que será objecto da correspondente acção principal, cautelarmente deverá ser **decretada a Suspensão do seu Despedimento Individual**, nos termos dos arts. 34.º e segs. do Cód. Proc. Trabalho,

37.º
E deverá a R. ser condenada a pagar ao A. todas as remunerações vencidas e vincendas a partir de ___, incluindo as relativas a férias, e as relativas ao subsídio de Natal, até decisão a proferir na acção principal (art. 39.º n.º 2 CPT), sob pena de imediata execução.

Nestes termos, e nos demais de Direito do douto suprimento de V.Exa., no qual se louva desde já o A., devem os presentes autos de providência cautelar ser julgados inteiramente procedentes, por provados e, por via deles, ser **decretada a Suspensão do seu Despedimento Individual**, nos termos dos arts. 34.º e segs. do Cód. Proc. Trabalho, e **condenada a R. a pagar ao A. todas as remunerações mensais e subsídios, vencidas e vincendas, bem como a continuar a proceder aos respectivos descontos e retenções legais, a partir de** ___, até decisão a proferir na acção principal, sob pena de imediata execução, nos termos do art. 39.º n.º 2 Cód. Proc. Trabalho.

Mais deverá a R. ser condenada no pagamento das custas judiciais e procuradoria condigna.

Para tanto requer a V. Exa. a designação de data para a audiência final, prevista no art. 34.º n.º 1 do Cód. Proc. Trabalho.

REQUERIMENTO DE PROVA:

Ao abrigo dos arts. 1.º, n.º 2 alínea a) e 35.º n.º 1 do Cód. Proc. Trabalho, conjugados com o art. 528.º do Cód. Proc. Civil, e para prova da matéria acima articulada nos arts. 1.º, e 6.º a 22.º, o A. requer que a R. seja oficiada para juntar aos autos cópia dos seguintes documentos, relativamente <u>ao período compreendido entre   e   </u>:

- Mapas de Remunerações de Pessoal entregues à Segurança Social;
- Documentação relativa à retenção e entrega ao Estado, do 25,5% de IRS deduzidos da remuneração do A.;
- Recibos de vencimento assinados pelo A. e na sua posse.

ROL DE TESTEMUNHAS A NOTIFICAR:
(...)

VALOR: (...)

JUNTA: 9 (nove) Documentos, Procuração Forense, Documento comprovativo do pagamento da taxa inicial de Justiça e duplicados legais.

O ADVOGADO

VIII. ACÇÃO DE CONDENAÇÃO ORDINÁRIA EM TRIBUNAL MARÍTIMO

Exmo. Senhor Juiz de Direito do
Tribunal Marítimo de ___

___ (SHIPPING), LTD., contribuinte fiscal n.º ___, com sede em ___, Reino Unido, vem, ao abrigo do disposto na alínea a) do art. 9.º da Lei n.º 3/99, de 13 de Janeiro, intentar acção de condenação, com processo ordinário, contra:

– ___ **Cargas Portuárias S.A.**, contribuinte fiscal n.º ___, com sede na Avenida ___, em ___; e
– ___ **Companhia de Seguros S.A.**, contribuinte fiscal n.º ___, com sede na Rua ___, no ___;

nos termos e com os seguintes fundamentos:

1.º

A A., como companhia de navegação, afretou, a tempo, o navio ___, propriedade da firma ___ International Ltd.,

2.º

A 1.ª R. é uma sociedade comercial que se dedica à operação de estiva,

3.º

E procedeu à desestiva do dito navio, no porto de ___,

4.º
Pelas 11 horas do dia ___, os trabalhadores da 1.ª R. ao deslocarem, inconsideradamente e sem a devida atenção, uma lingada no interior do navio, fizeram aquela embater em zonas fixas do mesmo, danificando-as.

5.º
As referidas partes fixas foram reparadas em ___ com excepção do piano e suas válvulas que ficaram irremediavelmente danificadas. (***Doc. n.º 1***).
Daí resultaram directamente os seguintes danos e prejuízos:

6.º
O navio esteve paralisado no porto de ___ para uma 1.ª reparação, durante 3 dias e 16 horas,

7.º
Dado que, por razões técnicas, não foi possível a reparação completa no referido porto, tal reparação foi concluída no porto de Riga, onde, para tal efeito, esteve paralisado desde ___ até ___.

8.º
A ___ – classificadora do navio – debitou à proprietária deste – ___ International Ltd. – a quantia de 7.579,07 Euros, correspondente às despesas e honorários incorridos na inspecção ao navio em ___ (***Doc. n.º 2***). E debitou 942,36 Euros, com a inspecção feita em ___.(***Doc. n.º 3***)

9.º
Com a reparação em Riga foram despendidos: 9.973,00 Euros com o fabrico do novo piano e 3.356,00 Euros (USD 3891,00) com a montagem das válvulas nesse piano. (***Docs. n.ºs 4, 5, 6, 7 e 8***)

10.º
Com o transporte do piano de Tolin para Riga foram despendidos 475,00 Euros (7.410 EEK coroas estonianas). *(**Doc. n.º 9**)*

11.º
A paralisação do navio em ___ – durante 3 dias e 16 horas, para a 1.ª reparação correspondeu ao pagamento, pela A. à proprietária do navio,

de um frete de 3.199,13 Libras (G.B.P) – seja 4.705 Euros. E de 5.326,23 Libras (G.B.P.), seja 7.833 euros, pela paralisação de 6 dias em Riga, para a 2.ª reparação.

12.º
Na verdade, o prejuízo sofrido pela A. com a paralisação do navio computa-se facilmente através da carta de afretamento, na quadrícula 19 da carta de afretamento. (***Doc. n.º 10***)

13.º
Dado que o navio tem uma tonelagem de 2400, e que cobraria por uma viagem costeira, no período das paralisações, o preço corrente de 10 libras por tonelada, os lucros cessantes sofridos pela A. somam 24000 libras ou seja 35.294 Euros.

14.º
Danos esses cuja responsabilidade a 1.ª R. assumiu em fax da mesma data, dirigido à R. seguradora (***Doc. n.º 11***). O capitão do navio e a ___, LDA, agente do navio, também responsabilizaram a 1.ª R. por esses danos (***Docs. n.ᵒˢ 12 e 13***).

15.º
Pelo menos uma parte dessa responsabilidade, foi transferida para a R. Seguradora através de um contrato de seguro celebrado por esta com a 1.ª R.,

16.º
cujo conteúdo a A. desconhece.

17.º
A A. pagou à proprietária do navio todas as quantias que lhe foram debitadas em virtude do ocorrido. (***Doc. n.º 14***)

18.º
Nos termos do art. 483.º, do C. Civil as RR. estão obrigadas a indemnizar a A. por todos os enunciados danos e prejuízos, incluindo os lucros cessantes e o mais acima enunciado,

19.º

sendo que a culpa da 1.ª R. além de confessada, sempre seria de presumir, dado que a descarga ou desestiva de um navio constitui uma actividade perigosa, prevista no n.º 2 do art. 493.º do C. Civil.

20.º

A 2.ª R., Seguradora, deverá ser condenada na medida e na proporção em que através do contrato de seguro assumiu as responsabilidades da 1.ª R.

Devem, assim, as RR. ser condenadas, nas proporções acima enunciadas, a pagar à A. a quantia de 70.157,43 euros, acrescida de juros de mora à taxa legal, desde a citação.

Para tanto, requer a V. Ex.a se digne ordenar a citação das RR. para contestarem, querendo, no prazo e sob legal cominação.

VALOR: € 70.157,43 (setenta mil cento cinquenta sete euros e quarenta três cêntimos)

JUNTA: 14 documentos, procuração forense, duplicados legais e documento comprovativo de haver pago a taxa de justiça inicial.

O ADVOGADO

IX. ACÇÃO DE CONDENAÇÃO EM LITISCONSÓRCIO PASSIVO EM TRIBUNAL CÍVEL

Exmo. Senhor Juiz do
Tribunal de Círculo de ___

___, NIF ___, empresário, casado sob o regime da separação de bens, e residente na ___, em ___, vem intentar a presente acção de reivindicação, com processo comum e sob forma ordinária, contra:

- GRUPO DESPORTIVO ___, pessoa colectiva n.º ___, com sede na Rua ___, <u>a notificar na pessoa do seu presidente Dr. ___, com domicílio no mesmo local</u>;
- ___ CONSTRUÇÕES SA, pessoa colectiva n.º ___, com escritório no Edifício ___, em ___;
- ___ EMPREITEIROS SA, pessoa colectiva n.º ___, com sede na Rua ___, em ___;

o que faz nos termos e com os fundamentos seguintes:

OS FACTOS

1.º

Por partilha subsequente ao óbito de ___, homologada por Sentença Judicial proferida pelo Tribunal Judicial da Comarca de ___ e transitada em julgado em ___ de 1974, o A. foi investido na quota-parte de 1/5 (um quinto) da compropriedade do prédio rústico de terra de semeadura denominado "___", com a área de 14.440m², sito na ___, freguesia de ___, concelho de ___, descrito na ___.ª Secção da Conservatória do Registo Predial de ___, sob a ficha n.º ___ e inscrito na respectiva matriz rústica, sob o art.___ da Secção ___.

2.º
Tal aquisição da quota-parte de 1/5 (um quinto) da compropriedade do referido prédio rústico, foi devidamente registada em ___ – como melhor se retira da Certidão do Registo Predial que aqui se junta e dá por reproduzida (**_Doc. n.º 1_**) e da Certidão de Teor Matricial respectiva, cuja junção se protesta para constituir o (**_Doc. n.º 2_**) desta P.I.

3.º
O mencionado prédio rústico situa-se no ___, em área contígua ao campo de futebol que a 1.ª R. ali tem há muitos anos – seguramente pelo menos desde ___ –, sendo constituído por uma faixa de terreno que acompanha o ___, em ___.

4.º
O mesmo prédio rústico sempre se destinou à agricultura, é composto por três parcelas agrícolas e nunca teve em si implantado qualquer edifício ou construção.

5.º
E, seguramente pelo menos desde ___ de 1974, o mesmo prédio também nunca foi objecto de divisão entre os comproprietários, nunca foi arrendado a terceiros, nem foi autorizada alguma vez a sua ocupação por terceiros, à excepção de sementeiras de trigo consentidas a ___.

6.º
Também seguramente desde ___ de 1974 e até final do ano de ___, o prédio rústico em apreço apresentava vegetação autóctone, árvores, canavial, restos de sementeiras de trigo e algum restolho.

7.º
O A. não se desloca com frequência ao prédio rústico "___a" uma vez que, apesar de ter residência habitual em ___, desenvolve diversas

actividades diárias que exigem a presença assídua nas suas herdades sitas em ___ e em ___, onde dirige explorações agro-pecuárias.
Porém,

8.º
Em Maio de ___, o A. foi alertado pelo seu jardineiro ___ para o facto de diversas máquinas de escavação cuja origem era desconhecida estarem estacionadas no prédio rústico acima mencionado.

9.º
Nessa mesma data, o A. tomou também conhecimento de que a 2.ª R. seria a responsável pela presença de tais máquinas no supramencionado terreno.

10.º
Isto, porquanto o A. obteve cópia de ofícios da Câmara Municipal de ___, datados respectivamente de ___ e ___, que revelavam que a 2.ª R. se apresentava abusivamente como proprietária do terreno em causa e que se preparava para o "ceder" à 1.ª R. (!) – como melhor se retira da cópia dos mesmos documentos que aqui se juntam e dão por integralmente reproduzidos (**_Doc. n.º 3 e Doc. n.º 4_**).

11.º
De imediato, em ___ de Maio de ___, por intermédio do seu mandatário, o A. dirigiu cartas à 1.ª e 2.ª RR., insurgindo-se contra tal abusiva "disposição" e respectiva ocupação do terreno em questão, alertando para o facto de ele nunca ter dado o seu consentimento a qualquer utilização do "___" e pedindo os esclarecimentos devidos – como se retira da cópia daquelas cartas que aqui juntam e dão por reproduzidas (**_Doc. n.º 5 e Doc. n.º 6_**).

12.º
Em resposta às várias solicitações do A., a 2.ª R. dirigiu ao mandatário daquele duas cartas nas quais se afirmava como comproprietária do prédio rústico em questão – o que é da mais revoltante falsidade (!) – e confirmava a sua ocupação tacitamente, como se retira da cópia daquelas cartas que aqui juntam e dão por reproduzidas (**_Doc. n.º 7 e Doc. n.º 8_**).

13.º
Ao A. nunca foi comunicada qualquer transacção sobre os 4/5 (quatro quintos) na compropriedade do prédio rústico em apreço, que não lhe pertencem.

14.º
Porém, dando o benefício da dúvida, o A. solicitou à 2.ª R. que esta comprovasse a qualidade de comproprietária que se arrogava, por carta datada de ___ (***Doc. n.º 9***).

15.º
O que a 2.ª R. nunca fez, nem podia fazer em face do que consta do ***Doc. n.º 1*** que aqui se juntou e em face de o A. ter direito de preferência sobre qualquer alienação dos restantes 4/5 (quatro quintos) do prédio rústico de sua propriedade.

16.º
De seguida, a 2.ª R. constituíu também um mandatário, o Dr.___, advogado, passando este a corresponder-se com o advogado do A., correspondência essa que não pode este juntar aos autos por imperativo de sigilo profissional.

17.º
Em Agosto de ___ o prédio rústico do A. tinha já implantada uma cerca de muro em cimento e rede metálica, em todo o seu redor – sem contudo exibir qualquer placa identificativa do respectivo Alvará de Licença de Construção, do empreiteiro, do dono de obra, número de licença de construção e referências camarárias relativas àqueles trabalhos!

18.º
Nessa data, em meados de Agosto de ___, o Senhor ___, accionista e administrador da 2.ª R., em conversa pessoal com o A. propôs-se adquirir a este a sua quota parte de 1/5 (um quinto) do respectivo direito de compropriedade, o que foi recusado terminantemente.

19.º
Em data que não se pode precisar, seguramente não anterior a ___ mas que se estima ter sido posterior ao mês de Agosto de ___, **a 3.ª R.**

levou a cabo no prédio rústico em questão, sem dar o devido conhecimento ao A., as seguintes obras:

   a) desmatação e desbaste de toda a vegetação, ao nível do solo;
   b) escavação e terraplanagem;
   c) implantação de árvores;
   d) implantação de dois campos de futebol relvados;
   e) construção de uma bancada em cimento;
   f) construção de um edifício com salas diversas e balneários;
   g) implantação de vedações metálicas em torno dos campos de futebol relvados;

entre muitas outras que se encontram melhor descritas nas fotografias feitas no local já em ___, as quais se juntam e se dão por inteiramente reproduzidas como (***Docs. n.° 10 a n.° 16***).

20.°
Em data não apurada, entre ___ e ___, o jornal "___" publicou uma entrevista com o presidente da 1.ª R., pela qual este dava notícia de que o GRUPO DESPORTIVO ___ programava aumentar o seu complexo desportivo, ampliando-o sobre a área do prédio rústico do A.

21.°
Assim, e sem que qualquer uma das RR. se prontificasse a respeitar os direitos do A. ou a comunicar-lhe fosse o que fosse, este, por intermédio do seu mandatário, viu-se forçado a dirigir à 2.ª R. os faxes datados de ___ e ___, os quais aqui se juntam e dão por inteiramente reproduzidos, no sentido de se evitar o presente recurso aos Tribunais (***Docs. n.° 17 e n.° 18***).

22.°
Em Março de ___, apercebendo-se do estado avançado das obras em questão, o A. viu-se obrigado a contactar o próprio pessoal daquela obra no sentido de o informarem sobre:

   a) o que estavam ali a fazer;
   b) quem os autorizara a realizar aquelas obras;
   c) qual a finalidade das obras;
   d) quem se apresentava como dono da obra.

23.º
Em resposta a esta atitude do A., os trabalhadores da obra disseram-lhe somente que tinham sido contratados pela 3.ª R., que estavam a construir o novo complexo desportivo da 1.ª R. e que nada mais sabiam.

24.º
E – porque até ___, a 1.ª R. como dona de obra e a 3.ª R. como empreiteira levavam a cabo as obras descritas no art. 19.º deste articulado sem exibir qualquer placa identificativa do Alvará de Licença de Construção e referências camarárias relativas àqueles trabalhos – o A. viu-se forçado ainda a interpelar o próprio Município de ___, o que fez com conhecimento da 1.ª R., no sentido de ser esclarecido sobre quem autorizou as obras e como elas foram autorizadas **e exigindo que fosse ordenada a reposição do estado natural do prédio rústico em questão**, o que faz por intermédio das cartas cujas cópias aqui se juntam e dão por reproduzidas como (***Docs. n.º 19 e n.º 20***).

25.º
Mas, nem assim a 1.ª R. se dignou a comunicar ao A. em que circunstâncias ordenara as obras sobre o terreno deste, ou o Município de ___ se dignou prestar-lhe quaisquer informações.

26.º
Nestas circunstâncias, conhecendo apenas o envolvimento inicial da 2.ª R. em toda a situação descrita e desconhecendo em absoluto a medida e as razões do envolvimento da 1.ª R. e da 3.ª R., em ___ o A. dirigiu-se ao Município de ___, enquanto entidade competente para o licenciamento das obras em questão, por meio de **Notificação Judicial Avulsa**, a fim de manifestar a sua frontal oposição às obras que estavam a ser levadas a cabo, comunicando e comprovando, uma vez mais, a sua qualidade de comproprietário – como melhor se retira daquele próprio documento que aqui se junta e se dá por inteiramente reproduzido como (***Doc. n.º 21***).

27.º
E, ainda sem ter obtido qualquer satisfação por parte das RR. ou do Município de ___, em ___ o A. requereu pelo procedimento e forma

próprios, junto desta referida edilidade, que lhe fossem prestadas as seguintes informações relativamente à situação acima descrita:

a) identificação camarária do respectivo processo de obra;
b) data de apresentação do pedido de licenciamento;
c) identificação completa do dono da obra;
d) data do licenciamento;
e) natureza das obras licenciadas;

como se retira dos (***Docs. n.° 22 e n.° 23***) que aqui se junta e se dão por reproduzidos.

28.°

Tudo, até hoje, sem qualquer resposta ou esclarecimento.
Contudo,

29.°

Em ___, foram as referidas obras dadas por concluídas, com a inauguração das mesmas agora apelidadas de "Centro de Treino e Formação Desportiva" da 1.ª R., feita na presença de Sua Excelência o Presidente da Câmara Municipal de ___ e de Sua Excelência o Secretário de Estado ___ **e sem que tivesse sido dado qualquer conhecimento ao A (!) – *Doc. n.°15*.**

30.°

O A. somente tomou conhecimento deste facto em ___, por se ter deslocado ao local para o fotografar**, tendo sido interpelado por um segurança a cargo da 1.ª R. que lhe disse para sair daquele perímetro, porque estava a violar propriedade privada desta !!!**

31.°

Nunca as referidas obras tiveram qualquer identificação no local, desde o seu início até à inauguração referida, nem qualquer Aviso afixado no sentido de dar a necessária publicidade ao conteúdo do respectivo Alvará de Licença de Construção conforme discriminado no art. 77.° e em flagrante violação do art. 78.°, ambos do D-L n.° 555/99 de 16 de Dezembro.

32.º
De resto, não obstante o A. ter divulgado a sua qualidade de comproprietário do prédio rústico em questão, junto das 1.ª R., 2.ª R. e C.M.___ – qualidade, aliás, facilmente averiguável junto da competente Conservatória do Registo Predial de ___ – nenhuma das RR. alguma vez o informou da realização de tais obras e muito menos o consultaram para as autorizar.

33.º
Assim, o A. não consentiu tais obras, em qualquer momento.

34.º
Muito pelo contrário, ao tomar conhecimento das obras em questão, o A. opôs-se às mesmas por todos os meios ao seu alcance.

35.º
O A. desconhece também se a própria Câmara Municipal de ___ ou o Município de ___, autorizaram tais obras como é da sua competência.

36.º
Porém, tanto quanto é do conhecimento do A.:

a) O pedido de licenciamento de obra relativo à construção do novo "Centro de Treino e Formação Desportiva" da 1.ª R., em causa nos presentes autos, recebeu a referência de Proc. de Obra n.º ___ junto da C.M. ___ e não chegou a ser deferido até ___;
b) Até porque o prédio rústico em apreço situa-se **em zona *non aedificandi*,** de acordo com o Plano Director Municipal de ___ e outras normas em vigor relativas ao urbanismo do Município.

37.º
O que é certo e sabido pelo A. é que:

a) a 1.ª R. foi a beneficiária das obras em questão e apresentou-se como dona da obra;
b) a 2.ª R. assegurou, junto da C.M.___, que dispunha do prédio rústico em apreço para a construção do aludido "Centro de Treino e Formação Desportiva" da 1.ª R. e autorizou, sem para tal ter

poderes mas a troco de contrapartidas, a alteração do destino económico daquele e a destruição *ad eternum* da sua configuração natural;
c) a 3.ª R. levou a cabo todos os trabalhos relativos à empreitada de construção daquele "Centro de Treino e Formação Desportiva" da 1.ª R., inutilizando assim o prédio rústico para a agricultura.

38.º
Por meio da Notificação Judicial Avulsa que aqui se juntou e deu por integralmente reproduzida, o A. manifestou a sua total oposição àquela utilização abusiva do seu terreno e, ao abrigo do art. 1405.º n.º 2 do Cód. Civil, interpelou o Município de ___, na pessoa de Sua Excelência o Presidente da Câmara no sentido de esta edilidade ordenar a terceiros e diligenciar a imediata interrupção daquelas obras, porque ilegais, e a reposição voluntária e imediata do estado original daquele prédio.

A RESPONSABILIDADE CIVIL DOS RR.

39.º
É inacreditável o procedimento das RR., o qual decorreu até à data em total impunidade e com a conivência por parte da C.M.___ e das suas equipas de fiscalização de obras.

40.º
Porém, atenta a matéria de facto acima descrita e independentemente das questões administrativas que o caso acima descrito venha a suscitar, o certo é que:

- as RR. lesaram seriamente os direitos e os interesses patrimoniais do A., sendo inegável, ainda, que também lhe causaram de sérios danos de ordem moral.

41.º
Assim, as RR. são responsáveis perante o A. por todos os danos que lhe causaram e continuam a causar ainda hoje, solidariamente e na exacta medida em que a sua actuação e comparticipação contribuiu para o actual estado do prédio rústico daquele e são todas consideradas como esbulhadoras, à luz do que vem preceituado na Lei Civil.

OS DANOS SOFRIDOS

42.º

Com a sua actuação concertada, as RR. violaram sem limite algum o direito de propriedade do A. sobre o prédio rústico em questão, não respeitando a sua vontade e todas tendo comparticipado nos seguintes danos:

1) foi subvertido e modificado o destino económico do prédio rústico em apreço – dano que se avalia, com modicidade, em **Esc. 5.000.000$00 (cinco milhões de escudos)**;
2) ficou o A. privado da posse, utilização e fruição do prédio em questão, tendo a detenção, utilização e fruição do mesmo sido atribuída em exclusivo à 1.ª R., desde finais de ___ até à entrega livre e devoluta do prédio rústico em questão – dano que se avalia, até esta data, com modicidade, em **Esc. 10.000.000$00 (dez milhões de escudos)**.

43.º

Porém, à impossibilidade prática e diária de o A. utilizar e sequer aceder ao prédio rústico, sem a anuência da 1.ª R., há que acrescentar ainda que esta não está a compensar aquele com o valor económico e social da utilização do prédio rústico em questão.

44.º

O que, sob forma de *lucrum cessans*, prejudica o A. no recebimento do valor equivalente a um arrendamento comercial para aquele específico destino económico de "Centro de Treino e Formação Desportiva", **sob pena de enriquecimento sem causa por parte da 1.ª R.** – dano este que se avalia, com modicidade, em **Esc. 750.000$00 (setecentos e cinquenta mil escudos) mensais**, a calcular pelo menos desde Janeiro de ___ até à data da entrega livre e devoluta do prédio rústico em questão, motivo pelo qual é hoje intangível o seu **cálculo que vai postergado para Liquidação de Sentença**.

45.º

Este dano é, salvo melhor opinião, da única responsabilidade da 1.ª R.

Parte III – Conclusão

46.º

De resto, e ainda sob forma de *lucrum cessans*, a 2.ª R. prejudicou o A. na exacta medida em que aquela é que "dispôs" abusivamente do prédio rústico em questão em favor de terceiros, o que fez em seu único proveito, tendo até hoje permanecido como única detentora das contrapartidas aludidas nos ***Docs. n.º 3 e n.º 4*** desta P.I. – cedência de um Alvará de Loteamento sobre o imóvel conhecido por "___", por parte da C.M.___.

47.º

Contrapartidas essas que têm expressão económica, sem dúvida possível, e que se avaliam, com modicidade, em **Esc. 50.000.000$00 (cinquenta milhões de escudos)**, da responsabilidade única da 2.ª R.

48.º

Por último, quanto aos danos patrimoniais, a 3.ª R., por ter sido quem efectivamente levou a cabo todos os trabalhos de construção, a pedido e no interesse da 1.ª R., foi também quem praticou os actos materiais de destruição da sua vegetação e configuração natural do prédio rústico *sub judice*, as quais são irrepetíveis por natureza – dano que se estima, com modicidade, em **Esc. 30.000.000$00 (trinta milhões de escudos)** e que, salvo melhor opinião, é da responsabilidade de ambas as referidas RR.

49.º

Ou seja, <u>**as RR. deverão ser condenadas a compensar o A. pelos danos patrimoniais sofridos com o pagamento do valor total de Esc. 95.000.000$00 (noventa e cinco milhões de escudos)**, acrescido de Esc. 750.000$00 (setecentos e cinquenta mil escudos) mensais, a suportar pela 1.ª R. pelo "arrendamento comercial forçado" que já se consumou</u>, calculados pelo menos desde Janeiro de ___ até à data da entrega livre e devoluta do prédio rústico em questão – motivo pelo qual o cálculo deste último valor será apurado em sede de Liquidação de Sentença.

50.º

Por último, é inegável que as RR. causaram, com a actuação descrita, sérios danos de ordem moral ao A.

Com efeito,

51.º
Da forma que vai acima descrita, o A. foi obrigado a assistir às descritas e repetidas ofensas e ao vilipêndio total e absoluto do seu direito de propriedade sobre o prédio rústico em questão.

52.º
Por forma a tentar fazer valer os seus direitos e a tentar interromper as obras em curso, o A. foi obrigado a, desde ___ até à presente data, investir em todas as diligências que vão descritas nesta P.I., as quais lhe consumiram muito tempo, empenho e energia.

53.º
Com o total desrespeito pelos mais legítimos direitos do A., por parte das RR., aquele sofreu grande desânimo e frustração, ao longo de dois anos completos, fazendo-o "pregar no deserto" contra tais injustiças.

54.º
Também pelo mesmo período a condutas das RR. infligiram ao A. fortes e continuadas irritação e angústia.

55.º
Tais danos são da inteira responsabilidade das RR., por terem sido causados por estas em comparticipação e de forma ilícita e culposa e estimam-se, com modicidade, em **Esc. 2.000.000$00 (dois milhões de escudos)**.

O DIREITO

56.º
O A. não transmitiu o seu direito às RR. e, por isso, <u>mantém até hoje as faculdades inerentes à compropriedade sobre **todo o prédio rústico**</u> em questão – uma vez que o mesmo nunca foi objecto de divisão.

57.º
Das mais básicas faculdades que cabem ao A., enquanto comproprietário e nos termos da lei civil, destacam-se as de:

• exercer a posse e a fruição do imóvel (1406.º CC);

- comparticipar nas receitas da fruição e da utilização económica do imóvel (1407.º CC e 992.º CC);
- impedir a alienação e a oneração do imóvel (1408.º CC)
- impedir a destruição das caraterísticas naturais do imóvel (1406.º CC e 1408.ºCC);
- impedir a alteração do destino económico do imóvel (1406.º CC);
- reivindicar o imóvel de terceiros (1312.º CC e Ac. Rel. Lisboa, de 24.04.1997 (R. 1243) in Col. Jur., 1997, tomo 2, pp. 12);
- legitimidade para, mesmo desacompanhado dos restantes comproprietários, reclamar indemnização por danos causados por outrém no prédio comum (Ac. STJ de 12.06.1995 (P.87 096) in Col. Jur., 1995, 2, 125; Ac. STJ de 11.03.1992 (P. 81 172) in BMJ n.º 415, pp. 512).

58.º

Daí, o inteiro cabimento dos presentes autos e a legitimidade activa do A.

De resto,

59.º

Para além da responsabilidade civil das RR. pelos danos causados ao A. acima referidos, a restituição da coisa em reivindicação e a reposição das suas condições físicas, na medida das possibilidades naturais, são devidas e feita à custa dos esbulhadores, que são aquelas mesmas, nos termos do art. 1312.º CC.

60.º

Daí o inteiro mérito dos presentes autos e a legitimidade passiva das RR.

Nestes termos, e nos demais de Direito do douto suprimento de V.Exa., em que desde já se louva o A., deverão as RR. ser citadas para contestar, querendo, e a presente acção ser considerada procedente e provada, condenando-se as RR. solidária e cumulativamente a:

a) reconhecer o direito de propriedade do A. sobre 1/5 (um quinto) da totalidade do prédio rústico de terra de semeadura denominado "___", com a área de 14.440m², sito na ___, freguesia de ___, descrito na ___.ª Secção da Conservatória do Registo Predial de

___, sob a ficha n.° ___ e inscrito na respectiva matriz rústica, sob o art.___ da Secção ___;
b) repor o mesmo prédio rústico no mesmo estado em que este se encontrava, pela destruição do que no mesmo foi implantado desde ___ pela 3.ª R. e pela reconstituição física das anteriores características do terreno, na medida das capacidades naturais;
c) restituir ao A. a posse sobre o mesmo prédio rústico, entregando-o a este, devoluto e livre de pessoas e bens;
d) pagar uma Sanção Pecuniária Compulsória, a reverter em partes iguais para o Estado Português e para o A., por cada dia de atraso no cumprimento das obrigações referidas nas alíneas b) e c) *supra*, cujo valor deverá fixar-se num quantitativo nunca inferior a Esc. 100.000$00 (cem mil escudos), nos termos do art. 829.°-A do Código Civil;
e) pagar ao A. o montante de Esc. 15.000.000$00 (quinze milhões de escudos), a título de indemnização por responsabilidade civil por danos patrimoniais sofridos e descritos no art. 42.° deste articulado, acrescido de juros de mora calculados à taxa legal de 7% desde a data da Citação até integral pagamento;
f) de Esc. 2.000.000$00 (dois milhões de escudos), a título de indemnização por responsabilidade civil por danos morais sofridos e descritos nos arts. 50.° a 55.° deste articulado, acrescido de juros de mora calculados à taxa legal de 7% desde a data da Citação até integral pagamento;
g) suportar todas as custas devidas a Juízo, incluindo preparos, taxas de justiça iniciais e subsequentes, custas finais e de patrocínio, sem prejuízo de satisfazer na íntegra os honorários dos advogados do A., por analogia com o preceituado no n.° 3 do art. 662.° do Cód. Proc. Civil, conforme Ac. Rel.Coimbra de 16.1.1996, in Col. Jur. 1996, tomo 1 pp.14.

Em acréscimo, deverá a 1.ª R. ser condenada no pagamento ao A. do montante de Esc. 750.000$00 (setecentos e cinquenta mil escudos) por cada mês decorrido desde Janeiro de ___ até à data da entrega livre e devoluta do prédio rústico em questão, cujo valor será apurarado em sede de Liquidação de Sentença, a título de indemnização por responsabilidade civil por lucros cessantes conforme descrito nos arts. 43.° a 45.° deste articulado.

Em acréscimo, ainda, deverá a 2.ª R. ser condenada no pagamento ao A. do montante de Esc. 50.000.000$00 (cinquenta milhões de escudos), a título de indemnização por responsabilidade civil por lucros cessantes conforme descrito nos arts. 46.º e 47.º deste articulado, acrescido de juros de mora calculados à taxa legal de 7% desde a data da Citação até integral pagamento.

Por último, deverá também a 3.ª R. ser condenada no pagamento ao A. do montante de Esc. 30.000.000$00 (trinta milhões de escudos), a título de indemnização por responsabilidade civil por danos patrimoniais sofridos, conforme descrito no art. 48.º deste articulado, acrescido de juros de mora calculados à taxa legal de 7% desde a data da Citação até integral pagamento.

Requer ainda e sem prejuízo de outros meios de prova a requerer ulteriormente, que V.Exa. se digne oficiar o Município de Cascais, na pessoa de Sua Excelência o Presidente da CÂMARA MUNICIPAL DE ___, com domicílio na ___, ordenando a esta edilidade que:

1) remeta aos autos uma certidão integral do procedimento administrativo relativo ao licenciamento da obra erigida sobre o prédio rústico de terra de semeadura denominado "___", com a área de 14.440m², sito na ___, freguesia de ___, descrito na ___.ª Secção da Conservatória do Registo Predial de ___, sob a ficha n.º ___ e inscrito na respectiva matriz rústica, sob o art.___ da Secção ___, relativa à construção do novo "Centro de Treino e Formação Desportiva" do GRUPO DESPORTIVO ___, o qual terá eventualmente recebido a referência de Proc. de Obra n.º ___.

2) Informar a presente Instância se o mesmo prédio rústico se situa em zona *non aedificandi*, de acordo com o Plano Director Municipal de ___ e outras normas em vigor relativas ao urbanismo do Município.

VALOR PROCESSUAL: Esc. 107.000.000$00 (cento e sete milhões de escudos), tendo em conta o valor presumido da coisa reivindicada e o total das indemnizações peticionadas.

JUNTA: Comprovativo do pagamento de taxa inicial de justiça, Procuração e 23 (vinte e três) documentos, protestando a junção de mais um documento, a Certidão do Teor Matricial acima identificada como Doc. n.º 2

O ADVOGADO

X. ACÇÃO COMUM DE CONDENAÇÃO EM TRIBUNAL DO TRABALHO

Exmo. Senhor Juiz do Tribunal
do Trabalho de ___

Com pedido de <u>Citação Urgente</u>

___, NIF ___, residente na Rua ___, vem instaurar a presente **acção declarativa, emergente de contrato individual de trabalho, com processo comum** contra ___ ARQUITECTOS LDA, pessoa colectiva n.º ___, com sede na Rua ___, o que faz nos termos e com os fundamentos seguintes:

DOS FACTOS

1.º

A A. é uma sociedade comercial que explora um Atelier de Arquitectura e Design sito no Edifício ___, Rua ___, em ___, e que está inserida no seio de uma empresa multinacional, com filiais em ___, ___, ___ e ___, vocacionada para a prestação de serviços de Arquitectura e Design.

2.º

A A. goza de boa reputação e saúde financeira, dispondo de uma ampla carteira de clientes e de projectos executados e em execução em território nacional, tendo cerca de trinta pessoas ao seu serviço.

3.º
O R. é licenciado em Arquitectura e começou a exercer a actividade de arquitecto em ___, em conjunto com alguns colegas, em Atelier próprio.

4.º
Em ___ e na sequência de uma entrevista de admissão de pessoal promovida pelas chefias da R. – os Arquitectos ___ e ___ – o A. foi admitido ao serviço daquela, para, sob suas ordens, direcção e fiscalização, trabalhar como arquitecto e em regime de tempo inteiro, no mencionado Atelier sito no Edifício ___, Rua ___, em ___.

5.º
Em virtude de ter sido admitido ao serviço da R., em ___, o A. foi forçado a deixar de prestar serviços por conta própria, pois aquela exigiu-lhe toda a sua capacidade de trabalho e empenho.

6.º
No que concerne ao horário de trabalho, a R. informou o A. de que este estaria comprometido a assegurar uma média mínima de 8 (oito) horas de trabalho em cada dia útil, devendo respeitar o horário normal de funcionamento da empresa, o qual é das 9H00 às 18H00, com intervalo de 1 (uma) hora para almoço.

7.º
A remuneração do A. foi fixada pela R., tendo-lhe esta referido que aquele seria pago em função das horas de trabalho prestado e pelo valor de Esc. 1.500$00 por cada hora – e nunca à tarefa ou por serviço; valor que veio a ser aumentado nos anos subsequentes.

8.º
Mais informou a R. que o pagamento do trabalho do A. seria feito contra recibos de prestação de serviços como profissional independente com a categoria de arquitecto [recibos verdes], como efectivamente veio a suceder.

9.º
Em virtude da sua carência económica e para não pôr em perigo a sua admissão ao serviço da R., o A. sentiu-se assim coagido a conformar-se

com estas formas de remuneração e quitação, as quais não foram de acordo com a sua vontade livremente determinada.

10.º
Deste modo, para possibilitar o cálculo da retribuição o A. tinha de apresentar periodicamente "folhas de horas" – uma Time Sheet padronizada pela R. – nas quais aquele discriminava o número de horas semanais despendidas em cada projecto, cabendo à R. fazer a competente fiscalização.

11.º
A remuneração era paga pela R. ao A., com a periodicidade mensal e mediante transferência bancária, como era feito para os restantes trabalhadores daquela.

12.º
O A. começou a trabalhar ao serviço da R. logo em ___ e passou a entregar-lhe toda a sua capacidade de trabalho, disponibilidade e tempo útil.

13.º
A actividade do A. foi prestada exclusivamente nas instalações da R., sitas no Edifício ___, Rua ___, em ___.

14.º
Nesse mesmo local e em virtude da relação laboral constituída, a R. facultou ao A. um secretária e cadeira próprias e um computador para sua exclusiva utilização, tendo-lhe aquela atribuído:

a) um código de utilizador específico com os dizeres «___»;
b) bem como um e.mail próprio com os dizeres «___@___.com»;
c) e uma extensão de telefone interno com o n.º ___.

15.º
Os estiradores, a mesa de trabalho e a sala de reuniões onde passou a trabalhar o A. eram também da R., a qual os facultava para uso comum e compartilhado por todos os demais trabalhadores desta.

16.º
Também todos os instrumentos de trabalho utilizados pelo A. pertenciam à R., a saber:

a) Material de escritório à livre disposição, tais como, papel, lápis, canetas, agrafadores, furadores, tesouras, guilhotina, impressoras, etc.;
b) Material de desenho à livre disposição, tais como canetas, marcadores, lápis de cor, papel de esquiço, folhas de papel de grandes dimensões, réguas, esquadros, etc.;
c) todo o software específico para trabalhos de arquitectura e projecto (autocad, photoshop, coreldraw, entre outros);
d) entre muitos outros.

17.º
No âmbito das funções que lhe foram atribuídas pela R., o A. trabalhava na concepção de projectos de arquitectura, elaboração de desenhos, maquetas, documentos e gráficos em computador, esquissos, perfis, painéis de apresentação, impressão, corte e dobragem de projectos e cópias para entrega aos clientes da R.

18.º
Para além disso, o A. contactava como os engenheiros das obras a cargo da R., bem como com os fornecedores dos materiais que esta deveria propor aos seus clientes, escolhendo e fazendo sugestões dos materiais a utilizar.

19.º
Porém, o A. submetia todas as suas sugestões e o seu trabalho à aprovação de um coordenador de projecto, sempre escolhido pela R., no seio da empresa desta.

20.º
Deste modo, o A. trabalhava sob as ordens, fiscalização e direcção da R. ou de um coordenador do projecto designado pela R., limitando-se a executar o que lhe era pedido até ao fim de cada projecto.

21.º
O A. foi plenamente integrado no seio e na estrutura empresarial da R., figurando na lista de pessoal interna, sob designação de «nome de funcionário», sendo apresentado a terceiros como um membro da empresa, a par de todos os demais trabalhadores desta.

22.º
Neste âmbito, a R. atribuiu mesmo ao A. um número de trabalhador – o n.º ___ – o qual era utilizado para referenciar o A. em diversas circunstâncias, tais como a sua identificação no seio da empresa, considerada a nível multinacional.

23.º
De resto, em documentos escritos do expediente da R., o A. muitas vezes era identificado pelas siglas «___», por exemplo para rubricar Instruções que eram comunicadas a todos os trabalhadores da empresa por meio de comunicações circulares, as quais aquele tinha de rubricar em sinal de ter tomado conhecimento das mesmas.

24.º
Acresce, que a R. contratou com uma empresa seguradora um Seguro de Acidentes de Trabalho para todos os trabalhadores ao seu serviço, no qual incluiu o A., razão pela qual este beneficiou daquele seguro durante todo o tempo em que esteve ao serviço daquela.

25.º
A R. obrigou ainda o A. a, em todos os seus trabalhos e documentos que elaoborou, cumprir escrupulosamente as regras constantes de um manual de normas de utilização e edição de documentos da empresa – o qual foi distribuído a todos os trabalhadores da R. – cujo teor compreendia determinações relativas a:

    a) cartões de apresentação;
    b) organização de ficheiros;
    c) nomenclaturas a utilizar;
    d) gestão de ficheiros dos projectos;
    e) tipos de letra a utilizar;
    f) tipos padronizados de cartas, fax, e-mails, etc.

26.º
Neste âmbito, a R. impôs também ao A. a utilização dos próprios ficheiros de *Autocad* com tipos específicos de "layers", tipos de linha e cores próprios, de acordo com a formatação criada pela empresa, uniformizando assim o trabalho produzido por este último, à semelhança da imagem e apresentação de todo o trabalho produzido no seio da empresa destinado a ser apresentado aos seus clientes.

27.º
Desde ___ até ___, o A. trabalhou exclusivamente para a R. e dependeu economicamente da remuneração que esta lhe pagava, o que facilmente se atesta pela observação das cadernetas de recibos daquele, onde constam os seus sucessivos rendimentos – *Vide* as fotocópias autenticadas dos mesmos, que aqui se juntam e dão por reproduzidos como **_Lotes de Documentos n.º 1 e n.º 2_**.

28.º
Até porque o A. teve de abandonar o Atelier próprio que manteve até ser admitido ao serviço da R., em virtude de as exigências de trabalho impostas por esta lhe tomarem todas as suas capacidades.

29.º
Sendo certo que, para o cumprimento de prazos de entrega de projectos que a R. tinha para com os seus clientes, o A. foi forçado diversas vezes a trabalhar "pela noite dentro", em Sábados, Domingos e feriados – sendo sempre retribuído com o mesmo valor fixado à hora, como expediente normal.

30.º
Além disso, tacitamente a R. impôs ao A. um regime de exclusividade, uma vez que aquela exigia deste todo o seu empenho diário, sendo certo que era do comum conhecimento entre os trabalhadores que eram "vistos com maus olhos" aqueles que continuassem a trabalhar por conta própria nos dias de descanso.

31.º
Deste modo, durante três anos consecutivos (___ a ___), o A. trabalhou exclusivamente para a R. e dependeu exclusivamente do ordenado pago pela R., para subsistir.

32.º
Em ___, e face ao comportamento da R. que se passa a descrever, o A. decidiu sair da empresa.

33.º
É que, na verdade, a R. (1) nunca concedeu ao A. quaisquer dias de Férias remunerados, (2) nunca pagou ao A. qualquer subsídio de Férias ou (3) de Natal, (4) nunca remunerou o trabalho extraordinário como tal, (5) nunca remunerou o trabalho nocturno como tal, (6) nem procedeu aos legais descontos para a Segurança Social, em virtude da relação laboral que foi estabelecida.

34.º
Para efeitos de cálculo, da remuneração média paga mensalmente pela R. ao A., retira-se que:

– em ___ o A. trabalhou sete meses, auferindo uma remuneração média de 1.228,47 Euros por mês;
– no ano de ___ o A. auferiu uma remuneração média 1.265,08 Euros por mês;
– no ano de ___ o A. auferiu uma remuneração média de 1.599,25 Euros por mês;
– em ___ o A. trabalhou seis meses, auferindo uma remuneração média de 1.386,93 Euros por mês.

vide os (**_Lotes de Documentos n.º 1 e n.º 2_**).

35.º
E, ainda para efeitos de cálculo, o valor médio das remunerações auferidas pelo A. nos últimos doze meses de trabalho (já que se tratava de retribuição variável, nos termos do art. 84.º, n.º 2 do Decreto-Lei n.º 49 408 de 24.11.69), foi de 1.286,10 Euros por mês (**_Lotes de Documentos n.º 1 e n.º 2_**).

36.º
O A. fez várias tentativas junto da R. no sentido de obter aqueles montantes legalmente devidos, desde finais de ___.

37.º
Ao que a R. sempre respondia com evasivas, não negando que poderia um dia vir a pagar os subsídios de Férias e de Natal – o que nunca cumpriu sequer.

38.º
Assim, o pagamento de tais valores foi sendo protelado, até ter originado uma situação insustentável para o A.

39.º
Este incumprimento reiterado das obrigações da entidade empregadora, levou a que o A. decidisse tomar a iniciativa de rescindir o seu contrato individual de trabalho.

40.º
No entanto, antes de sair da empresa, o A. mostrou-se disponível para terminar trabalhos pendentes, de modo a não causar prejuízos à R., o que fez efectivamente.

41.º
Assim, em meados de ___, o A. falou com a Directora da R., Arqt.ª ___, dizendo-lhe que pretendia deixar a empresa, ao que esta anuiu pedindo-lhe apenas que ficasse por mais quinze dias de trabalho, para finalização de projectos em curso.

42.º
De onde, o A. veio a sair da empresa em ___, por sua iniciativa, sem alguma vez ter deixado de reivindicar os seus direitos legais, até hoje negados em inteira impunidade, por parte da R.

DO DIREITO

43.º
Dos factos acima descritos e não obstante os esforços da R. em evidenciar o contrário, resulta evidente que, em ___, A. e R. celebraram um contrato de trabalho, nos termos do art. 1.º do Decreto-Lei n.º 49 408 de

24.11.69, o qual passou a vigorar entre as partes com todas as suas características típicas.

Senão veja-se,

44.º

Estão verificados todos os indícios de uma subordinação jurídica e económica, do A. face à R., característica de um contrato individual de trabalho.

Tais como:

45.º

O local de trabalho do A. foi sempre nas instalações da R.

46.º

A R. fixou ao A. um horário de trabalho, embora não absolutamente rígido.

47.º

Todos os bens utilizados pelo A. no desenvolvimento da sua prestação de trabalho pertenciam à R., a qual era também a exclusiva beneficiária da actividade laboral.

48.º

A remuneração estipulada não se apurava por trabalho realizado (como é característico dos contratos de prestação de serviços), mas sim "à hora", o que revela que a R. retribuía, não o resultado do trabalho, mas sim a própria entrega da capacidade produtiva do A..

49.º

O A. era tido, internamente e face a terceiros, pela R., como parte integrante da sua estrutura produtiva e empresarial.

50.º

Não obstante o A. tivesse alguma autonomia técnica (característica de trabalhos de natureza mais intelectual) era à R. que cabia o poder determinador da prestação, pois o A. recebia ordens e instruções da R. ou de um seu coordenador de projecto, ao qual cabiam as decisões finais e a apreciação da qualidade do trabalho prestado.

51.º
Deste modo, o A. trabalhava sob autoridade, direcção e fiscalização da R.

52.º
E, como se não bastasse, a R. fez um seguro de acidentes de trabalho para todos os trabalhadores, no qual incluiu também o A.

53.º
Assim sendo, uma vez constatada a existência de um contrato de trabalho válido, não pode deixar de considerar-se **ilícita e abusiva** a recusa da R. em pagar ao A. todos os montantes legalmente devidos.

54.º
Designadamente, a R. estava obrigada a (1) conceder ao A. dias de Férias remunerados, (2) pagar ao A. os devidos subsídio de Férias e (3) de Natal, (4) remunerar o trabalho extraordinário como tal, (5) remunerar o trabalho nocturno como tal, (6) e proceder aos legais descontos para a Segurança Social, em virtude da relação laboral que foi estabelecida – tudo quanto não fez, assim prejudicando ilicitamente o A.

55.º
De onde, no limite, a rescisão do contrato de trabalho por parte do A., materialmente correspondeu a uma rescisão com Justa Causa, nos termos do art. 34.º e art. 35.º, n.º 1, al. b) do Decreto-Lei n.º 64-A/89 de 27.2.

56.º
Assim sendo, o A. tem também direito a uma indemnização calculada segundo o disposto nos art. 13.º n.º 3 e art. 36.º do Decreto-Lei n.º 64-A/89 de 27.2.

57.º
À data da cessação do contrato o A. tinha já, vencidos a seu favor, direito aos **dias de Férias remunerados** e correlativos **subsídios de Férias** (D-L n.º 874/76 de 28.12) relativos a três anos de trabalho, no total de **EUR: 8.317,72** (oito mil trezentos e dezassete euros e setenta e dois cêntimos), de acordo com a seguinte discriminação:

- 7/12 (sete duodécimos) de um mês completo de dias de férias, remunerados, relativos ao ano de ___, vencidos a ___, no valor de 716,60 EUROS;
- 7/12 (sete duodécimos) do subsídio de férias relativo ao ano de ___, vencido a ___, no valor de 716,60 EUROS;
- vinte e dois dias de férias, remunerados, relativos ao ano de ___, vencido a ___, no valor de 1.265,08 EUROS;
- subsídio de férias relativo ao ano de ___, vencido a ___, no valor de 1.265,08 EUROS;
- vinte e dois dias de férias, remunerados, relativos ao ano de ___, vencido e ___, no valor de 1.599,25 EUROS;
- subsídio de férias relativo ao ano de ___, vencido em ___, no valor de 1.599,25 EUROS.
- 5/12 (cinco duodécimos) de um mês completo de dias de férias, remunerados, relativos ao ano de ___, vencidos a ___, no valor de 577,88 EUROS;
- 5/12 (cinco duodécimos) do subsídio de férias relativo ao ano de ___, vencido a ___, no valor de 577,88 EUROS.

58.º

O A. tem também direito a todos os **subsídios de Natal** não pagos (D-L n.º 88/96 de 3.7) relativos a três anos de trabalho, no total de **EUR: 4.158,81** (quatro mil cento e cinquenta e oito euros e oitenta e um cêntimos), de acordo com a seguinte discriminação:

- No ano de admissão (___) o A. tem direito a um subsídio de Natal proporcional ao tempo de serviço, que no caso foram sete meses, vencido em ___, no valor de 716,60 EUROS;
- Pelo ano de ___ o A. tem direito a um subsídio de Natal, vencido em ___, no valor de 1.265,08 EUROS;
- Pelo ano de ___ o A. tem direito a um subsídio de Natal, vencido em ___, no valor de 1.599,25 EUROS;
- No ano da cessação (___) o A. tem direito ao subsídio de Natal proporcional a cinco meses de serviço, vencido em ___, no valor de 577,88 EUROS.

59.º

O A. tem ainda direito a uma indemnização com base na antiguidade, nos termos dos art. 13.º n.º 3 e art. 36.º do Decreto-Lei n.º 64-A/89 de 27.2., que ascende a **EUR: 3.858,30** (três mil oitocentos e cinquenta e oito euros e trinta cêntimos), a qual se venceu no dia ___.

60.º
Os valores acima enunciados, que a R. deve ao A., perfazem o capital total de **EUR: 16.334,83 (Dezasseis mil trezentos e trinta e quatro euros e oitenta e três cêntimos)** (= EUR: 8.317,72 + EUR: 4.158,81 + + EUR: 3.858,30).

61.º
Isto, deixando de lado todo o trabalho extraordinário e trabalho nocturno que não foi remunerado nos termos da Lei(!), apenas por dificuldade de prova...

62.º
Porém, a todos os valores acima identificados, acrescem juros de mora, nos termos do art. 806.º do Código Civil, à taxa legal de 7%, desde a data do vencimento de cada obrigação respectivamente indicada nos arts. 57.º, 58.º e 59.º deste articulado, até integral e efectivo pagamento, encontram-se nesta data já vencidos juros no valor de **EUR: 996,18** (novecentos e noventa e seis euros e dezoito cêntimos).

63.º
Por último, mas sem menor importância, a R. não inscreveu o A. na Segurança Social como seu trabalhador dependente nem pagou a esta entidade qualquer uma das contribuições legalmente devidas, em virtude da relação de trabalho constituída com o ora A., relativamente a todo o período de trabalho compreendido entre ___ e ___ – em plena e total infracção ao disposto nos arts. 24.º e 25.º da L n.º 28/84 de 14 de Agosto, no D-L n.º 103/80 de 9 de Maio e no D-L n.º 124/84 de 18 de Abril, entre outros.

64.º
Assim sendo, e uma vez que a R. estava obrigada a descontar para o Centro Regional da Segurança Social de Lisboa e Vale do Tejo a quantia correspondente a 23,75% dos ordenados recebidos pelo A. – ou sejam, **EUR: 12.182,02** (doze mil cento e oitenta e dois euros e dois cêntimos), o que nunca fez, até à presente data, em notório prejuízo da carreira contributiva do A. – a tanto deverá hoje ser também condenada.

DA CITAÇÃO URGENTE

65.º

Como melhor decorre da situação acima descrita, o contrato de trabalho cessou em ___, pelo que, a fim de se evitar a eventual prescrição dos direitos reclamados na presente acção – art. 38.º do D-L n.º 49 408 de 24/11/69 – requer-se a **citação urgente**, nos termos do art. 478.º do Cód. Proc. Civil.

Nestes termos,
E nos demais de Direito do douto suprimento de V.Exa., no qual se louva desde já o A., deve a acção ser julgada inteiramente procedente, por provada e, por via dela, ser qualificada a relação contratual existente entre A. e R. como de trabalho subordinado, bem como declarada a justa causa de rescisão do contrato de trabalho por parte do A. sendo a R. condenada:

 a) a pagar ao CRSSLVT a quantia correspondente a 23,75% dos ordenados recebidos pelo A., ou sejam, **EUR: 12.182,02** (doze mil cento e oitenta e dois euros e dois cêntimos);
 b) a pagar ao A. as quantias relativas aos <u>dias de Férias remunerados</u> e correlativos <u>subsídios de Férias</u> (D-L n.º 874/76 de 28.12), não pagos e já vencidos a favor deste, no total de **EUR: 8.317,72** (oito mil trezentos e dezassete euros e setenta e dois cêntimos);
 c) a pagar ao A. as quantias relativas aos <u>subsídios de Natal</u> (D-L n.º 88/96 de 3.7), não pagos e já vencidos a favor deste, no total de **EUR: 4.158,81** (quatro mil cento e cinquenta e oito euros e oitenta e um cêntimos);
 d) a pagar ao A. o valor da indemnização com base na antiguidade (prevista nos art. 13.º n.º 3 e art. 36.º do Decreto-Lei n.º 64-A/89 de 27.2.), pela rescisão com Justa Causa do contrato de trabalho por parte do trabalhador, vencida em ___, a qual ascende a **EUR: 3.858,30** (três mil oitocentos e cinquenta e oito euros e trinta cêntimos);
 e) a pagar ao A. juros de mora, vencidos e vincendos, à taxa legal de 7%, sobre cada uma das quantias de que a R. lhe é devedora, desde a data do vencimento de cada obrigação respectivamente indicada nos arts. 57.º, 58.º e 59.º deste articulado, até integral e

efectivo pagamento, encontram-se nesta data já vencidos juros no valor de **EUR: 996,18** (novecentos e noventa e seis euros e dezoito cêntimos).

f) a suportar as custas judiciais e procuradoria condigna.

Para tanto requer a V.Exa. a citação da R. para a audiência de partes prevista no art. 54.º do Cód. Proc. Trabalho.

VALOR: EUR: 29.513,03 (vinte e nove mil quinhentos e treze euros e três cêntimos)

JUNTA: Procuração, 2 Lotes de Documentos com os n.º 1 e n.º 2, documento comprovativo do pagamento da taxa inicial de Justiça e duplicados legais.

O ADVOGADO

XI. OPOSIÇÃO À EXECUÇÃO EM TRIBUNAL TRIBUTÁRIO

Câmara Municipal de ___
Divisão de Execuções Fiscais
Proc. n.º ___

                      Exmo. Senhor Doutor Juiz de Direito
                      do Tribunal Tributário da 1.ª Instância
                      de ___

___, pessoa colectiva e contribuinte fiscal n.º ___, com sede na Rua ___, em ___, matriculada na Conservatória do Registo Comercial de Lisboa sob o n.º ___, com o capital social de ___ EUROS, executada nos autos de execução fiscal à margem identificados, vem, ao abrigo dos arts. 203.º e segs. do Código de Procedimento e de Processo Tributário, deduzir **Oposição à Execução e requerer Suspensão da Execução**, o que faz nos termos e com os fundamentos seguintes:

1.º

Os presentes autos de execução têm por títulos executivos as certidões de dívida emitidas pela Câmara Municipal de ___ (C.M.___), a título de «licenças de publicidade e via pública» relativas ao ano ___, no valor total de EUROS: 1.186.724,80 (um milhão cento e oitenta e seis mil setecentos e vinte e quatro euros e oitenta cêntimos), os quais aqui se juntam como ***lote de documentos n.º 1***.

2.º

Porém, inexiste a obrigação de pagamento daqueles títulos executivos, uma vez que são patentes a invalidade e a ineficácia dos mesmos, por se reportarem a pretensas obrigações que seriam ilegais e inconstitucionais.

3.º
Porquanto,
as certidões de dívida a cuja execução ora se opõe a executada, emitidas pelos serviços da C.M.___, correspondem à tentativa de cobrança de um verdadeiro **imposto**, criado ilícita e **inconstitucionalmente** no foro municipal,

4.º
para além de a executada ser manifesta parte ilegítima nos presentes autos de execução, como veremos.

DA ILEGITIMIDADE DA EXECUTADA [alínea b) do art. 204.º n.º 1 CPPT]

5.º
A executada é uma sociedade gestora de participações sociais, limitando a sua actividade a esse efeito, desde a data da sua constituição até hoje.

6.º
De resto, a executada não é nem foi alguma vez proprietária das infraestruturas ___ afectas à distribuição de ___ no concelho de ___, nem as detém ou possui a qualquer título.

7.º
Com efeito, a propriedade de tais infraestruturas gasistas – ___ implantadas no subsolo, entre outras – cabe em exclusivo à sociedade ___, SA, NIPC ___.

8.º
Sendo certo que foi esta última sociedade, e não a ora executada, quem sucedeu, em todos os direitos e obrigações inerentes à obtenção, armazenagem e distribuição de ___, à extinta ___, SA, ao abrigo do n.º 1 do art. 8.º do D-L n.º ___ de ___ e conforme a acta da reunião da assem-

bleia geral desta última, de que se junta cópia como (***Doc. n.° 2***) e que se dá por integralmente reproduzida.

9.°
Portanto, e uma vez que a pretensa dívida exequenda tem origem nos bens da sociedade ___, SA, NIPC ___, por se reportar à ocupação do subsolo com as referidas infraestruturas ___ no ano ___, a ora executada é parte ilegitima nos presentes autos, pelo que deverá ser absolvida da Instância.

DA INEXISTÊNCIA, ILEGALIDADE E INCONSTITUCIONALIDADE DO TRIBUTO [alíneas a) e h) do art. 204.° n.° 1 CPPT]

10.°
Por mera cautela de patrocínio, sempre se dirá ainda, quanto à inexistência, ilegalidade e inconstitucionalidade do tributo em causa, que é absolutamente seguro que a alínea i) do n.° 1 do art. 165.° da Constituição da República Portuguesa (C.R.P.) atribui à Assembleia da República a **competência exclusiva** para a "*criação de impostos*".

11.°
Assim, e pelo menos desde 14 de Julho de 1976, a **criação de impostos está vedada até ao próprio Governo**, que hoje necessita de autorização para tal, por parte da Assembleia da República – *vide*, para a solução cabal desta questão e da fixação da mencionada data, o Acórdão do Tribunal Constitucional n.° 29/83, de 21/12/1983 (P.10/83), in BMJ, 338, pp. 210 ss.

12.°
Aliás, é pacífica a jurisprudência do Tribunal Constitucional no sentido de que **os municípios só podem cobrar taxas, estando-lhes vedada a criação de impostos**.

13.°
Por outro lado, também é certo que "*a determinação da natureza das taxas e a sua distinção da figura do imposto revestem-se de inequívocas dificuldades*" (EDUARDO PAZ FERREIRA, "Ainda a Propósito da Dis-

tinção entre Impostos e Taxas..." in Ciência e Técnica Fiscal n.º 380, 1995. pp. 57 ss.).

14.º

talvez por isso mesmo praticamente todos os fiscalistas portugueses hajam abordado a questão, nos seus respectivos manuais de Finanças Públicas e/ou de Direito Fiscal – nomeadamente: ARMINDO MONTEIRO; TEIXEIRA RIBEIRO; SOARES MARTINEZ; PAULO PITTA E CUNHA; SOUSA FRANCO; ALBERTO XAVIER; PESSOA JORGE; DIOGO LEITE CAMPOS; PAMPLONA CORTE-REAL; A.BRÁZ TEIXEIRA;

15.º

Todavia,
a melhor jurisprudência do Tribunal Constitucional já fixou que *"a distinção entre imposto e taxa reside no carácter unilateral do primeiro e bilateral da segunda"* (Ac.Tribunal Constitucional n.º 76/88, de 7/4/1988, P.2/87, in BMJ, 376, pp. 179 ss.);

16.º

bem como que *"o que releva para a definição da relação sinalagmática, característica da taxa, não é propriamente a destinação financeira das receitas obtidas, mas antes a prestação, **aos sujeitos tributados**, de um **serviço**"* (*Idem*) (os sublinhados são nossos).

17.º

Em acréscimo, o mesmo Tribunal esclareceu que, no caso de uma taxa, *"à prestação do particular corresponde uma **contraprestação** directa e específica"* (Ac. Tribunal Constitucional n.º 67/90, de 14/3/1990, P.89/89, in BMJ, 395, pp. 106 ss.) (o sublinhado é nosso).

18.º

Tais noções prévias revelam-se de uma importância fundamental para o caso vertente, porquanto é certo que, por seu lado, o património e as finanças locais são igualmente contempladas na C.R.P., no seu art. 238.º,

19.º
cujo n.º 2, por sua vez, remete para a lei comum o estabelecimento de um regime financeiro local e cujo n.º 3 se refere às receitas próprias dos municípios, onde se incluem *"as provenientes da gestão do seu património e as cobradas pela utilização dos seus serviços"*.

20.º
Assim, por um lado, "**as autarquias locais têm património e finanças próprias**" (art. 238.º n.º 1 da C.R.P.) e por outro lado o regime financeiro local é estabelecido "**por lei**" (idem, n.º 2).

21.º
Daí que, conforme vem expendido no douto parecer do Prof.Doutor ___, de que se junta cópia como (***Doc. n.º 3***) e aqui se dá por integralmente reproduzido, se esteja perante o que o Prof. Doutor Sousa Franco qualifica como uma «*autonomia sub lege*», que autoriza a "**criação de taxas, tarifas e preços para o financiamento dos serviços prestados pelos municípios, e para a gestão administrativa do seu património**".

22.º
A mesma expressão é igualmente utilizada no douto Parecer conjunto do Prof. Doutor ___, de que se junta cópia como (***Doc. n.º 4***) e aqui se dá por integralmente reproduzido.

23.º
Esta vocação expressa-se na Lei das Finanças Locais (L.F.L.) aplicável ao caso, hoje a Lei n.º 42/98 de 6 de Agosto, em vigor no ano de 2001 (a dita «*lege*» a que está subordinada a autonomia municipal) a qual, no elenco das receitas municipais admissíveis e com interesse para o caso «*sub judice*», contempla apenas como receitas dos municípios o produto da cobrança de taxas por licenças concedidas pelo município ou resultantes da prestação de serviços pelo município (art. 16.º da L.F.L.).

24.º
Tal faculdade de cobrança de taxas, por parte da autarquia – e **enquanto contrapartida ou da concessão de licenças ou da prestação de serviços pelo município (art. 16.º da L.F.L)** – pode ter por objecto: a concessão de licenças de obras para a utilização do subsolo (alínea b) do

art. 19.º), ou a pura e simples ocupação ou utilização do subsolo considerado de domínio público municipal (alínea c) do art. 19.º).

25.º
Assim, e dado que uma **imposição contributiva** dirigida aos cidadãos **não** pode configurar-se como mero acto de **gestão patrimonial**, resta considerar a legalidade da taxação da ocupação da parte do domínio público constituída pelo subsolo, no caso concreto da oponente.
Ora,

26.º
Desde logo, como taxa que se apresenta, a mesma teria de satisfazer os respectivos pressupostos, a saber:

– corresponder a uma contraprestação;
– uma contraprestação directa e específica;
– uma contraprestação em benefício do(s) munícipe(s) que lhe é(são) sujeito(s) passivo(s);
– uma contraprestação proporcional ao benefício auferido e, portanto;
– uma contraprestação susceptível de avaliação monetária.

27.º
Pois bem: **nenhum destes requisitos se verifica**.

28.º
Desde logo, porque **não se vislumbra qualquer contraprestação** por parte da C.M.___, quanto às infraestruturas (tubagens) de gás em causa no caso vertente, tanto mais que:

– aquela não procedeu ao seu planeamento;
– aquela não procedeu à sua implantação;
– aquela não procede à sua conservação e/ou tratamento;

contrariamente ao que sucede, por exemplo, no caso das vulgares taxas de saneamento cobradas a todos os munícipes, a troco dos respectivos serviços municipais.

29.º
Logo, e consequentemente, tal hipotética "contraprestação" não será sequer avaliável, sob qualquer critério, tão simplesmente porque inexiste!

30.º
E nem se diga que, conforme aliás decorre do douto Parecer junto como (***Doc. n.º 3***), não seria necessária uma exacta equivalência entre o valor do serviço prestado pelo município e o preço pago pelo munícipe.

31.º
E isto porque, conforme decorre do mesmo Parecer e de todo o argumento já expendido, teria sempre de existir a **possibilidade de se determinar um justo preço**, embora aproximado, sob pena de se exercer um poder descricionário – que não foi querido pela lei – e de fazer incorrer aquela imposição fiscal na categoria de um **imposto**.

32.º
Mais uma vez, no caso concreto, não ocorrem os sobreditos requisitos:

– nem de acordo com o critério valorativo baseado nas vantagens auferidas pelo munícipe;
– nem de acordo com o critério fundado no custo do serviço prestado (cfr. Parecer, (***Doc. n.º 3***), fls. 6).

33.º
É que, no caso vertente, é flagrantemente impossível determinar, mesmo aproximadamente, qualquer destes valores. Não se tratando, pois, de uma taxa, a exigência das quantias em apreço é **inconstitucional** e **ilegal**.

QUAIS SÃO, ENTÃO, OS FUNDAMENTOS DE FACTO INVOCADOS PELA CÂMARA MUNICIPAL DE ___?

34.º
Sustenta a C.M.___ que as taxas impugnadas **respeitam a «licença de publicidade e via pública»**, o que deverá, desde logo entender-se

por licença de ocupação de subsolo, por parte de ___ existentes no subsolo, quanto ao ano de ___, **sob pena de mera falsidade dos títulos executivos, o que desde já se suscita para todos os legais efeitos [alínea c) do art. 204.º n.º 1 do CPPT], uma vez que a licença de publicidade e via pública não tem correspondência real ao caso concreto.**

35.º

Ora, tal artificiosa fundamentação apenas confirma as conclusões já explanadas anteriormente, quanto ao carácter de imposto de tal pretensa "taxa".

Com efeito,

36.º

não foi (e **nem sequer carecia de ser**) emitida qualquer **licença municipal (!)**, conforme melhor adiante se verá.

37.º

Por outro lado, também não existiu ocupação de domínio público municipal, porque o subsolo não é tal.

38.º

Além disto, até a **dispensa de licença municipal** para a realização de quaisquer obras inerentes à rede de distribuição cujos projectos tenham sido aprovados pelo Governo resulta expressa e limpidamente do disposto no n.º 3, b) do art. 13.º. do D.L. n.º ___, das Bases XXXIV e XXXV anexas ao D.L. n.º ___ e da Cláusula 25.ª, 2, a), do respectivo **Contrato de Concessão de ___**.

39.º

Sendo certo que, como já se disse, a sociedade ___ SA, NIPC ___ sucedeu, em todos os direitos e obrigações inerentes à obtenção, armazenagem e distribuição de ___, à extinta ___ SA, ao abrigo do n.º 1 do art. 8.º do D-L n.º ___ de ___ conforme a acta da reunião da assembleia geral desta última, de que se junta cópia como (***Doc. n.º 2***) e que se dá por integralmente reproduzida.

40.º
Como muito bem se discorre no n.º 3 do Parecer (***Doc. n.º 3***, fls. 7), a «*ratio legis*» da aplicação da taxa de ocupação da via pública reside no estorvo ou dificuldade que tal ocupação possa causar à circulação, em proveito do próprio ocupante:

"Compreende-se nestes casos (quiosques, esplanadas, etc) o fundamento da taxa municipal que tem por dupla contrapartida a utilidade para o sujeito (da taxa) e a desutilidade para o público, dessa ocupação".

41.º
Ora, no caso vertente, mais uma vez inexiste quer aquela utilidade quer esta inutilidade!

42.º
Extremando, aliás, o que parece ser o apetite camarário para a penalização do simples acto de «estar» no município, depressa se percorreria a curta distância que separa o já tributado parqueamento automóvel da simples «utilização» que um munícipe-peão faz da via pública ao «estacionar» num banco de jardim ou perante uma montra ou – até mesmo – face à luz vermelha de um semáforo!

43.º
Acresce que, ao abrigo da autorização legal, de tributar a utilização do **solo**, não pode proceder-se à tributação do **subsolo**, porque tal implicaria a violação do "*princípio constitucional da tipicidade tributária, e no caso da sua alteração, a ilegalidade por falta de fundamento na Lei n.º 1/87, de 6 de Janeiro*" (Parecer, ***Doc. n.º 4***, fls. 8, «in fine»).

44.º
É que a C.M.___ só está autorizada a taxar a utilização do subsolo, caso haja desenvolvido qualquer actividade de licenciamento de obras e / / ou de prestação de serviços (art. 16.º da L.F.L.)!

45.º
E certo é que o legislador entendeu, por força da importância do serviço público prestado, que a ocupação da via pública e do subsolo pela concessionária de ___ deveria ser tributariamente despenalizada, ao dis-

pensar a declaração de utilidade pública, expropriação e constituição de servidões (e, portanto, necessariamente, isentando de qualquer compensação ou indemnização), conferindo à concessionária o direito de "**utilizar ... as ruas, praças, estradas, caminhos** (...) **e** (...) **vias de comunicação, para o estabelecimento ou passagem das diferentes partes da instalação objecto da concessão**" (art. 15.º, c), do Decreto-Lei n.º ___ de ___, como vem bem realçado no Parecer, (***Doc. n.º 3***), a fls. 17).

46.º

Tal como se diz no n.º 5 ainda do mesmo Parecer:

"Talvez fosse possível ainda encarar uma outra hipótese, de fundamentação para o licenciamento municipal, e para a criação de uma correspondente taxa, se se admitisse estar cometida aos serviços municipais a tarefa de desenvolvimento e manutenção das condições de articulação entre os utilizadores do subsolo, mormente para efeitos de elaboração, publicação e permanente actualização de um cadastro cartográfico do subsolo. Só que essa tarefa está antes cometida, não à CM___ isoladamente, mas ao conjunto daqueles utilizadores, que celebram para esse fim protocolos de colaboração: e nesse conjunto se inclui obviamente a própria ___.

Compreende-se que essa articulação entre os utentes deva assentar numa base contratual, pois é esta decerto a maneira mais simples e eficiente de obter uma coordenação de esforços, sem se atribuir alguma especial titularidade ou primazia na defesa dos interesses em jogo. Aliás, o próprio contrato de Concessão da Rede de Distribuição Regional de ___, celebrado entre o Estado Português e a ___ em ___, prevê também, na sua Cláusula 34.ª, n.º 2, que, no caso de obras que envolvam levantamento de terrenos ou pavimentos, a concessionária contacte com as demais entidades utilizadoras do subsolo – numa base voluntária, comutativa - de modo a obter-se a harmonização dos respectivos trabalhos.

Temos assim que nem mesmo nesta última hipótese poderia haver lugar a uma taxa por ocupação da via pública, ou por utilização do subsolo, mas apenas, e quando muito, prestações convencionais nos termos do referido protocolo, participações no esforço conjunto em termos de estrita reciprocidade, fixadas por acordo, como um preço".

47.º

E, reproduzindo, mais por humildade do que por comodidade de exposição e julgamento, o que se aduz no n.° 6 do Parecer (**Doc. n.° 3**):

"Fica também inteiramente posta de lado a hipótese de a «licença--taxa» em apreço se configurar como contrapartida de eventuais despesas da CM___ na manutenção da infra-estrutura da ___, visto que os custos das obras de manutenção e reparação da rede de ___ são inteira e exclusivamente suportadas pela própria ___, mesmo quando se socorre de serviços externos, como no caso, já referido, da repavimentação a cargo da CM___.

Se, por outro lado, alguma entidade – e nomeadamente aquela Câmara Municipal, mas também qualquer outro utilizador do subsolo – quiser promover alterações à rede de ___, para desviar a localização das tubagens, por exemplo, tem que pedir à ___ que o faça, e fica devedora da ___ por esse serviço: é uma prática já perfeitamente estabelecida entre a CM___ e a ___; é a ___, como concessionária de serviço público, a titular exclusiva do suporte financeiro da rede de ___, não se concebendo que uma «licença-taxa» viesse configurar-se como contrapartida da assunção de alguma parcela desse encargo financeiro, o qual não é imediatamente partilhável.

Aliás, mesmo que o fosse, e que a CM___ viesse a tomar a seu cargo parte das despesas da GD__, por exemplo no que respeita à implantação física da rede no subsolo, com trabalhos de ordenamento ou de manutenção, ainda assim só haveria lugar a um preço, uma tarifa – Pois não teríamos uma actividade que possa considerar-se essencialmente pública, mas a produção de um bem com custos inteiramente avaliáveis em termos de mercado. Para tais situações, v. Alberto Xavier, Manual ... (1974), 54-55 –, e não a uma taxa, como resulta claramente da conjugação dos arts. 4.°, 1, h) e 12.° da Lei n.° 1/87, de 6 de Janeiro".

48.°
Por outro lado, a distribuição de ___ escapa às competências da C.M. ___, como vimos.

49.°
E escapa-lhe, desde logo, no que concerne ao licenciamento.

50.º
E, tal como se diz no n.º 54 do Parecer junto como *(**Doc. n.º 4**)*:

"(...) bem se compreende que não pudesse ser de outro modo.

Na verdade, estando em causa um serviço público concedido pelo Estado – e não pelo Município –, e constituindo obrigação da concessionária perante o concedente «dotar-se de todas as infra-estruturas e outros meios necessários, em cada momento, à exploração da concessão e promover a respectiva implantação», conforme se estabelece na cláusula 27.ª, n.º 1, do contrato de concessão, «nunca a cedência e utilização dos bens do domínio público municipal poderia ficar dependente da vontade discricionária do titular desse domínio, sob pena de , se assim fosse, ficarem ameaçados o cumprimento das obrigações contratuais da concessionária e – o que é o mais – a regularidade, continuidade e eficiência do serviço (cfr. cláusula 7 do contrato)".

51.º
Todavia e independentemente de tudo quanto até aqui ficou dito:

- o simples facto de o Município de   ser absolutamente alheio ao **acto constitutivo** da pretensa obrigação tributária em causa é **argumento decisivo.**

52.º
Com efeito, o caso *sub judice* **não é de uso privativo do domínio público municipal constituído pela C.M.___ em benefício da ___ SA**, mas sim de utilização de parte desse domínio na estrita medida das necessidades da instalação do serviço **concedido pelo Estado**, nos termos do respectivo contrato de concessão.

53.º
Ou seja, **nos termos da lei que aprovou as bases gerais da concessão e do título contratual, a autarquia, mantendo embora o domínio, ficou afinal, privada dos poderes de administração e disposição sobre a porção do subsolo da via pública que viesse a ser necessária à instalação das infra-estruturas adequadas ao estabelecimento da concessão.**

Parte III – Conclusão

54.º

"Na verdade, esses poderes foram-lhe retirados ao consagrar-se no artigo 15.º, alínea c) do Decreto-Lei n.º ___ que a concessionária tem o direito de «utilizar, nos termos que venham a ser fixados, as ruas, praças, estradas, caminhos e cursos de água, bem como terrenos ao longo dos caminhos de ferro e de quaisquer vias de comunicação, para o estabelecimento ou passagem das diferentes partes da instalação objecto da concessão», <u>sem distinção quanto à titularidade do domínio e sem a fixação de contrapartidas</u>; e, quando se fixaram concretamente esses termos – no contrato de concessão –, ao estabelecer-se que a cedência e utilização dos bens do domínio municipal seriam apenas, e se possível, formalizados através de protocolo, podendo o estado recorrer à reafectação do domínio na falta de acordo das autarquias – leia-se: através de uma verdadeira e própria «mutação dominial". (Parecer junto como (**Doc. n.º 4**), pág. 39, sublinhado nosso).

55.º

Ora, ao formular o elenco das receitas municipais, o art. 16.º da Lei da Finanças Locais circunscreve às licenças concedidas e aos serviços prestados, a receita proveniente das taxas municipais.

56.º

E que nem se argumente com a alteração legislativa ínsita na Lei n.º 42/98 de 6 de Agosto.

57.º

Na verdade, certamente tal diploma não tem a veleidade de atribuir às autarquias locais poderes inconstitucionais de criação de impostos, enquanto tributos unilaterais!

59.º

Mas, caso tivesse tal intenção, as disposições ínsitas nas alíneas b) e c) do art. 19.º da L.F.L. seriam claramente inconstitucionais.

60.º

Neste mesmo sentido, aliás, também aponta o segundo parecer do Prof. Doutor ___, de que se junta cópia como (**Doc. n.º 5**) e aqui se dá por integralmente reproduzido.

61.º
Assim:
se a taxa é a contrapartida de:
a) **uma licença;**
b) **ou de uma prestação de serviços;**
a inexigibilidade da primeira e a inexistência da segunda retiram àquela qualquer fundamento.

62.º
Até porque, no caso em apreço, o concedente é o <u>Estado</u>, a concessionária é a ___ SA, e **até a propriedade das infraestruturas ou é do Estado ou é da ___ SA** mas nunca será da C.M.___ (n.º 7 do Parecer junto como (***Doc. n.º 3***) e legislação aí citada e Parecer junto como (***Doc. n.º 5***).

63.º
Em suma, a C.M.___ é alheia à distribuição do gás, à propriedade das respectivas tubagens e ao respectivo contrato de concessão, celebrado directamente entre o Estado e a ___ SA.

64.º
E, como o que a ___ SA assegura é um serviço público, cujos custos nos consumidores se repercutem, faz bem sentido que o Estado situe hierarquicamente a redução desses custos no grau superior ao das necessidades das receitas locais.

65.º
Afloração clara daquela hierarquia – que tambem é um fim ou um objectivo – alcança-se do n.º 4 da cláusula 23.ª do Contrato de Concessão, de ___, segundo o qual os próprios bens dominiais das autarquias, em caso de resistência destas, podem ser reafectados para o domínio público!

66.º
Concluindo – e dando aqui, mais uma vez, por reproduzida a dissertação exarada no n.º 13 ainda do Parecer junto como (***Doc. n.º 3***) – a C.M.___ tentou exercer uma soberania fiscal que não detem e exorbitou os seus poderes, pretendendo cobrar da executada uma taxa que não é devida.

67.º
Com um encarecimento final: é a própria C.M.___ que refere que as taxas exigidas são a **contrapartida de** *«licenças»* (ver o **Lote de documentos junto sob o n.º 1**).
Ora,

68.º
tais licenças não são necessárias, não foram pedidas e nem foram jamais emitidas!

69.º
Por fim, não se esqueça que a missão de dotar o país com redes de distribuição de ___ foi assumida pelo Estado e não pelas autarquias. Não há portanto investimentos e encargos de gestão da responsabilidade dos municípios.

70.º
Não faz sentido pois que as autarquias venham depois cobrar às concessionárias estaduais, taxas pela instalação do estabelecimento da concessão (seria um enriquecimento injustificado que está vedado à Administração Pública, cfr. Parecer junto como (***Doc. n.º 4***), pág. 41) com interferência e consequências imprevisíveis quer na economia do contrato de concessão quer nos preços a cobrar aos utentes.

71.º
É que não pode esquecer-se o elevado nível dos montantes anuais que estão em causa.

72.º
Será pois admissível que em todo o clausulado contratual, em particular no que respeita aos preços e à sua revisão, não se faça a mais leve alusão à incidência que neles deveriam ter, se exigíveis fossem, taxas de montante tão vultuoso?!

73.º
Em última análise deve ter-se em consideração que a situação em apreço poderia até constituir fundamento para afastar a responsabilidade contratual da ___ SA no cumprimento do Contrato de Concessão, ficando

então desobrigada dos seus deveres legais e contratuais (cláusula 52, n.ᵒˢ 3 e 4 do Contrato de Concessão de ___)!

74.º
E, se necessário fosse mais cabal demonstração de tal ilegalidade e inconstitucionalidade dos tributos em causa nos presentes autos, haveria ainda que atentar na **Jurisprudência** que se vem consagrando sobre esta matéria, quer no Tribunal Tributário de 1.ª Instância quer mesmo no Tribunal Central Administrativo, conforme demonstram as decisões:

- **Sentença proferida em ___, pela 2.ª Secção do 3.º Juízo do Tribunal Tributário de 1.ª Instância de Lisboa**, nos autos de Impugnação Judicial que correram seus termos sob o n.º ___;
- **Sentença proferida em ___, pela 2.ª Secção do 1.ºJuízo do Tribunal Tributário de 1.ª Instância de Lisboa**, nos autos de Impugnação Judicial que correram seus termos sob o n.º ___;
- **Acórdão proferido em ___, pela Secção de Contencioso Tributário do Tribunal Central Administrativo**, nos autos de recurso que correram seus termos sob o n.º ___;
- **Acórdão proferido em ___, pela Secção de Contencioso Tributário do Tribunal Central Administrativo**, nos autos de recurso que correram seus termos sob o n.º ___;

as quais aqui se juntam e dão por integralmente reproduzidas para boa economia do processo (***Docs. n.º 6, n.º 7, n.º 8 e n.º 9***).

75.º
Em acréscimo, também em sede de Oposição à Execução de títulos em tudo equivalentes aos dos autos, já se pronunciou a Secção de Contencioso Tributário do Tribunal Central Administrativo pela inconstitucionalidade e inexigibilidade dos mesmos, conforme:

- **Acórdão proferido em ___, pela Secção de Contencioso Tributário do Tribunal Central Administrativo**, nos autos de recurso que correram seus termos sob o n.º ___;

o qual aqui se junta e dá por integralmente reproduzido (***Doc. n.º 10***).

76.º
Pelo que, uma vez mais, merece acolhimento a presente Oposição.

77.º
De resto, ao abrigo do disposto no art. 212.º do CPPT, conjugado com os arts. 169.º e segs. do mesmo diploma, deverá ser ordenada a Suspensão da presente Execução.

Nestes termos, face ao exposto e articulado, por ser legal e estar em tempo, requer a V. Ex.ª que, autuada e recebida esta, se digne:

a) absolver a Executada da Instância, por ilegitimidade passiva,
b) ou, subsidiariamente, se digne julgar a final, provada e procedente a oposição ora deduzida, ordenando a anulação dos actos camarários em questão (pretensos títulos executivos), constantes dos avisos de pagamento em apreço e julgando indevidas as taxas exigidas pela C. M. ___ à ora executada, tudo com as legais consequências, e no mais se louvando a impugnante no douto suprimento de V. Ex.ª, na bondade dos pareceres que esclareceram e nortearam a presente impugnação e na justeza das Decisões anteriores deste mesmo Tribunal Tributário, aqui juntas como doc. n.º 6 e doc. n.º 7, e dos Acórdãos do Tribunal Central Administrativo, aqui juntos como docs. n.º 8, n.º 9 e n.º 10.

Mais requer a V.Exa. se digne promover a suspensão da execução, nos termos do art. 212.º do CPPT, conjugado com os arts. 169.º e segs. do mesmo diploma.

VALOR: o da execução EUROS: 1.186.724,80 (um milhão cento e oitenta e seis mil setecentos e vinte e quatro euros e oitenta cêntimos)

TESTEMUNHAS (arroladas à cautela por se julgar desnecessário este meio de prova)**:**
(...) todas a apresentar.

JUNTA: 10 (dez) documentos, duplicados legais e procuração.

O ADVOGADO

XII. CONTESTAÇÃO EM ACÇÃO DE CONDENAÇÃO CÍVEL COM LITISCONSÓRCIO PASSIVO

___.º Juízo Exmo Senhor Juiz
Proc. n.º ___ do Tribunal Judicial de ___

___ Réus nos autos com processo ordinário à margem identificados, que lhe são movidos por ___, vêm oferecer a sua **CONTESTAÇÃO** o que fazem nos termos e com os fundamentos seguintes:

1.º
Os presentes autos carecem totalmente de fundamento,

2.º
desde logo, porque a pretensão dos AA. assenta em um desconhecimento total da situação de facto e em erros grosseiros e/ou precipitações.

3.º
Assim, deverão os autos improceder liminarmente, como melhor decorre dos factos que adiante se expõem, analisam e provam.

OS FACTOS

4.º
Aceita-se, sem reservas, a autenticidade e o teor dos documentos juntos aos autos como Doc. n.º 1, Doc. n.º 2, Doc. n.º 3 e Doc. n.º 4 da PI, bem como a confissão dos factos neles reproduzidos, por parte do AA.
Isto porquanto,

5.º
É verdade que os AA. foram rendeiros do prédio rústico "Herdade de ___" (ou "Courela de ___"), sito na freguesia e concelho de ___ e descrito na Conservatória do Registo Predial de ___, parte sob a ficha n.º ___ e a parte restante sob a ficha n.º ___, todo inscrito na matriz rústica da freguesia e concelho de ___, sob os arts. 3.º da Secção V-VI, 8.º e 9.º da Secção V, até ___ (vide o Doc. n.º 4 da PI)

6.º
Aliás, em bom rigor:

a) o 1.º A. foi rendeiro desde ___ até ___;
b) o 2.º A. foi rendeiro somente desde ___, por transmissão *mortis causa* do seu falecido avô, ___, até ___ (vide o Docs. n.ºs 1 e 2 da PI)

7.º
Também é verdade que o contrato de arrendamento rural subjacente foi denunciado por via da carta datada de ___ junta aos autos, ao abrigo das disposições conjugadas dos arts. 20.º e 49.º da Lei n.º 109/88 de 26 de Setembro e arts. 18.º e 20.º do DL n.º 385/88 de 25 de Outubro, ou seja, para exploração directa por parte dos senhorios (*vide* o Doc. n.º 3 da PI).

8.º
Porém, para total esclarecimento dos factos e como decorre dos próprios documentos juntos pelos AA., há a considerar ainda que toda a "Herdade ___" foi considerada como nacionalizada por força da aplicação do DL n.º 407-A/75 de 30 de Julho – *vide* a inscrição G-1 de ___ do respectivo prédio rústico descrito na Conservatória do Registo Predial de ___, freguesia de ___, sob a ficha n.º ___, no Doc. n.º 4 da PI.

9.º
E há ainda a considerar que só em ___ o referido prédio regressou à posse e titularidade (propriedade plena) dos comproprietários – os ora RR. e ainda ___, bem como das já falecidas ___ e ___ – pelo que, considerando o longuíssimo interregno durante o qual o Estado Português assumiu ele próprio a posição de senhorio dos primeiros, efectivamente só desde esta

última data é que os segundos assumiram na íntegra a posição de senhorios (*Vide* especialmente a cláusula 07. do acordo dos AA., neste sentido, expresso no Doc. n.º 2 da PI).

10.º
Não obstante a posse e titularidade da totalidade do prédio ter ocorrido em ___, como vimos, é um facto que:

a) em ___ e pela Inscrição G-1 (ficha n.º ___) foi devidamente regista a **aquisição**, por parte de referidos comproprietários, **em comum e com determinação de parte**, da área de 46,4650 ha. do respectivo prédio rústico que foi desanexada do "prédio mãe", **por atribuição de Direitos de Reserva**;

b) somente em ___ e pela Inscrição G-3 (ficha n.º ___), é que foi devidamente registada **a aquisição**, por parte de referidos comproprietários, **em comum e sem determinação de parte**, da área remanescente do respectivo prédio rústico, **também por atribuição de Direito de Reserva** – *vide* o Doc. n.º 4 da PI.

11.º
Todavia e contrariamente ao que presumiram os AA. na sua PI:

- desde a data do arrendamento até ao dia de hoje, **o prédio rústico em questão sempre se manteve indiviso entre os seus comproprietários**, apesar de hoje integrado por duas descrições prediais autónomas.

12.º
Isto é, <u>**a "Herdade ___"** constitui ainda uma única (ou quanto muito duas) coisas(s) imóvel(eis) pertencente(s) a vários comproprietários, em comum – com determinação de parte quanto a 46,4650 hectares e sem determinação de parte quanto à área remanescente – porque nunca foi objecto de qualquer divisão entre estes</u>.

13.º
Daí, o lapso notório (ou erro grosseiro) a partir do qual os AA. construíram a sua cúpida PI – Cfr. com os arts. 15.º, 16.º e 17.º da PI, os quais respectivamente se impugnam!

14.º
E mesmo que de património hereditário se tratasse – o que não é o caso dado a atribuição dos referidos Direitos de Reserva ter configurado uma aquisição originária (ou *ab initio*) da propriedade – como a "Herdade ___" não foi objecto de qualquer partilha, mantém-se, como dissemos, até hoje como uma única (ou quanto muito duas) coisa(s) imóvel(eis).

15.º
Ora bem, se o prédio que foi arrendado aos AA. é, ainda hoje, uma única coisa imóvel (ou quanto muito duas para efeitos de registo, como vimos) que pertence a vários comproprietários (*vide* a denúncia do arrendamento que constitui o Doc. n.º 3 da PI).

16.º
o facto de os AA. reconhecerem que alguns dos seus comproprietários exploram directamente aquele prédio, prejudica por completo o mérito da causa de pedir – *vide*, neste sentido, o já impugnado art. 15.º da PI.

17.º
E é bem verdade que, como confessam os AA., ___ e ___, conjuntamente com seus maridos, exploram directamente a "Herdade ___" em questão sendo comproprietários da mesma (**Doc. n.º 4 da PI, em ambas as fichas, n.º ___ e n.º ___**).

18.º
E tal facto é, por si, o bastante para fazer improceder a presente acção, liminarmente.

19.º
Isto porque o art. 20.º n.º 3 da Lei do Arrendamento Rural (DL n.º 385/88 de 25.10, alterado pelo DL n.º 524/99 de 10.12) não obriga à exploração directa por parte de todos os comproprietários, no caso de uma compropriedade,

20.º
bastando apenas que um o faça. Como decorre da conjugação com o regime dos arts. 1406.º e segs. do Cód. Civil.

21.º
Tanto mais que, como consagrou já a melhor Jurisprudência próxima ao assunto, que:

"*A exigência legal de o senhorio que pretende o despejo após denúncia do contrato de arrendamento rural vir a explorar o prédio por si, cônjuge não separado judicialmente de pessoas e bens ou de facto e por parentes ou afins em linha recta não pode deixar de ser interpretada como imposição da obrigação de ser sempre o próprio senhorio a explorar a terra, <u>embora podendo fazê-lo não apenas por si mas também através do cônjuge não separado e de parentes ou afins em linha recta</u>*", Ac. Rel. Lisboa de 02.05.1996 (R.3211) in Col. Jur. 1996, tomo 3, págs. 80 e segs. (o sublinhado é nosso)

22.º
Além disso, o art. 20.º da Lei do Arrendamento Rural não estipula qualquer sanção para o caso de uma má exploração.

23.º
Constatação que também fazem JORGE ALBERTO SEIA, MANUEL DA COSTA CALVÃO e CRISTINA ARAGÃO SEIA, no seu *Arrendamento Rural*, 2.ª edição, Almedina, pp. 95.

24.º
Ou seja, nos termos do mesmo art. 20.º da Lei do Arrendamento Rural, o senhorio obrigado à exploração directa pelo prazo mínimo de cinco anos, <u>não está obrigado</u> ao mesmo zelo de um arrendatário, designadamente a evitar as situações previstas na alíneas b), c), d) e f) do art. 21.º do mesmo diploma.

25.º
Em face do que as pretensões dos AA. na PI devem improceder, pura e simplesmente e *ad limine*,

26.º
Caso assim não seja entendido pela presente Instância – o que não se concede e apenas se representa como hipótese académica – por dever de patrocínio, deverão ainda os RR dizer em sua defesa que,

27.º
O Doc n.º 5 e os Docs. n.º 7 a n.º 30 da PI são inócuos e o Doc. n.º 6 da PI tem um teor falso, pelo que este último se impugna frontalmente, não obstante ser uma comunicação do Instituto Nacional de Intervenção e Garantia Agrícola (INGA).

28.º
Assim como se impugna o teor do Documento Avulso junto aos autos pelos AA. em ___, apelidado de Parecer Técnico da DRADO – solicita e misteriosamente engendrado a pedido dos ilustres mandatários dos AA.

29.º
Documento este, aliás, feito à total revelia dos comproprietários da Herdade ___, em condições que se desconhecem, mas possivelmente de modo ilícito, por violação do direito de propriedade privada, uma vez que não lhes foi pedido o acesso aos terrenos por parte da DRADO.

30.º
E tudo se impugna porque os AA. estão profundamente enganados quanto à exploração agrícola da "Herdade ___" por parte dos RR. desde ___ – não obstante os olhares furtivos que desde então os AA. foram lançando ao prédio rústico em questão (chegando a ser surpreendidos a espreitar atrás das árvores, dentro da herdade!).

31.º
Tanto assim que, para além das mencionadas ___ e ___, **vários dos ora RR. e outros comproprietários da "Herdade ___", têm, também desde ___ até hoje explorado directamente a terra e estão inscritos no INGA, como beneficiários de diversas subvenções à sua actividade agrícola**.
Nomeadamente:

32.º
Em benefício próprio e de outros RR., a 27.ª R. ___ e seu marido, 28.º R. Dr. ___, exploram directamente e com fins agrícolas, desde ___ até à presente data, as terras da referida "Herdade ___", que cultivam.

33.º

Tanto assim que, no âmbito da exploração agrícola que estes 27.º e 28.º RR. levam a cabo nas terras da "Herdade ___" desde Agosto de ___ até hoje:

33.01. A 27.ª R. é empresária agrícola em nome individual com o NIF ___, sem prejuízo de manter também o seu NIF ___;

33.02. A 27.ª R. é titular do número de inscrição no INGA (n.º INGA) ___, entidade na qual é reconhecida como agricultora cuja exploração incide unicamente em terra da "Herdade ___";

33.03. A 27.ª R. é beneficiária da Ajuda aos Produtores de Culturas Arvenses ("Superfícies"), para cultivo de milho e área de pousio, concedida ao abrigo da Política Agrícola Comum (PAC) da União Europeia, recebendo subvenções regulares e periódicas do INGA, no âmbito do FEOGA;

33.04. A 27.ª R. recebe tais subvenções por depósito e/ou transferência na sua conta bancária da Caixa Central da Caixa de Crédito Agrícola Mútuo, com o NIB ___;

33.05. A 27.ª R. é a beneficiária n.º ___ da Associação de Regantes e Beneficiários do Vale do ___, suportando todas as taxas de exploração e conservação relativas às infraestruturas disponibilizadas por esta entidade para a rega da área de regadio que aquela explora na Herdade, encargos estes que representam várias centenas de milhares de escudos por ano;

33.06. A 27.ª R. e o 28.º R. são sócios da ___ (Associação dos Produtores Florestais do Concelho de ___), NIPC ___, pagando anualmente as suas quotas associativas;

33.07. A 27.ª R. dedica-se exclusivamente à agricultura, como actividade profissional, cultivando, produzindo e vendendo milho;

33.08. Os 27.ª e 28.º RR. utilizam na sua exploração os veículos e máquinas agrícolas com as seguintes matrículas: ___; ___; ___; ___; ___.

33.09. A 27.ª R. suporta regularmente despesas relativas à compra de adubos, sementes, tratamentos da sementeira com pesticidas, para a sua exploração;

33.10. A 27.ª R. paga a terceiros contratados por si para efectuarem trabalhos de gradagem, frezagem, lavoura, sementeira, limpeza de área florestal, regas, colheitas e outros trabalhos agrícolas com a ajuda do 28.º R.;

33.11. É a 27.ª R. quem decide as culturas a implementar nas terras que explora na "Herdade ___", sem prejuízo de aceitar aconselhamento de terceiros a esse respeito, ouvindo quem entende;

33.12. A 27.ª R. e o 28.º R. vendem o produto da sua exploração agrícola e auferem os respectivos rendimentos.

34.º
Por outro lado, a falecida ___, que também foi comproprietária da "Herdade ___", em beneficio próprio e de outros RR. explorou directamente e com fins agrícolas, desde ___ até ___ (data do seu óbito), as terras da referida "Herdade ___", que cultivou.

35.º
Tanto assim que, no âmbito da exploração agrícola que esta última levou a cabo nas terras da "Herdade ___" desde Agosto de ___ até ___:

35.01. A mesma era empresária agrícola em nome individual com o NIF ___, sem prejuízo de manter também o seu NIF ___;

35.02. A mesma foi titular do número de inscrição no INGA (n.º INGA) ___, entidade na qual é reconhecida como agricultora cuja exploração incide unicamente em terras da "Herdade ___";

35.03. A mesma foi beneficiária da Ajuda aos Produtores de Culturas Arvenses ("Superfícies"), para cultivo de milho e área de pousio, concedida ao abrigo da Política Agrícola Comum (PAC) da União Europeia, recebendo subvenções regulares e periódicas do INGA, no âmbito do FEOGA;

35.04. A mesma recebeu tais subvenções por transferências bancárias;

35.05. A mesma foi membro da Associação de Regantes e Beneficiários do Vale do ___, suportando todas as taxas de exploração e conservação relativas às infraestruturas disponibilizadas por esta entidade para a rega da área de regadio que aquela explora na Herdade, encargos estes que representam várias centenas de milhares de escudos por ano;

35.06. A mesma era sócia, com o n.° ___, da ___ (Associação dos Produtores Florestais do Concelho de ___), NIPC ___, pagando anualmente as suas quotas associativas;

35.07. A mesma dedicava-se exclusivamente à agricultura, como actividade profissional, cultivando, produzindo e vendendo milho e girassol, e explorando montado de sobro do qual extraía e vendia cortiça e, ocasionalmente, dedicando-se ainda à criação de vacas;

35.08. A mesma utilizou na sua exploração os veículos e máquinas agrícolas com as seguintes matrículas: ___; ___; ___; ___; ___;

35.09. A mesma suportou regularmente despesas relativas à compra de adubos, sementes, tratamentos da sementeira com pesticidas, para a sua exploração;

35.10. A mesma pagava a terceiros contratados por si para efectuarem trabalhos de gradagem, frezagem, lavoura, sementeira, limpeza de área florestal, regas, colheitas e outros trabalhos agrícolas, dirigindo a sua exploração agrícola com a ajuda da 27.ª R.;

35.11. Era a mesma quem decidia as culturas a implementar nas terras que explora na "Herdade ___", sem prejuízo de aceitar aconselhamento de terceiros a esse respeito, ouvindo quem entende;

35.12. A mesma vendeu o produto da sua exploração agrícola e auferem os respectivos rendimentos.

36.°
Porém – **veja-se o ridículo da PI** – não fica por aqui a exploração directa levada a cabo pelos comproprietários da "Herdade ___".

37.°
É que, para além da exploração agrícola levada a cabo por ___ e ___, para além da exploração agrícola levada a cabo pela 27.ª R. ___ e o seu marido, 28.° R. Dr. ___, e para além da exploração agrícola levada a cabo pela falecida ___, a verdade é que outros comproprietários e Co-RR. na

presente acção também exploram directamente, em benefício próprio e de outros RR., as terras da mencionada "Herdade ___"!
Com efeito,

38.º
O 29.º R. ___ também explora directamente e com fins agrícolas, em benefício próprio e de outros RR., desde ___ até à presente data, as terras da referida "Herdade ___", que cultiva.

39.º
Tanto assim que, no âmbito da exploração agrícola que este 29.º R. leva a cabo nas terras da "Herdade ___" desde Agosto de ___ até hoje:

39.01. O 29.º R. é agricultor e tem como NIF ___;

39.02. O 29.º R. é titular do número de inscrição no INGA (n.º INGA) ___, entidade na qual é reconhecida como agricultora cuja exploração incide unicamente em terra da "Herdade ___";

39.03. O 29.º R. é beneficiário da Ajuda aos Produtores de Culturas Arvenses ("Superfícies"), para cultivo de milho e área de pousio, concedida ao abrigo da Política Agrícola Comum (PAC) da União Europeia, recebendo subvenções regulares e periódicas do INGA, no âmbito do FEOGA;

39.04. O 29.º R. recebe tais subvenções por depósito e/ou transferência na sua conta bancária da Caixa Central da Caixa de Crédito Agrícola Mútuo, com o NIB ___;

39.05. O 29.º R. tem as suas colheitas seguradas junto da COMPANHIA DE SEGUROS ___ SA, pela apólice n.º ___;

39.06. O 29.º R. suporta regularmente despesas relativas à compra de adubos, sementes, tratamentos da sementeira com pesticidas, para a sua exploração;

39.07. O 29.º R. paga a terceiros contratados por si para efectuarem trabalhos de gradagem, frezagem, lavoura, sementeira, limpeza de área florestal, regas, colheitas e outros trabalhos agrícolas, dirigindo a sua exploração agrícola;

39.08. É o 29.º R. quem decide as culturas a implementar nas terras que explora na "Herdade ___", sem prejuízo de aceitar aconselhamento de terceiros a esse respeito, ouvindo quem entende;

39.09. O 29.º R. vende o produto da sua exploração agrícola e aufere os respectivos rendimentos.

40.º

E ainda, também a 4.ª R. ___ e seu irmão, 12.º R. ___, exploram, directamente com fins agrícolas, em benefício próprio e de outros RR., desde ___ até à presente data, as terras da referida "Herdade ___", que cultivam.

41.º

Tanto assim que, no âmbito da exploração agrícola que estes 4.ª e 12.º RR. levam a cabo nas terras da "Herdade ___" desde Agosto de ___ até hoje:

41.01. A 4.ª R. actua em representação de seus irmãos sob a designação de Herdeiros de ___, com o NIF ___;

41.02. Tais herdeiros, e a 4.ª R. naquela representação, são titulares do número de inscrição no INGA (n.º INGA) ___, entidade na qual é reconhecida como agricultora cuja exploração incide unicamente em terra da "Herdade ___";

42.03. Tais herdeiros, e a 4.ª R. naquela representação, são beneficiários da Ajuda aos Produtores de Culturas Arvenses ("Superfícies"), para cultivo de milho e área de pousio, concedida ao abrigo da Política Agrícola Comum (PAC) da União Europeia, recebendo subvenções regulares e periódicas do INGA, no âmbito do FEOGA;

41.04. A 4.ª R. recebe tais subvenções por depósito e/ou transferência na sua conta bancária da Caixa Central da Caixa de Crédito Agrícola Mútuo, com o NIB ___;

41.05. A 4.ª R. e o 12.º R., dedicam-se à agricultura, como actividade profissional, cultivando, produzindo milho;

41.06. A 4.ª e 12.º R. suportam regularmente despesas relativas à compra de adubos, sementes, tratamentos da sementeira com pesticidas, para a sua exploração;

41.07. A 4.ª R. e 12.º R. paga, a terceiros contratados por si para efectuarem trabalhos de gradagem, frezagem, lavoura, sementeira, limpeza de área florestal, regas, colheitas e outros trabalhos agrícolas com a ajuda do 28.º R.;

41.08. É a 4.ª R. quem decide as culturas a implementar nas terras que explora na "Herdade ___", sem prejuízo de aceitar aconselhamento de terceiros a esse respeito, ouvindo quem entende;

41.09. A 4.ª R. e o 12.º R. vendem o produto da sua exploração agrícola e auferem os respectivos rendimentos.

42.º
Assim se demonstra, *ex abundanti*, que os AA. não têm a mínima razão.

43.º
Portanto, ressalvado o teor dos arts. 1.º a 7.º, 10.º a 12.º, 34.º e 38.º da PI, **impugna-se frontalmente toda a restante matéria da PI, constante dos seus** arts. **8.º a 63.º**.

44.º
Isto porque, como vimos, desde ___ até à presente data os comproprietários da "Herdade ___" exploram directamente as terras respectivas – o que torna falsas as alegações vertidas nos arts. 8.º, 14.º, 17.º, 18.º, 19.º, 20.º, 21.º, 22.º, 23.º, 24.º, 25.º, 26.º, 29.º, 30.º, 31.º, 35.º, 36.º, 37.º, 41.º, 42.º e 45.º da PI.

45.º
Além disso, e em impugnação da matéria conclusiva constante dos arts. 13.º, 27.º, 28.º, 29.º, 30.º, 39.º, 40.º, 43.º, 44.º, 46.º da PI, sempre dirão os RR. que a exploração directa a que obriga o art. 20.º n.º 3 da Lei do Arrendamento Rural (DL n.º 385/88 de 25.10, alterado pelo DL n.º 524/99 de 10.12) não obriga o agricultor a trabalhar sozinho e muito menos o proíbe de contratar serviços de terceiros, sob outras formas que não o contrato de trabalho!

46.º
De onde, só uma mente não esclarecida poderia configurar a obriga-

toriedade de ser o próprio a "lançar as sementes à terra", "cuidar do processo de crescimentos das culturas", etc...

47.º
Mais a mais sendo hoje a agricultura quase toda mecanizada e especializada e sendo a contratação precária (e sazonal) a regra na actividade agrícola, o critério principal para aferir do exercício da actividade agrícola terá de ser o da titularidade da empresa agrícola e dos respectivos rendimentos.

48.º
Sendo da mais absoluta irrelevância o facto de existirem infestantes em alguma parte dos 384,1500 hectares da "Herdade ___" (!), até porque, como boa técnica de exploração de montado de sobro, devem manter-se as infestantes até os pequenos sobreiros terem dimensão suficiente para serem diferenciados.

49.º
Além disso, como vimos, o art. 20.º da Lei do Arrendamento Rural não estipula qualquer sanção para o caso de uma má exploração, por parte do anterior senhorio, como já vimos.

50.º
E, ao contrário de quanto se diz no art. 33.º da PI, os RR. são livres de explorar a sua "Herdade ___" como muito bem entenderem e sem obedecer ao arbítrio dos AA., os quais estavam bem longe de explorar as terras daquela herdade de modo exemplar (praticando pecuária em área de montado de sobro)...

51.º
Quanto à alegada divisão/partilha da "Herdade ___" que os AA. inventaram, como acima dissemos, impugnam-se os arts. 9.º, 15.º (quanto à partilha), 16.º e 17.º da PI, por serem falsos.

52.º
Por outro lado, **impugna-se também quanto os AA. verteram nos arts. 47.º a 63.º da sua PI, numa ignóbil tentativa de enriquecerem sem causa à custa dos RR**.

53.º
Com efeito, nem os RR. lhes causaram nem os AA. sofreram qualquer prejuízo...

54.º
E muito menos computado em Esc. 213.840.000$00 (duzentos e treze milhões e oitocentos e quarenta mil escudos) (!).

55.º
E sobretudo quanto ao 2.º A., que foi rendeiro somente desde   até   (vide o Docs. n.º 1 e n.º 2 da PI), ou seja, por pouco mais de 5 (cinco) anos!

56.º
Na verdade,
Os únicos direito atribuídos na lei para os rendeiros que vêem defraudada a obrigação de os anteriores senhorios explorarem directamente o prédio arrendado por um período de 5 (cinco) anos – o que não é o caso, porque tal obrigação que foi escrupulosamente cumprida pelos RR. – são os previstos nos n.º 4 e n.º 5 do art. 20.º do DL n.º 385/88 e não outros, a saber:

a) indemnização igual ao quíntuplo das rendas de cinco anos;
b) direito à reocupação do prédio.

57.º
Ora, tal indemnização não é uma pena, porque o Direito Civil não o permite, mas, quanto muito:

a) ou uma espécie de cláusula penal, sujeita aos limites previstos no art. 811.º n.º 2 do Cód. Civil.
b) ou a previsão legal do limite da responsabilidade indemnizatória dos anteriores senhorios, face aos respectivos rendeiros.

58.º
Mas, independentemente de tal entendimento, o que é certo é que os RR. desconhecem a veracidade do que os AA. alegaram nos arts. 51.º a 63.º da PI, o que justifica a impugnação nos termos do art. 490.º n.º 3 do C.P.C.

59.º
Seja como for, os cálculos dos AA. apresentam exorbitante e absurdos, sendo certo que o Direito não tutela os alegados danos descritos nos arts. 62.º e 63.º da PI.

60.º
Além disso, os RR., nada devem aos AA. porque actuaram dentro da lei, como acima se demonstrou.

LITIGÂNCIA DE MÁ-FÉ

61.º
É patente e notória a intenção dos AA. enriquecerem injustificadamente e à custa dos RR., querendo "ficar ricos da noite para o dia" por meio dos presentes autos.

62.º
E é com redobrado despudor que os mesmos vêm **reclamar a condenação dos RR. no pagamento do montante de Esc. 213.840.000$00 (duzentos e treze milhões e oitocentos e quarenta mil escudos), acrescidos de juros** de mora contados desde a data da entrada da PI em Juízo!

63.º
Para tanto, os AA. inventaram astuciosas mentiras e falsidades, no intuito de provocar uma decisão judicial determinante de gravíssimo prejuízo patrimonial para os RR.

64.º
O que é comportamento verdadeiramente inaceitável.

65.º
Os AA. desconsideraram a dignidade da Justiça e do Tribunal, entregando e fazendo distribuir em Juízo a PI dos autos, tanto mais que sabem muito bem que a sua pretensão é absolutamente infundada.

66.º
Portanto
– **tal conduta não poderá passar impune**.

67.º
Por estes factos, por terem dolosamente deduzido pretensão cuja falta de fundamento bem conhecem e por terem alterado a verdade dos factos relevantes para a decisão da causa, assim criando um risco considerável sobre a esfera jurídica dos RR., deverão os AA. ser condenados como **litigantes de má-fé**.

68.º
Pelos mesmos motivos e nos termos dos arts. 456.º n.º 1 e 457.º do Cód. Proc. Civil, deverão os AA. ser condenados a pagar uma indemnização a cada um dos RR., computada em Juízo, consistindo a mesma em:

a) reembolso de todas as despesas originadas pelos presentes autos, incluindo a compensação de todas as horas de trabalho perdidas pelos intervenientes no respectivo processo, por parte de cada um dos RR., bem como os honorários dos seus mandatários;
b) ressarcimento dos danos causados no bom nome e reputação de cada um dos RR., os quais se avaliam, com modicidade, em Esc. 1.000.000$00 (um milhão de escudos) para cada um dos mesmos.

Nestes termos e nos demais de Direito do douto suprimentos de V. Exa., no qual se louvam desde já os RR., deverá a presente acção ser julgada totalmente improcedente por não provada e em consequência deverão os RR. ser absolvidos de todos os pedidos contra si formulados.

Deverão ainda os AA. ser condenados como litigante de má-fé, com todas as legais consequências, e ainda no pagamento das indemnizações que venham a ser arbitradas aos RR., nos termos requeridos *supra*, bem como das respectivas custas e procuradoria condigna.

JUNTA: Procuração, comprovativo do pagamento da Taxa de Justiça inicial e duplicados legais.

O ADVOGADO

XIII. (COMPLEXA) CONTESTAÇÃO EM TRIBUNAL ARBITRAL COM DEDUÇÃO DE PEDIDO RECONVENCIONAL

Processo de Arbitragem
A: ___
R: ___, S.A.

Exmo. Senhor Presidente
do Tribunal Arbitral Voluntário

___, SA, Ré nos autos de acção especial de condenação perante Tribunal Arbitral à margem identificados, que lhe são movidos por ___, vem oferecer a sua CONTESTAÇÃO COM PEDIDO RECONVENCIONAL, o que faz nos termos e com os fundamentos seguintes, os quais se sumariam em primeiro lugar:

I – OS FACTOS
1. Enquadramento circunstanciado dos factos (arts. 1.º a 18.º)
2. Empreitada A (arts. 19.º a 149.º)
3. Empreitada B (arts. 150.º a 293.º)

II – CONTESTAÇÃO DOS FACTOS ARTICULADOS PELA AUTORA
1. Por Excepção (arts. 294.º a 298.º)
2. Por Impugnação Especificada (arts. 299.º a 572.º)

III – RECONVENÇÃO
1. Damnum Emergens (arts. 573.º a 598.º)

2. *Lucrum Cessans (arts. 599.° a 604.°)*
3. *Penalidades Contratuais (arts. 605.° a 611.°)*

IV – O DIREITO
1. *Disposições Contratuais Específicas (arts. 612.° a 618.°)*
2. *Normativos Legais (arts. 619.° a 621.°)*

V – A LITIGÂNCIA DE MÁ-FÉ DA AUTORA

I – OS FACTOS

1. Enquadramento circunstanciado dos factos

1.°
Os presentes autos carecem totalmente de fundamento.

2.°
Isto porquanto a causa de pedir invocada pela Autora é a execução de duas empreitadas que realizou para a Ré.

3.°
E, como se tornará óbvio no decurso dos autos, hoje a Autora vem unicamente tentar – de uma forma que melhor se qualifica a partir do art. 622.° do presente articulado (*A Litigância de Má-fé da Autora*) – obter uma ilegítima, infundada e desproporcionada "margem de lucro" com tais empreitadas, que não conseguiu realizar em tempo oportuno, por culpa exclusivamente sua e pela má gestão da sua parte, das obras em questão.

4.°
Para tanto, a Autora construiu uma versão dos factos que, apesar d e apelativa e bem arquitectada, nem por isso passou a ser o retrato da realidade, que defrauda.

5.°
Tudo, numa vã tentativa de receber da Ré algo mais, em pagamento dos trabalhos efectuados, do que o justo preço dos mesmos.

6.º
É que, em boa verdade, é apenas disso que se trata.

7.º
A Ré esperava da Autora uma outra atitude, dada a sua reputação.

8.º
Com efeito, o que se passou com a execução das empreitadas em apreço foi algo de inesperado amadorismo, por parte da Autora; designadamente:

a) Deficiente programação das obras, em face dos meios mobilizados;
b) Deficiente coordenação das várias equipas técnicas da obra, a qual foi gerando atrasos crónicos em múltiplas actividades programadas;
c) Inadequação da direcção da obra às dificuldades surgidas no decurso da mesma, já previsíveis antes do seu início;
d) Falta de mobilização dos meios humanos e técnicos necessários a uma correcta gestão da obra, dentro do planeamento a que se comprometeu;
e) Deficiente controlo dos sub-empreiteiros, os quais aguardavam a iniciativa da Autora;
f) Ausência total de medidas para recuperação de atrasos;
g) Deficiente fiscalização do pessoal sub-contratado e a seu cargo;
h) Concessão de férias ao pessoal da obra, em pleno período de actividade.

9.º
Sendo assim, é verdade que a Ré tudo fez para que este assunto não passasse da conciliação.

10.º
E, por mais de uma vez, alertou a administração da Autora para o facto de esta não ter razão e de se basear em amplos *dossiers* de informações erradas, prestadas pela equipa de direcção das obras que enviou

para Por-tugal (a qual, naturalmente, está preocupada em "passar a culpa" à Ré).

11.º
Porém, frustados os apelos ao bom senso da Autora que a Ré vem fazendo desde finais de ___, esta é hoje forçada a repor a verdade dos factos em Tribunal, de uma vez por todas, sem prescindir de agora "fazer as contas ao centavo" e reivindicar os reais e efectivos prejuízos que sofreu com o atraso verificado na conclusão de ambas as empreitadas, também por culpa daquela.

12.º
Daí, o significado do que vem exposto nos arts. 573.º a 611.º (*Reconvenção*) deste articulado.

13.º
Ou seja, em suma, agora que a Autora torna irreversível este litígio, terá definitivamente de responder por todos os danos emergentes e lucros cessantes que causou a esta concessionária de serviço público do Estado Português, que é a Ré, bem como ainda de cumprir com as penalidades contratualmente fixadas para os atrasos que provocou.

14.º
Senão, vejamos sumariamente as situações ocorridas, a fim de previamente se enquadrarem as alegações vertidas na P.I. dos autos.

15.º
É correcto que a Autora foi a empreiteira escolhida pela Ré para a execução de 2 (duas) empreitadas, a saber, genericamente:

- A empreitada de construção de ___, desde ___ ao ___, com o comprimento total de 23,4 Km, a qual veio a sustentar-se no Contrato n.º ___, adiante designada por "A";
- A empreitada de construção de ___, desde ___ a ___, com o comprimento de apenas 14 Km, a qual veio a sustentar-se no Contrato n.º ___, adiante designada por "B".

16.º
Tais empreitadas tiveram por base os respectivos contratos, juntos com a P.I. como seus documentos n.º 1 e n.º 2, dos quais fazem parte integrante todos os seus anexos, a saber:

- Anexos 1 a 9, no caso do contrato n.º _____ (A);
- Anexos 1 a 5, no caso do contrato n.º _____ (B);

os quais a Autora referenciou por letras reportadas àqueles documento n.º 1 e n.º 2, sendo os mais importantes os respectivos Cadernos de Encargos (compostos por: "Caderno de Encargos – Cláusulas Gerais"; "Caderno de Encargos – Cláusulas Técnicas Gerais"; "Caderno de Encargos – Cláusulas Técnicas Especiais"), documentos que no seu conjunto se dão aqui por integralmente reproduzidos para todos os efeitos.

17.º
De onde, como é evidente, as ocorrências em cada uma daquelas empreitadas terão de ser analisadas em separado, até porque consubstanciam duas causas de pedir absolutamente distintas, embora partilhem de algumas importantes circunstâncias comuns.

18.º
Assim, por imperativo lógico, comecemos por enquadrar a empreitada designada por "A".

2. Empreitada A

19.º
Para a correcta contextualização da reclamação apresentada pela Autora, há desde logo que considerar alguns aspectos prévios à própria celebração do contrato de empreitada.

20.º
Na verdade, a construção da __ e __ a que a Ré se propusera – de acordo com os imperativos do D-L n.º 374/89 de 25 de Outubro, D-L n.º 232/90 de 16 de Julho, das Bases anexas ao D.L. n.º ___ e respectivo contrato de concessão celebrado entre o Estado Português e a ___ SA,

D-L n.° ___, entre muitos outros diplomas legais – tratava-se de uma obra de grande monta, que seria realizada pela primeira vez em Portugal, com vista a assegurar ___ e de, simultaneamente, ___.

21.°
O fim último de tal empreitada, seria dotar o País das infraestruturas necessárias a ___ .

22.°
Para a execução da Empreitada A, *grosso modo*, o percurso do ___ a construir foi dividido em 2 (dois) troços:

- C a D;
- D a E.

23.°
Para tanto, impunha-se a realização de um Concurso Público que viesse a culminar na adjudicação desta empreitada à entidade que reunisse as melhores condições, quer técnicas, quer de capacidade, garantias e preço.

24.°
O concurso público aberto para adjudicação da empreitada da construção da Empreitada A conduziu à selecção da Autora, a quem veio a ser adjudicada a obra pelo motivos constantes dos respectivos:

1) <u>Relatório da Comissão de Avaliação das Candidaturas ao Concurso Limitado</u> respectivo, datado de ___ – (***Doc. n.° 1***) que aqui se junta e se dá por inteiramente reproduzido, para boa economia do processo;
2) <u>Relatório da Comissão de Avaliação das Propostas ao Concurso Limitado</u> respectivo, datado de ___ – (***Doc. n.° 2***) que aqui se junta e se dá por inteiramente reproduzido, também para boa economia do processo. Neste último, *vide* em especial o ponto 7 "conclusão", no qual se determina a proposta da Autora como a vencedora, por ter obtido melhor classificação (*vide* ainda o seu anexo 8.2. e 8.3., em especial)

25.º
Porém, aproveitando o resultado de tal concurso público, no qual a Autora logrou apresentar os requisitos técnicos, financeiros e comerciais necessários à boa execução daquele tipo de empreitada, a Ré encetou negociações directas com a Autora, no sentido de a mesma realizar também a empreitada B.

26.º
Tal atitude da Ré justificou-se plenamente pelo facto de a data limite da construção do ___ estar já muito próxima, e por a Autora ser empresa idónea, com ampla experiência no ramo, e ter atempadamente demonstrado fazer uso de técnicas inovadoras de ___ e de construção de ___, com a qualidade e as características técnicas pretendidas.

27.º
Ou seja, sem que tal estivesse previsto no momento da abertura do concurso público relativo à empreitada A, <u>a Autora veio a realizar, em simultâneo, a empreitada A e a empreitada B</u>.

28.º
Tal facto torna-se da maior relevância, uma vez que <u>a Autora decidiu utilizar **a mesma direcção técnica** (avisando a Ré desse facto) e parte das **mesmas equipas técnicas** (sem avisar a Ré desse facto) para a execução de ambas as empreitadas, em simultâneo</u>, o que se veio a demonstrar absolutamente desastroso, prejudicando a boa execução de ambas as empreitadas, nomeadamente no tocante ao cumprimento dos prazos e à coordenação de tudo o que se passava nas diversas frentes de obra – como se retira, aliás, do <u>documento n.º 18 junto com a P.I.</u>.

29.º
Este aspecto pode mesmo ser considerado como **uma crucial e grave falha de gestão**, por parte da Autora, uma vez que teve por consequência que nenhuma das obras conheceu o empenho total das equipas técnicas, a par de inúmeros inconvenientes relativos à distribuição de meios, materiais e humanos, com deficiente controlo dos sub-empreiteiros portugueses.

30.º

Note-se, que a opção de gestão da Autora de utilizar a mesma direcção técnica em simultâneo para as duas empreitadas, foi desde o início encarada com sérias reservas por parte da Ré, a qual chegou mesmo a alertar aquela empresa para a possibilidade de incumprimentos em ambas as empreitadas, por dificuldades na coordenação da execução das obras em simultâneo, o que não garantiria o respeito dos respectivos prazos.

31.º

Assim, apesar de a Autora ter reiterado todas as garantias de que seriam exequíveis ambas as empreitadas em simultâneo com uma só direcção técnica, nos prazos convencionados, **aceitando assumir toda a responsabilidade daí decorrente**, o que na verdade se verificou é que aquela nunca mobilizou os meios suficientes para uma produtividade adequada, acarretando assim as naturais consequências de tal <u>imponderada medida de aproveitamento excessivo das sinergias</u>.

32.º

Todavia, a Ré, embora conhecendo parte das intenções de aproveitamento de sinergias da Autora, tinha bons motivos para se tranquilizar quanto a tal questão, uma vez que, para o cumprimento do compromisso assumido, esta última poderia sempre recorrer a meios humanos adicionais, de que dispunha na ___ e que poderiam ser mobilizados em qualquer momento para a empreitada em causa, caso houvesse necessidade de o fazer.

33.º

Assim, a Autora parecia oferecer todas as garantias exigíveis para levar a bom termo a empreitada em causa, dentro do prazo convencionado.

34.º

Por último, não poderá deixar de referir-se que, <u>em momento algum a Ré supôs que a Autora haveria de conceder **férias à direcção da obra e às suas equipas técnicas em pleno período de execução da empreitada, quer durante os meses de Verão, quer no período do Natal e Fim-de-ano(!)**</u>.

35.º
Matéria, aliás, da competência exclusiva da Autora, na qual a Ré não poderia alguma vez imiscuir-se.

36.º

De onde, as consequências ruinosas que advieram da **incapacidade** de resposta da equipa técnica do empreiteiro, quanto à execução da empreitada A, não são pois minimamente da responsabilidade da Ré, antes constituindo inteira responsabilidade e opção da Autora.

37.º
Por outro lado, sendo uma empresa experiente como dona de obra, a Ré teve o cuidado de discutir pormenorizadamente com a Autora todo o conteúdo do contrato, tendo adjudicado a esta a empreitada A nas específicas condições de distribuição de riscos constantes do respectivo contrato – *vide* o Doc. n.º 1 junto pela Autora com a sua P.I.

38.º
Ou seja, é relevante o procedimento para adjudicação da empreitada A, porque proporciona desde logo a límpida visão das razões que conduziram à selecção final da Autora, como empreiteira.

39.º
Todavia é o contrato de empreitada (e seus anexos) que constitui, afinal, a sede mais importante de tudo quanto ficou acordado entre a dona da obra e a empreiteira, na medida em que as suas estipulações são o resultado final de todo o procedimento de adjudicação.

40.º
Assim e com especial relevância para correcto enquadramento de tudo quanto veio a ocorrer durante a execução da empreitada em causa, é extremamente útil realçar que no respectivo contrato ficou estipulado que:

1) O prazo de conclusão da obra seria **imperativamente** ___ (CLÁUSULA 7.ª);
2) Qualquer prorrogação do prazo de conclusão da obra teria de constar de **acordo escrito** (CLÁUSULA 4.ª);

3) A Autora teria de submeter à aprovação da Ré um Programa Geral dos Trabalhos, devendo a obra ser executada em conformidade com o mesmo (CLÁUSULAS 4.ª e 7.ª);
4) As consignações dos locais da obra poderiam ser parciais (CLÁUSULA 3.ª);
5) **Incumbia somente à Autora o conhecimento dos locais de execução da obra, por inspecção directa**, para além dos elementos informativos anexos ao contrato (CLÁUSULA 2.ª);
6) **A Autora não poderia, em caso algum, reclamar** quaisquer pagamentos adicionais ou alteração do Programa Geral de Trabalhos **com base no desconhecimento das condições locais** de realização dos trabalhos (CLÁUSULA 2.ª);
7) A Suspensão dos Trabalhos da obra em qualquer uma das suas frentes, foi exaustivamente regulamentada e, somente quando fosse por período superior a um dia útil por mês e por causa não imputável à Autora, daria a esta um direito a ser indemnizada pelos custos de imobilização de acordo com a respectiva Tabela de Custos Contratuais, **desde que se comprovasse que as equipas e material imobilizados não poderiam ser utilizados em outras frentes, devendo tais indemnizações ser facturadas mensalmente** (CLÁUSULA 22.ª).

41.º

No mesmo contrato e quanto à **distribuição de riscos** entre as partes, ficou estabelecido que:

1) **A Autora assumiu a exclusiva responsabilidade por todos os riscos e eventuais contingências que pudessem influenciar ou afectar a execução da empreitada**, declarando estar devidamente inteirada dos mesmos, com excepções únicas da obtenção de servidões e do atempado fornecimento dos materiais de construção, cuja responsabilidade caberia à Ré (CLÁUSULA 2.ª);
2) A Autora não poderia invocar quaisquer factos ou circunstâncias, ainda que imprevisíveis à data do contrato, para justificar atrasos, **nomeadamente as características geológicas dos solos ou existência de eventuais infraestruturas no subsolo, não podendo em qualquer caso exigir indemnizações ou compensações** (CLÁUSULA 4.ª);

3) Perante casos de força maior, conforme definidos nos pontos 1.10.9 e 1.10.10 do Caderno de Encargos – Cláusulas Gerais, que viessem a originar atrasos na execução da obra, chegar-se-ia a um acordo entre ambas (ponto 1.10.11 do Caderno de Encargos – Cláusulas Gerais).

42.º
Para efeitos de prova, vide o Doc. n.º 1 junto com a P.I. e os seus anexos **Tabela de Custos Contratuais** referenciada pela letra I e **Caderno de Encargos – Cláusulas Gerais** referenciados pela letra A, *in fine*.

43.º
Assim situados, a Autora deu início à empreitada em ___, tudo começando regularmente.

44.º
Acresce que, não obstante a forte pluviosidade durante determinados períodos, não foram registados quaisquer casos de força maior, durante toda a execução da obra.

45.º
Regista-se, ainda, que, conforme a Autora também reconhece, os trabalhos de abertura de pista – 1.ª actividade de obra – evoluíram regularmente, em cumprimento do Programa Geral de Trabalhos, desde a semana n.º 17 (1.ª semana de trabalhos) até à semana n.º 30 (14.ª semana de trabalho consecutivo), conforme se retira dos Relatórios de Construção elaborados pela direcção de obra e remetidos à ___ em tempo oportuno.

46.º
Porém, começaram desde logo por se evidenciar fortes discrepâncias na execução da obra face ao Programa Geral de Trabalhos

47.º
Pela análise atenta dos relatórios semanais de construção que a Autora deveria remeter à Ré desde o início dos trabalhos até à data da recepção provisória da obra, constata-se o percurso das equipas técnicas da obra, relativamente às diversas actividades programadas.

48.º
Assim, desde a semana n.º 17, descrita no primeiro relatório de construção enviado pela direcção da obra à Ré, que a Autora colocou todo o empenho na **actividade de abertura de pista** – que genericamente consiste na mera desmatação e desbaste, ao nível da superfície do solo, do que viria a ser o percurso de ___ – o que lhe permitiria, eventualmente, ter mais margem de manobra para a programação das subsequentes actividades que daquela dependiam, por forma a aliviar pressão futura sobre o percurso crítico da obra.

49.º
Tal medida poderia ser francamente positiva, desde que não implicasse atrasos nas demais actividades, como é evidente.

50.º
Todavia, se a Autora conseguiu manter a actividade de abertura de pista adiantada, em face do Programa Geral de Trabalhos, até à semana n.º 30 (14.ª semana de trabalho consecutivo), certo é que <u>logo na ___.ª semana de trabalho (semana n.º 17) aquela já assumia atrasos em outras actividades</u>, como o transporte e o alinhamento de tubos.

51.º
Atrasos esses que se foram agravando e alargando a outras actividades como encurvamento de tubos, soldagem, ensaios, revestimento, abertura de vala, preparação da vala, colocação de tubagem, aterro, entre outras, desde a semana n.º 17 em diante, **até tais atrasos apresentarem níveis absolutamente incomportáveis na semana n.º 30**.

52.º
Isto é: na empreitada A a Autora adiantava a abertura de pista e deixava atrasar tudo o mais ...

53.º
Assim, a médio prazo, o negligenciamento das demais actividades da obra, veio a provocar um desvio do caminho crítico da obra praticamente irrecuperável.

54.º
Porém, mais gravosamente ainda, na semana n.º 31 também a actividade de pista começou a apresentar atrasos, face ao Programa Geral de Trabalhos, pelo que, **a partir desta data, o descalabro no cumprimento do mesmo programa passou a ser total e sem excepções**.

55.º
Os motivos subjacentes a tais opções de gestão por parte da Autora são inteiramente desconhecidos pela Ré, mas, obviamente, são também da inteira responsabilidade daquela.

56.º
Finalmente, constata-se que, a partir da semana n.º 32, com a remessa do correspondente relatório de construção n.º 16, a Autora deixou de enviar à Ré tal documento, fundamental à fiscalização/monitorização do decurso da obra, por parte do respectivo dono de obra.

57.º
Regista-se que o relatório de construção semanal é o documento que traduz, a par e passo, o andamento de todas as actividades programadas, permitindo aferir todas as eventuais falhas em face do Programa Geral de Trabalhos, sendo que a fiabilidade e validade do primeiro depende, naturalmente, da sua atempada remessa – na semana seguinte àquela a que diz respeito –, uma vez que **só assim permite ao dono da obra fiscalizar a sua veracidade no terreno e reagir de imediato perante eventuais informações erradas e mesmo perante problemas ou situações críticas no mesmo manifestadas**.

58.º
Portanto, tal interrupção injustificada só pode ser interpretada pela Ré como uma medida inaceitável de ocultação dos factos desfavoráveis, por parte da Autora, a partir do momento em que os relatórios de construção espelhavam uma situação de atraso e falhas crónicas na actividade de construção.

59.º
Acresce que, com a interrupção do envio daqueles relatórios de construção semanais a partir da semana n.º 32, a Autora dificultou

dolosamente a fiscalização do andamento da obra por parte da Ré, comprometendo definitivamente a confiança até então existente entre as partes contratantes.

60.º
Esta atitude por parte da Autora não teve qualquer justificação.

61.º
De resto, os relatórios de construção posteriores àquela semana n.º 32, só vieram a ser entregues à Ré muito mais tarde, depois de convenientemente forjados, juntando actividades supostamente de grupos de semanas e sem qualquer utilidade prática, a não ser a de formalizarem uma tentativa da Autora de se eximir às suas responsabilidades – vide os documentos n.º 115, n.º 116, n.º 117, n.º 118 e n.º 119, juntos com a P.I., os quais não passam de um puro exercício de ficção, feito *a posteriori* e sem possibilidade alguma de controlo.

62.º
De onde, desde logo se tornou manifesta a intenção da Autora de subverter o relatório dos factos ocorridos na execução da empreitada A.

63.º
A este propósito, a má-fé da Autora veio a assumir contornos graves, quando deixou de comparecer nas reuniões semanais com o dono da obra e, a dado momento, comunicou à Ré o <u>desaparecimento misterioso do Livro de Obra respectivo</u>! – documento legal cuja guarda e posse competem exclusivamente ao empreiteiro.

64.º
Isto é: a partir de ___, o Livro de Obra relativo à empreitada A nunca mais foi exibido à Ré, o que constitui manobra inenarrável e inaceitável para quem pretende hoje pôr em causa a execução da respectiva empreitada, como é o caso da Autora.

65.º
Assim, o *misterioso* desaparecimento do competente "Livro de Obra" e dos demais registos da actividade de execução da empreitada em causa, tornam absolutamente incredíveis os relatos da Autora

quanto às ocorrências daquela empreitada, unicamente sustentadas em correspondência e grafismos elaborados dolosa e distorcidamente...

66.º
Por último, refira-se que não se admite qualquer valor probatório aos relatórios de construção enviados pela Autora à Ré com vários meses de atraso, depois do referido relatório n.º 16 (semana n.º 32).

67.º
Para efeitos de prova, aqui se juntam e dão por reproduzidos os:
Relatório de construção n.º 1 (semana n.º 17) (**Doc. n.º 3**)
Relatório de construção n.º 2 (semana n.º 18) (**Doc. n.º 4**)
Relatório de construção n.º 3 (semana n.º 19) (**Doc. n.º 5**)
Relatório de construção n.º 4 (semana n.º 20) (**Doc. n.º 6**)
Relatório de construção n.º 5 (semana n.º 21) (**Doc. n.º 7**)
Relatório de construção n.º 6 (semana n.º 22) (**Doc. n.º 8**)
Relatório de construção n.º 7 (semana n.º 23) (**Doc. n.º 9**)
Relatório de construção n.º 8 (semana n.º 24) (**Doc. n.º 10**)
Relatório de construção n.º 9 (semana n.º 25) (**Doc. n.º 11**)
Relatório de construção n.º 10 (semana n.º 26) (**Doc. n.º 12**)
Relatório de construção n.º 11 (semana n.º 27) (**Doc.n.º 13**)
Relatório de construção n.º 12 (semana n.º 28) (**Doc. n.º 14**)
Relatório de construção n.º 13 (semana n.º 29) (**Doc. n.º 15**)
Relatório de construção n.º 14 (semana n.º 30) (**Doc. n.º 16**)
Relatório de construção n.º 15 (semana n.º 31) (**Doc. n.º 17**)
Relatório de construção n.º 16 (semana n.º 32) (**Doc. n.º 18**)

68.º
Em acréscimo e em termos de prova, o desaparecimento (a que já aludimos) do Livro de Obra, ou Livro de Registo de Obra – documento legal imprescindível a qualquer espécie de obra licenciada, nos termos dos art. 97.º do D-L n.º 555/99 de 16 de Dezembro e art. 25.º do D-L n.º 445/91 de 20 de Novembro (alterado pelo D-L n.º 250/94 de 15 de Outubro) e ainda da Portaria n.º 1115-C/94 de 15 de Dezembro – releva, não apenas como incumprimento dos deveres legais e contratuais por parte da Autora, mas também como ausência do documento autêntico que deveria descrever todas as actividades e os assuntos relativos à obra – *vide* em

especial, os procedimentos necessários para o estrito cumprimento da lei, descritos na comunicação dirigida pela Ré à Autora, antes do início dos trabalhos (***Doc. n.º 19***) e ainda as obrigações contratuais estipuladas na Cláusula 6.4 do Caderno de Encargos – Condições Gerais respectivo, junto como Documento n.º 1, letra A da P.I..

69.º

No entanto e independentemente da verdadeira "destruição de provas" de que foram alvos os devidos registos da empreitada, no que toca nomeadamente às datas em que as actividades da obra decorreram e aos atrasos acumulados pela Autora,

70.º

veio a Autora sustentar mais tarde que ocorreram atrasos na consignação de algumas áreas de trabalho, e que tais atrasos seriam imputáveis à Ré uma vez que, nomeadamente, não cuidou de obter os licenciamentos necessários em tempo devido e deixou de fazer uso dos protocolos de acesso aos terrenos.

71.º

Todavia – à excepção das ocorrências verificadas no caso específico da consignação de uma parte restrita da área das designadas Parcelas ___ e ___, onde vieram a encontrar-se relevantes estruturas arqueológicas implantadas no subsolo, caso que será objecto de tratamento individualizado *infra* – quaisquer atrasos verificados na conclusão da empreitada, por tardio acesso aos respectivos terrenos, foram da responsabilidade da Autora.

72.º

Tanto assim que foi a Autora quem deixou de cumprir na íntegra os procedimentos convencionados para o acesso aos terrenos da obra, os quais eram compostos pelas seguintes fases:

1) Pela publicação do ___, conforme o Projecto apresentado na Direcção-Geral de ___ e aprovado por Sua Excelência o senhor Ministro ___, no Diário da República, II Série, n.º ___ de ___ e no Diário da República, II Série, n.º ___ de ___, foi declarada a utilidade pública de todos os terrenos abrangidos e autorizada a

Ré, nos termos legais, a dar início às obras, podendo aceder de imediato às respectivas áreas – *vide* os (**Doc. n.º 20 e Doc. n.º 21**) que aqui se junta e se dá por integralmente reproduzido;
2) Portanto, quando contratou com a Ré, já a Autora tinha obtido, há muito, todos os necessários **direitos de acesso** aos terrenos em questão;
3) Todavia, no âmbito da negociação prévia prevista no Código das Expropriações, a Ré deveria contactar os proprietários do terreno de uma determinada parcela, a fim de tentar estabelecer um consenso quanto a valores;
4) Seguidamente, a Ré remeteria à Autora um Protocolo de Acesso aos terrenos, lavrando-se o competente Auto de Consignação entre estes, o que completava as obrigações do dono da obra no tocante à consignação – isto é, considerava-se o terreno consignado, nos termos da CLÁUSULA 3.ª do contrato de empreitada;
5) Contudo, posteriormente, **a Autora deveria contactar os respectivos proprietários do terreno em causa e promover com estes as reuniões necessárias**, por forma a combinar a data efectiva do início dos trabalhos e o modo como estes decorreriam, de acordo com o programado, **nos termos da CLÁUSULA 4.ª, n.º 2 e n.º 3 e Anexo 4, todos do contrato de empreitada respectivo** – *vide* o Documento n.º 1 e Documento n.º 1 letra D, juntos com a P.I.;
6 Finalmente, a Autora daria início aos trabalhos no terreno em causa.

73.º

Porém, logo em ___, a Ré foi forçada a chamar a atenção da Autora para o facto de esta estar a criar diversos problemas junto dos proprietários dos terrenos a consignar, uma vez que **a sua equipa técnica e a respectiva direcção não estavam a promover reuniões com os respectivos proprietário dos terrenos em causa**, chegando mesmo a marcar tais reuniões e a não comparecer às mesmas.

74.º

Este comportamento gerou sucessivamente um mal-estar e reacções de ressentimento, por parte dos proprietários dos terrenos a consignar, o que só foi ultrapassado pela intervenção directa da Ré, que conseguiu pôr cobro a alguns atrasos, da exclusiva culpa da Autora.

75.º
Tal situação ficou desde logo registada no fax que a Ré remeteu à Autora em ___, por via do qual, inclusivamente, foram comunicadas várias sugestões no sentido de obstar a problemas futuros, sugestões esta que, contudo, não foram seguidas por esta última entidade – *vide* o (***Doc. n.º 22***) que aqui se junta e dá por reproduzido.

76.º
Assim e uma vez que a Ré cumpriu as suas obrigações contratuais neste domínio (*vide* a CLÁUSULA 2.ª n.º 3 alínea a) do Doc. n.º 1 junto com a P.I.), salvo ocorrências pontuais que serão analisadas adiante, quaisquer atrasos foram da responsabilidade da Autora.

77.º
Mais tarde, tentando demonstrar os alegados "atrasos na consignação", a Autora veio contrapor as datas do seu planeamento com as datas em que as suas equipas iniciaram os trabalhos nos respectivos locais (designando esta últimas de data de *consignação efectiva*), o que é notoriamente abusivo, em função de ter sido aquela quem foi responsável por tais atrasos.

78.º
Porém, conforme referimos no art. 71.º deste articulado, reconhece-se ter havido, na verdade, um atraso na consignação de parte da área dos terrenos das Parcelas ___ e ___, o qual não foi da responsabilidade da Autora.

79.º
De facto, uma restrita área das parcelas C e D – com cerca de 50 metros de comprimento – **veio a ser, efectivamente, disponibilizada tardiamente, face ao programa geral de trabalhos, todavia por motivos a que também a Ré foi totalmente alheia – conforme assinalado a vermelho na Planta Geral de traçados que aqui se junta e se dá por reproduzida, como (*Doc. n.º 23*)**.

80.º
Aliás, no momento da celebração do contrato de empreitada da EMPREITADA A, já eram previsíveis algumas dificuldades na consignação de tais terrenos, uma vez que a Ré se havia comprometido genericamente com a Câmara Municipal de ___ (C.M.___) no sentido de serem tomadas medidas adequadas para salvaguardar o património arqueológico existente em tais locais. Compromisso esse, inevitável e incontornável.

81.º
Todavia, em virtude de atrasos sucessivos por parte dos serviços da C.M.___, somente em ___ foi possível celebrar um Protocolo entre a Ré e aquela edilidade, nos termos do qual ficou estabelecido que:

- A Ré ficava obrigada a contratar uma equipa técnica especializada em levantamentos e prospecções de Arqueologia, coordenada por um arqueólogo da C.M.___, no sentido de assegurar um trabalho (prévio à consignação dos terrenos para efeitos de construção de ___) de registo, recolha, estudo e publicação dos vestígios arqueológicos que viessem a ser encontrados naquele local, sito num planalto, perto do conhecido "Alto de ___", ___ – vide o **Doc. n.º 24** que aqui se junta e dá por reproduzido.

82.º
Acresce ainda que, em virtude da forte pluviosidade registada nos meses de Novembro e Dezembro de ___, tais trabalhos de levantamento e prospecção arquelógica vieram também a prolongar-se até final de Fevereiro de ___.

83.º
Assim, a ausência de culpa por parte da Ré na ocorrência de atrasos nas respectivas consignações, fundamenta-se no facto de ser inteiramente imprevisível que a C.M.___ viesse a impor tais actividades prévias de prospecção, como condição para os trabalhos nos referidos locais e, muito mais ainda, tão tardiamente.

84.º
Contudo, a ausência de culpa objectiva por parte da Ré, nesta situação, não a isenta de responsabilidades contratuais em face da Autora, no

tocante à respectiva distribuição contratual de riscos quanto à consignação de terrenos.

85.º

Mesmo assim, há ainda que ter em conta que, nos termos da CLÁUSULA 2.ª, n.º 1 e n.º 2, do contrato de empreitada EMPREITADA A, incumbia exclusivamente à Autora, e não à Ré, a informação e o levantamento prévios de todas as características do solo, subsolo e infraestruturas neste existentes, o que a coloca em posição de co-responsável pelos atrasos verificados.

86.º

A circunstância em causa poderá ser objecto de cálculo e compensação, caso se venha a entender que nela cabem à Ré algumas responsabilidades.

87.º

Todavia, a responsabilidade da Ré só pode ser tida em conta na exacta medida de impacto directo no caminho crítico da obra, quanto aos atrasos especificamente verificados nas Parcelas em causa e face ao Programa Geral de Trabalhos, sendo sempre a compensação eventualmente em causa deverá ser limitada aos prejuízos efectivamente sofridos com a paralização de determinadas equipas da Autora, caso se verifique que as mesmas não trabalharam noutros locais e que não poderiam ter sido desmobilizadas com custos inferiores.

88.º

Tais cálculos serão expostos adiante, quando se sumariarem as possíveis responsabilidades da Ré na EMPREITADA A.

89.º

Porém, veio ainda a Autora, também posteriormente à conclusão da empreitada, imputar atrasos à revisão de Desenhos e do Design do Projecto em geral, por parte da Ré.

90.º

Isto é: alegou a Autora, muitos meses depois de dar os trabalhos por findos, que sofreu atrasos porque a Ré procedeu à revisão do design e do percurso de ___ – o que, aliás, ocorre habitualmente em qualquer execução de empreitada, sendo praticamente impossível não se verificar.

91.º

Ora, contrariamente ao que pretende a Autora, é com facilidade que se constata que estas mesmas revisões de desenhos não causaram quaisquer atrasos, nem implicaram prorrogação do prazo limite da obra, tanto mais que não houve qualquer interrupção dos trabalhos por esse motivo, tendo todas as alterações ao projecto inicial sido pagas, nos termos contratualmente previstos.

92.º

Assim, é verdade que houve de proceder a diversas alterações do traçado de ___, motivadas, como se esperava, por:

1) características inesperadas do solo e do subsolo;
2) alteração de métodos de perfuração, por opção técnica e decisão da Autora;
3) identificação tardia de infraestruturas no subsolo;
4) alguns dos proprietários dos terrenos da obra terem solicitado desvios do percursos do ___ (parcelas E, F, G), querendo a sua colocação nas extremas das propriedades ou querendo salvaguardar projectos de urbanização aprovados.

93.º

Todavia, tais situações tiveram uma expressão absolutamente irrisória, em termos gerais – *vide*, para o efeito, novamente o **_Doc. n.º 23_** que aqui se dá por inteiramente reproduzido, no qual se contrapõe o percurso do ___ no Projecto Inicial, assinalado a tracejado, com o percurso do ___ constante das Telas Finais fornecidas pela própria Autora, assinalado a azul –

94.º

sendo ainda um total absurdo imputar responsabilidade à Ré nos atrasos verificados por tais motivos, à luz das obrigações contratuais da Autora.

95.º
É que, na verdade, incumbia exclusivamente à Autora o conhecimento das características do solo e do subsolo, de todos os locais de execução da obra, por inspecção directa, para além dos elementos informativos anexos ao contrato fornecidos pela Ré (CLÁUSULA 2.ª).

96.º
Neste contexto, o facto de a Ré fornecer à Autora, no decurso da obra, novos desenhos de construção nos quais se procedia a uma **melhor identificação das infra-estruturas no solo, releva apenas como demonstração da colaboração que aquela sempre prestou na execução dos trabalhos**.

97.º
Tanto mais que a Autora está contratualmente impedida de reclamar quaisquer pagamentos adicionais ou alteração do Programa Geral de Trabalhos com base no desconhecimento das condições locais de realização dos trabalhos (CLÁUSULA 2.ª).

98.º
E a Autora está contratualmente impedida de invocar quaisquer factos ou circunstâncias, ainda que imprevisíveis à data do contrato, para justificar atrasos, nomeadamente as características geológicas dos solos ou existência de eventuais infraestruturas no subsolo, não podendo em qualquer caso exigir indemnizações ou compensações (CLÁUSULA 4.ª)!

99.º
Em acréscimo, ainda, **todos os trabalhos não previstos inicialmente e levados a cabo pela Autora, foram devidamente sujeitos aos Autos de Medição e, uma vez facturados por esta à Ré, foram integralmente pagos!** – ao abrigo, aliás, das cláusulas 3., 3.1.1. e 3.1.2. do Caderno de Encargos – Condições Gerais (letra A do Documento n.º 1 da P.I.) e das competentes cláusulas do Caderno de Encargos – Cláusulas Técnicas Especiais (idem), respectivas.

100.º
Finalmente, quanto aos desvios do percurso do ___ solicitados por alguns proprietário dos terrenos da obra, os mesmos não têm qualquer

significado crítico, nem causaram atrasos na conclusão da obra, tendo, de igual modo, todos os trabalhos executados pela Autora sido medidos e pagos em tempo oportuno.

101.º
Isto é, sendo certo que incumbia à Autora identificar perante a Ré quais eram os desenhos incompletos e quais os elementos de que necessitava para prosseguir os trabalhos, bem como atentando à exiguidade e simplicidade das alterações do percurso do ___, pode concluir-se que não foi prejudicado o caminho crítico da obra, porquanto a Ré entregou à Autora todos os desenhos – desde o momento em que devidamente solicitados – em tempo oportuno.

102.º
A este propósito, veja-se por exemplo o fax remetido pela Ré à Autora em ___, o qual se junta e dá por reproduzido como **_Doc. n.º 25_**.

103.º
Por outro lado, é verdade que ocorreram alterações de última hora relativamente ao Design dos PRM's previstos, conduzindo assim a um início tardio das respectivas construções.

104.º
Todavia, tendo a obra ficado genericamente concluída somente no decurso do mês de Maio de ___ e verificando-se que os últimos desenhos fornecidos pela Ré à Autora, relativos ao design de PRM's, dataram de Dezembro de ___, **é absolutamente notório que eventuais atrasos na sua execução não explicam o atraso total verificado na conclusão da empreitada, nem causaram qualquer prejuízo a esta última**.

105.º
Isto, não só porque a execução dos PRM's não se situava em caminho crítico da empreitada, podendo os mesmos ser construídos a todo o momento até finalização dos trabalhos, como ainda a sua execução integral não deveria demorar mais do que 2 (dois) meses, pelo que quaisquer atrasos no entrega dos respectivos desenhos, por parte da Ré, não contribuíram para o atraso final da obra.

106.º
Também quanto ao fornecimento de materiais para a obra, que incumbia à Ré, a Autora não pode ter fundamento para qualquer reclamação.

107.º
É que, contrariamente ao que veio mais tarde a alegar a Autora, **não se verificou qualquer atraso no fornecimento de materiais**, encontrando-se os mesmos sempre disponíveis para a empreiteira, quando os mesmos foram necessários.

108.º
Neste domínio, regista-se que a Autora nunca apresentou qualquer pedido indemnizatório por atrasos causados pela eventual consignação tardia de materiais, o que corresponde a aceitar que a Ré não provocou qualquer atraso efectivo nos trabalhos por tais hipotéticas ocorrências.

109.º
O mais que sucedeu, por vezes, foi que a própria Autora solicitou à Ré a consignação de materiais em datas posteriores às inicialmente previstas, mas isso porque não careceu deles anteriormente, em função do gravíssimo atraso da obra entretanto verificado.

110.º
Aliás, o repetido *superavit* registado nos relatórios de construção, quanto à disponibilidade de materiais em posse da Autora, revela bem que a Ré cumpriu todas as suas obrigações neste domínio, em tempo útil – vide, uma vez mais, os:

Relatório de construção n.º 1 (semana n.º 17) (**Doc. n.º 3**)
Relatório de construção n.º 2 (semana n.º 18) (**Doc. n.º 4**)
Relatório de construção n.º 3 (semana n.º 19) (**Doc. n.º 5**)
Relatório de construção n.º 4 (semana n.º 20) (**Doc. n.º 6**)
Relatório de construção n.º 5 (semana n.º 21) (**Doc. n.º 7**)
Relatório de construção n.º 6 (semana n.º 22) (**Doc. n.º 8**)
Relatório de construção n.º 7 (semana n.º 23) (**Doc. n.º 9**)
Relatório de construção n.º 8 (semana n.º 24) (**Doc. n.º 10**)
Relatório de construção n.º 9 (semana n.º 25) (**Doc. n.º 11**)
Relatório de construção n.º 10 (semana n.º 26) (**Doc. n.º 12**)

*Relatório de construção n.º 11 (semana n.º 27) (**Doc. n.º 13**)*
*Relatório de construção n.º 12 (semana n.º 28) (**Doc. n.º 14**)*
*Relatório de construção n.º 13 (semana n.º 29) (**Doc. n.º 15**)*
*Relatório de construção n.º 14 (semana n.º 30) (**Doc. n.º 16**)*
*Relatório de construção n.º 15 (semana n.º 31) (**Doc. n.º 17**)*
*Relatório de construção n.º 16 (semana n.º 32) (**Doc. n.º 18**)*

111.º
Por outro lado, como mais tarde veio a reconhecer a Autora, **o facto de esta desenvolver trabalhos relativos à EMPREITADA B, nomeadamente no "Parque Expo" e em simultâneo com a execução da empreitada em causa e com parte das mesmas equipas técnicas, gerou atrasos significativos, por falta de mobilização de meios adequados**.

112.º
De onde, tais atrasos que condicionaram o caminho crítico da EMPREITADA A são da única e exclusiva responsabilidade da Autora.

113.º
De realçar ainda que, contrariamente ao procedimento escolhido pela Autora, de utilizar as mesmas equipas técnicas e direcção, em simultâneo nas EMPREITADA A e EMPREITADA B, a Ré constituíu duas equipas distintas para a fiscalização de ambas, pelo que os trabalhos no Parque Expo em nada afectaram o acompanhamento da empreitada EMPREITADA A, por parte da respectivas equipas desta última.

114.º
Daí que, dadas as ocorrências acima descritas já são bastantes para explicar o atraso que veio a ocorrer na conclusão da EMPREITADA A.

115.º
Contudo, verificaram-se diversas outras ocorrências da responsabilidade da Autora que vieram a determinar o irrecuperável atraso final da mesma empreitada.

116.º
Ocorrências essas que se prenderam com fraca produtividade das equipas técnicas da Autora, com férias concedidas inoportunamente e com

a desmobilização antecipada de recursos – tudo erros grosseiros de gestão e de planeamento, que nenhuma responsabilidade implicam para a Ré.

117.º
Assim, o facto de a Autora utilizar a mesma direcção técnica e parte das mesmas equipas técnicas para a execução de ambas as empreitadas – EMPREITADA A e EMPREITADA B – em simultâneo, e de não ter mobilizado meios adicionais a estes, veio a constituir a causa principal do atraso geral da primeira empreitada, tanto mais que no <u>logo no mês de Junho de ___ era já visível a falta de produtividade nesta empreitada, em função dos reduzidos meios humanos de que aquela dispunha nas respectivas frentes de obra</u>.

118.º
De facto – encontrando-se a direcção da obra ausente das respectivas frentes de obra – **quer os trabalhadores a cargo da Autora, quer os sub-empreiteiros por esta contratados abrandavam consideravelmente o ritmo de trabalho, tanto mais que estes últimos eram remunerados ao dia.**

119.º
Esta situação foi ainda muito agravada com as **férias (!)** concedidas pela Autora ao seu pessoal e à própria direcção da obra, em plenos períodos críticos da empreitada, tendo afectado a mesma seriamente durante os meses de Julho e Agosto de ___ e ainda durante o mês de Dezembro do mesmo ano, no período do Natal e Fim-de-ano de ___.

120.º
Esta última circunstância, atento o atraso geral da obra já verificado, revelou-se um autêntico contra-senso que em muito contribuiu para o prolongamento no tempo da empreitada, o que, admite-se, deverá ter causado prejuízos à Autora.

121.º
Todavia, como se tais imprudências não bastassem para agravar significativamente os atrasos da empreitada, a Autora ainda **desmobilizou grande parte das suas equipas técnicas e mesmo da direcção da obra, a partir do início do ano de ___, sem nada comunicar à Ré, deixando**

o curso dos trabalhos da empreitada a funcionar a metade do ritmo habitual (!!).

122.º
Tudo isto, a coberto de uma total "desinformação" promovida pela ausência de Livro de Obra, pela ausência de reuniões de obra com a Ré e pela interrupção dos relatórios de construção semanal, verificada desde o final do mês de Julho de ___...

123.º
De onde, somada ainda a ocorrência de forte pluviosidade e adversas condições climatéricas, em Maio de ___ e nos períodos compreendidos entre Novembro de ___ e Janeiro de ___ – riscos que impendiam contratualmente sobre a Autora, a menos que constituíssem caso de força maior, o que não foi o caso – a verdadeira responsável pelo significativo atraso generalizado na execução da empreitada foi apenas a A.

124.º
E a própria Autora sempre reconheceu que, ao abrigo da CLÁUSULA 4.ª do respectivo contrato de empreitada, a si lhe cabe suportar o risco por todas as ocorrências climatéricas.

125.º
Resta apenas referir que, como constatou a equipa técnica da Ré que acompanhou toda a execução da EMPREITADA A e por conhecimento directo das várias ocorrências, **o factor que mais contribuíu para o atraso verificado na execução da empreitada em causa foi a ausências de medidas, por parte da Autora, para <u>recuperação de atrasos</u> durante os trabalhos**.

126.º
Medidas essas que passariam obrigatoriamente pela mobilização crescente de meios humanos e técnicos, que nunca se verificou, apesar de a Autora os ter disponíveis na Holanda.

127.º
Na verdade, desde as primeiras semanas de trabalho, o atraso geral

da empreitada em face do Programa Geral de Trabalhos foi-se desde logo tornando evidente e bem patenteado.

128.º
Porém, a Autora, contrariando todas as regras de boa gestão de empreitadas, não tomou qualquer iniciativa que visasse a recuperação dos atrasos, por forma a conseguir cumprir as suas obrigações contratuais.

129.º
Sendo certo, como era sabido pela Ré, a Autora poderia sempre e a qualquer momento tomar as medidas necessárias para combater o atraso, bastando-lhe mobilizar meios humanos e técnicos, o que sempre evitou numa **imprudente política de reduzir os custos ao mínimo para salvar a sua margem de lucro.**

130.º
Bem pelo contrário, **conformada perante os atrasos evidenciados**, a Autora ainda mais veio a agravar a situação, concedendo férias ao seu pessoal e desmobilizando equipas antes da conclusão da obra, incluindo a equipa de direcção da obra, o que veio a revelar-se **a pior medida possível para a recuperação de atrasos.**

131.º
E não faltou, por parte da Ré, a devida cooperação e fiscalização.

132.º
Com efeito, desde o início dos trabalhos da empreitada em causa e como era da sua competência, a equipa técnica da Ré afecta à execução da empreitada em causa prestou todo o apoio à Autora, que se expressou quer na consignação atempada dos locais da obra quer na consignação oportuna de materiais.

133.º
Para além destas atribuições contratuais e tendo fornecido atempadamente desenhos de construção e requisitos de engenharia, a Ré sempre colaborou com a Autora para a rápida solução de todos os obstáculos surgidos no decurso da obra, independentemente de tal ser ou não sua atribuição contratual (*vide* CLÁUSULA 16.ª).

134.º
Exemplos disso foram: todo o levantamento do terreno levado a cabo nas mencionadas Parcelas n.º C e n.º D, pela própria Ré, apesar de não ser uma atribuição sua; a revisão imediata de Desenhos quando a Autora decidia alterar as técnicas de perfuração em função das condições do terreno; a sempre constante intervenção junto dos proprietários do terreno, a fim de não levantarem obstáculo à entrada das máquinas e pessoal da Autora; o próprio alertar da Autora para a fraca produtividade dos seus sub-empreiteiros, por falta de controlo directo da Direcção da Obra.

135.º
Fosse por tais razões ou não, o certo é que **não se registou qualquer reclamação da Autora por falta de colaboração da Ré, no decurso da empreitada** – facto bem indiciador da responsabilidade daquela no atraso da obra.

136.º
De realçar ainda que, como acima já ficou registado, contrariamente ao procedimento escolhido pela Autora, de utilizar as mesmas equipas técnicas e direcção em simultâneo nas empreitadas "A" e "B", a Ré constituíu duas equipas distintas para a fiscalização de ambas, pelo que o acompanhamento da primeira empreitada foi feito em exclusivo, por parte da respectiva equipa técnica desta última, até contratada especificamente para o efeito.

137.º
Por último, registe-se, desde o Verão de ____, mas sobretudo na fase final da execução da obra, e face à inércia e conformismo da Autora, a própria Ré foi forçada a chamar a atenção da equipa técnica daquela, para inúmeras falhas organizacionais e de fiscalização que em muito foram responsáveis pelo baixo nível de produtividade na execução da obra e para diversos trabalhos mal executados ou ainda em falta – vide, a título de demonstrativo, os:

a) fax da R., remetido à A. em ____ – ***Doc. n.º 26***;
b) fax da R., remetido à A. em ____ – ***Doc. n.º 27***;
c) fax da R., remetido à A. em ____ – ***Doc. n.º 28***;
d) fax da R., remetido à A. em ____ – ***Doc. n.º 29***;

e) fax da R., remetido à A. em ___ – ***Doc. n.° 30***;
f) fax da R., remetido à A. em ___ – ***Doc. n.° 31***;
g) fax da R., remetido à A. em ___ – ***Doc. n.° 32***;
h) fax da R., remetido à A. em ___ – ***Doc. n.° 33***;
i) fax da R., remetido à A. em ___ – ***Doc. n.° 34***;
j) fax da R., remetido à A. em ___ – ***Doc. n.° 35***;
k) fax da R., remetido à A. em ___ – ***Doc. n.°36***;

que aqui se juntam e se dão por integralmente reproduzidos.

138.°
Contudo, conforme acima já foi reconhecido pela Ré a propósito da consignação tardia da área na qual foram identificadas estruturas arqueológicas nas Parcelas C e D, e que representava cerca de 50 metros de comprimento, a Ré aceita, como sempre aceitou, assumir a sua responsabilidade, ponderada da forma seguinte – *vide*, uma vez mais, o ***Doc. n.° 23*** que se junta neste articulado.

139.°
Em termos muito gerais, desde logo se torna evidente que só a Autora é responsável pelos atrasos verificados desde o início dos trabalhos até ao momento em que esta esteve em condições efectivas de iniciar os trabalhos nas Parcelas C e D – nada relevando, portanto, as datas inicialmente previstas no Programa Geral de Trabalhos.

140.°
Por outro lado, também é evidente que somente a Autora é responsável por todo o atraso verificado no final dos trabalhos, após a consignação das Parcelas C e D que ocorreu no dia ___, descontado o tempo estritamente necessário para concluir os trabalhos naquela área, o qual seria de **15 (quinze) dias**, nunca excedendo o limite máximo de 20 (vinte) dias.

141.°
E veja-se, desde já, que – como a Autora reconhece no art. 423.° da sua P.I. – se esta dá a empreitada EMPREITADA A por concluída em ___ (*Gas-In*), **este facto configura prova bastante para concluir que a conclusão da empreitada nunca esteve pendente apenas da consignação**

das Parcelas C e D, caso contrário toda a obra estaria concluída no próprio mês de Março de ___ (!)

142.º

Também caberá à Autora, como vimos, toda a responsabilidade pelos atrasos gerados pela interferência dos trabalhos na Expo'98, pelas repetidas férias do seu pessoal, pela forte pluviosidade verificada em ___ e entre ___ e ___ e pela antecipada desmobilização da direcção da obra e das respectivas equipas técnicas, assim como pelos atrasos decorrentes de:

1) deficiente coordenação da actividade das várias equipas técnicas da obra;
2) falta de mobilização dos meios humanos e técnicos necessários a uma correcta gestão da obra, dentro do planeamento;
3) deficiente controlo dos sub-empreiteiros e do seu próprio pessoal;
4) ausência total de medidas para recuperação de atrasos.

143.º

Somente nestes pressupostos, que são do mais básico bom senso e de Justiça, aceita a Ré a responsabilidade, quanto aos atrasos verificados em virtude das circunstâncias que lhe possam ser imputáveis, mas **sempre com a ressalva dos atrasos previamente acumulados e causados pela própria Autora**.

144.º

De quanto vai acima exposto, e de quanto resulta da consignação de terrenos nas Parcelas C e D, admite a Ré assumir uma quota parte na responsabilidade por circunstâncias que, cumultivamente, apresentem as seguintes características:

1) atrasos originados pela prática tardia de actos, por parte da Ré;
2) actos tardios, estes, que tenham sido directamente causadores de atrasos no caminho crítico da empreitada em causa, em primeiro lugar, aferidos ao momento em que a Autora estava disponível para começar a trabalhar naquelas duas parcelas e, em segundo lugar, levados em conta somente quanto ao acréscimo que representariam em face ao atraso já acumulado anteriormente por responsabilidade exclusiva da Autora;

145.º
Ainda assim, para a graduação dessa responsabilidade terá de levar-se em conta ainda que:

1) a compensação eventualmente em causa será calculada com base nos <u>prejuízos efectivamente sofridos pela Autora com a paralização de determinadas equipas</u>; e
2) somente nos casos em que se verifique que as mesmas equipas não poderiam ter sido desmobilizadas com custos inferiores.

146.º
Portanto, é com o devido rigor que a R. apresenta o seguinte cálculo, baseado-se no limite máximo dos prejuízos que alguma vez a Autora poderia sofrer, atenta a circunstância de muitas das equipas desta terem desmobilizado desde ___ até ___:

- *"Parcelas C e D"*

  1. Imobilização de 26 dias da equipa de Soldadura ___ (14.040.000$)
  2. Imobilização de 26 dias da equipa de Escavação (10.920.000$)
  3. Imobilização de 14 dias da equipa de Preparação do leito da vala ___(7.560.000$)
  4. Imobilização de 28 dias da equipa de Assentamento ___(24.796.800$)
  5. Imobilização de 28 dias da equipa de ___ (3.696.000$)
  6. Imobilização de 28 dias da equipa de Enchimento (20.496.000$)
  7. mobilização de 40 dias da equipa de Ensaio ___ (14.880.000$)
  Total Final   **96.388.800$00**

147.º
Portanto, à excepção desta verba, calculada com base nas efectivas responsabilidades da Ré – se levarmos em conta que esta se assume como responsável pela tardia consignação das Parcelas C e D, muito embora a C.M.___ tenha sido, em bom rigor, a verdadeira responsável – todas as restantes reivindicações da Autora são <u>falsas</u>, <u>imaginosas e irreais</u>.

148.º
A tanto, acresce apenas o facto de que <u>a Ré ainda não procedeu ao pagamento de 25.000 contos devidos a título do preço contratualmente fixado para a empreitada, cujo valor foi retido para compensação dos *prejuízos especificamente causados àquela pela Autora, na* **situação do   Club**</u>, adiante explicada em pormenor.

149.º
Seja como for, tomados em linha de conta os prejuízos globais que a Autora causou à Ré, ambos os valores referidos são absolutamente irrisórios e insuficientes para a compensação dos créditos que a segunda tem hoje sobre a primeira, como melhor se verá *infra*.

3. EMPREITADA B

150.º
Passemos agora ao enquadramento das ocorrências com a EMPREITADA B.

151.º
Como dissemos acima, também para contextualizar correctamente a reclamação da Autora quanto a esta empreitada, há desde logo que considerar diversos aspectos, prévios à própria celebração do contrato de empreitada.

152.º
Na verdade, o Empreitada B também fez parte da construção da ___, que se realizaria pela primeira vez em Portugal, com a ambição última de vir a assegurar o transporte, em ___, de ___ para os concelhos de ___ e de alimentar a sua fábrica ___.

153.º
Para a Empreitada B, desde logo se previam obstáculos adicionais, muito embora se tratasse da construção de um ___ <u>com o comprimento total de apenas 14 Km</u>.

154.º
Grosso modo, o percurso do ___ a construir seria o seguinte:

- Troço I
- Troço II
- Troço III
- (...)
- Ligação à fábrica ___;

sendo certo que todo o percurso desde ___ até à fabrica ___ (os quatro últimos troços), se situaria em terrenos sob administração da PARQUE EXPO'98 SA.

155.º
Assim, dizíamos, existiam sérios obstáculos previsíveis, que se podem resumir às **3 (três) seguintes circunstâncias**:

1) desde logo, a construção do ___ teria de efectivar-se em tempo útil, a fim de honrar compromissos assumidos pela R. com terceiros, nomeadamente com a ___ para permitir ___;

2) a execução de 6 dos cerca de 14 Km em causa, abrangeria terrenos da PARQUE EXPO'98 SA, nos quais seria impossível fazer uma imediata programação de construção, como habitual, uma vez que o decurso dos trabalhos nesta área dependeria da coordenação com os trabalhos de muitas outras empreitadas, coordenação essa sempre da competência do próprio Parque Expo;

3) parte do ___ a construir teria ainda de atravessar uma zona de densidade urbana muito significativa, na qual, naturalmente, existiriam muitas infraestruturas implantadas no subsolo, cujo conhecimento e exacta localização seriam à partida muito difíceis (urbanizações entre a Rua ___ e a Rua ___).

156.º
Dadas tais circunstâncias, facilmente se previa que na construção do ___, apesar de parte do percurso ter de fazer a travessia de um rio, **as maiores dificuldades surgiriam no troço compreendido entre ___ e ___**, como mais tarde se tornou realidade.

157.º
Porém, sempre há que referir, tais dificuldades surgiram e foram ultrapassadas em tempo útil, não obstante os atrasos significativos que vieram a verificar-se.

158.º
Recordemos que, aproveitando o resultado do concurso público aberto para adjudicação da EMPREITADA A, no âmbito do qual a Autora havia já sido seleccionada, a Ré encetou negociação directa com aquela empresa, no sentido de a mesma realizar também o ___ da EMPREITADA B,

159.º
E que tal atitude da Ré se justificou plenamente pelo facto de a data limite da construção do ___ estar já muito próxima, bem como pelo facto de a Autora ser empresa idónea com ampla experiência no ramo, e ter atempadamente demonstrado fazer uso de técnicas inovadoras de perfuração do subsolo e de construção de ___s com a qualidade e as características técnicas pretendidas. Ora,

160.º
Em tal negociação directa, foram circunstâncias reiteradamente discutidas e, portanto, de pleno conhecimento de ambas as partes:

1) que a realização do ___ teria de efectivar-se em tempo relativamente curto, com respeito absoluto pela <u>data limite de ___</u>, imposta pela R. para satisfação de importantes compromissos assumidos com terceiros e para que ___, neste troço, fosse compatibilizado com o programado ___ na fábrica___ que teria necessariamente de realizar-se durante ___;
2) que a execução de 6 dos cerca de 14 Km em causa, abrangeria terrenos do Parque Expo, nos quais seria impossível fazer uma imediata programação de construção, como habitual, uma vez que o decurso dos trabalhos nesta área dependeria da coordenação com os trabalhos de muitas outras empreitadas, coordenação essa sempre da competência do próprio Parque Expo;
3) que parte da Empreitada B a construir teria ainda de atravessar uma zona de densidade urbana muito significativa – a das urbanizações entre a Rua ___ e a Rua ___ – na qual, naturalmente,

existiriam muitas infraestruturas implantadas no subsolo, cujo conhecimento e exacta localização seriam à partida muito difíceis;

161.º
De modo a se assegurar que seriam ultrapassadas algumas das dificuldades previsíveis e **apesar de desde logo se ter convencionado que o conhecimento das características dos terrenos em causa seria da inteira responsabilidades da empreiteira**, a Ré contratou com a Autora, antes da realização da própria empreitada, um dispendioso trabalho de sondagem e reconhecimento do subsolo na área das urbanizações entre a Rua   e a Rua   , assim aliviando os encargos acrescidos que poderiam resultar para a Autora em função do esforço necessário para o reconhecimento do terreno – como se retira dos Programa de Trabalho, Factura da A. e conjunto de Folhas Diárias de Trabalhos Executados, de Trabalhos Previstos e de Meios Envolvidos de Construção Civil, que aqui se juntam e dão por reproduzidos, respectivamente, como ***Doc. n.º 37, Doc. n.º 38 e Doc. n.º 39***.

162.º
Por tais trabalhos, pagou a Ré à Autora o valor de Esc. 5.031.000$00 (cinco milhões e trinta e um mil escudos), de onde logo se constata a boa-fé negocial da Ré.

163.º
De resto, quanto à empreitada propriamente dita, a negociação do preço global respectivo teve sempre em conta, especialmente, a exiguidade do prazo limite da obra e desenrolou-se da seguinte forma:

1) na sua proposta inicial, a Autora pediu o preço global de 999.000 contos;
2) após a devida negociação com a Ré, o preço global veio a fixar--se no valor final de 796.000 contos.

164.º
Ou seja, a Autora reduziu o valor de 203.000 contos à sua proposta inicial, a fim de lhe ser adjudicada a empreitada em causa.

165.º
Todavia e há que deixar este aspecto bem claro, após as negociações respectivas, a Autora aceitou o preço global de 796.000 contos e comprometeu-se ao cumprimento do prazo, sem quaisquer reservas.

166.º
Por outro lado, salientando de novo o facto de esta empreitada ter sido contratada por **ajuste directo** (ou seja, sem concurso público), regista-se, desde já, que esta circunstância ocorreu em cumprimento estrito da legalidade, pela reconhecida urgência da obra em questão, como inclusivamente foi considerado pelas entidades da União Europeia que comparticiparam nos custos da empreitada e auditaram todas as contas a esta última relativas.

167.º
Das negociações contratuais ressalta ainda o facto, já sobejamente repetido, de à Autora ter sido anteriormente adjudicada, por concurso público, a EMPREITADA A, pelo que esta veio a realizar ambas as empreitadas em simultâneo.

168.º
Mas, o que é diferente e nunca é demais repetir, a Autora decidiu utilizar **a mesma direcção técnica (facto de que avisou a Ré)** e **parte das mesmas equipas técnicas (facto de que não avisou a Ré)** para a execução de ambas as empreitadas, em simultâneo, o que em muito veio a prejudicar a execução de ambas, nomeadamente no tocante ao cumprimento de prazos e à fiscalização do andamento dos trabalhos.

169.º
Salienta-se, uma vez mais, que este aspecto pode ser considerado como uma crucial e grave falha técnica, por parte da Autora, a qual teve por consequência que nenhuma das obras conheceu o empenho total das equipas técnicas, a par de inúmeros inconvenientes relativos à distribuição de meios, materiais e humanos, com deficiente controlo dos sub-empreiteiros portugueses.

170.º
Note-se que, também quanto à EMPREITADA B, a opção técnica da Autora de utilizar a mesma direcção técnica e pare das mesmas equipas

técnicas em simultâneo para duas empreitadas, foi desde o início encarada com sérias reservas por parte da Ré, que chegou mesmo a alertar aquela empresa para a possibilidade de incumprimentos em ambas as empreitadas, por dificuldades na coordenação da execução das obras em simultâneo, o que não garantiria o respeito dos respectivos prazos.

171.º
Todavia, a Ré, como já se salientou em sede anterior, embora conhecendo as intenções de aproveitamento de sinergias da Autora, tinha bons motivos para se tranquilizar quanto a tal questão, uma vez que, para o cumprimento do compromisso assumido, esta última poderia sempre recorrer a meios humanos adicionais, de que dispunha em ___ e que poderiam ser mobilizados em qualquer momento para a empreitada em causa, caso houvesse necessidade de o fazer.

172.º
Assim, igualmente para execução da EMPREITADA B, a Autora oferecia todas as garantias exigíveis para levar a bom termo a empreitada em causa, dentro do prazo convencionado.

173.º
Por último, não poderá deixar de referir-se que, em momento algum a Ré supôs que a Autora haveria de conceder **férias à direcção da obra e às suas equipas técnicas em pleno período de execução da empreitada, quer durante os meses de Verão, quer no período do Natal e Fim-de-ano** (!).

174.º
Matéria, aliás, da sua competência exclusiva, na qual a Ré não poderia alguma vez imiscuir-se.

175.º
De onde, as consequências ruinosas que advieram da **incapacidade** de resposta da equipa técnica da empreiteira, quanto ao ___ da EMPREITADA B, não são pois minimamente da responsabilidade da Ré, antes constituindo inteira responsabilidade da Autora.

176.º
Na sequência de quanto vai exposto *supra*, e uma vez acordadas as condições essenciais do acordo entre a Autora e a Ré, teve lugar a celebração do contrato de empreitada n.º ___, em ___.

177.º
Assim, como é evidente, tal contrato de empreitada constitui sempre a sede de tudo quanto ficou acordado entre o dono da obra e o empreiteiro, na medida em que as suas estipulações são o resultado final das negociações havidas, prevalecendo sobre todas as questões anteriormente abordadas.

178.º
De onde, uma vez mais, como dona de obra, a Ré teve o cuidado de se precaver contratualmente contra possíveis incapacidades da Autora, tendo adjudicado a esta a empreitada EMPREITADA B nas específicas condições de distribuição de riscos constantes do respectivo contrato – *vide* o Doc. n.º 2 junto pela Autora com a sua P.I., e seus anexos referenciados por letras

179.º
Assim e com especial relevância para correcto enquadramento de tudo quanto veio a ocorrer durante a execução da empreitada em causa, é extremamente útil realçar que no respectivo contrato ficou estipulado que:

1) o prazo de conclusão da obra expiraria **imperativamente** em ___ (CLÁUSULA 7.ª);
2) Qualquer prorrogação do prazo de conclusão da obra teria de constar de **acordo escrito** (CLÁUSULA 4.ª);
3) **A Autora teria de submeter à aprovação da Ré um Programa Geral dos Trabalhos** (CLÁUSULAS 4.ª e 7.ª);
4) As consignações dos locais da obra seriam parciais (CLÁUSULA 3.ª);
5) **Incumbia exclusivamente à Autora o conhecimento dos locais de execução da obra**, por inspecção directa, para além dos elementos informativos anexos ao contrato (CLÁUSULA 2.ª);
6) **A Autora não poderia, em caso algum, reclamar** quaisquer pagamentos adicionais ou alteração do programa geral de traba-

lhos **com base no desconhecimento das condições locais** de realização dos trabalhos (CLÁUSULA 2.ª);

7) A Suspensão dos Trabalhos da obra em qualquer uma das suas frentes, por período superior a um dia útil por mês e por causa não imputável à Autora, daria a esta um direito a ser indemnizado pelos custos de imobilização de acordo com a respectiva Tabela de Custos Contratuais, <u>desde que se comprovasse que as equipas e material imobilizados não poderiam ser utilizados em outras frentes, e devendo tais indemnizações ser facturadas mensalmente</u> (CLÁUSULA 22.ª).

180.º

No mesmo contrato e quanto à <u>distribuição de riscos</u> entre as partes, ficou estabelecido que:

1) **A Autora assumia a exclusiva responsabilidade por todos os riscos e eventuais contingências que pudessem influenciar ou afectar a execução da empreitada**, declarando estar devidamente inteirada dos mesmos, com excepções únicas da atempada obtenção de servidões e do atempado fornecimento dos materiais de construção, cuja responsabilidade caberia à Ré (CLÁUSULA 2.ª);

2) <u>**A Autora não poderia invocar quaisquer factos ou circunstâncias, ainda que imprevisíveis à data do contrato, para justificar atrasos, nomeadamente as características geológicas dos solos ou existência de eventuais infraestruturas no subsolo, não podendo em qualquer caso exigir indemnizações ou compensações**</u> (CLÁUSULA 4.ª);

3) Perante casos de força maior, conforme fossem definidos nos pontos 1.10.9 e 1.10.10 do Caderno de Encargos – Cláusulas Gerais, que viessem a originar atrasos na execução da obra, chegar-se-ia a um acordo entre ambas as partes (ponto 1.10.11 do Caderno de Encargos – Cláusulas Gerais).

181.º

Para efeitos de prova, *vide* o Doc. n.º 2 junto com a P.I. e os seus anexos referenciados por letras.

182.º
Assim situados, a Autora deu início à empreitada em ___, tudo começando regularmente.

183.º
Não se verificaram casos de força maior, durante a execução integral dos trabalhos, ou seja desde ___ até ___.

184.º
Regista-se, ainda, que, conforme a Autora também reconhece, os trabalhos da obra evoluíram regularmente nos troços:

• Troço I;
• Troço II.

185.º
Por último e em perfeita harmonia com o estipulado na CLÁUSULA 22.ª, **regista-se a ocorrência de uma situação de suspensão dos trabalhos**, em ___, logo resolvida pela mobilização do respectivo pessoal em outra frente da obra e pela pronta solução da causa da paralização, motivos pelos quais não existiu direito a indemnização, à luz do preceituado na CLÁUSULA 22.ª do contrato de empreitada respectivo – *vide* o fax remetidos pela Autora à Ré, em ___, e o fax remetido pela Ré à Autora em ___, os quais aqui se juntam e dão por reproduzidos, respectivamente como **Doc. n.º 40 e Doc. n.º 41**.

186.º
Este, um facto muito importante, que será susceptível de demonstrar a Litigância de Má-Fé da Autora, pela sua escrutinada análise *infra*.

187.º
Todavia, os problemas suscitados pela Autora na execução da EMPREITADA B haveriam de começar, desde logo, pelo documento básico e fundamental acordado para o acompanhamento e fiscalização de toda a obra: o Programa Geral de Trabalhos – documento previsto, especialmente, na cláusula 4.4. do "Caderno de Encargos – Condições Gerais" anexo ao contrato de empreitada respectivo, que aqui se junta e se dá por integralmente

reproduzido como (***Doc. n.º 42***) (porque a Autora, curiosamente, não o juntou na íntegra sob a letra A do Doc. n.º 2 da P.I., como seria de esperar...).

188.º
É que, como ponto de sustentação das reclamações que posteriormente veio a apresentar relativamente à EMPREITADA B, a Autora recorre sistematicamente a um alegado e suposto Programa Geral dos Trabalhos (ou programa de construção, ou "workprogramme").

189.º
Na verdade e nos termos do contrato de empreitada, quando se refere o **Programa Geral dos Trabalhos** (ou programa de construção, ou "workprogramme"), **faz-se apelo ao programa previsto na CLÁUSULA 7.ª do contrato de empreitada (e especialmente, na cláusula 4.4. do "Caderno de Encargos – Condições Gerais" anexo ao contrato de empreitada respectivo), e não a outro.**

190.º
Ora, não obstante todas as insistências da Ré nesse sentido, tal Programa Geral de Trabalhos nunca foi apresentado em devidas condições pela Autora, motivo pelo qual nunca foi aprovado por aquela.

191.º
Portanto, **em clara violação das suas obrigações contratuais por parte da Autora, a EMPREITADA B não chegou a conhecer qualquer Programa Geral de Trabalhos (!)**, sendo os documentos que aquela apresenta a esse título meros documentos de trabalho seus, que nada mais representam.

192.º
Ou seja, em clara violação do contrato de empreitada, a Autora não apresentou à Ré um único Programa Geral de Trabalhos que viesse a ser susceptível de aprovação, não obstante as repetidas recomendações desta última no sentido do seu aperfeiçoamento mínimo.

193.º
Pelo contrário, a proposta provisória remetida pela Autora em data anterior à do próprio contrato de empreitada, mais propriamente ainda em

___, destinava-se apenas a assegurar que seria possível contratar a respectiva empreitada, a fim de ser salvaguardada a data de ___ como data obrigatória de conclusão da obra – *vide* a cópia daquele documento, que aqui se junta e dá por reproduzido como (***Doc. n.º 43***).

194.º

Esta proposta provisória foi revista e novamente remetida à R. em ___ – ou seja, ainda 3 dias antes da assinatura do contrato –, também com carácter provisório, tanto mais que, em obediência ao disposto na CLÁUSULA 7.ª do contrato assinado em ___, a Autora remeteu mais tarde à Ré propostas definitivas do mesmo programa (***Doc. n.º 44***).

195.º

Neste contexto se compreende o fax da Ré, enviado à Autora em ___, que se destinou apenas a demonstrar uma mera intenção de adjudicação, de âmbito negocial (pré-contratual) – *vide* a cópia daquele documento, que aqui se junta e dá por reproduzido como (***Doc. n.º 45***).

196.º

De igual modo, a correspondência enviada pela Ré à Autora, em ___, relativa ao planeamento das entregas de material, não tem qualquer relação com aquela proposta provisória, tanto mais que até se baseava no método proposto para a obra a desenvolver na EMPREITADA A – *vide* a cópia daquele documento, que aqui se junta e dá por reproduzido como (***Doc. n.º 46***).

197.º

Assim, só depois de celebrado o contrato de empreitada em ___, é que a Ré passou a aguardar o envio de um Programa Geral definitivo, a fim de proceder (ou não) à respectiva aprovação.

198.º

Todavia, em ___, a Autora remeteu à Ré uma proposta (a primeira) definitiva de Programa Geral que não foi aceite – *vide* a cópia daquele documento, que já se encontra junto aos autos como Documento n.º 21 da P.I. e que aqui se junta e dá por reproduzido.

199.º
Neste domínio, a Autora reclama que existiu uma "aprovação tácita" de tal proposta definitiva. Porém, a Ré **expressamente** refutou tal proposta de plano definitivo, pedindo esclarecimentos por fax datado de ___ e solicitando rectificações por fax datado de ___, após reunião na qual se procedeu à fixação das datas de início dos trabalhos no Parque Expo, e por fax datado de ___ – *vide* a cópia destes três documentos, que aqui se juntam e dão por reproduzidos como (***Doc. n.º 47***, ***Doc. n.º 48*** e ***Doc. n.º 49***).

200.º
Nestes dois últimos faxes, de ___ e ___, a Ré reclamou mesmo a apresentação de um Programa Geral de Trabalhos em condições de ser aprovado, o que corresponde claramente à **não aprovação** da proposta definitiva da Autora datada de ___.

201.º
E foi por isso mesmo que em ___ a Autora veio a apresentar uma segunda proposta definitiva de Programa Geral dos Trabalhos, proposta esta liminarmente recusada pela Ré em ___, uma vez que a mesma desrespeitava a data de ___ como data obrigatória de conclusão da obra, prorrogando o seu termo em duas semanas – *vide* a cópia destes dois documentos, que aqui se juntam e dão por reproduzidos como (***Doc. n.º 50*** e ***Doc. n.º 51***).

202.º
Posteriormente àquela data de ___, a Autora não enviou qualquer nova proposta de Programa Geral dos Trabalhos, violando assim definitivamente aquela sua obrigação contratual.

203.º
Assim, não se logrou, em momento algum, o necessário consenso sobre o Programa Geral dos Trabalhos, por razões inteiramente imputáveis à Autora.

204.º
A questão dos atrasos da Autora no devido planeamento da obra, está mesmo bem patente nos diversos faxes trocados entre ___ e início de ___,

tendo sido causa directa de diversos atrasos e inúmeros problemas, como se retira dos:

a) fax da R., remetido à A. em ___ – **_Doc. n.º 52_**;
b) fax da R., remetido à A. em ___ – **_Doc. n.º 53_**;
c) fax da R., remetido à A. em ___ – **_Doc. n.º 54_**;
d) fax da R., remetido à A. em ___ – **_Doc. n.º 55_**;
e) fax da R., remetido à A. em ___ – **_Doc. n.º 56_**;
f) fax da R., remetido à A. em ___ – **_Doc. n.º 57_**;
g) fax da R., remetido à A. em ___ – **_Doc. n.º 58_**;
h) fax da R., remetido à A. em ___ – **_Doc. n.º 59_**;
i) fax da R., remetido à A. em ___ – **_Doc. n.º 60_**;

que aqui se juntam e se dão por integralmente reproduzidos.

205.º

Por último, neste domínio e como se retira desta última documentação, registe-se, **na fase final da execução da obra, teve de ser a própria Ré a substituir-se à Autora no planeamento da obra (!), fornecendo-lhe o planeamento adequado para alguns troços da obra, em face das insuficiências técnicas manifestadas na abordagem de alguns imprevistos, por parte da equipa técnica desta última.**

206.º

Para explicação de tanta incapacidade de planeamento da obra, por parte da Autora, concorrem razões que se prendem com a organização do Parque Expo, mas que em nada desculpam aquela.

207.º

A este propósito, sustentou mais tarde a Autora, com algum oportunismo, que a coordenação dos trabalhos da empreitada com o Parque Expo, foi responsável por significativos atrasos na obra.

208.º

Refere mesmo a Autora, com laivos de hipocrisia, que compreende as complicações inerentes ao fenómeno da EXPO'98, tendo tido toda a condescendência para com as indesejáveis interferências da respectiva organização no desenrolar dos trabalhos de empreitada.

209.º
Porém, após atenta análise dos factos, constata-se que:

1) não só a dificuldade de compatibilização do planeamento da obra com a coordenação do Parque Expo sempre foi previsível, e o respectivo risco havia sido contratualmente assumido em exclusivo pela Autora;
2) como também, o que é definitivo, constata-se que **as posições assumidas pela Parque Expo na consignação dos seus terrenos, não originaram quaisquer atrasos na obra em causa**, mas sim a atitude displicente da própria Autora(!).

210.º
Ou seja, foi somente o comportamento da Autora que originou atrasos no percurso da Parque Expo, o que se passa a demonstrar.

211.º
É que, em ___ teve lugar uma reunião conjunta entre a direcção da obra, por parte da Autora, de representantes da Ré e da administração de empreitadas do Parque Expo.

212.º
Nesta reunião de ___, foram convencionadas, entre todos, datas de consignação dos troços a trabalhar pela Autora, que lhe permitiriam realizar todo o trabalho de obra no perímetro da Expo'98, em pleno respeito pela data obrigatória de conclusão da EMPREITADA B, que era ___ – *vide* o Mapa de Consignações elaborado na sequência desta reunião, que aqui se junta como (***Doc. n.º 61***), o qual se dá por integralmente reproduzido.

213.º
Contudo, posteriormente a tal reunião de ___, a Ré solicitou repetidamente à Autora (faxes de ___ e ___) que esta apresentasse o Programa Geral de Trabalhos em conformidade com aquelas datas de consignação convencionadas com a PARQUE EXPO'98 SA, salientando expressamente que eventuais atrasos e incumprimentos poderiam causar prejuízos graves – *vide*, uma vez mais, os (***Doc. n.º 48***) e (***Doc. n.º 49***) deste articulado.

214.º
Na sequência destes eventos, verificou-se que, como dissemos acima, só em ___ a Autora veio a apresentar a segunda proposta definitiva de Programa Geral – **perdendo assim, sem necessidade ou justificação, desde logo cerca de 15 dias** –, proposta esta liminarmente recusada pela Ré, no dia seguinte, uma vez que aquela pretendia prorrogar a data obrigatória de conclusão da obra em duas semanas – *vide*, uma vez mais os (***Doc. n.º 50***) e (***Doc. n.º 51***) deste articulado.

215.º
Dados estes factos e porque a Autora não se mobilizou atempadamente para os terrenos cujo acesso havia sido facultado pelo Parque Expo, nas datas estabelecidas na referida reunião de ___ – *vide* o Mapa de Consignações elaborado na sequência desta reunião, que aqui se junta como (***Doc. n.º 61***), do qual constam as datas de consignação dos seis troços do ___ em causa (___, ___, ___, ___, ___ e ___).

216.º
A mesma Autora terminou por aceder a tais terrenos em datas posteriores, assim comprometendo definitivamente o prazo limite da obra que era ___.

217.º
Portanto, as datas concedidas pelo Parque Expo em ___ para consignação dos respectivos terrenos sob sua coordenação, não prejudicaram o cumprimento do prazo contratualmente estipulado para a conclusão da obra.

218.º
Em tais circunstâncias e nos termos contratuais respectivos, nenhuma responsabilidade pode ser assacada à Ré.

219.º
E o mesmo sucedeu com todas as demais consignações de terrenos...

220.º
Isto é: ao contrário do que veio a sustentar a Autora mais tarde, dizendo que ocorreram atrasos na consignação de algumas áreas de tra-

balho imputáveis à Ré, por ter obtido licenciamentos tardios e por ter deixado de fazer uso dos protocolos de acesso aos terrenos; a verdade é que a responsabilidade foi sempre daquela.
Assim:

221.º
Desde logo, há que enquadrar devidamente tais críticas por parte da Autora, sendo certo que apenas respeitam à consignação de terrenos nos seguintes troços:

- Troço III;
- Troço IV;
- (...)
- Troço ___ à fábrica ___.

222.º
Ou sejam, precisamente os troços do perímetro da PARQUE EXPO'98 SA.

223.º
E quanto a estes troços, sempre foi sabido pela Autora que **a adjudicação das áreas para trabalho não dependia apenas da declaração de utilidade pública.**

224.º
Isto porque, quanto aos troços não compreendidos no perímetro da PARQUE EXPO'98 SA, os procedimentos convencionados para o acesso aos terrenos da obra eram os seguintes, à imagem do que se passava na empreitada EMPREITADA A:

1) Pela publicação do traçado do ___, conforme o Projecto apresentado na Direcção-Geral de Energia e aprovado pelo Sua Excelência o senhor Ministro da Economia, desta feita no Diário da República, II Série, 3.º Suplemento, n.º ___ de ___, foi declarada a utilidade pública de todos os terrenos abrangidos e autorizada a Ré, nos termos legais, a dar início às obras, podendo aceder de imediato às respectivas áreas – *vide* o (***Doc. n.º 62***) que aqui se junta e se dá por integralmente reproduzido;

2) De resto, tudo deveria ser executado à imagem do que se descreveu no art. 72.º do presente articulado.

225.º
Ora, à excepção do que se verificou no perímetro da PARQUE EXPO'98, tudo correu bem, não havendo quaisquer atrasos na consignação de terrenos.

226.º
E, conforme foi amplamente referido *supra*, a consignação dos terrenos afectos à Expo'98 dependia ainda de autorização por parte da administração da PARQUE EXPO'98 SA, a qual foi conseguida em tempo útil, devido às atempadas diligências promovidas pela Ré nesse sentido – *vide* ainda os (***Doc. n.º 63, Doc. n.º 64 e Doc. n.º 65***), que aqui se juntam e se dão por integralmente reproduzidos.

227.º
Assim, e contrariamente ao que a Autora pretende dar a entender, não houve qualquer incúria por parte da Ré, tanto mais que a consignação de terrenos afectos à Expo'98 não obedecia ao procedimento comum e era definido pela própria comissão da PARQUE EXPO'98 SA, em reuniões conjuntas com todos os donos de obra e empreiteiros que desenvolviam trabalhos nos mesmos terrenos em simultâneo – o que era perfeitamente conhecido e tinha sido aceite previamente.

228.º
Mais: também como já vimos, o risco de consignações tardias havia sido previsto contratualmente, tendo a Autora assumido o respectivo risco (CLÁUSULA 2.ª).

229.º
Em acréscimo, a um olhar mais atento, verifica-se que para tentar suportar imaginados atrasos na consignação de terrenos, a Autora contrapõe as datas dos seus próprios documentos de planeamento provisório – que nunca constituíram o Programa Geral de Trabalhos – com as datas em que as suas equipas iniciaram os trabalhos nos respectivos locais (designando esta últimas de data de *consignação efectiva*).

230.º
O que é notoriamente abusivo, tanto mais que:

1) por um lado, não existiu qualquer Programa Geral de Trabalhos, por culpa atribuível somente à Autora;
2) por outro lado, a **consignação** das áreas em causa ocorreu sempre em **datas anteriores** àquelas em que a Autora deu **início aos trabalhos**, também por culpa somente a si atribuível.

231.º
Acresce que, repita-se, a Ré proporcionou a consignação de terrenos relativos às restantes áreas sempre na altura em que as equipas da Autora se mostraram disponíveis para a elas aceder.

232.º
Ou seja, a Autora nunca se atrasou em virtude de falta de área consignada pela Ré.

233.º
Ainda quanto à revisão de Desenhos e do Design do ___, nenhuma ocorrência de atrasos se ficou a dever à Ré.

234.º
É que a Autora veio alegar que foi forçada a protelar o andamento dos trabalhos em virtude de ter encontrado no subsolo diversas infra-estruturas que não estavam identificadas correctamente nos desenhos de construção fornecidos pela Ré.

235.º
Neste domínio, que designa de *interferência passiva de terceiros* e no qual imputa a respectiva responsabilidade à Ré, ignora, mais uma vez, a Autora as suas obrigações contratuais.

236.º
É que, na verdade, **incumbia somente à Autora o conhecimento dos locais de execução da obra, por inspecção directa, para além dos elementos informativos anexos ao contrato fornecidos pela Ré** (CLÁUSULA 2.ª);

237.º
Neste contexto, o facto de a Ré fornecer à Autora, no decurso da obra, novos desenhos de construção nos quais se procedia a uma melhor identificação das infra-estruturas no solo, releva apenas como demonstração da **colaboração** e da **boa-fé** que aquela sempre mostrou na execução dos trabalhos.

238.º
Tanto mais que **a Autora não poderia, em caso algum, reclamar quaisquer pagamentos adicionais ou alteração do programa geral de trabalhos com base no desconhecimento das condições locais de realização dos trabalhos** (CLÁUSULA 2.ª).

239.º
E a Autora não poderia invocar quaisquer factos ou circunstâncias, ainda que imprevisíveis à data do contrato, para justificar atrasos, nomeadamente as características geológicas dos solos ou existência de eventuais infraestruturas no subsolo, não podendo em qualquer caso exigir indemnizações ou compensações (CLÁUSULA 4.ª).

240.º
Acresce que a área de maior incidência de tais problemas foi precisamente a de maior densidade urbana – a das urbanizações entre a Rua ___ e a Rua ___ –, na qual, naturalmente, sempre existiriam muitas infraestruturas implantadas no subsolo.

241.º
E, precisamente por esse motivo, e porque se previam sérias dificuldades de identificação de tais infraestruturas, **a Ré contratou (e pagou à parte) com a Autora os próprios trabalhos de sondagem e piquetagem para essa área específica, o que fez em antecipação ao contrato de empreitada (!)** – como se retira dos (***Doc. n.º 37, Doc. n.º 38 e Doc. n.º 39***), deste articulado.

242.º
Portanto, a responsabilidade pelos atrasos causados pela incorrecta identificação dos obstáculos no subsolo é, a todos os títulos, inteira e exclusivamente da Autora.

243.º
Para além das necessárias revisões do desenho do ___, impostas pelas infraestruturas existentes no subsolo, houve ainda que proceder à revisão do design e do percurso do ___, procedendo-se ainda a uma compatibilização das coordenadas dos desenhos de áreas de ___, com os desenhos de áreas exteriores.

244.º
Estas últimas alterações ocorreram na realidade, como habitualmente, aliás, ocorrem em qualquer execução de empreitada.

245.º
No entanto, estas mesmas revisões de desenhos não causaram quaisquer atrasos, nem implicaram prorrogação do prazo limite da obra (___), tanto mais que não houve qualquer interrupção dos trabalhos por esse motivo, tendo todas as alterações ao projecto inicial sido pagas, nos termos contratualmente previstos.

246.º
Também no que toca ao fornecimento de materiais, por parte da Ré, nada de anómalo se verificou.

247.º
Contrariamente ao que a Autora veio alegar mais tarde, não se verificou qualquer atraso no fornecimento de materiais, **encontrando-se os mesmos sempre disponíveis para a empreiteira, sempre e quando os mesmos foram necessários**.

248.º
Neste domínio, regista-se que a Autora apenas reclama terem sido tardiamente entregues alguns ___ (24", 28", e 32"), em ___ e para instalação em atravessamentos.

249.º
Porém, nem os atravessamentos pertencem ao caminho crítico da empreitada em causa, não comprometendo assim minimamente o cumprimento do prazo limite, nem as datas em causa (___) têm qualquer relevância perante a data limite de ___.

250.º
Portanto, também não está aqui a causa de qualquer atraso da obra ou prejuízo da Autora.

251.º
Finalmente, a alegada descontinuidade dos trabalhos (saltos) invocada pela Autora como justificação do atraso geral da obra foi absolutamente irrelevante, atentas as circunstâncias e a proximidade das áreas em questão.

252.º
Com efeito, as mobilizações sucessivas das equipas da Autora para locais diferentes, **só atingiram algum significado dentro do perímetro do Parque Expo, e ainda assim contidas numa distância máxima de cerca de 2 Km**.

253.º
Tal facto, aliás, permitiria pelo contrário à A. aproveitar sempre a energia produtiva de equipa em causa, uma vez que o tempo necessário para desmobilização de uma frente para mobilização em outra, eram horas ou minutos, nunca chegando a um dia completo.

254.º
De resto, é um facto que tal descontinuidade fora prevista, em função da coordenação a realizar pelo Parque Expo, e inclusivamente se espelhara no contrato, no qual se previa a consignação da obra a realizar por consignações parciais.

255.º
Por outro lado, como reconhece a própria Autora, quanto aos **trabalhos não previstos inicialmente**, verifica-se que estes não contribuíram para qualquer atraso geral da obra, uma vez que **não se situaram em caminho crítico**.

256.º
Sendo certo que os mesmos foram inteiramente pagos pela Ré, pelo que é perfeitamente falacioso apelidá-los de "trabalho não produtivo".

257.º
Ora bem, passemos então às verdadeiras causas do atraso da obra, para além das que já se constataram quanto ao perímetro do Parque Expo e quanto à falta de planeamento da obra.

258.º
Como acima foi referido, a Autora utilizou a mesma direcção técnica e as mesmas equipas técnicas para a execução de ambas as empreitadas – EMPREITADA A e EMPREITADA B – em simultâneo, o que em muito veio a prejudicar a execução de ambas, nomeadamente no tocante ao cumprimento de prazos e fiscalização do andamento dos trabalhos.

259.º
Este aspecto, que se prende única e exclusivamente com a política de gestão da obra por parte da Autora, pode mesmo ser considerado como uma crucial e grave falha técnica.

260.º
Aqui, nesta matéria, se encontra a verdadeira explicação para o atraso geral da empreitada, tanto mais que no final do mês de ___ de ___ era já visível a falta de produtividade, em função dos reduzidos meios humanos de que a Autora dispunha nas frentes de obra.

261.º
Encontrando-se a direcção da obra ausente das respectivas frentes, **quer os trabalhadores a cargo da Autora quer os sub-empreiteiros contratados abrandavam consideravelmente o ritmo de trabalho, tanto mais que estes últimos eram remunerados ao dia.**

262.º
Esta situação foi agravada com **as férias concedidas pela Autora ao seu pessoal e à própria direcção da obra, em pleno período crítico da empreitada, tendo afectado a mesma seriamente durante os meses de ___ e ___ de ___.**

263.º
Isto é, na própria data em que a obra deveria estar concluída, ou se deveriam estar a recuperar atrasos, a Autora concedeu férias ao seu pessoal(!).

264.º
Esta última circunstância, atento o atraso geral da obra já verificado em ___, revelou-se um autêntico contra-senso que em muito contribui para compreender os prejuízos alegados pela Autora.

265.º
Os mapas de controlo de actividade das equipas da Autora nas várias frentes de trabalho, com referência a paragens dessas frentes de trabalho por falta de pessoal, elaborados pelo Eng.º ___, em representação da Ré, e remetidos àquela entidade em ___, demostram claramente a falta de produtividade respectiva, em grande parte imputáveis a deficiente (ou mesmo quase inexistente) fiscalização por parte da direcção da obra – *vide* o (***Doc. n.º 57***) deste articulado.

266.º
Por último, regista-se que a partir do final do mês de ___, a Autora deixou de remeter à Ré os habituais relatórios de construção semanais do curso dos trabalhos, o que indicia, desde logo, uma vontade de não deixar documentos comprometedores, em relação aos atrasos verificados.

267.º
Acresce que, **segundo as regras da experiência na construção civil, o factor que mais contribuíu para o atraso verificado na execução da empreitada em causa foi a ausência de medidas, por parte da Autora, para recuperação de atrasos durante os trabalhos**.

268.º
Na verdade, logo em ___ e como já referimos, a última proposta da Autora para o Programa Geral dos Trabalhos, já previa o fim da empreitada só para duas semanas depois de ___, data contratualmente prevista para conclusão da obra.

269.º
Ou seja, **em meados de ___ e antes mesmo de iniciar os trabalhos nos terrenos da Parque Expo'98 SA, a Autora já previa pelo menos um atraso de duas semanas**, face ao prazo contratualmente previsto.

270.º
Mais tarde, no fim de Junho, o atraso geral era já evidente e bem patenteado.

271.º
Porém, a Autora, contrariando todas as regras de boa gestão de empreitadas, **não tomou qualquer iniciativa que visasse a recuperação dos atrasos**, por forma a conseguir cumprir as suas obrigações contratuais.

272.º
Sendo certo, como era sabido pela Ré, que a Autora poderia ter mobilizado meios humanos e técnicos adicionais, de que dispunha em ___.

273.º
Bem pelo contrário, conformada perante os atrasos evidenciados ou neles inconfessadamente interessada, a Autora ainda mais veio a agravar a situação, concedendo férias ao seu pessoal, incluindo a equipa de direcção da obra, o que veio a revelar-se na pior medida possível para a recuperação de atrasos.

274.º
E não pode a Autora queixar-se de falta de colaboração da Ré e da sua equipa de fiscalização, como vimos já em extensa documentação.

275.º
Isto porque, desde o início dos trabalhos da empreitada em causa e como era da sua competência, a equipa técnica da Ré afecta à execução da empreitada em causa, prestou todo o apoio à Autora, o que bem se revelou quer na consignação atempada de todos os locais da obra exteriores ao perímetro do Parque Expo quer no fornecimento oportuno de todos os materiais.

276.º
Para além destas atribuições contratuais e tendo fornecido tempestivamente os desenhos de construção e os requisitos de engenharia, a Ré sempre colaborou com a Autora na rápida solução de todos os obstáculos surgidos no decurso da obra, <u>independentemente de tal ser ou não sua</u>

atribuição contratual, sobretudo nas zonas de grande densidade urbana, onde se localizavam muitas infraestruturas no subsolo.

277.º
Por tais razões, não se registou qualquer reclamação da Autora por falta de colaboração da Ré, no decurso da empreitada (*vide* CLÁUSULA 16.ª), o que é muito elucidativo.

278.º
Como também é significativo que todas as queixas surgiram largos meses depois de concluída a obra...

279.º
Por último, registe-se, na fase final da execução da obra, a própria Ré teve mesmo de substituir-se à Autora, também na EMPREITADA B, fornecendo-lhe o planeamento adequado para alguns troços da obra, em face das insuficiências técnicas manifestadas na abordagem de alguns imprevistos, por parte da equipa técnica desta última.

280.º
Insuficiências técnicas estas, várias vezes apontadas pela Ré que, desde o final de ___ e até conclusão da obra, foi forçada a chamar a atenção da equipa técnica da Autora, para inúmeras falhas organizacionais e de fiscalização, que em muito foram responsáveis pelo baixo nível de produtividade na execução da obra – o que também ficou registado na diversa documentação que aqui já se juntou como (***Doc. n.º 32, Doc. n.º 33, Doc. n.º 34, Doc. n.º 35, Doc. n.º 58 e Doc. n.º 60)***.

281.º
Em acréscimo, uma carta registada com aviso de recepção, remetida pela Ré a final da conclusão da obra, em ___, resume com clareza as razões dos atrasos da obra imputáveis à Autora, em virtude da quase inexistente fiscalização do pessoal da obra e do baixo rendimento das equipas, entre muitas outras razões – vide cópia daquela que aqui se junta e dá por reproduzida como (***Doc. n.º 66***).

282.º
Portanto, especialmente quanto à EMPREITADA B, **todos os atrasos são imputáveis à Autora, sem qualquer excepção***.*

283.º
Assim, é também a Autora quem terá de responder pelos prejuízos oriundos do atraso geral na conclusão da EMPREITADA B.

284.º
Quanto a adicionais meios de prova, diga-se ainda que, a partir da semana n.º 32, com a remessa do competente relatório de construção n.º 16, a Autora deixou de enviar à Ré tal documento, fundamental à fiscalização/monitorização do decurso da obra – uma vez que **só assim permite ao dono da obra verificar a sua veracidade no terreno e reagir de imediato perante eventuais informações erradas e mesmo perante problemas ou situações críticas no mesmo manifestadas**.

285.º
Portanto, tal interrupção injustificada só pode ser interpretada pela Ré como uma medida inaceitável de ocultação dos factos desfavoráveis, por parte da Autora, a partir do momento em que os relatórios de construção espelhavam uma situação de atraso e falhas crónicas na actividade de construção.

286.º
Acresce que, com a interrupção do envio daqueles relatórios de construção semanais a partir da semana n.º 32, a Autora dificultou dolosamente a fiscalização do andamento da obra por parte da Ré, comprometendo definitivamente a confiança até então existente entre as partes contratantes.

287.º
Esta atitude por parte da Autora não teve qualquer justificação.

288.º
E como já se disse a propósito da EMPREITADA A, os relatórios de construção posteriores àquela semana, só vieram a ser entregues à Ré muito mais tarde, depois de convenientemente forjados e sem qualquer utilidade prática, a não ser a de formalizarem uma tentativa da Autora de se eximir às suas responsabilidades.

289.º
De onde, desde logo se tornou manifesta a intenção da Autora de subverter o relatório dos factos ocorridos também na execução da EMPREITADA B.

290.º
A este propósito, a má-fé da Autora veio a assumir contornos muito graves, quando comunicou igualmente à Ré, em ___, **o desaparecimento *misterioso* do Livro de Obra relativo, desta feita, à empreitada EMPREITADA B!**

291.º
Isto é: nem o Livro de Obra relativo à EMPREITADA B foi alguma vez entregue à Ré, ou substituído, o que constitui manobra inenarrável e inaceitável para quem pretende hoje pôr em causa a execução da respectiva empreitada, como é o caso da Autora.

292.º
Assim, o misterioso desaparecimento do competente "Livro de Obra" e demais registos da actividade de execução da empreitada em causa, tornam absolutamente incredíveis os relatos da Autora quanto às ocorrências daquela empreitada, unicamente sustentadas em correspondência elaborada dolosa e distorcidamente.

293.º
Por último, refira-se que não se admite nem se aceita qualquer valor probatório aos relatórios de construção enviados pela Autora à Ré com vários meses de atraso, depois do referido relatório n.º 16.

II – CONTESTAÇÃO DOS FACTOS ARTICULADOS PELA AUTORA

1. Por Excepção

294.°
É hoje certo que os créditos que a Autora alega ter sobre a Ré, na sua P.I., a existirem, devem considerar-se extintos por compensação.

295.°
Isto porque, como melhor decorre da matéria constante dos arts. 573.° a 611.° (*Reconvenção*) do presente articulado, também a Ré tem créditos sobre a Autora, decorrentes do incumprimento de ambos os contratos de empreitada que servem de objecto aos presentes autos.

296.°
Assim, nos termos e para os efeitos previstos no art. 848.° do Cód.Civil, pelo presente meio a Ré dirige à Autora a competente declaração de que considera os alegados créditos desta como extintos, total ou parcialmente, conforme venham a ser entendidos por provados nesta Instância os respectivos e recíprocos valores de crédito e débito.

297.°
Neste sentido, já decidiu o STJ que: "(…) *a compensação, mais do que uma excepção, é uma reconvenção especial e o réu, quando a invoca, o que verdadeiramente está a fazer é a dirigir um pedido contra o autor.*" – vide Ac. Do STJ de 24/01/1991 (P. n.° 79 715) em BMJ n.° 403, pp. 364.

298.°
De onde, como se demonstrará em sede de Reconvenção, os alegados créditos da Autora estão extintos, por compensação.

2. Por Impugnação Especificada

299.º
Por outra ordem de razões, que se prendem agora com a pura e simples falta de mérito dos presentes autos, os pedidos enunciados pela Autora na sua P.I. estão também destinados à improcedência, como igualmente se passa a demonstrar.

300.º
Não cumpre à Ré fazer apreciações sobre a P.I. apresentada pela Autora, mas sim pronunciar-se sobre os factos e conclusões vertidos na mesma.

301.º
Porém, dada a profusão de omissões, incorrecções e distorções de factos constantes daquele articulado, a Ré vê-se na contingência de ter de retratar as realidades em apreço de uma forma mais completa, precisa e fiel, a fim de o presente pleito incluir todos os seus componentes e, assim, poder ser submetido à cuidada e serena apreciação desta Instância.

302.º
Neste sentido, e uma vez que a Autora, nos art. 5.º a 11.º da sua P.I., decidiu aludir ao ultrapassado momento da conciliação prévia – <u>por forma a, antes de descrever a sua causa de pedir, tentar fazer vingar um falso pré-entendimento de que a Ré já lhe reconheceu razão e de que foi forçada a interpor os presentes autos para que lhe fossem efectivamente pagas as já assumidas indemnizações, cabendo unicamente ao Tribunal fixar o <i>quantum</i></u> – é curial relatar então as circunstâncias circunscritas à conciliação prévia, na íntegra e de modo fidedigno.

303.º
Assim, quanto à EMPREITADA A, em meados de ___, a Autora apresentou pela primeira vez à Ré uma opulenta reclamação relativa a alegados prejuízos patrimoniais sofridos pelo atraso verificado na execução dos trabalhos da EMPREITADA A, tendo como período de referência a data da primeira consignação, ___ e a data de ___ – (***Doc. n.º 67***), o qual aqui se junta e se dá por integralmente reproduzido, sem algumas das suas partes integrantes, por estas já se encontrarem juntas com a P.I.

304.º
Uma vez que haviam decorrido quase 8 (oito) meses desde o fim dos trabalhos, de imediato a Ré desenvolveu um profundo trabalho para a apreciação detalhada da fundamentação desta reclamação, apresentada como suporte de um pedido indemnizatório no valor de **Esc. 634.073.280$00** (seiscentos e trinta e quatro milhões setenta e três mil duzentos e oitenta escudos).

305.º
Subsequentemente foram analisados todos os factos, circunstancialismos e ampla documentação relativos às negociações e à celebração do contrato de empreitada, por um lado, e ao decurso dos trabalhos de execução da obra respectiva, por outro.

306.º
Alguns aspectos incidentais relativos a esta reclamação da Autora não deixaram de causar imediata estranheza à assessoria técnica e jurídica da Ré, como nomeadamente:

1) **O prazo contratualmente previsto para a duração dos trabalhos da obra fora de** 4,5 (quatro e meio) meses, **aproximadamente, isto é desde ___ até ___ (CLÁUSULA 7.ª do respectivo contrato)**
2) **Porém, para a conclusão da obra – considerando-se como tal a respectiva conclusão física – veio a ser necessário o total de** 12,5 (doze e meio) meses, **aproximadamente.**
3) **Ou seja, <u>ocorreu um atraso geral de cerca de 8 meses completos, numa obra que se previa estar concluída em apenas 4,5 (quatro e meio) meses.</u>**

307.º
Ou seja, logo se patenteou que <u>a realização dos trabalhos da obra **não obedeceu minimamente ao prazo** contratualmente estipulado, tendo-se prolongado a obra por um **período três vezes maior ao que estava previsto**</u>.

308.º
Na verdade, era evidente que algo de muito errado ocorreu na execução daquela empreitada.

309.º

Ainda como condicionantes gerais de todo o processo que conduziu à realização da EMPREITADA A, que ajudam a enquadrar a correspondente reclamação apresentada pela Autora em finais ___, são ainda de salientar os seguintes factos:

1) o preço estipulado contratualmente para a empreitada foi de 955.000 contos, mas a quantia total paga pela Ré à Autora foi somente de 930.000 contos, tendo ficado pendente o acerto final de contas, que ainda deveria abranger todos os trabalhos adicionais prestados na execução da mesma.
2) Era, à partida, esperado um acréscimo de custos, face ao preço contratualmente fixado, em função de todos os trabalhos adicionais prestados na execução da empreitada, como é habitual em obras deste género, perante as ocorrências imprevistas, mas nunca com aquelas desmesuradas proporções (!).

310.º

Por último, após a análise atenta de todos os fundamentos apresentados pela Autora na sua reclamação, e com salvaguarda das situações relativas à consignação das parcelas C e D – como ficou exposto nos arts. 71.º, 78.º a 88.º e arts. 138.º a 147.º deste articulado – constatou-se não ter qualquer sentido a imputação de significativa responsabilidade à Ré, pelo atraso verificados na execução da obra.

311.º

Neste domínio, ressalvada a situação pontual aludida e ainda em termos gerais, pôde concluir-se que a resposta da Ré às obrigações contratuais de sua incumbência foi satisfatória, não tendo sido a <u>causa directa</u> de atrasos, em caminho crítico.

312.º

Finalmente, verificando os custos realmente suportados pela Ré, para o pagamento dos trabalhos da EMPREITADA A, entendeu-se que a dona da obra já compensara devida e integralmente a empreiteira por todos os custos imprevistos, **tornando-se, afinal, <u>evidente</u> que a reclamação em análise tinha como único fim a cobrança, *a posteriori*, de um "lucro de**

exercício" que a Autora almejava, mas que não terá conseguido obter, por deficiente gestão da obra.

313.º

Por outro lado, quanto à empreitada EMPREITADA B, e de igual forma em meados de ___, a Autora apresentou à Ré uma reclamação relativa a alegados prejuízos patrimoniais sofridos pelo atraso verificado na execução dos trabalhos da EMPREITADA B, tendo como período de referência a data da primeira consignação, ___, e a data de ___ – ***Doc. n.º 68***, o qual aqui se junta e se dá por integralmente reproduzido, sem algumas das suas partes integrantes, por estas já se encontrarem juntas com a P.I.

314.º

Uma vez que, neste caso, haviam decorrido quase 15 (quinze) meses desde o fim dos trabalhos considerados pela Autora na sua reclamação, também de imediato a Ré desenvolveu um profundo trabalho para a apreciação detalhada da fundamentação desta última reclamação, apresentada como suporte de um pedido indemnizatório no valor de **Esc. 311.163.000$00** (trezentos e onze milhões cento e sessenta e três mil escudos).

315.º

Subsequentemente foram analisados todos os factos, circunstancialismos e ampla documentação relativos às negociações e a celebração do contrato de empreitada, por um lado, e ao decurso dos trabalhos de execução da obra respectiva, por outro.

316.º

Alguns aspectos incidentais relativos a esta última reclamação da Autora também causaram imediata estranheza à assessoria técnica e jurídica da Ré, como nomeadamente:

1) a Autora ter preparado a sua reclamação durante cerca de **um ano e três meses** depois de dar a obra por concluída (quanto aos aspectos essenciais), em ___;
2) a Autora reclamar uma indemnização por apenas **6 (seis) semanas** de atraso na conclusão desta obra (que deveria estar con-

cluída em ___), quando a efectiva recepção provisória da obra nunca poderia ter tido lugar antes de ___, ou seja, com **9 (nove) meses** de atraso.

317.°
Ou seja, <u>a realização dos trabalhos considerados pela Autora como "não essenciais"</u> – que decorreu entre ___ e ___ a Maio de 1998 – <u>veio a prolongar-se por muito mais tempo do que a realização dos trabalhos essenciais</u> – que decorreu de ___ a ___ .

318.°
Como condicionantes gerais de todo o processo que conduziu à realização da EMPREITADA B, que ajudam a enquadrar devidamente a reclamação respectiva, são ainda de salientar os seguintes factos:

1) a proposta inicial que a Autora apresentou à Ré para executar a construção do Empreitada B do ___ em causa, em ___, continha um preço total de 999.000 contos, tendo o preço estipulado no contrato sido afinal de 796.000 contos – como descrevemos nos arts. 163.° a 166.° deste articulado;
2) o preço estipulado contratualmente para a empreitada foi de 796.000 contos, mas **a quantia total paga pela Ré à Autora**, em virtude de todos os trabalhos adicionais prestados na execução da mesma, **foi afinal de 854.488 contos.**

319.°
Ou seja, existiu um acréscimo de custos de 7,3% (sete vírgula três por cento), considerado como habitual em obras deste género, face às ocorrências imprevistas e justificadas.

320.°
De resto, a exaustiva análise das ocorrências verificadas na execução da empreitada em causa apontou **clara e imeditamente as causas principais do atraso geral da obra, inteiramente imputáveis à Autora** – como se descreveu dos arts. 150.° a 293.° deste articulado.

321.°
Por último, ensaiando um juízo de *mea culpa* e pondo em causa mesmo a equipa técnica que, por parte da Ré, acompanhou a execução

da EMPREITADA B, verificou-se que esta foi inexcedível no apoio à Autora.

322.º
De tal modo que,

323.º
Foi possível concluir que, sem a colaboração da Ré, muito para além das suas obrigações enquanto dona da obra, o atraso verificado teria sido muito maior, com o risco de ter causado gravíssimos prejuízos, susceptíveis mesmo de pôr em causa a ___, em ___ durante a Expo'98.

324.º
Em boa verdade, verificando o desfasamento entre os valores dos custos previstos e os realmente suportados pela Ré, para o pagamento dos trabalhos da EMPREITADA B, entendeu-se igualmente que a dona da obra já compensara devida e integralmente a empreiteira por todos os custos imprevistos, revelando-se, afinal, **evidente que também a reclamação relativa ao EMPREITADA B tinha como único fim a cobrança, *a posteriori*, de um "lucro de exercício" que a Autora almejava, mas que não terá conseguido obter, por deficiente gestão da obra.**

325.º
É falsa e quase risível a afirmação enunciada pela Autora no art. 6.º da P.I., de que a Ré teria aceite a responsabilidade que lhe é imputada por aquela quanto às <u>mais importantes ocorrências</u> verificadas na execução da EMPREITADA A

326.º
E, para tanto, bastará atentar no documento que a própria A. juntou como Documento n.º 6 da sua P.I.

327.º
Com efeito – veja-se bem o nível grosseiro da distorção dos factos utilizado pela Autora – considerando todo o âmbito das duas reclamações da Autora, a Ré unicamente reconheceu e reconhece, porque é verdade, alguma co-responsabilidade nas ocorrências relativas à consignação de uma área de cerca de 50 metros de comprimento, nos terrenos nas parce-

las C e D da EMPREITADA A, e ainda e somente porque neles foram descobertas estruturas de valor arqueológico – *vide*, uma vez mais o (**_Doc. n.º 23_**) junto com este articulado.

328.º
Tais ocorrências, que terão representado para a Autora um prejuízo na ordem dos 96.000 contos – como rigorosamente se calculou no art. 146.º deste articulado – correspondem a menos de <u>10% (dez por cento)</u> dos 1.033.488 contos a que aquela pretende ter direito, no âmbito da EMPREITADA A, na sua P.I.! – **P.I. esta que hoje afronta e "revoga" o (_Doc. n.º 67_) deste articulado!!...**

329.º
Ora, se a própria Autora reputa tais ocorrências, no art. 6.º da sua P.I., como sendo as mais importantes da sua reclamação relativa à execução da EMPREITADA A, **reconhece, afinal e por descuido, que o demais deveria ter uma importância menor.**

330.º
Mas o que é verdadeiramente inaceitável e bem demonstrativo da falta de seriedade com que descreve factos a esta Instância, é a Autora resumir as reivindicações indemnizatórias por parte da Ré contra si como o fez no art. 9.º da P.I.

331.º
Circunstância que só pode ser interpretada como sinal de receio antecipado do resultado de uma serena apreciação dos respectivos factos.

332.º
É que, pretende a Autora fazer vingar a ideia de que a Ré só em 12 de Janeiro de 2001 terá trazido à colação um contra-pedido de última hora, para fazer "contrapeso" às suas reivindicações.

333.º
Nada de mais falso.

334.º
Porque a verdade é que a Ré **sempre** fez ver à Autora que também tinha sofrido prejuízos, elevados e sérios, com a conclusão tardia das

empreitadas em apreço – o que é passível de fácil demonstração e decorre da própria natureza das coisas, enquanto dona das obras.

335.º
Mas, o que é grave, é que a Autora tenta ocultar à presente Instância todas as reivindicações por parte da Ré, sempre coexistentes com as suas reclamações.

336.º
A título de exemplo apenas, porque afinal as afirmações da Autora nada de sério representam, vejam-se as respostas oferecidas pela Ré junto do Conselho Superior de Obras Públicas e Transportes, em ___, juntas pela primeira como Docs. n.º 5 e n.º 6 da sua P.I., as quais aqui se dão por reproduzidos, e ainda o teor dos arts. 573.º a 611.º (*Reconvenção*) do presente articulado.

337.º
Portanto, mais uma vez, no estilo de insidiosa distorção de factos que vai repetir até ao último dos artigos da sua P.I., a Autora tenta distorcer a nua verdade dos factos, a fim de se apresentar como credora da Ré, o que é da mais revoltante falsidade.

338.º
Assim situados, passemos à análise dos factos que constituem **causa de pedir**.

339.º
O momento da selecção e contratação da Autora como empreiteira de ambas as obras em questão, é da maior importância.

340.º
Isto porque, a Ré, desde o início de ___ vinha preparando com todo o cuidado a adjudicação da construção de ___ para ___ – EMPREITADA A.

341.º
Neste sentido promoveu um Concurso Público Limitado com Apresentação de Candidaturas e Qualificação Prévia, nos termos do D-L n.º 405/93 de 10 de Dezembro.

342.º
E, após a avaliação de candidaturas e respectiva qualificação prévia, dirigiu convites para apresentação de propostas aos diversos qualificados, entre os quais a Autora, que se sabia ser experiente na construção de ___ e fazer uso de tecnologia avançada.

343.º
Daqui e da subsequente avaliação de propostas, resultou a selecção da Autora, conforme consta dos Relatórios que constituem os (***Doc. n.º 1***) e (***Doc. n.º 2***) aqui juntos.

344.º
Ora, assim deve situar-se o art. 1.º da P.I, o qual nem sequer aludiu ao legal Concurso Público(!).

345.º
De resto, quanto à empreitada EMPREITADA B, que sumariamente consistia na construção de um ___ de ligação da EMPREITADA A ao ___ até à fábrica da Ré em ___, a adjudicação à Autora ocorreu efectivamente por ajuste directo, mas no circunstancialismo descrito nos arts. 158.º a 167.º do presente articulado.

346.º
Ora, assim deve situar-se o art. 2.º da P.I, o qual parece descrever um "negócio de feira", concluído por uma sumária comunicação da Ré à Autora…

347.º
De resto, e deixando para mais adiante a questão do regime jurídico aplicável, a qual será analisada nos arts. 619.º e seguintes deste articulado (*O Direito / Normativos Legais*), por contraposição aos arts. 12.º a 16.º da P.I., é correcta a descrição dos objectos das EMPREITADA A e EMPREITADA B, constante dos arts. 17.º a 20.º desta mesma P.I..

348.º
Já quanto ao teor do art. 21.º da P.I., há apenas que relembrar que o planeamento prévio à celebração do contrato da EMPREITADA B, apresentado pela Autora não teve qualquer efeito vinculativo para qual-

quer uma das partes, como se descreveu nos arts. 187.º a 203.º do presente articulado.

349.º
Quanto aos projectos de engenharia de ambas as empreitadas, a que alude o art. 23.º da P.I., é certo que a sua autoria foi genericamente atribuída à Ré, muito embora esta tivesse a colaboração permanente das melhores empresas especializadas do País.

350.º
De resto, também é verdade quanto se afirmou nos arts. 24.º, 25.º, 26.º e 27.º da P.I.

351.º
Porém, é repugnante e falsa a justificação constante do art. 28.º da P.I. para a redução do preço da proposta inicial da Autora quanto à EMPREITADA B.

352.º
Com efeito, a redução da sua proposta inicial, por parte da Autora (999.000 contos), ficou a dever-se unicamente ao facto de a Ré a ter rejeitado – e nada mais –, até porque a construção do ___ da EMPREITADA B não poderia equivaler à construção do ___ da EMPREITADA A, quer pela importância económica da obra quer pela sua extensão.

353.º
Subsequentemente, a fim de conseguir a almejada adjudicação, a Autora desceu a sua proposta para o preço que veio a ser aceite, de 795.760 contos.

354.º
O que é falso e inaceitável, é atribuir a causa de tal descida da proposta da Autora a um suposto "acordo de redução de custos" sancionado pela Ré!

355.º
De onde, os arts. 28.º e 29.º da P.I. impugnam-se inteiramente porque contêm falsa descrição de factos.

356.°
Mas, os mesmos arts. 28.° e 29.° da P.I. são de uma utilidade extrema, porque **revelam bem a consciência que a Autora hoje tem sobre o facto de, ao ter submetido ambas as empreitadas a uma mesma direcção técnica e ao não mobilizar meios humanos e técnicos suficientes para o bom andamento daquelas, ter cometido um gravíssimo e irreversível erro de gestão, tentando fazer agora da Ré sua comparticipante!**

357.°
O erro da "economia de custos" foi da única e inteira responsabilidade da Autora, no qual a Ré não teve a mais leve comparticipação ou contributo.

358.°
Muito pelo contrário.

359.°
É que a Ré começou por encarar com dúvidas a viabilidade de tal solução de "economia de escala", a ponto de promover reuniões com a Autora para exigir explicações e garantias adicionais de que **uma única direcção técnica seria suficiente para a execução simultânea das duas empreitadas** – como já se referiu abundantemente nos arts. 28.° e segs., e arts. 168.° e segs., todos deste articulado.

360.°
De tal modo foi a apreensão da Ré, que constituíu mesmo uma comitiva de técnicos, chefiada pelo Eng.°___ (o qual tinha já sido indicado para coordenar a gestão permanente da obra, por parte da R.), **que se deslocou a ___, em data imediatamente anterior ao início das empreitadas, a fim de se inteirar dos meios técnicos, materiais e humanos de que dispunha a Autora.**

361.°
Nessa deslocação ao país de sede da Autora, os delegados/agentes da Ré verificaram que aquela dispunha de tecnologia e de pessoal especializado em volume suficiente para ter em curso várias empreitadas em simultâneo em qualquer ponto do mundo.

362.º

E mais verificaram aqueles representantes da Ré – por averiguação directa – que a Autora conseguiria constituir, com facilidade, um número de equipas técnicas suficiente para dar o andamento adequado e resolver eventuais situações de atraso em ambas as empreitadas que lhe haviam sido adjudicadas em Portugal.

363.º

Assim, em face dos significativos atrasos que a conclusão daquelas empreitadas veio a conhecer – como descrevemos acima – a Ré tem por inteiramente certa a sua conclusão de que:

- a Autora não terminou as obras em questão no devido tempo, porque não quis mobilizar os meio necessários para tanto.

364.º

O que poderia ter feito logo no início dos trabalhos, ou logo que os atrasos fossem visíveis, como foram desde ___ (!) – *vide* o **Doc. n.º 26** deste articulado.

365.º

Porém, se por um lado é verdade que a Autora avisou previamente a Ré de que ambas as empreitadas teriam uma única direcção técnica – cfr. Documento n.º 18 junto com a P.I.

366.º

Por outro lado, nunca a Autora avisou previamente a Ré de que parte das equipas técnicas holandesas seriam também as mesmas(!), o que veio a revelar-se uma péssima opção, geradora de uma carência permanente de pessoal especializado da A. em obra (!!) – por exemplo ocasionando, muitas vezes, que os sub-empreiteiros contratados pela Autora, mobilizados para uma dada área, com as respectivas máquinas, tinham que esperar (por vezes dias seguidos) a chegada de um membro da A. para iniciar e dirigir os trabalhos.

367.º

De onde, analisadas as consequências daquela opção economicista da Autora, que se propôs reduzir custos para melhorar os proveitos económicos das obras, se pode aplicar o brocardo da boa tradição portuguesa: *quem tudo quer tudo perde*.

368.º
Quanto ao teor do art. 33.º da P.I., impugnados que foram os arts. 28.º e 29.º da P.I. por serem falsos, deve igualmente acrescentar-se que a redução proporcional dos valores que veio a verificar-se na Lista de Preços Unitários respectiva (contrato n.º ___) nada teve a ver com conivências da Ré no que respeita à política economicista da Autora, mas apenas com pura e simples negociação – o que aliás decorre do Documento n.º 20 junto com a P.I.

369.º
Outra questão crucial que também é abordada pela Autora de forma ardilosa e enganosa, é a dos Programas Gerais de Trabalhos, nos arts. 37.º a 40.º da sua P.I., também subrepticiamente inserida no art. 21.º da mesma.

370.º
Recorde-se que o documento técnico Programa Geral de Trabalhos, cuja existência obrigatória foi estipulada em ambos os contratos das empreitadas em apreço, constitui sempre um elemento vital para a fiscalização/monitorização da execução da obra, por parte da dona da obra, bem como um básico instrumento de gestão dos trabalhos por parte do empreiteiro.

371.º
Daí estar previsto na respectiva CLÁUSULA 7.ª de cada contrato de empreitada, assim como na cláusula 4.4. do "Caderno de Encargos – Condições Gerais" àquele anexo.

372.º
Isto porque, para além do planeamento das actividades, permite saber, com o decurso do tempo, o que não está a decorrer conforme previsto – factor que permite identificar atrasos, identificar problemas, identificar trabalhos realizados e não realizados, etc.

373.º
E, em bom rigor:

1) a EMPREITADA A teve o seu competente Programa Geral de Trabalhos, aprovado por ambas as partes, embora tenha sido absolutamente ultrapassado pelas vicissitudes posteriores ao início dos trabalhos;
2) a EMPREITADA B **nunca** teve Programa Geral de Trabalhos, por culpa unicamente da Autora, o que é grave.

374.º
Aliás, muitas das deficiências de gestão daquela EMPREITADA B, por parte da Autora, ficaram a dever-se precisamente à ausência de um Programa Geral de Trabalhos, que fosse aceite pela Ré e cumprido por aquela.

375.º
A este propósito, situados na EMPREITADA B, veja-se a ligeireza insidiosa da Autora, ao afirmar que: salvo quanto a aspectos de pormenor, a Ré terá "aprovado tácita mas definitivamente" o Programa Geral de Trabalhos respectivo – arts. 39.º e 40.º da P.I., ao mesmo tempo que, no art. 21.º da P.I. tenta dar o mesmo por aprovado e aceite.

376.º
Bem pelo contrário, todas **as questões levantadas a propósito do Programa Geral de Trabalhos da EMPREITADA B vieram a constituir um dos mais importantes pomos de discórdia e, também, uma das mais relevantes causas da desorganização e desnorteamento total da direcção da respectiva obra, a cargo da equipa técnica da Autora**, como se descreve e **prova** nos arts. 179.º n.º 3, 187.º, 188.º, 189.º, 190.º, 191.º, 192.º, 193.º, 194.º, 195.º, 196.º, 197.º, 198.º, 199.º, 200.º, 201.º, 202.º, 203.º, e 205.º deste articulado.

377.º
Portanto, é falsa a descrição dos factos no art. 40.º da P.I.

378.º
Mas é verdade que a Ré aceitou o Programa Geral de Trabalhos proposto relativamente à EMPREITADA A.

379.º
A matéria descrita nos arts. 45.º e 48.º da P.I. não está correcta, devendo articular-se com o que vai exposto nos arts. 72.º, 223.º e 224.º do presente articulado.

380.º
Quanto aos arts. 52.º a 55.º da P.I., melhor teria sido dar por reproduzidos os respectivos contratos, no entender da Ré.

381.º
Isto porque, nos arts. 52.º a 55.º da P.I., a Autora não reproduz nem o regime contratual da Suspensão de Trabalhos, nem o regime contratual da distribuição dos riscos, entre empreiteira e dona de obra, antes apresentando uma "manta de retalhos", sem correspondência com a verdade.

382.º
Com efeito, a distribuição das obrigações contratuais fundamentais e respectiva repartição de riscos consta de **todo o clausulado dos respectivos 2 (dois) contratos de empreitada**, juntos aos autos como Documentos n.º 1 e n.º 2 da P.I. – a este propósito, já se fizeram **importantes alusões nos arts. 40.º, 41.º, 179.º e 180.º deste articulado**.

383.º
E, no que respeita à Suspensão de Trabalhos – **mecanismo efectivamente utilizado durante o curso dos trabalhos, como se demonstrou e provou no art. 185.º deste articulado** – interessa levar a questão até ao seu fundo, porque será em torno da mesma que a Autora vai arquitectar o seu pedido.

384.º
A figura da Suspensão de Trabalhos, prevista nos arts. 166.º e segs. do D-L n.º 405/93 de 10 de Dezembro, tem por base uma decisão do dono da obra que, no seu limite, pode dar origem mesmo à rescisão do contrato de empreitada com justa causa (art. 169.º do D-L 405/93).

385.º
Excepcionalmente e pelo período máximo de 8 (oito) dias seguidos, pode ser o próprio empreiteiro a suspender os trabalhos por sua livre ini-

ciativa (art. 166.º n.º 1 do D-L 405/93), mas, a regra geral em períodos superiores continua a ser a da decisão do dono da obra ou verificação de <u>facto impeditivo comprovado e levado a auto</u> (art. 166.º n.º 2, art. 167.º, art. 168.º do D-L 405/93)

386.º

Ora, para que ocorra uma Suspensão de Trabalhos fundada em facto impeditivo comprovado (como seja a impossibilidade de prossecução dos trabalhos por falta de elementos a fornecer pelo dono da obra), têm que se verificar os seguintes actos:

1) <u>Comunicação do empreiteiro ao dono da obra, anterior à efectiva Suspensão de Trabalhos, por meio de notificação judicial ou carta registada</u> (n.º 3 do art. 166.º do D-L 405/93) – o que possibilita a fiscalização e todas as averiguações necessárias a reconhecer o facto impeditivo;
2) <u>Auto de Suspensão onde fiquem exaradas as causas da suspensão, os trabalhos suspensos e o prazo de duração, assim como as posições assumidas pelo dono da obra, pela fiscalização e pelo empreiteiro, a ser lavrado pelo dono da obra</u> (art. 168.º do D-L 405/93) – o que constitui o documento legal de registo e prova da ocorrência efectiva da suspensão, dando oportunidade para cada um deixar memória das suas razões.

387.º

E para que recomecem os trabalhos, depois de uma Suspensão de Trabalhos, é necessária comunicação escrita nos termos do art. 173.º do D-L 405/93.

388.º

Note-se que: a falha de formalidades neste domínio é tão grave que confere ao dono da obra o direito de rescisão, pura e simples, do contrato de empreitada (art. 170.º n.º 1 do D-L 405/93).

389.º

Assim situados, vejamos agora o que Autora e Ré estipularam na CLÁUSULA 22.ª de ambos os contratos de empreitada em questão – Documentos n.º 1 e n.º 2 juntos com a P.I.

390.º

E de facto, longe das (convenientes para a Autora) simplificações grosseiras dos arts. 52.º a 55.º da P.I. (no art. 52.º da P.I. a Autora chega a referir o art. 171.º do D-L n.º 405/93, esquecendo que este preceito se refere apenas a Suspensão de Trabalhos **ordenada** pelo dono da obra, o que não era o caso), verifica-se que nas referidas CLÁUSULA 22.ª de cada um dos contratos de empreitada, Autora e Ré estipularam que:

"CLÁUSULA 22.ª
(Suspensão dos Trabalhos)

1. No caso de suspensão de frentes de trabalhos da OBRA que não ultrapasse 1 dia útil por causas não imputáveis ao EMPREITEIRO este não poderá solicitar qualquer indemnização.

2. O disposto no n.º 1 não excederá uma suspensão por mês.

3. No caso de a suspensão ultrapassar o período referido no n.º 2 e desde que comprovadamente o pessoal do EMPREITEIRO e veículos de transporte não possam ser utilizados em outras frentes de trabalho da OBRA ou noutras obras da R., que lhe tenham sido adjudicadas, o EMPREITEIRO será indemnizado pelos custos de imobilização do pessoal e equipamentos que forem afectados pela suspensão de acordo com as tabelas em Anexo 5. Tais custos serão facturados mensalmente e pagos pela R. de acordo com o procedimento de pagamentos deste CONTRATO.

4. Apurando-se que a suspensão resulta de facto imputável ao EMPREITEIRO continuará este obrigado ao cumprimento dos prazos contratuais, qualquer que seja o período de suspensão necessa-riamente derivado do respectivo facto.

5. Sempre que ocorra suspensão dos trabalhos, não decorrente da própria natureza destes últimos nem imputável ao EMPREITEIRO, considerar-se-ão automaticamente prorrogados, salvo acordo em contrário, por período igual ao da suspensão, o prazo global de execução da OBRA e os prazos parcelares que, dentro do plano de trabalhos em vigor, sejam afectados por essa suspensão.

6. No caso da R. se atrasar no cumprimento das obrigações contidas nas alíneas a) e b) do ponto 3 da cláusula 2.ª deste CONTRATO, aplicar-se-á igualmente a presente cláusula de suspensão, salvo casos de força maior."
(os sublinhados são nossos)

391.º
Prosseguindo no fio de raciocínio da P.I.: que a Autora goza de uma reputação de empresa séria, não contesta a Ré, repetindo o que já se disse no art. 7.º deste articulado.

392.º
Porém, ao invés de se auto-descrever, como nos arts. 57.º e 58.º da P.I. o faz a Autora, a Ré apenas dirá quanto a si própria que, enquanto entidade concessionária de serviço público do Estado Português, o seu fim último é o de prover às necessidades diárias das várias centenas de milhar dos seus clientes ___.

393.º
Aceitam-se as sumárias considerações expostas pela Autora nos arts. 59.º a 73.º e 75.º da P.I.

394.º
Todavia, reservas têm que ser enunciadas desde já quanto ao teor dos arts. 74.º, 76.º, 77.º, 78.º, 79.º e 80.º da P.I.

395.º
Na realidade, é evidente que as operações de: 1) abertura de vala e preparação da pista; 2) alinhamento de ___; 3) soldadura de ___; 4) testes de soldadura; 5) revestimento de ___; 6) ensaios de ___; 7) assentamento de ___ na vala; 8) *tie-in*, ou ligação final de ___ dentro da vala; 9) cobertura da vala; 10) hidrotestes; 11) reposição final do terreno e compactação do mesmo – têm uma sequência lógica e dependem umas das outras.

396.º
Porém, tais actividades estão descritas de forma cartesiana, simplista

e muito redutora, a qual não corresponde à realidade prática da empreitada no terreno, porque:

- a Autora, como qualquer empreiteiro num caso idêntico, não se limitou a prosseguir uma única frente de obra – o que seria desastroso para o prazo de execução e respectivos custos!;
- bem pelo contrário, a Autora tinha a seu cargo duas empreitadas e constituíu em cada uma delas diversas frentes de obra onde eram executados trabalhos de natureza diversa, em sumultâneo e os trabalhos sequenciais eram deferidos para momentos distintos;
- a Autora, como qualquer empreiteiro em pleno período de obra, levou a cabo inúmeros e incontáveis "saltos", como se designam na gíria, ou seja interrupções momentâneas de actividade num local (pelas mais variadas razões) e início de actividades em locais próximos, com deslocação de meios e pessoal;

397.º
Isto porque, a fim de realizar a obra em tempo mais curto possível e com um mínimo de custos operacionais, qualquer empreiteiro tem de gerir várias frentes de obra em simultâneo, mobilizar e desmobilizar equipas que realizam trabalhos distintos em simultâneo e interromper sucessivamente o curso "académico" de cada troço, a fim de não ter equipas desocupadas e de aumentar a produtividade geral da obra.

398.º
Portanto, nem as interrupções geram sempre atrasos ou ineficiências, nem interferências imprevistas causam necessariamente trabalhos e custos adicionais – depende dos casos, da eficiência da gestão e da salvaguarda do caminho crítico da obra.

399.º
De onde, a descrição das actividades da obra e da sua lógica enunciada pela Autora nos arts. 74.º, 76.º, 77.º, 78.º, 79.º e 80.º da P.I., omite outras importantes actividades como: 12) a gestão simultânea das actividades em várias frentes de obra, de acordo com as equipas técnicas disponibilizadas; 13) a adaptação da gestão das equipas às dificuldades e obstáculos surgidos em cada frente de obra; 14) a permanente fiscalização do pessoal próprio da empreiteira e do pessoal dos sub-empreiteiros con-

tratados; 15) a interrupção, desmobilização e recolocação de equipas em diferentes frentes de obra, ou locais adjacentes; 16) a gestão da recepção, armazenamento e transporte de material à medida das necessidades de cada frente de obra – enfim, tudo o que se prende com a boa gestão da obra, sempre negligenciada pela Autora nas empreitadas em questão!

400.º

Em termos gerais, pode acrescentar-se que:

1) quando surgem obstáculos de variada natureza que impeçam o prosseguimento dos trabalhos conforme planeado – e sempre surgem;
2) é necessário re-organizar os meios, parando e mobilizando recursos técnicos e humanos para outras frentes de trabalho;
3) ao mesmo tempo que se adaptam as técnicas e trabalhos previstos para o local onde surgiram obstáculos, adoptando rápidas e novas soluções;
4) por forma a, sem subverter a sequência lógica das operações em cada local, manter a plena produtividade das sinergias existentes.

401.º

Isto, exige competência, experiência no solucionamento, presença no terreno para imediata apreensão das dificuldades, eficácia no controlo e disponibilidade total da equipa de direcção – o que não aconteceu por parte e culpa da Autora.

402.º

Assim, é falso o que a Autora alega nos arts. 78.º, 79.º e 80.º da sua P.I.

403.º

Daí o sentido de quanto ficou estipulado nas CLÁUSULA 3.ª n.º 1 (consignações parciais), CLÁUSULA 4.ª n.º 4 (obstáculos imprevistos), CLÁUSULA 10.ª n.º 1 (necessidades de material imprevistas), CLÁUSULA 12.ª (alterações ao Projecto Inicial), CLÁUSULA 22.ª n.º 3 (desmobilização e utilização de meios em outras frentes de obra), do contrato da empreitada EMPREITADA A, entre muitas outras,

404.º
e nas CLÁUSULA 3.ª n.º 1 (consignações parciais), CLÁUSULA 4.ª n.º 4 (obstáculos imprevistos), CLÁUSULA 10.ª n.º 1 (necessidades de material imprevistas), CLÁUSULA 12.ª (alterações ao Projecto Inicial), CLÁUSULA 22.ª n.º 3 (desmobilização e utilização de meios em outras frentes de obra) do contrato da empreitada EMPREITADA B, também entre muitas outras.

405.º
Numa palavra: pode haver **várias** interrupções dos trabalhos em algumas frentes – como sempre acontece – sem que seja prejudicada a produtividade dos meios mobilizados e muito menos prejudicado o cumprimento dos prazos contratados.

406.º
Com efeito, o que mais releva é sempre o designado **caminho crítico**, termo técnico que designa as únicas operações sequenciadas cuja interrupção implica automaticamente o atraso na conclusão da obra.

407.º
Daí que muitas interrupções de trabalhos não tenham impacto no caminho crítico e outras tenham; depende do caso e do pronto desempenho da gestão da obra – como se retira do que vais descrito nos arts. 90.º a 93.º, 95.º a 99.º, 100.º a 104.º, 105.º, 107.º a 110.º, 142.º, 232.º, 233.º, 241.º, 242.º, 245.º, 246.º a 248.º e 251.º a 255.º do presente articulado, entre muitos.

408.º
Assim, é também falso, por muito omisso e distorcido, o que a Autora alega nos arts. 80.º, 81.º, 82.º, 83.º, 84.º, 85.º, 86.º, e 87.º da P.I.

409.º
Até porque, como é do mais básico conhecimento de engenharia civil, há sempre imprevistos e têm de existir medidas específicas para os combater.

410.º
Além disso, quando existe um atraso geral da obra, normalmente são **várias** as suas causas.

411.º
E tal como varia a origem do atraso, também varia a responsabilidade pelas referidas causas.

412.º
Isto é, seguindo a opção exemplificativa eleita pela Autora nos arts. 81.º a 87.º da sua P.I. e transpondo para um exemplo muito singelo:

- Se um pequeno obstáculo natural no terreno impede o prosseguimento dos trabalhos nesse local, se existir forte pluviosidade, se quase todas as equipas técnicas se encontrarem de férias e se a direcção da obra ficar a aguardar a solução sem desmobilizar os trabalhadores para outro local, pode dar-se um atraso no caminho crítico da obra por várias causas e diferentes responsabilidades...

413.º
Ultrapassados os mal-entendidos prévios que a Autora tentou provocar até ao art. 87.º da sua P.I., passemos então à análise dos arts. 88.º e seguintes da mesma P.I..

414.º
Nos arts. 88.º a 102.º da P.I., afirma a Autora, utilizando as datas do *Gas-In* (ou datas em que se verificaram as condições técnicas para introdução do gás em tubo) – as quais estão correctas – que a empreitada <u>EMPREITADA A se deu por concluída em   </u> e que a empreitada <u>EMPREITADA B se deu por concluída em   </u>, **o que é falso**.

415.º
Falso, porque muito embora se tenha chegado ao ___ naquelas datas, o que é certo é que em nenhuma dessas mesmas datas se reuniam ainda condições para a Recepção Provisória das Obras e dúvidas não podem restar quanto ao facto de que o acto de Recepção Provisória é que configura a conclusão das empreitadas – isto, em face das CLÁUSULAS 7.ª, 20.ª, 21.ª e mesmo 23.ª de ambos os contratos de empreitadas.

416.º
Desde já, a título exemplificativo, se pode dizer que

a) Quanto à <u>EMPREITADA A, em ___</u>, ainda a Autora tinha por cumprir diversas obrigações que impediam a respectiva Recepção Provisória – *vide* o fax enviado pela Ré àquela em ___, que aqui se junta e dá por reproduzido como (***Doc. n.º 69***);
b) Quanto à <u>EMPREITADA B, em ___</u>, ainda a Autora executava trabalhos e existiam outros tantos por realizar, pelo que nunca poderia ter ocorrido a respectiva Recepção Provisória – *vide* a comunicação da Autora à Ré datada de ___ e o fax enviado por esta àquela em ___, que aqui se juntam e dão por reproduzidos como (***Doc. n.º 70***) e (***Doc. n.º 71***), respectivamente.

417.º
Mas, ainda nos mesmos arts. 88.º a 97.º da P.I. – não obstante as ocorrências já descritas nos arts. 19.º a 149.º do presente articulado, os quais se dão uma vez mais por reproduzidos – vem a Autora tentar imputar à Ré a exclusiva responsabilidade pelo atraso na conclusão da EMPREITADA A(**!**) (art.94.º da sua P.I).

418.º
E começa por invocar o atraso na consignação das parcelas C e D – aspecto circunscrito e no qual a Ré sempre assumiu a sua quota de responsabilidade, como vimos – nos arts. 95.º e segs. da P.I.

419.º
Todavia, o atraso na consignação das parcelas C e D não é uma realidade isolada, como pretende a Autora, sendo certo que a EMPREITADA A mostrava já um irrecuperável e muito significativo atraso, quando as equipas daquela estiveram pela primeira vez prontas a aceder às parcelas mencionadas.

420.º
Para além disso, a Autora não ficou parada à espera da consignação das parcelas C e D, tendo prosseguido com os trabalhos da EMPREITADA A, em outras frentes de obra, como se demonstrará adiante.

421.º

Portanto e sem prejuízo do apuramento exacto do impacto do acesso tardio às parcelas C e D no caminho crítico da EMPREITADA A, **é desde logo falsa, pelo que se impugna, a afirmação vertida no art. 95.º da P.I., quer porque a Ré nunca ordenou uma Suspensão de Trabalhos à Autora, quer porque o retardamento no acesso àquelas parcelas não fez prolongar a empreitada por mais 220 dias**.

422.º

Assim como são falsas, pelo que se impugnam, as afirmações constantes dos arts. 96.º e 97.º da P.I., relativamente às estações do PRM's da empreitada EMPREITADA A.

423.º

Neste âmbito, relembre-se que – como dissemos nos arts. 103.º a 105.º, todos do presente articulado – a Ré procedeu a alterações de última hora do Design dos PRM´s a construir em Loures.

424.º

Todavia, tais alterações não tiveram qualquer impacto no atraso final da EMPREITADA A, porque não se situavam em caminho crítico e porque a Autora prosseguiu os trabalhos muito para além da data de conclusão final de tais PRM's.

425.º

Já quanto ao que a Autora afirma nos arts. 98.º a 100.º da sua P.I., pretendendo imputar culpas à Ré pelo atraso verificado na EMPREITADA B, a mesma labora no domínio da pura ficção (ou delírio), pois nenhuma atitude da R. causou qualquer atraso na obra – como vimos acima nos arts. 150.º a 293.º do presente articulado

426.º

Portanto, pelo contrário, a Autora foi não apenas a principal, mas a única, responsável por todo o atraso ocorrido na conclusão da EMPREITADA B.

427.º

Mas vejamos caso a caso, com mais pormenor.

428.º
Impugnando a imputação à Ré, por ser falsa, vertida no art. 103.º da P.I., admite-se como certo que foi estipulada, em ambos os contratos de empreitada, a obrigação daquela disponibilizar atempadamente à Autora os terrenos necessários à execução das obras.

429.º
Assim – com a importante excepção dos terrenos integrados no perímetro da Expo'98, sob administração da PARQUE EXPO'98 SA e conjugando com o que dissemos nos arts. 72.º e 224.º deste articulado – a Ré deveria:

1) diligenciar, como diligenciou muito antes do início dos trabalhos, no sentido de obter direitos de acesso e ocupação a todos os por onde passasse o ___ – *vide* os (***Doc. n.º 20, Doc. n.º 21*** e ***Doc. n.º 62***);
2) consignar (entregar) parcialmente à Autora, mediante o auto de consignação (obrigatório pelo D-L n.º 405/93 de 10 de Dezembro, apenas quanto à EMPREITADA A) – *vide* as CLÁUSULAS 2.ª e 3.ª de cada contrato

430.º
Em rigor:
no âmbito da EMPREITADA B, por acordo estabelecido entre a Autora e a Ré, a consignação de todo e qualquer terreno integrado no perímetro da Expo'98 teria de ser objecto de acordo prévio com a Parque Expo, SA, o que é perfeitamente natural, dada a profusão de empreitadas simultaneamente em curso no local, durante todo o ano de ___.

431.º
Assim, como já referimos também e muito embora o respectivo contrato escrito não faça qualquer referência a este respeito, **o procedimento de consignação de terrenos sitos no perímetro da Expo'98 obedecia a regras excepcionais, porque de caso excepcional de tratava**.

432.º
Se dúvidas houvesse a este respeito, teriam mesmo de ser postas de parte perante o acordo a que se chegou na reunião de ___ – havida entre a

Autora, a Ré e a administração do Parque Expo SA – e o respectivo Mapa de Consignações, elaborado como acta dessa reunião e o qual se referiu e deu por reproduzido nos arts. 211.º e 217.º do presente articulado.

433.º
À parte deste caso, dizíamos, a consignação de terrenos competia directamente à Ré.

434.º
E também é certo que, ao contrário do que a Autora afirma no art. 105.º da sua P.I., **entre esta e a Ré** foi estabelecido um procedimento para a consignação de tais terrenos, que – como aludimos nos arts. 72.º e 224.º do presente articulado – consistia numa articulação de diligências a promover por ambas.

435.º
Ora, a Ré cumpriu todas as suas obrigações neste procedimento, o mesmo não se podendo dizer da Autora – como explicámos nos arts. 73.º a 75.º deste articulado e se depreende do (***Doc. n.º 22***) que aqui se juntou e deu por reproduzido.

436.º
Daí, que seja falso o que a Autora expõe no art. 107.º da sua P.I., também pelas razões que se seguem.

437.º
Impugnam-se, desde já, e para todos os efeitos:

1) os (fastidiosos, multicoloridos e) fantasiosos gráficos, resumos, desenhos e simulações criados pela própria Autora, no sentido de encaminhar raciocínios, e que esta fez juntar aos autos como Documentos n.º 23, n.º 24, n.º 25, n.º 26, n.º 27, n.º 28, n.º 29, n.º 40, n.º 41, n.º 53, n.º 79, n.º 81, n.º 82, n.º 83, n.º 84, n.º 85, n.º 87, n.º 110, n.º 111, n.º 124, n.º 145, n.º 146, n.º 147, n.º 148 e n.º 173, todos da P.I.;
2) os supostos "Relatórios de Construção" fabricados *a posteriori* pela Autora e sem qualquer controlo que lhes pudesse atribuir fidedignidade, que esta fez igualmente juntar aos autos como

Documentos n.º 45, n.º 46, n.º 47, n.º 48, n.º 115, n.º 116, n.º 117, n.º 118 e n.º 119 da sua P.I.;
3) e ainda as partes integrantes de tais relatórios, que a mesma fez juntar aos autos como Documentos n.º 164, n.º 165, n.º 166, n.º 167, n.º 168, n.º 169, n.º 170, n.º 171, n.º 172 da P.I.

porque nada provam, por si e por natureza.

438.º
De resto, é a partir do art. 113.º da P.I. que a Autora começa a concretizar as suas reivindicações.

439.º
Assim, com "toda a naturalidade deste mundo", nos arts. 113.º a 116.º, 131.º, 132.º e 133.º da sua P.I. (os arts. 108.º a 112.º da P.I. são conclusivos e não descritivos), a Autora invoca que a consignação do **troço entre os Km ___ e ___** da EMPREITADA A, ocorreu seis dias depois da data inicialmente prevista, o que determinou sete dias de "atraso" na actividade de preparação da pista, globalmente considerada, correspondendo por isso mesmo a uma suspensão de seis dias úteis da sua equipa de preparação de pista e a um impacto de seis dias de atraso no caminho crítico da empreitada.

440.º
Ora, este raciocínio é duma subversão e falsidade totais, pelo que se impugna a correspondente matéria alegada.

441.º
Isto porque:

a) em primeiro lugar, nos seis dias anteriores à data da efectiva consignação do troço em apreço, ___, a equipa de preparação de pista da Autora esteve a laborar em pleno, sem interrupções;
b) não ocorreu qualquer Suspensão de Trabalhos, nem muito menos foi accionado qualquer um mecanismos previstos nos arts. 166.º e segs. do D-L 405/93 e na CLÁUSULA 22.ª do contrato de empreitada, uma vez que a Autora nada comunicou à Ré nesse sentido;

c) correspondentemente, a Autora nunca apresentou qualquer factura à Ré, nem poderia, ao abrigo do n.º 3 da referida CLÁUSULA 22.ª do contrato;
d) não foi afectado o caminho crítico da empreitada em questão, de modo algum, ao contrário do que afirma a Autora, sem suporte;
e) <u>portanto, a Autora não sofreu prejuízo algum em virtude da ocorrência descrita</u>, sendo totalmente infundado o seu pedido indemnizatório.

442.º

Acresce, que a Autora não identifica as pessoas que integravam a referida "equipa de preparação de pista", o que impossibilita hoje a verificação de quem esteve parado efectivamente, sendo certo que o pessoal sub-contratado (muitas vezes mão-de-obra indiferenciada) assumiu as mais variadas funções, nas mais variadas equipas.

443.º

Depois, com a mesma ligeireza, nos arts. 117.º a 116.º, 131.º e 132.º da sua P.I. (as arts. 108.º a 112.º são conclusivos e não descritivos), a Autora invoca que a consignação do **troço entre os Km ___ e Km ___** da EMPREITADA A, ocorreu vários dias depois da data inicialmente prevista, o que causou:

- 19 dias de "atraso" na actividade de notificação dos proprietários, globalmente considerada, correspondendo por isso mesmo a uma suspensão de 16 dias úteis da sua equipa de notificação e um impacto determinado no caminho crítico da empreitada;
- 27 dias de "atraso" na actividade de levantamento topográfico, globalmente considerada, correspondendo por isso mesmo a uma suspensão de 23 dias úteis da sua equipa de levantamento topográfico e um impacto determinado no caminho crítico da empreitada;
- 20 dias de "atraso" na actividade de preparação de pista, globalmente considerada, correspondendo por isso mesmo a uma suspensão de 17 dias úteis da sua equipa de levantamento topográfico e um impacto determinado no caminho crítico da empreitada.

444.º

Ou seja, a Autora reporta-se a uma data que apenas constava do Programa Geral de Trabalhos e apura a diferença com a data de consignação efectiva – sem ter em conta que a data prevista no Programa Geral de Trabalhos para a consignação deste **troço entre os Km ___ e o Km ___** era a mesma que estava prevista para o **troço entre os Km ___ e o Km ___** e a mesma que estava prevista para as **Parcelas C e D** –, limitando-se de seguida a somar as datas, deduzir fins de semana e alegar Suspensão de Trabalhos!!!

445.º

De onde, é positivamente fabricado e ficcionado o nexo de causa--efeito que a Autora pretende estabelecer, entre a data de consignação do **troço entre os Km ___ e o Km ___** em causa e os prejuízos que alega – pelo que se impugna a correspondente matéria alegada.

446.º

Isto porque, uma vez mais:

a) em todos os dias úteis entre ___ e a data da efectiva consignação do troço em apreço, ___, as referidas equipas de notificação, levantamento e preparação de pista da Autora estiveram a laborar em pleno, sem interrupções nem paragens de produtividade (apesar desta ser baixa) – facto que só por si e desde logo decide a questão;

b) quanto a este particular troço (sem considerar a área específica das Parcelas C e D) não ocorreu qualquer Suspensão de Trabalhos, nem muito menos foi accionado qualquer um dos mecanismos previstos nos arts. 166.º e segs. do D-L 405/93 e na CLÁUSULA 22.ª do contrato de empreitada, uma vez que a Autora nada comunicou à Ré nesse sentido;

c) correspondentemente, a Autora nunca apresentou qualquer factura à Ré por Suspensão de Trabalhos, nem poderia fazê-lo, ao abrigo do n.º 3 da referida CLÁUSULA 22.ª do contrato;

d) não foi afectado o caminho crítico da empreitada em questão, de modo algum, ao contrário do que afirma a Autora, sem suporte;

e) <u>portanto, a Autora não sofreu prejuízo algum em virtude da ocorrência descrita</u>, sendo totalmente infundado o seu pedido indemnizatório.

447.º
Acresce que, uma vez mais, a Autora não identifica as pessoas que integravam a referida "equipa de preparação de pista", o que impossibilita hoje a verificação de quem esteve parado efectivamente, sendo certo que o pessoal sub-contratado (muitas vezes mão-de-obra indiferenciada) assumiu as mais variadas funções, nas mais variadas equipas.

448.º
Ora, quando chegamos à questão da consignação das parcelas C e D (EMPREITADA A), que a Autora aborda com mais pormenor nos arts. 134.º a 183.º da sua P.I., constata-se que a mesma leva aos limites **do absurdo o já conhecido raciocínio aritmético** de:

- data de consignação – data programada para consignação = dias de atraso
- dias de atraso – fins de semana = dias de interrupção
- dias de interrupção = Suspensão de Trabalhos

449.º
Em impugnação frontal de tudo quanto a Autora tece do art. 134.º ao art. 183.º da P.I., em primeiro lugar dá a Ré por reproduzido quanto deixou escrito, com respectiva documentação, nos arts. 79.º a 88.º, 134.º, e 138.º a 147.º do presente articulado – vide (***Doc. n.º 23***) que aqui se juntou.

450.º
Em segundo lugar, como sempre assumiu a Ré, é verdade o que se afirma nos art. 136.º e 146.º da P.I., muito embora não tenha as consequências que a Autora pretende extrair desses factos.

451.º
Admite também a Ré, por outro lado, que a actividade de preparação e pista na EMPREITADA A ficou concluída desde ___, à excepção de cerca de 200 metros (muito embora a área restrita dos vestígios arqueológicos tivesse apenas 50 metros) localizados nas Parcelas C e D, como a Autora afirma no art. 137.º da sua P.I.

452.º
O que acontece, porém, é que **hoje a Autora tenta usar estes dois factos, para invocar prejuízos que não sofreu e alegar factos que não se verificaram!** – *vide*, uma vez mais, o art. 140.º e o art. 141.º deste articulado.

453.º
Na verdade, logo em ___, prevendo-se a continuação do impedimento do acesso às Parcelas C e D (pelas razões que explanámos e provámos neste articulado), **a Autora desmobilizou nessa data e por tempo indeterminado a sua equipa de preparação de pista** – como aliás faria qualquer empreiteiro na sua situação e como decorre do mais básico bom senso...

454.º
Com efeito, nunca a Autora teve alguma vez a equipa de preparação de pista parada na obra (de braços cruzados) por 220 dias e 145 dias úteis, suportando custos e aluguer de máquinas – seria um absurdo inimaginável!

455.º
E em bom rigor, nunca estiveram máquinas paradas junto das Parcelas C e D e a Autora não parou de laborar com todo o seu pessoal desde ___ até à data da consignação das referidas parcelas.

456.º
Portanto, são absolutamente falsas as alegações vertidas nos arts. 149.º, 180.º, 181.º e 183.º da P.I..

457.º
Como também são positivamente falsas as alegações vertidas em todos os arts. 134.º a 183.º, que se referem a:

1) Atraso e Suspensão de trabalhos nas equipas de alinhamento de ___ por 155 dias e 99 dias úteis, respectivamente;
2) Atraso e Suspensão de trabalhos nas equipas de encurvamento de tubos por 147 dias e 93 dias úteis, respectivamente;
3) Atraso e Suspensão de trabalhos nas equipas de posicionamento e soldaduras de junta por 119 dias e 74 dias úteis, respectivamente;

4) Atraso e Suspensão de trabalhos nas equipas de posicionamento e soldadura ___ por 45 dias e 32 dias úteis, respectivamente;
5) Atraso e Suspensão de trabalhos nas equipas de ensaios não destrutivos por 45 dias e 32 dias úteis, respectivamente;
6) Atraso e Suspensão de trabalhos nas equipas de revestimento de ___ por 45 dias e 32 dias úteis, respectivamente;
7) Atraso e Suspensão de trabalhos nas equipas de escavação por 48 dias e 34 dias úteis, respectivamente;
8) Atraso e Suspensão de trabalhos nas equipas de preparação do leito da vala por 44 dias e 31 dias úteis, respectivamente;
9) Atraso e Suspensão de trabalhos nas equipas de assentamento de ___ por 44 dias e 31 dias úteis, respectivamente;
10) Atraso e Suspensão de trabalhos nas equipas de instalação de cabo (Fibra óptica) por 44 dias e 31 dias úteis, respectivamente;
11) Atraso e Suspensão de trabalhos nas equipas de aterro por 44 dias e 31 dias úteis, respectivamente;
12) Atraso e Suspensão de trabalhos nas equipas de hidrotestes por 56 dias e 40 dias úteis, respectivamente.

458.º
E falsas e subvertidas são também as associações que a Autora estabelece entre a "suspensão de actividades" com a "suspensão de trabalhos" e chegar finalmente à "suspensão de equipas" (para passar a facturar…) – *vide* a propositada confusão que aquela pretende estabelecer com a figura legal e contratual da "Suspensão de Trabalhos" analisada nos arts. 383.º a 390.º deste articulado.

459.º
Tudo matéria inventada pela Autora e sem nenhum nexo, porque:

a) em todos os dias úteis entre ___ até ___, as referidas equipas da Autora estiveram a laborar em pleno, sem interrupções, nem paragens de produtividade (apesar desta ser baixa) quer na EMPREITADA A, quer na EMPREITADA B;
b) caso contrário, o que só pode ter sucedido com algumas como a de preparação de pista, como vimos, foram desmobilizadas pura e simplesmente por falta de trabalho para progresso, como

medida de gestão de meios – *vide*, como exemplo disso mesmo o (***Doc. n.º 72***) que aqui se junta e dá por reproduzido;

c) de resto, várias das equipas que a Autora diversificou e contabiliza, são afinal integradas pelos mesmos profissionais e não apenas ao nível da direcção – *vide* Documento n.º 18 junto com a P.I. – como, sobretudo, ao nível do pessoal dos sub-empreiteiros (muitas vezes mão-de-obra indiferenciada), o qual assumiu as mais variadas funções, nas mais variadas equipas e com as mesmas máquinas, como, por exemplo, os trabalhadores que participavam nas escavações da vala, faziam também a preparação do leito da vala e depois o aterro da mesma;

d) a Autora reporta-se a um período imaginado, que se situa no intermédio entre ___ e ___, sem identificar – porque não pode – **quais os dias exactos** que alega ter tido as suas equipas paradas, **contabilizando indiferenciadamente os períodos em que concedeu férias ao seu pessoal (!), nos meses de Julho, Agosto e Setembro de ___ e desde o início de Dezembro de ___ até meados de Janeiro de ___** – o que retira qualquer credibilidade aos seus cálculos vagos e abstractos, que não permitem impugnar caso a caso, pessoa a pessoa de cada equipa, e dia a dia de alegadas paragens.

460.º

Mas, fosse como fosse e em qualquer caso, o que é certo e seguro – pela correspondência abundante que a Autora e a Ré foram trocando quanto a este assunto que aqui se junta e dá por inteiramente reproduzida para todos os efeitos (e que não se resume aos parcos Documentos n.º 51 e n.º 52 que se juntaram na P.I.) – é que quanto a este particular troço (Parcelas C e D) não ocorreu qualquer Suspensão de Trabalhos, nem muito menos foi accionado qualquer um mecanismos previstos nos arts. 166.º e segs. do D-L 405/93 e na CLÁUSULA 22.ª do contrato de empreitada, uma vez que a Autora nada comunicou à Ré nesse sentido, tendo esta sempre apontado outros trabalhos para realizar – (***Doc. n.º 73. Doc. n.º 74, Doc. n.º 75, Doc. n.º 76*** e ***Doc. n.º 77***).

461.º

E como prova disso mesmo, concorre o facto de que **a Autora, correspondentemente, não apresentou qualquer factura à Ré por**

Suspensão de Trabalhos, ao abrigo do n.º 3 da referida CLÁUSULA 22.ª do contrato.

462.º
Acresce que, tendo-lhe sido consignadas as Parcelas C e D no dia ___, a Autora veio a concluir os trabalhos naquele local em ___, assim demonstrando que apenas eram necessários menos de 15 (quinze) dias para o efeito e que a conclusão da EMPREITADA A nunca esteve pendente apenas destes trabalhos – vide os (***Doc. n.º 78, Doc. n.º 79*** e ***Doc. n.º 80***) que aqui se juntam e dão por reproduzidos.

463.º
Portanto, o cálculo enunciado no art. 146.º deste articulado, representa muito mais do que qualquer prejuízo que a Autora possa ter efectivamente sofrido pela consignação tardia das Parcelas C e D – vide o (***Doc. n.º 23***), junto com este articulado, uma vez mais.

464.º
Quanto à consignação das áreas destinadas às estações PRM's, a que se refere a Autora nos arts. 184.º a 205.º da P.I., e em acréscimo a tudo quanto já se disse *supra*, a verdade é que **nenhuma destas áreas se situava em caminho crítico da EMPREITADA A e, portanto, os respectivos trabalhos em nada prejudicaram os prazos contratualmente fixados para a sua conclusão.**

465.º
A este respeito, impugnando quanto se diz nos arts. 184.º a 205.º da P.I. em contrário, deve desde logo registar-se que, **na última semana de ___ a Autora acumulava já sucessivos atrasos em todas as actividades programadas para a EMPREITADA A, à excepção única da actividade de abertura de pista, ficando com um *superavit* de materiais armazenados em seu poder** – como se retira à saciedade do Documento n.º 43 junto com a P.I. (Relatório de construção n.º 16), o qual se dá aqui por integralmente reproduzido.

466.º
O mesmo é dizer que, ainda que a Ré houvesse disponibilizado as áreas de implantação dos PRM 120, PRM 132; PRM 133 e PRM 134,

a **Autora não reunia condições para iniciar os respectivos trabalhos, até pouco depois do início de** ___ – razão pela qual o Documento n.º 56 junto com a P.I. data de ___, o qual, de qualquer modo **não ordenou qualquer Suspensão de Trabalhos** como abusivamente qualifica a Autora no art. 201.º da P.I..

467.º

Daí, que somente a partir de ___ é que a Autora poderia reclamar qualquer "atraso" ou prejuízo sofrido em virtude da tardia consignação por parte da Ré, **sendo assim de nenhuma importância para o efeito as datas de consignação respectivamente previstas no Programa Geral de Trabalhos em vigor para a EMPREITADA A**.

468.º

Contudo, é verdade o que a Autora afirma nos arts. 200.º e 202.º da sua P.I., muito embora não tenha as consequências que aquela pretende extrair desses factos.

469.º

O que acontece, porém, é que uma vez mais a Autora tenta "tirar partido" desses factos, omitindo e distorcendo a realidade **para invocar prejuízos que não sofreu e alegar factos que não se verificaram**.

470.º

Na verdade, a Autora não precisava de realizar os PRM's senão imediatamente antes de ter a obra pronta para exploração – de acordo com o Diagrama Funcional que aqui se junta e se dá por reproduzido como (***Doc. n.º 81***), para melhor compreensão do nulo significado crítico daqueles

471.º

O que só veio a acontecer em ___ (!).

472.º

De onde, é notório que todos os PRM's foram executados sem prejuízo algum para ambas as partes e sem prejuízo do prazo de conclusão da obra.

473.º
Assim, é totalmente falso que a Autora tenha tido alguma vez as suas equipas paradas na obra (de braços cruzados) por causa dos PRM's, suportando custos e aluguer de máquinas.

474.º
Portanto, contrariamente ao que a Autora refere nos arts. 203.º e 204.º, e arts. 457.º e 458.º da sua P.I., nunca a consignação tardia das áreas de PRM's causou prejuízo àquela ou qualquer atraso na conclusão da obra e muito menos **atrasos** de 109 dias (PRM 132), 154 dias (PRM 133) e 123 dias (PRM 134)!

475.º
Portanto, são absolutamente falsas as alegações vertidas nos arts. 184.º a 205.º da P.I., em contrário.

476.º
E não pode a Ré deixar de dizer, também nesta sede, que:

a) até terem sido consignadas as áreas dos PRM's em questão – ver art. 202.º da P.I. – todas as equipas da Autora estiveram a laborar em pleno, sem interrupções, nem paragens de produtividade quer na EMPREITADA A, quer na EMPREITADA B;
b) a Autora reporta os atrasos a datas imaginárias, umas vez que as datas inicialmente previstas para a consignação das áreas dos PRM's constantes do Programa Geral de Trabalhos, deixaram de ter qualquer significado perante os atrasos manifestos que a Autora apresentava em ___, em todas as actividades, à excepção da preparação de pista;
c) quanto à consignação de áreas dos PRM's, não ocorreu qualquer Suspensão de Trabalhos, nem muito menos foi accionado qualquer um dos mecanismos previstos nos arts. 166.º e segs. do D-L 405/93 e na CLÁUSULA 22.ª do contrato de empreitada, uma vez que nada foi comunicado nesse sentido, e **a Autora, correspondentemente, não apresentou qualquer factura à Ré por Suspensão de Trabalhos**, ao abrigo do n.º 3 da referida CLÁUSULA 22.ª do contrato.

477.º

Por tudo quanto vimos até ao art. 205.º da P.I., torna-se afinal evidente que é de um modo perfeitamente falacioso que a Autora, combinando factos falsos com uma matemática primitiva, tenta demonstrar em vão que não teve qualquer responsabilidade no atraso geral da EMPREITADA A, **o que é da mais revoltante falsidade**, sobretudo tendo em conta tudo quanto acima ficou dito a este respeito, nos arts. 19.º a 149.º do presente articulado.

478.º

Mas, nos arts. 206.º a 243.º da sua P.I., a Autora alegou ainda que a Ré não facultou atempadamente o acesso a outros terrenos abrangidos pelo percurso da EMPREITADA A e que tais falhas originaram atrasos significativos na conclusão da respectiva obra – o que é, no seu conjunto, mais uma vez **falso**.

479.º

Em acréscimo, a um olhar mais atento, verifica-se que para tentar demonstrar os alegados "atrasos na consignação", a Autora contrapõe as datas do seu planeamento com as datas em que as suas equipas iniciaram os trabalhos nos respectivos locais (designando esta últimas de data de consignação efectiva), **o que é notoriamente abusivo, uma vez que:**

- A Autora sempre foi acumulando atrasos, que a impossibilitaram de aceder aos terrenos mais cedo – *vide* Documento n.º 43 da P.I.;
- Por este facto, as datas de planeamento da empreitada EMPREITADA A, desde ___ passaram a ser pura e simplesmente ignoradas pela Autora porque, por culpa sua, se tornaram impossíveis de cumprir!

480.º

Além disso, como dissemos genericamente nos arts. 72.º a 75.º do presente articulado, é falso que tenha sido da responsabilidade da Ré qualquer atraso no acesso aos terrenos a que a Autora se refere nos arts. 206.º a 243.º da P.I., os quais se impugnam pura e simplesmente, juntamente com o teor do Documento n.º 63 da mesma P.I..

481.º
Com efeito, do Documento n.º 64 junto com a P.I. retira-se que a consignação dos terrenos em questão teve lugar em momento devido, por parte da Ré.

482.º
O que sucedeu – como sucede em qualquer empreitada de construção que abranja a quantidade de terrenos particulares que a EMPREITADA A abrangia – é que os proprietários dos terrenos em questão (particulares, um clube de ___, e a CP-Caminhos de Ferro Portugueses EP) solicitaram ligeiras alterações ao traçado do ___ por forma a minimizarem prejuízos.

483.º
Daí as ocorrências descritas nos arts. 206.º a 243.º da P.I., perfeitamente banais em qualquer empreitada e que não causaram qualquer espécie de atraso na obra e muito menos prejuízos para a Autora.

483.º-A
O mais que poderia ter transtornado a actividade da Autora na obra em questão, era ter obrigado esta a ordenar um "salto" (transferência de meios entre troços contíguos ou próximos) para outra frente de trabalhado ou local com trabalhos em falta – o que nunca lhe fez perder mais do que um dia completo de trabalho, mas sim apenas algumas horas (*vide*, o **n.º 1 da CLÁUSULA 22.ª do contrato de empreitada**)

484.º
Mas, o que é ainda mais importante e nunca pode ser ignorado pela presente Instância, é que, em virtude da Autora estar a gerir 2 (duas) empreitadas em simultâneo as quais se atrasavam progressivamente desde ___, cada vez que algo impedia o acesso a uma dada parcela ou troço, esta dirigia sempre as suas equipas e meios para outros locais de obra, fosse da EMPREITADA A, fosse da EMPREITADA B.

485.º
Daí que, á luz do n.º 3 da CLÁUSULA 22.ª do contrato da empreitada, **a Autora nunca teve fundamento válido para requerer a Sus-**

pensão dos Trabalhos possível, nem para facturar o respectivo custo à Ré, fosse em que momento fosse.

486.°

Portanto, embora verdadeiros os incidentes de facto descritos nos arts. 206.° a 243.° da P.I., são totalmente falsas e artificiosas as alegações da Autora, vertidas nos arts. 209.°, 214.°, 217.°, 223.°, 239.°, 242.° e sintetizadas no art. 243.° (todos da P.I.), no que toca ao nexo de causalidade e à responsabilidade por atrasos.

487.°

De resto, saliente-se bem, a Autora não tem qualquer uma outra razão de queixa contra a Ré, no que toca à consignação de terrenos.

488.°

E bom exemplo disso foi o que se passou na consignação de terrenos na EMPREITADA B.

489.°

No que toca à consignação dos terrenos relativos à EMPREITADA B, a Ré considera suficientemente explanadas, documentadas e provadas – **nos arts. 155.° n.° 2), 160.° n.° 2, e 206.° a 218.°, todos do presente articulado** – as ocorrências relativas ao perímetro da Expo'98, assim demonstrando a falsidade das afirmações da Autora, vertidas nos arts. 246.° e 247.°, muito em especial, e 248.° a 266.°, todos da sua P.I.

490.°

A este propósito, a Ré acrescenta ainda o que disse nos arts. 430.°, 431.° e 432.° deste articulado e assim impugna uma vez mais o que a Autora descreve em contrário no art. 246.° e 247.° e nos arts. 248.° a 266.°, todos da P.I.

491.°

Acresce, que é falso que a Ré tenha sequer contribuído para os atrasos que a Autora alega nos arts. 256.° e 266.° da P.I., assim como é falso que tenha mesmo ocorrido qualquer Suspensão de Trabalhos no perímetro da PARQUE EXPO'98 SA.

492.º

Uma vez mais, o único impacto que o acesso tardio da Autora aos terrenos (por sua única responsabilidade, recorda-se) foi o de ter de promover sucessivos "saltos" para os troços contíguos – o que nunca lhe fez perder mais de um dia completo de trabalho, mas sim apenas algumas horas (*vide*, o n.º <u>1 da CLÁUSULA 22.ª do contrato de empreitada</u>)

493.º

Até porque a área do perímetro da PARQUE EXPO'98 SA não tem mais de 2 Km de comprimento – *vide* (***Doc. n.º 23***) aqui junto.

494.º

Daí que, à luz do n.º 3 da CLÁUSULA 22.ª do contrato da empreitada, a Autora nunca teve fundamento válido para requerer a Suspensão dos Trabalhos possível, nem para facturar o respectivo custo à Ré, fosse em que momento fosse.

495.º

Assim, conclui-se que, ao contrário do que a Autora vem alegar nos arts. 445.º a 460.º da sua P.I., só a mesma é responsável pelos atrasos verificados na conclusão das obras, não tendo a consignação de terrenos prejudicado o caminho crítico de ambas as empreitadas (***Doc. n.º 81*** aqui junto).

496.º

Contudo, uma outra *piéce de resistance* utilizada pela Autora para sustentar a imputação de culpas à Ré nos atrasos verificados na conclusão de ambas as empreitadas em apreço, são as alegadas disponibilizações tardias de elementos cadastrais e de projecto, descritas nos arts. 267.º a 326.º da P.I.

497.º

A este propósito, são desde logo falsas as conclusões inseridas nos art. 268.º, 277.º, 279.º e 280.º e o sumário referido no art. 269.º, todos da P.I.

498.º

De resto, os perfis longitudinais a que alude o art. 276.º da P.I., os mapas do traçado a que se refere o art. 278.º e os desenhos de atravessamentos mencionados no art. 282.º, todos da P.I., não se revelaram necessários até ao momento em que foram solicitados pela Autora à Ré, nem contribuíram, por mais ligeira influência que fosse, para causar qualquer atraso na EMPREITADA A – cujos trabalhos se prolongaram até ___.

499.º

Quanto ao pacote de engenharia (elementos técnicos e de projecto) relativo às estações PRM's, mencionado do art. 284.º da P.I. em diante, há a referir que:

1) É verdade que os PRM's 132, 133 e 134 sofreram diversas alterações de projecto, quanto a características técnicas, sistema de electricidade e características de construção civil, até ao momento da sua construção;
2) Porém, como já dissemos acima nos art. 464.º a 476.º deste articulado, os quais se dão por reproduzidos mais uma vez e com o respectivo suporte documental, a edificação dos PRM's não se situava em caminho crítico da EMPREITADA A e a sua construção tardia, em face do inicialmente previsto, não causou quaisquer atrasos.

500.º

De onde, **mais uma vez se impugnam as conclusões habilidosas da Autora quanto a atrasos provocados pela revisão do pacote de engenharia dos PRM's – enunciadas nos arts. 294.º, 301.º, 305.º, 309.º, 315.º e 316.º da P.I.**

501.º

Porém, o nível de falta de seriedade da Autora vai ao ponto de omitir na sua P.I. o seguinte: é que, se a revisão dos elementos do pacote de engenharia relativos aos PRM's não causou atrasos na empreitada, **nem por isso a Ré deixou de compensar devida e oportunamente a primeira**.

502.º

Isto porque, **por justas e oportunas reivindicações da Autora, a Ré pagou-lhe todos os custos adicionais em que aquela incorreu em** virtude das alterações dos projectos dos PRM's em causa, em tempo devido – como se retira à saciedade dos (*Doc. n.º 82, Doc. n.º 83, Doc. n.º 84, Doc. n.º 85, Doc. n.º 86, e Doc. n.º 87*) que aqui se juntam e dão por integralmente reproduzidos.

503.º
Por isso é que, á luz do n.º 3 da CLÁUSULA 22.ª do contrato da empreitada, a Autora nunca teve fundamento válido para requerer a Suspensão dos Trabalhos possível, nem para facturar outros custos à Ré, por qualquer espécie de atrasos.

504.º
De onde, mais uma vez a Autora tenta, por via de silogismos grosseiros, inventar prejuízos que não sofreu e imputar atrasos à Ré, sem qualquer razão.

505.º
E o mesmo se terá de dizer quanto aos elementos cadastrais e de projecto relativos à EMPREITADA B – arts. 317.º a 326.º da P.I.

506.º
Com efeito, os desenhos revistos que a Ré entregou à Autora em ___ e ___ (art. 321.º da P.I.), assim como em ___ (art. 322.º da P.I.), em ___ (art. 324.º da P.I.) e em ___ (art. 326.º da P.I.), não estiveram na origem de qualquer atraso, contrariamente ao que esta pretende.

507.º
Tão simplesmente porque não impediram a Autora de prosseguir os seus trabalhos normalmente, muito menos pelos períodos de 3 semanas, 21 dias, 28 dias e 4 semanas, respectivamente.

508.º
Também o atravessamento da EN___ autorizado pela JAE (Junta Autónoma das Estradas) em ___, não causou qualquer atraso na conclusão da empreitada EMPREITADA B e muito menos uma suspensão de 42 dias(!).

509.º
Não só porque não afectava o caminho crítico da obra, bem como pelo facto de a Autora só vir a possibilitar o ___ em ___, continuando a realizar trabalhos daquela empreitada até ___!

510.º
Por tantos e tais motivos é que a Autora não invocou, no terreno e oportunamente, qualquer Suspensão de Trabalhos, nem muito menos accionou qualquer um mecanismos previstos nos arts. 166.º e segs. do D-L 405/93 e na CLÁUSULA 22.ª do contrato de empreitada, tendo sempre tido outros trabalhos (já de si com significativos atrasos) para realizar.

511.º
Por isso mesmo é que, à luz do n.º 3 da CLÁUSULA 22.ª do contrato da empreitada, a Autora nunca teve fundamento válido para requerer a Suspensão dos Trabalhos por revisão de desenhos ou alteração de pacote de engenharia, nem para facturar o respectivo custo à Ré, fosse em que momento fosse.

512.º
A Autora alude ainda a trabalhos adicionais, no art. 326.º da sua P.I.

513.º
Ora, quanto a trabalhos adicionais, sempre terá a Ré de esclarecer previamente o seguinte:

a) os <u>trabalhos adicionais (ou trabalhos a mais)</u>, designação que genericamente abarca todos os trabalhos executados pela Autora (empreiteira) que não estavam previstos inicialmente, ocorrem em toda e qualquer obra em virtude de alterações do projecto, alteração de métodos de construção ou em face quaisquer imprevistos que tenham de ser solucionados já no decurso da obra;

b) assim e porque se trata de algo que sempre existe em função dos imprevistos, os contratos de empreitada celebrados entre a Autora e a Ré previam regras específicas para o pagamento daqueles <u>trabalhos adicionais</u>, como se retira da CLÁUSULA 12.ª dos Documento n.º 1 e Documento n.º 2 juntos com a P.I. e da Cláusula 4.1.C de cada "Caderno de Encargos – Cláusulas Técnicas Especiais" respectivo (*vide* os anexos referenciados por letras de cada um daqueles documentos), entre muitas outras disposições contratuais;

c) a regra geral consistia em que, qualquer trabalho executado seria sujeito a Auto de Medição como qualquer outro (CLÁUSULA 6.ª de cada contrasto de empreitada), a fim de ser facturado pela Autora e posteriormente pago pela Ré.

514.º
Assim situados, diga-se desde já e para todos os efeitos de impugnação que:

- **A Ré pagou efectivamente à Autora todos os trabalhos a mais efectuados em ambas as empreitadas, em tempo oportuno, por terem os mesmo sido sujeitos a Autos de Medição e terem sido facturados respectivamente.**

515.º
Quanto à matéria exposta nos arts. 329.º a 347.º da P.I., nos quais a Autora alega terem existido atrasos, por parte da Ré, no fornecimento de materiais, quer na EMPREITADA A quer na EMPREITADA B – a mesma é positivamente falsa.

516.º
Por outro lado, alega a Autora que tais atrasos terão causado também atrasos na conclusão das empreitadas.

517.º
Porém, uma vez mais, a Autora mente.

518.º
Com efeito, até ao último relatório de construção enviado oportunamente pela Autora à Ré – Documento n.º 43 da P.I. – sempre se registou, pelo contrário, uma sobre-abundância de material entregue, o qual era acumulado em *stock* pela primeira, por estar atrasada em todas as actividades à excepção da abertura de pista.

519.º
De resto, sendo verdade o que a Autora alega no art. 327.º da P.I., esta apresenta como único suporte de prova os "relatórios de construção" subsequentes, os quais foram já impugnados supra e que contém números e descrições de actividades perfeitamente inventados e simulados pela mesma! – *vide* art. 334.º da P.I.

520.º
Ora pelo contrário, a Autora entregou sempre todo o material solicitado pela Ré e previsto inicialmente, em tempo oportuno e sem causar algum atraso nas actividades da obra.

521.º
A única situação excepcional que se verificou, foi na entrega dos "___" descrita no art. 342.º da P.I.. Porém, **foi a própria Autora que alterou, à última hora, os seus métodos de perfuração para atravessamento da AE___, tendo solicitado os referidos ___ tardiamente, pelo que é também a única responsável pelo eventual atraso provocado**.

522.º
Todavia, tal atravessamento não se situava em caminho crítico e foi realizado em ___ (!), pelo que nenhum atraso foi efectivamente provocado por essa razão!

523.º
E quanto à EMPREITADA B, o mesmo se passou (ausência de impacto no caminho crítico da obra) só com os "___" solicitados à última hora pela Autora para atravessamento da EN___, realizado também em ___.

524.º
Portanto, é falso que tais ocorrências tenham provocado os atrasos referidos nos arts. 341.º, 343.º e 347.º da P.I., o que se comprova pelo facto de a Autora não ter invocado qualquer "Suspensão de Trabalhos", nem ter facturado a mesma à Ré.

525.º
Quanto às alterações do design das estações PRM's relativas à EMPREITADA A, que a Autora descreve nos arts. 348.º a 382.º da sua P.I., as

mesmas são verdadeiras, sendo todavia falso que tenham provocado Suspensão de Trabalhos ou sequer atraso na conclusão da EMPREITADA A.

526.º
Isto, pelas mesmas <u>razões expostas e documentos juntos e dados por reproduzidos</u> nos arts. 464.º a 477.º e 496.º a 504.º, todos do presente articulado.

527.º
De onde, é falso o que a Autora alega no art. 380.º da sua P.I.

528.º
Bem como falso é que a Ré não lhe tenha pago qualquer quantia que lhe fosse devida pelos trabalhos eléctricos descritos no art. 378.º da P.I. e no (***Doc. n.º 88***) que aqui se junta, pelas próprias razões constantes da carta da R. junta como Documento n.º 125 da P.I.

529.º
Finalmente, quanto ao que a Autora alega nos arts. 383.º a 421.º da P.I., relativamente a alterações de traçado e volumes de escavação, impugnando a respectiva matéria cumpre desde já dizer o seguinte.

530.º
Em matéria de alteração de traçados do ___, é verdade que a Ré procedeu às alterações descritas nos arts. 383.º a 421.º da P.I., tendo como resultado final as ligeiríssimas divergências assinaladas no (***Doc. n.º 23***) que aqui se dá por reproduzido, mais uma vez.

531.º
Porém, alterações de traçados, em projectos com a dimensão das EMPREITADA A e EMPREITADA B, são realidades perfeitamente inevitáveis e previsíveis desde logo, por qualquer uma das partes envolvidas.

532.º
Neste âmbito, é também certo que as alterações de traçados são da responsabilidade da Ré, devendo esta pagar à Autora todos os trabalhos adicionais que foi necessário levar a cabo.

533.º
Ora bem. Foi precisamente isso que já se fez!

534.º
Isto porque, todo e qualquer trabalho adicional realizado pela Autora (e não foi assim tanto quanto isso…) foi reduzido a Autos de medição, isto é:

a) foi medido e contabilizado, em tempo oportuno, de acordo com as regras dos respectivos "Cadernos de Encargos – Cláusulas Técnicas Especiais (Normas Gerais de Medição)";
b) foi seguidamente facturado pela Autora à Ré;
c) e foi pago pela Ré à Autora, na íntegra!

535.º
Para efeitos de prova, a Ré coloca à inteira disposição deste Tribunal, os:

- Autos de Medição de todos os trabalhos efectuados no âmbito de ambas as empreitadas;
- Facturas emitidas pela Autora à Ré;
- Documentos de quitação;

os quais ocupam estantes intermináveis de *dossiers* de arquivo nas instalações da ___ SA e necessitam de ser analisados por técnicos avalizados, motivos pelos quais não se juntam neste momento, protestando a Ré desde já a sua apresentação no Tribunal Arbitral, caso seja considerada necessária, ao abrigo do n.º 2.6 da Cláusula Terceira do Compromisso Arbitral em vigor.

536.º
Assim, dizíamos, todos aqueles trabalhos adicionais já foram contabilizados e pagos.

537.º
Porém, a Autora invoca que as alterações de traçado em questão, só por si, geraram atrasos na execução das empreitadas, na ordem dos meses descritos nos arts. 407.º, 418.º e 419.º da P.I. – o que é mentira, pura e simples.

538.º
Aliás, basta atentar na contraposição dos traçados (previstos e realizados), constantes do (***Doc. n.º 23***) que aqui se juntou, para se demonstrar, sob análise técnica de engenharia civil, que as alterações de traçado não tiveram qualquer expressão no caminho crítico de ambas as empreitadas.

539.º
O mesmo é dizer-se que as alterações dos traçados não causaram atraso algum.

540.º
De resto, a Autora não accionou o mecanismo da Suspensão de Trabalhos, previsto nas respectivas CLÁUSULAS 22.ª, nem facturou à Ré qualquer período de Suspensão de Trabalhos, por esse motivo.

541.º
E os saltos a que a Autora alude nos arts. 403.º a 416.º da P.I. não são indemnizáveis, por natureza, porque não lhe tomaram mais de um dia, à luz do n.º 1 da CLÁUSULA 22.ª já referida.

542.º
Contudo, a Autora refere ainda que teve de aumentar o volume de escavação – art. 403.º da P.I. – por causa das alterações dos traçados do ___ da EMPREITADA A.

543.º
Ora bem, por falta de prova por parte da Autora e de oportuno registo de ocorrências, a Ré desconhece se tal afirmação é verdadeira, porque nunca teve de realizar ou conhecer o cálculo da movimentação das terras por metros cúbicos.

544.º
Acresce, que o próprio volume de escavação é irrelevante, quer muitas vezes em termos de custos adicionais quer, sobretudo, em termos contratuais – muito mais irrelevante ainda quando analisado na globalidade e em <u>metros cúbicos</u> como faz a Autora!

545.º
Isto porque, nos termos da cláusula 12. do respectivo "Caderno de Encargos – Cláusulas Técnicas Gerais" e cláusula 13.ª do respectivo "Caderno de Encargos – Cláusulas Técnicas Especiais" e respectivas Tabelas de Preços, a medida relevante é a de <u>metros de profundidade</u>, para efeitos de pagamentos adicionais, e a profundidade acrescida da escavação da vala para se acomodar ao relevo do terreno não é sequer indemnizável, sendo risco do empreiteiro – o que é o caso, porque tal foi a finalidade das escavações levadas a cabo pela Autora.

546.º
Acresce que a Autora deveria ter solicitado a análise, por parte das equipas de fiscalização da Ré, dos factos que enuncia no art. 403.º da P.I., a fim de, em obra, se poder averiguar da veracidade das suas afirmações e cumprir o disposto na cláusula 13.2 do respectivo "Caderno de Encargos – Cláusulas Técnicas Especiais" – <u>o que não fez</u>.

547.º
E assim se "desmontam" os fundamentos artificiosos enunciados pela Autora, dos arts. 1.º a 421.º da sua P.I., ficando apenas por analisar o alegado "Atraso na Recepção Provisória das Obras", que também não existiu por parte da Ré.

548.º
De facto, até à presente data, a Ré não se disponibilizou para a Recepção Provisória da EMPREITADA A, porque sempre que a Autora o solicitou, até à presente data existiam óbices àquela Recepção, prevista na CLÁUSULA 20.ª do respectivo contrato e nas competentes disposições da lei.

549.º
Por outro lado, em meados de ___ a Ré remeteu à Autora a documentação necessária para, com a assinatura desta, se realizar a Recepção Provisória da EMPREITADA B, uma vez que só naquela data estavam reunidas condições para tal, tendo sido já a própria Autora que sem negou a fazê-lo.

550.º
O que se prova, desde já, por todas as deficiências e omissões verificadas em ambas as obras, descritas na correspondência enviada à Autora,

constante dos documentos que aqui se juntam e se dão por integralmente reproduzidos como: (***Doc. n.º 89, Doc. n.º 90, Doc. n.º 91, Doc. n.º 92, Doc. n.º 93, Doc. n.º 94, Doc. n.º 95, Doc. n.º 96, Doc. n.º 97, Doc. n.º 98, Doc. n.º 99***, e ***Doc. n.º 100***).

551.º
Nomeadamente, como se retira de tais documentos, foram aspectos descurados pela Autora e que impediam a Recepção Provisória das Obras:

a) a reposição das condições dos terrenos particulares, conforme enunciada nos respectivos formulários preenchidos no momento imediatamente anterior ao do início dos trabalhos em cada terreno;
b) a sinaléptica e identificação do percurso do ___ (marcos e placas), a qual foi inteiramente ignorada pela Autora desde ___;
c) a falta de conclusão de pormenores finais na construção dos PRM's, como caixas de válvulas que não tinham escadas de acesso, rede circundante que não foi colocada, etc...

552.º
Também o Balanço de Materiais, absolutamente imprescindível ao "fecho" das Obras, foi sucessivamente retardado pela Autora, sem a mínima justificação.

553.º
Finalmente, a Autora atrasou-se na entrega das Telas Finais (desenhos *As Built*) do ___ que construiu em ambas as empreitadas, o que impediu a Recepção Provisória das mesmas até meados de ___.

554.º
Note-se que, ainda em ___, a Autora expediu documentação necessária à Recepção Provisória da EMPREITADA B, em papel e CD-ROM, dirigindo-a à Ré desde a ___ via o expedidor postal internacional com a designação comercial "T.N.T.".

555.º
Aliás, ainda hoje – ___ – se verificam vários defeitos nas obras executadas pela Autora, como se retira do levantamento sumário que aqui se junta e dó por reproduzido como (***Doc. n.º 101***).

556.º
E, posteriormente a ___ – *vide* art. 438.º da P.I. – a Autora não mais voltou a solicitar à Ré que se procedesse à Recepção Provisória das Obras em apreço, o que só faz agora, por meio dos presentes autos.

557.º
Portanto, também neste aspecto a Ré não está em falta, não sendo verdade o que a Autora afirma nos arts. 441.º, 442.º e 443.º da P.I. e não podendo ser imputados à primeira quaisquer dos alegados prejuízos indicados nos arts. 430.º e 444.º da mesma P.I..

558.º
Em suma:
considerada a P.I. no seu todo, verificamos afinal a plena correcção da análise da Ré, sobre os factos que servem de objecto à presente lide, <u>enunciada nos arts. 1.º a 293.º do presente articulado, os quais se dão por inteiramente reproduzidos</u>.

559.º
Ou seja, a Autora mente.

560.º
Mente repetidamente e tenta assacar à Ré responsabilidades que cabem unicamente à Autora, ao contrário do que vem vertido nos arts. 445.º a 460.º da P.I., como se demonstrou.

561.º
Por tudo quanto se disse nesta Contestação e ainda porque configura uma análise subjectiva e repetidamente distorcida, <u>a Ré não aceita e impugna todo o teor dos Documento n.º 173, Documento n.º 174 e seus anexos designados pelas letras A a G e Documento n.º 175, juntos com a P.I.</u>

562.º
De resto, conforme sempre foi reconhecido pela Ré e ao contrário do que expõe a Autora nos arts. 445.º e segs. da P.I., **a responsabilidade daquela resume-se à consignação tardia das parcelas C e D, nas quais existiam estruturas arqueológicas**.

563.º
E, para a correcta imputação da pequena parcela de responsabilidade que cabe à Ré no atraso verificado na EMPREITADA A, esta aceita uma ponderada repartição da mesma responsabilidade, como se deixou enunciado *supra*, nos arts. 138.º a 146.º do presente articulado.

564.º
Porém, como é evidente, não pode a Ré ser responsabilizada pelos atrasos na EMPREITADA A até ao momento em que a Autora esteve pela primeira vez em condições efectivas de iniciar os trabalhos nas Parcelas C e D, nem desde o momento em que os trabalhos nestas parcelas foram concluídos (___) – nada relevando as datas inicialmente previstas no Programa Geral de Trabalhos.

565.º
Ainda assim, para obtenção de um cálculo adequado e devido, terá de ser levado em conta que:

1) a compensação eventualmente em causa terá de ser calculada com base nos <u>prejuízos efectivamente sofridos pela Autora com a paralização de determinadas equipas</u>; e
2) somente nos casos em que se verifique que as mesmas equipas não poderiam ter sido desmobilizadas com custos inferiores.

566.º
Bem pelo contrário, **o método de cálculo de compensação financeira produzido pela Autora** *em relação ao atrasos ocorridos nas Parcelas C e D, apresenta-se* **absolutamente inaceitável** *em virtude de:*

1) somar as supostas "semanas de atraso", apuradas para cada actividade e para cada equipa, **sem ter em conta a simultaneidade de tais actividades e do trabalho de tais equipas**, obtendo assim uma multiplicação exponencial de que resulta um "total de atrasos" verdadeiramente falacioso e que não corresponde à verdade;
2) para o cálculo dos atrasos que imputa à Ré, se basear unicamente no programa geral de trabalhos, **desconsiderando completamente os atrasos previamente acumulados e causados pela**

própria Autora, tentando assim responsabilizar também a primeira pelo total dos atrasos;

3) somar atrasos de variadíssimas equipas que não se encontravam paralizadas, em virtude de estarem a desenvolver trabalho da responsabilidade da Autora **quer em outras frentes da empreitada em causa, quer nos trabalhos de construção de ___ da**

EMPREITADA B.

567.º
Portanto, mesmo quanto à responsabilidade que a Autora tenta assacar à Ré no que respeita à tardia consignação das Parcelas C e D da EMPREITADA A, esta vê-se na contingência de ter de impugnar totalmente os cálculos subvertidos e cúpidos enunciados nos arts. 180.º, 181.º, 451.º alínea a), 455.º, 459.º alínea a) e 460.º alínea c), todos da P.I. (assim como os respectivos Docs.n.º174, letras A a E, e n.º 175, também da P.I.).

568.º
E, de quanto se disse desde o art. 1.º do presente articulado, resulta afinal evidente que a Autora é, afinal, a responsável pelos atrasos verificados na conclusão de ambas as empreitadas.

569.º
O que se prova, *ex abundanti*.

570.º
Isto, porque as EMPREITADA A e EMPREITADA B são as obras mais bem documentadas que alguma vez foram executadas a pedido da Ré.

571.º
Assim, a Ré possui em arquivo:

1) Relatórios Semanais de Avanço de Obra (progressão) da EMPREITADA B, realizados pelas suas equipas técnicas e de fiscalização, nas datas neles apostas e à medida do progresso das obras, que comprovam tudo quanto aqui se disse relativamente à

continuidade do trabalho das equipas da Autora até à data de ___
– (***Doc. n.º 102, Doc. n.º 103, Doc. n.º 104, Doc. n.º 105, Doc. n.º 106, Doc. n.º 107, Doc. n.º 108, Doc. n.º 109, Doc. n.º 110, Doc. n.º 111, Doc. n.º 112, Doc. n.º 113, Doc. n.º 114, Doc. n.º 115, Doc. n.º 116, Doc. n.º 117, Doc. n.º 118, Doc. n.º 119, e Doc. n.º 120***), que se juntam e se dão por reproduzidos;
2) Registos semanais de Avanço de Obra (progressão) da EMPREITADA A, realizados pelas suas equipas técnicas e de fiscalização, nas datas neles apostas e à medida do progresso das obras, que comprovam tudo quanto aqui se disse relativamente à continuidade do trabalho das equipas da Autora até à data de ___;
3) Relatórios e registos de todos os actos de soldadura, suas reparações e ___, realizados pela Autora e fiscalizados pela Ré, nas datas neles apostas e à medida do progresso das obras, que comprovam tudo quanto aqui se disse relativamente à continuidade do trabalho das equipas da Autora, até ao ___, e mesmo depois, em cada uma das empreitadas;
4) Autos de medição que registam todo o percurso dos ___s e trabalhos adicionais realizados pela Autora em ambas as empreitadas, que comprovam tudo quanto aqui se disse relativamente aos trabalhos realizados e devidamente facturados à Ré;
5) Facturação detalhada da Autora à Ré e devidos comprovativos de pagamento, quanto aos Autos de Medição;
6) Relações diárias e semanais dos meios em obra, durante toda a actividade da Autora;
7) Relatórios de terceira parte, destinados a fiscalizar diariamente a actividade da Autora e que comprovam tudo quanto aqui se disse relativamente aos trabalhos realizados por esta;
8) Relatório de posição em vala, que comprovam tudo quanto aqui se disse relativamente aos trabalhos realizados pela Autora e respectivas datas;
9) Livro de ___ que registam a data e quantidades exactas dos materiais entregues pela Ré à Autora à medida das suas necessidades;
10) Diversos outros registos de carácter técnico susceptíveis de "reconstruir" toda a actividade da Autora em questão;

Tudo, documentação que, pela sua quantidade extraordinária e tecnicidade, a Ré coloca à disposição deste Tribunal, protestando a sua

junção ou apresentação caso venha a ser suscitada a necessidade da sua análise em tempo oportuno, ao abrigo da cláusula terceira do Compromisso Arbitral.

572.º
Ou seja, toda a matéria da presente Contestação tem confirmação naquela documentação, para além da que a Ré fez juntar e deu já por reproduzida.

III – RECONVENÇÃO

1. **Damnum emergens**

573.º
Por muita discussão de que venha a carecer a matéria de facto invocada pela Autora e contrariada pela Ré em quanto vai acima exposto e dando nesta sede por reproduzida a matéria constante dos arts. 1.º a 572.º do presente articulado, **uma certeza desde já se tornou emanente**:

574.º
– o que é um facto absolutamente evidente e **incontroverso**, é que a Autora não cumpriu qualquer um dos prazos fixados contratualmente para a conclusão de ambas as empreitadas, EMPREITADA A e EMPREITADA B.

575.º
Também é certo e não oferece dúvidas que *"(...) a obrigação, fundada em último termo na declaração de vontade, tem ela mesma carácter imperativo: «quod initio est voluntaris, posterea fit necessitatis» (GROCIO)"*[27].

---

[27] Apud ENGISH, KARL, Introdução ao Pensamento Jurídico, 1988, Gulbenkian, pp. 57.

576.º
Com efeito, a Autora obrigou-se aos dois seguintes específicos **resultados**:

1) concluir a empreitada EMPREITADA A em ___;
2) concluir a empreitada EMPREITADA B em ___;

(Vide as CLÁUSULAS 7.ª n.º 2 em cada um dos respectivos contratos, juntos pela Autora como Docs. n.º 1 e n.º 2 da P.I.).

577.º
E, por essa razão imperiosa foi escolhida pela Ré, por ter capacidade para realizar tão ambiciosas obras em curto espaço de tempo, com a tecnologia, os meios humanos e o *know how* necessários.

578.º
Tais prazos não foram fixados arbitrariamente, o que só uma mente não esclarecida poderia configurar.

579.º
Bem pelo contrário, na celebração dos respectivos contratos de empreitadas, Autora e Ré estavam bem cientes de que os prazos para a conclusão das obras foram uma das principais determinantes da vontade de contratar desta última.

580.º
Isto porque, em bom rigor, a Ré tinha assumido compromissos com diversas entidades terceiras, entre as quais a própria PARQUE EXPO'98 e a ___, quanto ao funcionamento da sua fábrica ___, logo a partir de ___.

581.º
E, por outro lado, a Ré tinha programado o início da "Operação ___", que consistia em ___ , a partir da data de finalização da EMPREITADA A, que se previa ser em ___.

582.º
O atraso na conclusão dos trabalhos relativos à EMPREITADA A cifrou-se em 298 dias (de ___ até ___) e o atraso na conclusão dos traba-

lhos relativos à empreitada EMPREITADA B cifrou-se em 200 dias (de ___ até ___), pelo menos!

583.º
E, como acima se demostrou, foi a Autora a verdadeira responsável por tais atrasos, no caso da EMPREITADA A, na exacta medida de quanto ficou acima exposto e foi a Autora a única responsável pelo atraso da EMPREITADA B.

584.º
Tais incumprimentos das respectivas obrigações contratuais previstas nos contratos de empreitadas em apreço, constituem a Autora no dever de indemnizar a Ré por todos os danos sofridos.

585.º
E os danos sofridos pela Ré foram sérios e de variada ordem.

586.º
Nas espécies de danos sofridos, podemos distinguir entre o prejuízo realmente suportado e o acréscimo patrimonial frustado, ou seja os benefícios patrimoniais que a Ré deixou de obter

587.º
Assim, realizado o sereno e oportuno cálculo de cada um dos valores em causa, verificaram-se os seguintes prejuízos sofridos pela Ré.

588.º
A Ré teve de assegurar a manutenção de ___ muito para além do previsto, por culpa da Autora, suportando custos fixos com o funcionamento da unidade fabril de ___, por mais 7 (sete) meses .

589.º
Tais custos fixos acrescidos, de acordo com a demonstração de resultados da Ré relativa ao ano de ___, foram de Esc. 1.110.128.075$00.

590.º
Para além desse factor, é certo que a Ré sofreu um importante agravamento de custos pela mobilização de equipas técnicas (o que incluiu

terceiros contratados temporariamente) para fiscalização da obra por mais sete meses do que o devido, em função do atraso na conclusão total dos trabalhos da obra, que veio a verificar-se apenas em meados de 1998.

591.º
Este agravamento cifrou-se em, pelo menos, Esc. 70.436.995$00.

592.º
Prejuízos estes cuja origem detalhada e comprovativos se descrevem na análise intensiva feita pela ___ CONSULTORES LDA, a qual constitui o (***Doc. n.º 121***), que aqui se junta e se dá por integralmente reproduzido.

593.º
Porém, como dissemos acima – art. 148.º deste articulado – a Autora foi ainda inteiramente responsável pelo prejuízo no valor de Esc. 28.133.000$00 que a Ré teve que pagar, enquanto dona da obra, à ___ CLUB NIPC ___ em ___ – (***Doc. n.º 122***).

594.º
Isto porque, em ___ e ___, respectivamente, por falta de intervenção adequada das equipas técnicas da Autora, tiveram lugar deslizamentos de terras e inundações no ___ explorado pela ___ CLUB, o qual ficou seriamente danificado e prejudicado na sua ulitização – como se comprova pelo teor dos (***Doc. n.º 122, Doc. n.º 123, Doc. n.º 124, Doc. n.º 125, Doc. n.º 126, Doc. n.º 127, Doc. n.º 128, Doc. n.º 129, Doc. n.º 130 e Doc. n.º 131***).

595.º
O prejuízo causado foi prontamente assumido pela Autora, tendo suportado parte dos custos inerentes à reposição do ___ nas suas condições originais, mas ficaram por pagar os referidos Esc. 28.133.000$00, que a Ré foi forçada a pagar para salvaguardar o seu bom nome e imagem junto dos seus clientes particulares e institucionais, e ainda para não agravar mais aquela responsabilidade.

596.º
A Ré não accionou a garantia bancária de que dispunha para aquela eventualidade, por solicitação directa da Autora, a qual sempre se comprometeu a pagar à primeira o valor residual apontado.

597.º
Portanto, hoje a Autora deve ainda, mas agora à Ré, aquele valor de Esc. 28.133.000$00.

598.º
Assim, o valor total dos danos emergentes foi, no mínimo: **Esc. 1.208.698.070$00** (mil duzentos e oito milhões seiscentos e noventa e oito mil e setenta escudos).

2. Lucrum cessans

599.º
Porém, como dizíamos, na espécie de danos sofridos pela Ré, em virtude do incumprimento dos prazos fixados contratualmente para conclusão de ambas as empreitadas em apreço, integra-se ainda o acréscimo patrimonial frustado, ou sejam os benefícios patrimoniais que aquela deixou de obter

600.º
Com efeito, é facto notório que o atraso na conclusão das empreitadas de construção do ___ da ___ desde ___ até ___, considerando o ___ no seu conjunto final, se repercutiu em igual atraso no início da "Operação ___", tendo em vista ___ aos consumidores e clientes da Ré – como dissemos no art. 581.º *supra*.

601.º
De facto, em virtude do atraso na conclusão da EMPREITADA A, só sete meses depois do previsto é que a Ré pôde dar início à prevista "Operação ___", pela publicação do respectivo Anúncio de Concurso – vide os (***Doc. n.º 132, Doc. n.º 133 e Doc. n.º 134***) que aqui se juntam e dão por reproduzidos.

602.º
Assim, e sem contabilizar os prejuízos dos correspondentes:
• atraso verificado no Marketing de ___;
• congelamento da expansão de mercado de ___;

o certo e seguro é que a Ré sofreu uma perda irrecuperável de receitas durante 7 (sete) meses, em virtude de ter sido obrigada a fornecer ___ aos seus clientes durante esse período.

603.º
Neste âmbito, a Ré procedeu já a um aturado estudo dos impactos negativos nas suas receitas, tendo as mesmas sido inferiores em **Esc. 37.996.420$00**, pelo menos, como se descreve e comprova na análise intensiva feita pela ___ CONSULTORES LDA, a qual constitui o *Doc. n.º 121*, que aqui se junta e se dá por integralmente reproduzido mais uma vez.

604.º
Configurando, portanto, lucros cessantes da responsabilidade da Autora, no valor mínimo de **Esc. 37.996.420$00** (trinta e sete milhões novecentos e noventa e seis mil quatrocentos e vinte escudos).

3. Penalidades Contratuais

605.º
No que concerne ao atraso verificado na conclusão da EMPREITADA A e tendo em vista a quantidade de dias em que foi excedido o seu prazo contratual, as respectivas penalidades contratuais pelo atraso geral da obra, previstas no ponto 5.3 do Caderno de Encargos – Cláusulas Gerais, ascendem ao máximo de 20% do valor da obra.

606.º
Ou sejam, **Esc. 191.000.000$00**.

607.º
No que concerne ao atraso verificado na conclusão da EMPREITADA B e tendo em vista a quantidade de dias em que foi excedido o seu prazo contratual, as respectivas penalidades contratuais pelo atraso geral da obra, previstas no ponto 5.3 do Caderno de Encargos – Cláusulas Gerais, ascendem ao máximo de 20% do valor da obra.

608.º
Ou sejam, **Esc. 159.200.000$00**.

609.º
Em cumprimento dos estipulado contratualmente e dada a situação de facto que acima vai descrita, a Autora deverá ser condenada a pagar à Ré o valor integral de tais penalidades que, somadas, totalizam **Esc. 350.200.000$00** (trezentos e cinquenta milhões e duzentos mil escudos).

610.º
Isto, porquanto aquelas cláusulas penais foram estabelecidas para funcionar em caso de atraso na prestação – *vide* art. 811.º n.º 1 do Código Civil.

611.º
E, desde já se invocam estas penalidades contratuais, para todos os legais efeitos e sem prejuízo do disposto no n.º 2 daquele art. 811.º do Código Civil, no intuito de demonstrar que a indemnização pelos danos sofridos pela Ré excede o valor das cláusulas penais, caso a presente Instância venha a dar por provada a sua existência.

IV – O DIREITO

1. **Disposições Contratuais Específicas**

612.º
Como acima também se disse, os contratos de empreitada celebrados entre a Autora e a Ré, uma vez concluídos os respectivos procedimentos de adjudicação, constituem a sede normativa mais importante para a solução do presente litígio – *Vide* os Docs. n.º 1 e n.º 2 juntos com a P.I.

613.º
Aliás, de acordo com as CLÁUSULAS 27.ª de cada contrato, as próprias partes definiram precisamente a hierarquia das normas respecti-

vas, por remissão para a CLÁUSULA 1.3 de cada "Caderno de Encargos - Cláusulas Gerais" – *Vide* os Docs. n.º 1 e n.º 2 juntos com a P.I.

614.º
Assim, estipularam as partes que o estabelecido no Contrato de Empreitada prevalece sobre todos os demais documentos, sendo assim claramente evidente que a vontade das partes foi sediar no contrato tudo o que era essencial à regulamentação dos seus direitos e obrigações específicos – *Vide* os diversos Cadernos de Encargos anexos aos Docs. n.º 1 e n.º 2 juntos com a P.I.

615.º
Portanto – à parte de casos excepcionais como o que se convenciou quanto à consignação de terrenos no perímetro da Expo'98 – teremos de, em primeiro lugar, sindicar as normas contratuais para, à luz destas, ser dada a solução jurídica adequada aos factos que servem de objecto ao presente litígio.

616.º
Desta forma situados, analisêmos o que as partes convencionaram quanto aos aspectos que hoje se conexionam com a causa de pedir da Autora.

617.º
Assim e com especial relevância para a análise do pedido da Autora e da Reconvenção da Ré, é extremamente útil realçar que nos respectivos contratos ficou estipulado que:

- O prazo de conclusão da obra seria imperativo (CLÁUSULA 7.ª);
- Qualquer prorrogação do prazo de conclusão da obra teria de constar de acordo escrito (CLÁUSULA 4.ª);
- A Autora teria de submeter à aprovação da Ré um Programa Geral dos Trabalhos, devendo a obra ser executada em conformidade com o mesmo (CLÁUSULAS 4.ª e 7.ª);
- As consignações dos locais da obra poderiam ser parciais (CLÁUSULA 3.ª);
- Incumbia somente à Autora o conhecimento dos locais de execução da obra, por inspecção directa, para além dos elementos informativos anexos ao contrato (CLÁUSULA 2.ª);

- A Autora não poderia, em caso algum, reclamar quaisquer pagamentos adicionais ou alteração do Programa Geral de Trabalhos com base no desconhecimento das condições locais de realização dos trabalhos (CLÁUSULA 2.ª);
- A Suspensão dos Trabalhos da obra em qualquer uma das suas frentes, foi exaustivamente regulamentada e, somente quando fosse por período superior a um dia útil por mês e por causa não imputável à Autora, daria a esta um direito a ser indemnizada pelos custos de imobilização de acordo com a respectiva Tabela de Custos Contratuais, desde que se comprovasse que as equipas e material imobilizados não poderiam ser utilizados em outras frentes, <u>devendo tais indemnizações ser facturadas mensalmente</u> (CLÁUSULA 22.ª).
- A Autora assumiu a exclusiva responsabilidade por todos os riscos e eventuais contingências que pudessem influenciar ou afectar a execução da empreitada, declarando estar devidamente inteirada dos mesmos, com excepções únicas da atempada obtenção de servidões e do atempado fornecimento dos materiais de construção, cuja responsabilidade caberia à Ré (CLÁUSULA 2.ª);
- A Autora não poderia invocar quaisquer factos ou circunstâncias, ainda que imprevisíveis à data do contrato, para justificar atrasos, nomeadamente as características geológicas dos solos ou existência de eventuais infraestruturas no subsolo, não podendo em qualquer caso exigir indemnizações ou compensações (CLÁUSULA 4.ª).

618.º

Daqui, deverá concluir-se que os pedidos da Autora terão de improceder e que os pedidos reconvencionais da Ré, incluindo as penalidades fixadas para os atrasos, terão de proceder.

2. *Normativos Legais*

619.º

Se por um lado é absolutamente seguro que o D-L n.º 405/93 de 19.12 se aplica às situações de facto reportadas ao contrato de EMPREITADA A,

620.º
por outro lado, ao contrário do que a Autora afirmou no art. 15.º da PI e conforme se referenciou no art. 347.º desta contestação, é falso que possa presumir-se que as partes tiveram a intenção de submeter o contrato da EMPREITADA B ao regime do mesmo D-L n.º 405/93.

621.º
O entendimento da Ré, a este respeito, é o de que, por via do art. 239.º do D-L 405/93, (com as sucessivas alterações introduzidas pelos D-L n.º 208/94 de 6.8 e D-L n.º 101/95 de 19.5), este diploma legal pode aplicar-se também às situações de facto originadas pelo contrato de EMPREITADA B, muito embora a respectiva contratação não tenha obedecido a Concurso Público.

V – A LITIGÂNCIA DE MÁ-FÉ DA AUTORA

622.º
É hoje o momento oportuno para qualificar devidamente a conduta da A., ao deduzir contra a R. tantos e tais pedidos constantes da P.I., tornando patente a sua intenção enriquecer injustificadamente à custa desta.

623.º
A qualificação legal atribuível é a de **notória** Litigância de Má-Fé,

624.º
cuja demonstração é, aliás, bem alcançável, pela leitura atenta do que vem descrito nos arts. 1.º a 611.º do presente articulado.

625.º
Acresce, que em conversa havida entre ___, por parte da Autora e elementos da equipa técnica da Ré, nas instalações desta sitas em ___, em meados de ___, o primeiro confessou que teria de apresentar uma reclamação por parte da Autora, sobretudo no intuito de justificar perante esta os prejuízos que advieram para a sua empresa pelo prolongamento das actividades em obra, em Portugal…

626.º

Além disso, é bem reveladora da falta absoluta de credibilidade da Autora, a verificação dos seguintes factos, **absolutamente incontroversos**:

1) Em ___, com fundamento nas ocorrências verificadas na EMPREITADA A, a Autora reclamou da Ré o pagamento do valor de **Esc. 634.073.280$00** – (*__Doc. n.º 67__*). Hoje, na sua P.I. com fundamento nas mesmas ocorrências verificadas na EMPREITADA A, a Autora reclama da Ré o pagamento do valor de **Esc. 1.033.448.216$00**! – art. 459.º da P.I.;
2) Em ___, com fundamento nas ocorrências verificadas na EMPREITADA B, a Autora reclamou da Ré o pagamento do valor de **Esc. 311.163.000$00** – (*__Doc. n.º 68__*). Hoje, na sua P.I. com fundamento nas mesmas ocorrências verificadas na EMPREITADA B, a Autora reclama da Ré o pagamento do valor de **Esc. 248.701.053$00** – art. 459.º da P.I.;
3) **Os factos em que se baseou a Autora são os mesmos e não se modificaram desde ___ até hoje**.

627.º

Face a estes factos, como quer a Autora que sejam levadas a sério as suas reivindicações?

628.º

Daí que não tenham qualquer valor os seus fastidiosos gráficos, resumos, desenhos e simulações e relatórios de construção feitos "à medida" – como já se referiu nos art. 437.º e art. 561.º desta Contestação.

629.º

É de má-fé que se trata. E, se dúvidas ainda restassem, veja-se que assim que começaram a verificar-se atrasos notórios nos trabalhos de ambas as empreitadas em apreço (___), a Autora:

a) deixou de elaborar os relatórios de construção semanais que permitiriam identificar imediatamente a explicação desses atrasos;
b) fez desaparecer os legais Livros de Obra de ambas as empreitadas;

c) deixou de comparecer nas reuniões de obra com os representantes da Ré; a fim de, no futuro, poder "compôr" a realidade à medida do que viesse a ser necessário.

630.º
Neste sentido, vejam-se as actas de reunião de obra – feitas somente até ___ porque a Autora deixou de se disponibilizar para tal – que aqui se juntam como (**Doc. n.º 135, Doc. n.º 136, Doc. n.º 137, Doc. n.º 138, Doc. n.º 139, Doc. n.º 140, Doc. n.º 141, Doc. n.º 142, Doc. n.º 143, e Doc. n.º 144**), e se dão por integralmente reproduzidas.

631.º
Por tais actas, aliás, constata-se que a Autora, por via de regra, até ___ dizia que: "*nada tinha a reclamar*".

632.º
O que permite, hoje, provar que são falsas as reclamações constantes da sua P.I. quanto a todo o período anterior a esta data de ___!

633.º
Assim, existem hoje provas irrefutáveis de que a Autora tentava ocultar a sua má gestão já no decurso das empreitadas, num desnorteamento total.

634.º
Assim se explica também a viciosa e doentia correspondência que a Autora passou a enviar à Ré, desde ___, já no intuito de futuramente "sacudir a água do capote", como se diz na boa tradição portuguesa.

635.º
De resto, a Autora omite totalmente todos os atrasos que causou e/ou os que foram da sua responsabilidade, designadamente descritos nos arts. 19.º a 293.º do presente articulado.

636.º
Em suma, e como resulta de quanto vai acima exposto no sentido da reconstituição da verdade dos factos, resulta evidente que foi afinal a Autora a principal – e praticamente única – responsável pelos gravosos atrasos verificados na conclusão de ambas as empreitadas em apreço.

637.º
De onde, mercê da má gestão das obras e dos seus próprios meios, é também à Autora que terá de ser imputada a responsabilidade pelos eventuais prejuízos que terá sofrido em virtude da conclusão tardia dos respectivos trabalhos.

638.º
Mas, por outro lado, ficou também evidenciado que tais atrasos na conclusão das mesmas empreitadas causaram à Ré importantes e muito significativos danos emergentes e lucros cessantes, por culpa da Autora.

639.º
Portanto, é com redobrado despudor que a Autora vem a Tribunal **reclamar a condenação da Ré no pagamento do montante de Esc. 1.281.569.169$00 (mil duzentos e oitenta e um milhões, quinhentos e sessenta e nove mil, cento e sessenta e nove escudos), acrescidos de juros de mora** contados desde a data da entrada da P.I. em Juízo!

640.º
Para tanto, a Autora inventou astuciosas mentiras e falsidades, distorceu factos, no **intuito de provocar uma decisão judicial determinante de gravíssimo prejuízo patrimonial para a Ré**.

641.º
Mais ainda omitiu a Autora factos tão importantes à boa decisão da causa, como:

1) todo e qualquer contributo da sua parte para os atrasos verificados na conclusão de ambas as empreitadas – veja-se, a este título, os gráficos que aqui se juntam e se dão por reproduzidos que traduzem os atrasos acumulados pela Autora até ___, nas várias actividades programadas, de acordo com os Relatórios de Construção n.º 1 a n.º 16, elaborados pela própria (***Doc. n.º 145***);
2) no cálculo dos atrasos que imputou à Ré, omitiu a ponderação de todo e qualquer atraso já acumulado da sua responsabilidade – *vide*, uma vez mais, o (***Doc. n.º 145***);

3) omitiu o carácter excepcional do procedimento convencionado entre as partes para a consignação de terrenos inseridos dentro do perímetro da Expo'98;
4) omitiu o facto de ter realizado um trabalho de sondagem, prévio à execução da EMPREITADA B, pago de imediato;
5) omitiu o facto de ter concedido férias ao seu pessoal, no Verão de ___ e Natal e Fim-de-Ano desse mesmo ano;
6) omitiu a verificação da forte pluviosidade que originou atrasos significativos no curso das empreitadas, como acima descrevemos;
7) omitiu toda e qualquer referência ao atraso de largos meses na conclusão dos trabalhos na EMPREITADA B, posteriores à data de ___;
8) etc...

642.º
De resto, a Autora baseia toda a sua P.I. em falácias, omitindo que os trabalhos adicionais que executou para a Ré foram todos sujeitos a Autos de Medição e que foram facturados e pagos.

643.º
Falácias, que consistem em invocar paragens das suas equipas – sem considerar o regime legal e contratual da Suspensão de Trabalhos, porque nada solicitou neste sentido em altura e pelo processo próprios – sem identificar os dias em concreto a que se reporta e somando os supostos "dias de atraso", matematicamente o que, em última análise, levaria a concluir que esteve mais de duas centenas de dias absolutamente parada(!), o que é mesmo risível!!

644.º
Como se tudo isto não bastasse, a Autora ainda adaptou e fez variar os pedidos indemnizatórios que apresentou a esta Instância, **aumentando--os** em face dos que apresentara à Ré em ___!

645.º
O que, sem dúvida possível, contrasta com o rigor que a Ré sempre utilizou na análise das reclamações apresentadas pela Autora, como se constata pela comunicação interna que aqui se junta e dá por reproduzida como (***Doc. n.º 146***).

646.º
Tudo, de *per si* e muito mais somado, consubstancia um comportamento verdadeiramente inaceitável, à luz da Ética e do Direito, por parte da Autora.

647.º
A Autora desconsiderou a dignidade da Justiça e dos Tribunais, entregando em Juízo a P.I. dos autos, tanto mais que sabe muito bem que a sua pretensão é absolutamente infundada.

648.º
Portanto, **tal conduta não poderá passar impune.**

649.º
Por estes factos, por ter dolosamente deduzido pretensão cuja falta de fundamento bem conhece e por ter alterado a verdade dos factos relevantes para a decisão da causa, assim criando um risco considerável sobre a esfera jurídica da Ré, deverá a Autora ser condenada como **litigante de má-fé.**

650.º
Pelos mesmos motivos e nos termos dos arts. 456.º n.º 1 e 457.º do Cód. Proc. Civil, deverá a A. ser condenada a pagar uma indemnização à Ré, computada em Juízo, consistindo a mesma em:

- *a)* reembolso de todas as despesas originadas pelos presentes autos, para além das custas do pleito, incluindo a compensação de todas as horas de trabalho perdidas pelos intervenientes no respectivo processo, por parte da Ré, bem como os honorários do Ilustre Árbitro que designou para este Tribunal e dos seus mandatários, tudo o que se avalia, com modicidade, em Esc. 150.000.000$00 (cento e cinquenta milhões de escudos).;
- *b)* ressarcimento dos danos causados no bom nome e reputação da Ré, a qual foi nomeadamente forçada a defender-se junto do Conselho Superior de Obras Públicas e Transportes, os quais se avaliam, com modicidade, em Esc. 10.000.000$00 (dez milhões de escudos).

Nestes Termos, e nos demais de Direito que ao caso aprouverem, do douto suprimento de V. Exas., no qual desde já se louva a Ré, deverá:

- em primeiro lugar, determinar-se o prosseguimento das diligências previstas nos arts. 198.º e segs. do D-L n.º 405/93 de 10 de Dezembro, designadamente a realização de vistoria e recepção provisória de toda a extensão das obras realizadas em ambas as empreitadas analisadas e a liquidação da empreitada, nos termos previstos nos arts. 201.º e segs do mesmo diploma;
- em segundo lugar, deverá a presente acção ser julgada totalmente improcedente por não provada, importando assim a absolvição da Ré de todos os pedidos formulados pela Autora e, ainda:

    a) deverá o eventual crédito da Autora sobre a Ré, relativo a danos emergentes da consignação das denominadas Parcelas C e D (EMPREITADA A) ser julgado extinto por compensação;
    b) deverá a Autora ser condenada a pagar à Ré a totalidade dos danos emergentes descritos nos arts. 573.º a 598.º desta contestação, no valor de **Esc. 1.208.698.070$00** (mil duzentos e oito milhões seiscentos e noventa e oito mil e setenta escudos)
    c) deverá a Autora ser condenada a pagar à Ré a totalidade dos lucros cessantes descritos nos arts. 599.º a 604.º desta contestação, no total de **Esc. 37.996.420$00** (trinta e sete milhões novecentos e noventa e seis mil quatrocentos e vinte escudos)
    d) ou, em alternativa quanto ao pedido nas alíneas a a) e b), deverá a Autora ser condenada a pagar à Ré o valor total das penalidades contratualmente fixadas para o atraso em ambas as empreitadas, conforme descrito nos arts. 605.º a 611.º desta contestação, que ascendem a **Esc. 350.200.000$00** (trezentos e cinquenta milhões e duzentos mil escudos);
    e) deverá, em qualquer caso, ser a Autora condenada como Litigante de Má-Fé e a pagar à Ré a correspondente indemnização a que se aludiu no art. 649.º desta contestação, no valor de **Esc. 160.000.000$00** (cento e sessenta milhões de escudos);
    f) deverá, também em todo e qualquer caso, ser a Autora condenada a pagar juros de mora calculados à taxa legal, sobre todas aquelas quantias, desde a data da notificação deste articulado até efectivo e integral pagamento;

g) deverá, ainda em todo e qualquer caso, ser a Autora condenada a suportar todas as custas e encargos dos autos, nos termos do respectivo Compromisso Arbitral.

JUNTA: Procuração e 146 (cento e quarenta e seis) documentos.

ROL DE TESTEMUNHAS (todas a apresentar):
(...)

PROVA PERICIAL:
A Ré adere à prova pericial requerida pela Autora e designa como perito da sua parte o Exmo. Senhor Professor   .

VALOR DO PEDIDO RECONVENCIONAL:
Esc. 1.246.694.490$00 (mil duzentos e quarenta e seis milhões seiscentos e noventa e quatro mil quatrocentos e noventa escudos)

OS ADVOGADOS

XIV. RÉPLICA COM DEDUÇÃO DE INCIDENTE DE DESPEJO IMEDIATO

____.º Juízo Cível
____.ª Secção
Proc. n.º ____

Exmo. Senhor Juiz do Tribunal
Juízo Cível de ____

___, A. nos autos de Despejo sob forma sumária à margem identificados, que move contra BRUNO RICARDO FERNANDES DA SILVA, vem, ao abrigo do disposto no art. 786.º do Cód. Proc. Civil, **responder às Excepções e Reconvenção** deduzidas pelo R. na sua contestação e, ao abrigo do disposto nos arts. 302.º e segs. daquele diploma e do art. 58.º do R.A.U., **deduzir Incidente de Despejo Imediato por Falta de Pagamento de Rendas na Pendência da Acção**, o que faz nos termos e com os fundamentos seguintes:

1.º

Na sua contestação, o R. veio invocar inúmeras falsidades, "disparando" em todas as direcções, sem que lhe assista qualquer razão ou fundamento, tentando fugir ao facto óbvio de que não paga a renda desde Fevereiro do ano ___.

2.º

Assim, mostra o R. que, na presente lide, pretende apenas prolongar o arrendamento de que é titular, fazendo-o "*contra legem*", continuando sem pagar a renda e sem qualquer fundamento.

3.º
Para tanto, o R. nem sequer se coibiu de forjar documentos e falsificar a assinatura do A., bem como de inventar uma séria de irrazoados a fim de sustentar um <u>sinistro e maquiavélico</u> pedido reconvencional.

4.º
Pedido reconvencional esse que – por mais falta de mérito que lhe venha a ser reconhecido – sempre lhe assegura a possibilidade de um recurso de Revista e da discussão perante o Venerando S.T.J., criando complicações inúteis à presente lide...
Senão vejamos.

QUANTO ÀS EXCEPÇÕES

5.º
Em primeiro lugar, começou o R., logo no art. <u>2.º</u> da sua Contestação, por juntar aos autos um documento verdadeiramente insólito – cuja autenticidade para todos os efeitos se impugna.

6.º
É que: o Doc. n.º 1 da contestação não apenas se destina à prova de um facto incontroverso, como, sobretudo, <u>é positivamente forjado e contém uma assinatura falsamente atribuída ao A. (!!!)</u> – como se retira à saciedade da assinatura verdadeira deste, constante da procuração junta com a P.I., e constante do seu Bilhete de Identidade, cuja cópia aqui se junta como (***Doc. n.º 1***).

7.º
De onde, a única explicação para tal atitude do R. parece mesmo ser a de criar um incidente dilatório, a todos os títulos condenável, nomeadamente em face do art. 456.º n.º 2 alínea d) do C.P.C – vide o (***Doc. n.º 2***) que aqui se junta.

8.º
Em segundo lugar, nos arts. <u>3.º a 60.º</u> da sua Contestação, veio o R. invocar a *exceptio non adimpleti contractus*, alegando que, em suma:

– não é obrigado a pagar as rendas em atraso, porque o imóvel em questão está muito degradado, em risco de ruir e precisa de obras urgentes, a cargo do A.

9.º
Ora, se, por um lado, é indiscutível que as obras de conservação ordinária são encargo do senhorio;

10.º
por outro lado, é absolutamente descabido dizer-se que o R. não está obrigado a pagar a renda enquanto o A. não realizar obras, <u>no caso concreto do imóvel nos autos</u>.

11.º
É que, antes de mais, o imóvel arrendado não está em risco de ruir, nem qualquer parte do seu tecto e/ou paredes está em risco de cair, nem o estado do mesmo constitui risco para a saúde e segurança do agregado familiar do R..

12.º
Bem pelo contrário, as irregularidades que hoje apresentam algumas paredes interiores e partes do tecto do locado são apenas <u>superficiais</u> e resultam de ligeiras infiltrações e humidade, a saber:

12.1) algum estuque caído das paredes e tecto;

12.2) algum salitre (bolor) nas paredes e tecto;

o que logo resulta das próprias fotografias juntas como Docs. n.º 2 a n.º 6 da contestação.

13.º
<u>E, acresce, que tais irregularidades são inteiramente imputáveis à conduta do próprio R.</u> – salvaguardando talvez o caso específico do tecto da casa de banho do locado.

14.º
Com efeito e contrariamente à versão novelesca da contestação, aconteceu que – antes da subscrição do arrendamento em questão (___) e sucessivas vezes após a entrega do locado ao R. – <u>o A. alertou-o expres-</u>

samente para o facto de todo o prédio sito na Rua ___, n.º ___ padecer de crónicos problemas de infiltração de águas e de humidade em geral.

15.º
Também o A. referiu ao R., naqueles vários momentos, que tais problemas crónicos, embora na altura não aparentes, deviam-se ao facto de o telhado do prédio não estar devidamente isolado e de as paredes exteriores do mesmo necessitarem de novo revestimento.

16.º
Assim, quer antes de ___, quer sucessivas vezes em datas posteriores, o A. avisou o R. de que este teria de respeitar as seguintes regras básicas de boa conservação do locado e de higiene:

16.1) O R. teria de arejar adequadamente a casa, nomeadamente abrindo as janelas com frequência, ainda que apenas em parte;

16.2) as paredes interiores teriam de ser lavadas periodicamente, nomeadamente logo que surgissem vestígios de humidade, como salitre (bolor).

17.º
Ora, sucedeu que o R. ignorou tais regras básicas de boa conservação do locado, dando-lhe um uso anómalo.

18.º
Assim, com o início das chuvas no Outono de ___ e posteriormente no Inverno de ___, naturalmente começaram a aparecer os primeiros vestígios de humidade no locado.

19.º
Porém, o R.:

19.1) manteve o locado fechado durante praticamente todo o Outono de ___ e o todo o Inverno de ___, não abrindo as janelas e raramente se ausentando de casa;

19.2) não teve o cuidado de lavar as paredes interiores da casa, nem de remover o "bolor" e salitre que começaram a formar-se nas paredes e tecto com a humidade.

20.º
Mas, para além disso, por iniciativa do R. o locado acolhia então 3 (três) adultos e 5 (cinco) crianças, sendo destas apenas 2 (duas) seus filhos – o que, como decorre da natureza das coisas, aumentou exponencialmente os níveis de humidade na casa.

21.º
Numa palavra: quase não havia circulação de ar, o que era comprovado pelo permanente mau cheiro da casa ("cheiro a mofo").

22.º
Portanto, mercê da incúria do próprio R., o locado começou a apresentar significativos sinais de infiltração e de humidade nas paredes, a partir do Outono de ___ e Inverno de ___ .

23.º
Em abono da verdade, cumpre excepcionar apenas o estado do tecto da casa de banho, como referimos no art. 13.º deste articulado.

24.º
Em bom rigor, o tecto da casa de banho começou a apresentar sinais de infiltração também no Inverno de ___, mas já possivelmente decorrente do mau estado das canalizações da fracção de cima, o 3.º direito-frente.

25.º
Mas nunca o mesmo esteve em risco de cair, até porque o tecto do locado tem uma placa de cimento e o prédio é de construção moderna.

26.º
Seja como for, nunca o R. manifestou ao A. qualquer preocupação com o estado do locado até Março do ano ___.

27.º
Ou seja, em Dezembro de ___ o R. pagou pela última vez a renda, relativa a Janeiro de ___.

28.º
E, nos meses de Janeiro, Fevereiro e Março de ___, o R. pediu suces-

sivamente desculpa pelo não pagamento das rendas em atraso ao A., justificando-se unicamente com o facto de não ter dinheiro.

29.º

Só mesmo já em Março, quando era devido o pagamento da renda de Abril de ___, é que pela primeira vez o R. solicitou ao A. a realização de obras para corrigir as infiltrações de que padecia o locado.

30.º

E, de imediato, o A. mostrou-se disponível para promover tais obras, sem porém abdicar do seu direito às devidas rendas, como é evidente.

31.º

Foi por isso que, em Março de ___, a pedido do próprio A., um empreiteiro experiente em recuperação de interiores foi avaliar as obras necessárias no locado.

32.º

Tal empreiteiro chegou à conclusão de que as obras necessárias seriam de três tipos:

32.1) o reforço do tecto do próprio prédio com uma placa isoladora e o revestimento das paredes exteriores do prédio – obras que teriam de ser aprovadas e levadas a cabo pelo conjunto do condomínio;

32.2) a substituição das canalizações e a reparação do chão da casa de banho do 3.º andar direito/frente – obras que teriam de ser aprovadas e levadas a cabo pela proprietária desta fracção;

32.3) a aposição de algum estuque e pintura geral das paredes e tecto do locado, por forma a dar-lhe melhor aparência.

33.º

De resto, este empreiteiro foi peremptório em concluir que a má aparência das paredes e tecto do locado – à excepção do tecto da casa de banho – se deviam sobretudo à falta dos cuidados referido no art. 16.º deste articulado e ao comportamento do R. descrito nos arts. 17.º a 21.º deste articulado.

34.º
Por último, o referido empreiteiro confirmou que as obras de aposição de algum estuque e pintura geral das paredes e tecto do locado <u>não deveriam ser levadas a cabo antes do melhoramento geral do prédio, sob pena de serem inúteis</u> – o que é perfeitamente lógico.

35.º
De onde, é positivamente falso que o A. não tenha desenvolvido esforços no sentido de melhorar as condições do locado.

36.º
Com efeito, e após muitas insistências por parte do A., <u>só em   é que a Assembleia de Condóminos respectiva deliberou a realização próxima dos necessários melhoramentos no prédio, os quais deverão iniciar--se após o fim do Verão do mesmo ano   </u>.

37.º
E, acresce, que o A. já interpelou a proprietária do 3.º andar frente/direito para realizar as necessárias obras nas canalizações e chão da sua casa de banho, a fim de melhorar a condição do tecto da casa de banho do locado.

38.º
De resto, o A. está disponível para realizar as obras a seu cargo no locado – aposição de algum estuque e pintura geral das paredes e tecto – logo que seja o momento oportuno.

39.º
Contudo, é falso quanto o R. descreve nos arts. 12.º e 13.º da contestação, porque tal acordo nunca existiu.

40.º
Sendo certo que o A. nunca deu a sua conivência à intolerável situação do não pagamento das rendas por parte do R..

41.º
Quanto às "obras" que o R. afirma ter levado a cabo, nos art. 16.º, 61.º e 62.º da sua contestação, as mesmas são inteiramente desconhecidas

– pelo que se impugnam (art.490.° n.° 3 do C.P.C.) – sendo certo que o A. sabe apenas que aquele violou ilicitamente o contador da electricidade da EDP/LTE, criando uma instalação ilegal que prejudicou directamente o valor do locado.

42.°

Do que acima ficou dito, impugnam-se, por falsidade flagrante, os factos vertidos nos arts. 3.°, 6.°, 7.°, 9.°, 10.°, 12.°, 13.°, 17.°, 18.°, 19.°, 20.°, 21.°, 22.°, 37.°, 38.°, 39.°, 40.°, 52.°, da contestação.

43.°

Impugnam-se, por desconhecimento, os factos vertidos nos arts. 14.°, 15.°, 16.°, 23.°, 24.°, 25.°, 26.°, 27.° da contestação

44.°

Impugnam-se, ainda:

44.1) o Doc. n.° 1, por ser falso e forjado;

44.2) o Doc. n.° 9, por se encontrar totalmente desenquadrado, por não conter data e por não reproduzir as obras necessárias no locado.

45.°

E impugnam-se, por contrariedade ao Direito aplicável à situação de facto verdadeira, as conclusões vertidas nos arts. 28.° a 30.°, 41.°, 43.°, 44.°, 49.°, 50.°, 51.°, 53.°, 54.°, 58.° e 60.° da mesma contestação.

46.°

Bem pelo contrário, atendendo à realidade, descrita neste articulado e não na contestação, no caso em apreço conclui-se que:

46.1) a deterioração do locado foi causada, sobretudo, pelo comportamento descuidado do próprio R.;

46.2) a deterioração do locado poderia ter sido facilmente evitada pelo próprio R.;

46.3) de todas as formas, o locado está em condições de ser habitado e não corre o risco de ruir, quer no todo, quer em parte.

46.4) as condições actuais do locado não põem em risco a saúde e a segurança do agregado familiar do R.

47.º
Assim, as obras necessárias para reparar os danos decorrentes do uso anormal conferido pelo R. ao locado e da sua incúria, são da sua inteira responsabilidade, nos termos do art. 1043.º n.º 1 do Cód. Civil. *Vide* ainda o Ac. Trib. Rel. Lx. de 25/2/1986 (R.12 668) in Col. Jur. 1986, 1, 104.

48.º
Porém, ainda que assim não se entenda, a necessidade de ligeiras obras de pintura e estucagem no locado a cargo do A., não justifica o não pagamento das rendas devidas por parte do R., como logo se deduz do art. 18.º do RAU. *Vide* ainda o Ac. Trib. Rel. Coimbra de 1/3/1988 (R.18 401) in Col. Jur. 1988, 2, 52.

49.º
E, ainda que assim não se entendesse, em face do valor das obras reclamadas pelo R., é notório que este pretende um exercício abusivo de direito, o qual deverá ser vedado nos termos do art. 334.º do Cód. Civil. *Vide* ainda os Ac. Trib. Rel. Coimbra de 23/10/1996 (R.373/96) in Col. Jur. 1996, 4, 43; Ac. Trib. Rel.Coimbra de 11/5/1995 (R.9459) in Col. Jur. 1995, 3, 100; Ac. Trib. Rel. Porto de 10/7/1997 in BMJ 469, pp. 649 e segs.; Ac.STJ de 9/10/1997 (P.154/97) in BMJ 470, pp. 546 e segs.;

QUANTO À RECONVENÇÃO

50.º
Os pedidos reconvencionais constantes da contestação são totalmente infundados e maquiavélicos, sendo inqualificável a correspondente atitude do R. ao deduzi-los e inegável a Litigância de Má-Fé deste, perante o estatuído no art. 456.º n.º 2 alíneas a) e b) do C.P.C....

51.º
Mais se desconhecem completamente as despesas a que o R. alude nos arts. 61.º e 62.º da contestação, sendo desde já absolutamente incoerente com o que vem alegado nos arts. 14.º e 25.º al.a) da mesma.

52.º
De resto, quaisquer danos físicos que o R. e o seu agregado hajam sofrido, em nada se prendem com o locado e muito menos com o A.

53.º

Na verdade, toda a vizinhança reconhece ao R. e à sua companheira hábitos de toxicodependência e imputam-lhes actividades de tráfico de estupfacientes – razões que tornam o convívio no prédio muito difícil e que têm gerado muitos atritos no condomínio.

54.º

De onde, é possível e bem mesmo provável que o R., a sua companheira e os filhos de ambos tenham sérios problemas de saúde – questão que o A. pura e simplesmente desconhece.

55.º

Porém, o A. e o locado são inteiramente alheios a tais situações.

56.º

Quer porque a acumulação da humidade no locado é unicamente imputável ao R. (à excepção do que se referiu quanto à casa de banho respectiva), quer porque a situação do locado não causou danos físicos ao R., à sua companheira e aos filhos de ambos.

57.º

Para o efeito, aliás, são verdadeiramente irrelevantes os <u>documentos produzidos com a contestação, sob os n.º 7, n.º 10, n.º 11, n.º 12.</u>

58.º

Mas, não pode deixar de dizer-se que, muito se estranharia o comportamento do R., acima descrito no arts. 17.º a 21.º deste articulado, caso a humidade tivesse o efeito descrito no Doc. n.º 7 da contestação....

59.º

Assim, impugnam-se, por falsidade flagrante, os factos vertidos nos arts. 63.º, 68.º, 69.º, 70.º, 71.º, 75.º, 76.º e 80.º da contestação

60.º

Impugnam-se ainda, por desconhecimento, os factos vertidos nos arts. 61.º, 62.º, 64.º, 65.º, 66.º, 67.º, 73.º e 81.º a 88.º da contestação.

Do Incidente de Despejo Imediato por Falta de Pagamento de Rendas na Pendência da Acção

61.º

Confessou o R. que não paga a renda desde Fevereiro de ___, inclusivé, o que configura uma dívida de rendas nesta data já de Esc. 1.275.000$00 (um milhão duzentos e setenta e cinco mil escudos), assim discriminado:

- FEV/ ___: 75.000$00 +;
- MAR/ ___: 75.000$00 +;
- ABR/ ___: 75.000$00 +;
- MAI/ ___: 75.000$00 +;
- JUN/ ___: 75.000$00 +;
- JUL/ ___: 75.000$00 +;
- AGO/ ___: 75.000$00 +;
- SET/ ___: 75.000$00 +;
- OUT/ ___: 75.000$00 +;
- NOV/ ___: 75.000$00 +;
- DEZ/ ___: 75.000$00 +;
- JAN/ ___: 75.000$00 +;
- FEV/ ___: 75.000$00 +;
- MAR/ ___: 75.000$00 +;
- ABR/ ___: 75.000$00 +;
- MAI/ ___: 75.000$00 +;
- JUN/ ___: 75.000$00 +;
- = 1.275.000$00 (um milhão duzentos e setenta e cinco mil escudos)

62.º

Portanto, verifica-se o circunstancialismo previsto no art. 58.º do RAU, pelo que o A. requer o despejo imediato do locado, ao abrigo dos arts. 302.º e segs. do Cód. Proc. Civil, sem necessidade da realização de qualquer diligência probatória, por confissão expressa do R.

63.º

Assim, tal como descrito no Ac. Trib. Rel. Porto de 24/9/1998 (R.9830444) in BMJ 479 (1998), pp. 711 e segs., pelo que deve ser **desde já decretado o Despejo**.

64.º

O que deverá ser desde logo decidido **em sede de Saneador**, **por falta do depósito condicional das rendas** como se consagra no Ac.Rel.Porto 24/10/1989 (R.22 836), in Col.Jur., 1989, IV, 223 e segs.

Nestes termos, deverão improceder inteiramente as excepções e os pedidos reconvencionais deduzidos pelo R., por não provados, condenando-se este nos precisos termos da P.I.

Requer-se ainda que – nos termos do disposto no art. 58.º do RAU, face à falta de depósito condicional das rendas em atraso e confessada a situação do não pagamento de rendas desde Fevereiro de ___, inclusivé – seja decretado o despejo imediato do locado nos autos, com custas a cargo do R..

Junta: 2 (dois) Documentos.

O ADVOGADO

XV. ALEGAÇÕES DE DIREITO EM ACÇÃO DE CONDENAÇÃO ORDINÁRIA

Tribunal Judicial de ___
Juízo Cível
Proc. n.º ___

Alegações de Direito que oferecem os Autores ___ e ___

Excelentíssima Senhora Juíza de Direito,

Na aplicação do Direito ao caso concreto (neste processo que data já de ___ e que o passar do tempo infelizmente não resolveu) importa considerar em primeiro lugar que, não obstante o que o R. se esforçou por alegar em contrário, hoje se encontram provados, entre outros, os seguintes factos:

1) O prédio dos AA. confina com o prédio do R. [*nas circunstâncias físicas observadas pelo Tribunal in loco e descritas em diferentes factos provados*];

2) O prédio rústico do R. é constituído por terreno de semeadura, com 26.320 metros quadrados [*alínea C) da M.A.*];

3) Os AA. utilizam, com a sua família, a casa existente no prédio para actividades de lazer e descanso, o que fazem aos fins-de-semana, com regularidade não concretamente determinada [*arts. 1.º, 2.º e 3.º da B.I.*];

4) A casa dos AA. situa-se no extremo Oeste da Quinta do ___, ou seja imediatamente ao lado do prédio do R. [*art. 5.º da B.I.*];

5) Desde Janeiro de ___, o Réu tem vindo a utilizar uma parcela do seu prédio para aterragem e descolagem de aeronaves motorizadas, e bem assim, a autorizar a aterragem e descolagem de diversas aeronaves motorizadas, ultraleves e de aparelhos de asa delta pertencentes a terceiros, desde Janeiro de ___, o Réu autoriza o estacionamento de aeronaves na sua propriedade, chegando por vezes a encontrarem-se ali 6 e 7 aeronaves em simultâneo [*alíneas G), H) e I) da M.A.*];

6) Estes últimos factos ocorrem em toda a extensão da pista referida no terreno do R. [*art. 11.º da B.I.*];

7) O R. tem hasteada no seu prédio uma manga de vento para sinalização aérea da pista em causa e reconhecimento da direcção do vento para efeitos de cálculos de operações de aeronáutica [*alínea J) da M.A.*];

8) O R. passou a utilizar o terreno maioritariamente para pista de aterragem e descolagem de aeronaves, não desenvolvendo aí qualquer actividade agrícola [*art. 9.º da B.I.*];

9) O R. construiu e mantém um armazém pré-fabricado, no topo Norte do seu prédio onde entre outras coisas guarda 2 aeronaves [*art. 8.º da B.I.*];

10) O R. pilota uma aeronave, motorizada, aterrando e descolando a partir daquele terreno [*art. 10.º da B.I.*];

11) A parte mais baixa da pista confina com a vala de rega junto à casa dos AA. onde se efectua aproximação e descolagem de aeronaves [*art. 14.º da B.I.*];

12) A aproximação e a descolagem das aeronaves faz-se à altitude necessária para a realização dessas próprias manobras [*art. 18.º da B.I.*];

13) Por vezes, as aeronaves sobrevoam o prédio dos AA. e as pessoas, culturas, maquinarias e instalações que se encontrem nos mesmos [*art. 19.º da B.I.*];

14) As aeronaves ultraleves que fazem uso da pista do R. destinam-se, na sua grande maioria, a recreio dos seus proprietários, pelo que a respectiva actividade incide particularmente nos fins-de-semana e férias de Verão [*art. 21.º da B.I.*];

15) A actividade das aeronaves verifica-se durante o dia, desde cerca das 9 horas e até ao pôr-do-Sol [*art. 22.º da B.I.*];

16) O facto de as aeronaves sobrevoarem o prédio dos AA. e as pessoas, culturas, maquinarias e instalações que se encontrem nos mesmos, provoca nos AA. ansiedade e temor de desastres [*art. 20.º da B.I.*];

17) A movimentação das aeronaves produz os barulhos inerentes ao seu funcionamento em cada uma das manobras que efectua [*arts. 24.º e 25.º da B.I.*];

18) O ruído produzido pelas aeronaves que operam na pista do R. cria um nervosismo nos AA. [*art. 26.º da B.I.*];

19) Da movimentação de aeronaves são expulsos fumos e gases inerentes ao seu funcionamento e à actividade dos motores [*art. 27.º da B.I.*];

20) A piscina dos autores e as pessoas que se encontram na mesma são visíveis do ar por quem conduz as aeronaves [*art. 31.º da B.I.*];

Todos estes são **factos provados** (não meros argumentos) e os mesmos não carecem de qualquer comentário pois "falam por si".

Tais factos correspondem, na prática, à mesmíssima causa de pedir constante da P.I. datada de ___, com plena correspondência ainda na actualidade de ___.

E não é despiciendo ainda ter presente que:

• testemunhas – dos AA. e do R., incluindo uma testemunha ocular (___) – referiram <u>já ter ocorrido pelo menos um acidente de despenhamento de uma aeronave</u> na pista de aviação em causa, o qual a deixou de <u>capotada</u> na sequência de uma <u>operação de descolagem</u>.

Ou seja, **o medo** que os AA. têm quanto à ocorrência de acidentes mais graves e sobre as suas pessoas, família, empregados e haveres **é fundamentado** em factos já ocorridos na pista do R. – e não apenas nos factos do domínio público amplamente documentados nos autos por notícias de jornal que estão juntas de fls. a fls.

A verdade, Excelentíssima Senhora Juíza, é que os AA. possuíam uma aprazível casa de descanso e lazer que lhes ficou por herança, para gozarem os fins-de-semana em família, durante o ano todo e especialmente no Verão, e com as boas (óptimas) condições que puderam ser observadas na Inspecção Judicial, hoje a fls.349 e 350.

Contudo, ali mesmo ao lado da casa dos AA., o R. comprou uma terra de uso agrícola que destinou em exclusivo ao estabelecimento de uma pista de aviação para diversas aeronaves motorizadas, ultraleves e de aparelhos de asa delta pertencentes a terceiros...e logo aos fins-de-semana e períodos de Verão!

Se bem que não tenha sido possível provar com que periodicidade os AA e também o R., usam a casa e a pista respectivamente, o certo é que **todos coincidem aos fins-de-semana, e especialmente no Verão**.

Ora, está pois demonstrado, à saciedade, que a actividade que o R. desenvolve no seu prédio confinante **lesa seriamente os direitos pessoais dos AA, atingindo a sua personalidade moral e pondo em risco a personalidade física.**

Isto porque, tudo considerado, resulta demonstrado que a actividade permitida pelo R. no seu terreno de semeadura "transvestido" em pista de aeronaves perturba a pessoa dos AA.:

a) enchendo-os de preocupação quanto à sua segurança e à da sua família, trabalhadores, culturas e haveres;
b) enchendo-os de ansiedade e medo fundamentado de ocorrência de acidentes que afectem irreversivelmente a integridade física;
c) criando-lhes nervosismo, pelo correspondente ruído, e impedindo que haja paz de espírito, desde as 9H00 horas da manhã até ao Pôr-do-Sol;

d) obrigando-os a suportar fumos e gases expelidos pelos motores em causa;

e) vendo a privacidade afectada pela via aérea, não obstante a casa e a zona social da casa serem muradas.

Logo, nos termos do art. 70.°, n.° 1 e n.° 2, e do art. 80.°, n.° 1 e n.° 2, ambos do Código Civil, bem como dos arts. 25.° n.° 1 e 26.° n.° 1 da Constituição da República Portuguesa, deverá o R. ser impedido de violar os direitos pessoais dos AA., nos termos que constam do pedido formulado na P.I.

Nem se argumente, como fez o R. em notório desespero de causa, com o alvará de construção para edificar a sua casa na «Quinta do ___» [*art. 32.° da B.I.*].

Pois a casa de habitação e prédio urbano da «Quinta do ___» foi construída em data **anterior a 1951, como certificou a Câmara Municipal de** ___ e se encontra documentado a fls. e fls. dos autos.

Ao invés, **bem pelo contrário, é a pista de aviação do R. que carece de licença e desta não dispõe, sendo a mesma totalmente ilegal** e pondo em risco as pessoas dos AA. e sua família. [*vide, entre outros, a alínea M) da M.A.*]

E, se de colisão entre direitos ou interesses opostos se tratasse nos presentes autos, a lei (art. 335.° do Cód.Civil) e a Constituição da República (art. 18.° da CRP) impõem que prevaleçam os dos AA. – porque se tratam de direitos pessoais básicos, estruturantes do ordenamento jurídico, e que constituem Direitos, Liberdades e Garantias.

De resto, a Jurisprudência já citada na P.I. pelos AA. assim prescreve também.

Com efeito, a globalidade da situação descrita afecta a integridade psíquica dos AA, infligindo-lhes sofrimento psíquico, quer por se sentirem ameaçados pelo perigo de acidentes, quer por se sentirem incomodados pelo ruído, pela poluição atmosférica e pela invasão da sua privacidade e quer ainda por não conseguirem descansar completamente nos dias de descanso e férias de Verão.

De onde, com toda a evidência, se conclui que a conduta do R. provoca, continuadamente, a violação dos direitos à saúde, ao descanso, ao repouso, à tranquilidade e ainda à privacidade dos AA, bem como ameaça permanentemente a sua integridade física.

Os danos provocados pelo R., porque relativos a direitos de personalidade dos AA, são irreparáveis por natureza, devendo estes ser indemnizados pelo seu sofrimento moral.

Os danos morais causados, desde Janeiro de ___ até à data de hoje, correspondem com muita modicidade aos valores peticionados, ou sejam Esc. 1.000.000$50 (um milhão de escudos e cinquenta centavos) por cada um dos AA, perfazendo um total de Esc. 2.000.001$00 (dois milhões e um escudo).

As actividades autorizadas e levadas a cabo pelo R. no seu terreno têm por suporte uma pista cuja existência contraria a legislação e as normas de segurança em vigor.

Porém, o mais grave é que a conduta do R., acima descrita, causou e continua a causar graves ofensas aos direitos de personalidade dos AA, como é reconhecido pacificamente pela jurisprudência: *"Os direitos de personalidade (...) envolvem também os da protecção da saúde com o correlativo dever de a defender e proteger ou de uma habitação de dimensão adequada em e condições de higiene e conforto (...) e o de um ambiente de vida humana sadio e ecologicamente equilibrado, com o dever de o defender consagrado nos* arts. *64.º, 65.º e 66.º da Constituição da República, como direitos sociais fundamentais."* (Ac. Rel. Coimbra de 7.1.92 em Col. Jur. 1992, I, pág. 85);

"... o direito à saúde e o direito ao repouso encontram-se intimamente ligados, uma vez que o descanso ou repouso, físico e moral, é imprescindível à manutenção da saúde orgânica e psicológica do sujeito. Trata-se de um dado da experiência comum, sentido e compreendido pela generalidade das pessoas..." (Ac. Rel. Lisboa de 24.11.94 em Col. Jur. 1994, V, pág. 113).

Sendo certo que *"O lar de cada um, é o local normal de retempero das forças físicas e anímicas desgastadas pela vivência no seio da comunidade"* (Ac. STJ de 13.3.86 em BMJ 355, pág. 358),

e que: *"O direito à saúde e repouso essencial à existência física é um direito de personalidade"* (Ac. Rel. Coimbra de 6.2.90 em Col. Jur. 1990, I, pág. 92);

Acresce que: *"Na sua habitação tem cada um o direito de viver em tranquilidade de espírito, quer no desenvolvimento dos afazeres de cada dia, quer nos momentos de lazer, e muito especialmente daí poder passar, sem ruídos importunos produzidos por outrem, as horas destinadas ao sono e ao repouso"* (Ac. Rel. Coimbra de 6.2.90 em Col. Jur. 1990, I, pág. 94);

"... os Acs. da Relação de Lisboa de 1-2-57 e, de 2-3-1960, já decidiram que, sendo o repouso dum indivíduo absolutamente indispensável à saúde e portanto, à sua vida e existência normal, é de fazer cessar ou suspender uma obra, ou qualquer outra causa adequada à sua continuada lesão e, também, obter para o ofendido a correspondente indemnização (Rev. Tribunais 75-381 e, Jurisp das Relações, ano 6.º, pág. 225)." (Ac. Rel. Lisboa de 29.6.1977 em Col. Jur. 1977, tomo 4, pág. 919).

É também dado assente na melhor jurisprudência do STJ que: **"O direito ao repouso, à tranquilidade e ao sono, em caso de colisão, prevalece sobre o direito ao exercício de uma actividade comercial"** (Ac. STJ de 9.1.1996 em Col. Jur. Ac. S.T.J., I, pág. 37),

Com também ainda que: *"**Mesmo que devidamente licenciado um estabelecimento** ele continua adstrito à obrigação de respeitar todos os direitos de personalidade que são juridicamente mais importantes do que a exploração de uma actividade comercial ruidosa ou incómoda"* (Ac. STJ de 14.3.1996 em Col. Jur. Ac. S.T.J., II, pág.193).

Quanto à defesa dos direitos de personalidade, como, neste caso, os dos AA, acrescente-se que: *"O artigo 70.º do Código Civil prescreve a protecção dos indivíduos contra qualquer ofensa ilícita, ou ameaça de ofensa, à sua personalidade física ou moral, permitindo ao ameaçado ou ofendido requerer, independentemente da responsabilidade civil a que haja lugar, as providências adequadas às circunstâncias do caso com o fim de evitar a consumação da ameaça ou atenuar os efeitos da ofensa já cometida"* (Ac. STJ de 13.3.86, em BMJ 355, pág. 358);

"O artigo 70.º do Código Civil contem uma norma de tutela geral da personalidade (...) O objecto dos direitos de personalidade são os bens máximos, os bens mais preciosos da pessoa (...) a simples possibilidade de prejuízo justifica aquela tutela" (Ac. STJ de 16.4.91 em BMJ 406, págs. 626 e 627);

"Os direitos de personalidade são direitos subjectivos absolutos, impondo a todos os componentes da sociedade um dever de abstenção, ou por outras palavras, opondo-se "erga omnes"..." (Ac. Rel. Coimbra de 7.1.92 em Col. Jur. 1992, I, pág. 85).

Neste quadro, legal deverá o R. ser impedido de continuar a ofender os direitos de personalidade dos AA, bem como deverá aquele indemnizar estes por todos os danos que lhes tem causado, designadamente nos termos da PI.

Por estas razões – totalmente tangíveis e palpáveis – deverá o R. ser condenado em todos os pedidos.

Sem esquecer a condenação do R. como Litigante de Má-Fé, tal como peticionado.

CONCLUSÕES:

I. Dos factos provados resulta que a actividade permitida pelo R. no seu terreno de semeadura convertido em pista de aeronaves não licenciada perturba a pessoa dos AA.: a) enchendo-os de preocupação quanto à sua segurança e à da sua família, trabalhadores, culturas e haveres; b) enchendo-os de ansiedade e medo fundamentado de ocorrência de acidentes que afectem irreversivelmente a integridade física; c) criando-lhes nervosismo, pelo correspondente ruído, e impedindo que haja paz de espírito, desde as 9H00 horas da manhã até ao Pôr-do-Sol; d) obrigando-os a suportar fumos e gases expelidos pelos motores em causa; e) vendo a privacidade afectada pela via aérea, não obstante a casa e a zona social da casa serem muradas.

II. Portanto, nos termos dos art. 70.º, n.º 1 e n.º 2, e do art. 80.º, n.º 1 e n.º 2, ambos do Código Civil, bem como dos arts. 25.º n.º 1 e 26.º n.º 1 da Constituição da República Portuguesa, deverá o R. ser impedido de violar os direitos pessoais dos AA., sendo condenado nos termos que constam do pedido formulado na P.I.

III. Se de colisão entre direitos ou interesses opostos se tratasse nos presentes autos, a lei (art. 335.º do Cód.Civil) e a Constituição da República (art. 18.º da CRP) impõe que prevaleçam os dos AA. – porque se tratam de direitos pessoais básicos, estruturantes do ordenamento jurídico, e que constituem Direitos, Liberdades e Garantias.

Justiça!

Junta: comprovativo da notificação do mandatário da parte contrária.

O ADVOGADO

XVI. ALEGAÇÕES DE RECURSO DE APELAÇÃO

___.ª Vara Cível de Lisboa
___.ª Secção
Proc. n.º ___
(Apelação)

Alegações de Apelação que oferece a recorrente ___ LDA no Tribunal da Relação de ___

Excelentíssimos Senhores Juízes Desembargadores,

OBJECTO DA APELAÇÃO

O presente recurso tem por objecto a douta Sentença da ___.ª Vara Cível de ___, proferida em ___, a qual julgou improcedente o pedido de despejo formulado nos autos, absolvendo a Ré deste único pedido da Autora, ora Apelante.

Por entender que tal decisão não serve adequadamente a Justiça do caso concreto, a presente Apelação tem por objecto a improcedência daquele pedido de resolução do arrendamento e consequente despejo, formulado com base em obras não autorizadas pela senhoria e nos termos do art. 64.º n.º 1 alínea d) do RAU (D-L 321-B/90 de 15 de Outubro, com suas sucessivas alterações).

Versa o presente recurso sobre a Decisão da <u>matéria de Facto</u> e sobre a Decisão da <u>matéria de Direito</u>, nos termos dos arts. 690.° e 690.°-A do CPC, respectivamente.

Isto porquanto, por um lado, entende a Apelante que existem factos concretos que o Mmo. Tribunal *a quo* deveria ter dado por provados e, tendo decidido em contrário, incorreu em erro de apreciação da prova, e, por outro lado, mesmo em face da matéria de facto já dada por provada pelo Mmo. Tribunal *a quo*, entende a ora Apelante que a Decisão de Direito padece igualmente de erro, uma vez que a douta Sentença <u>deveria ter considerado que a recorrida   LDA realizou no edifício arrendado</u> ***sem consentimento escrito do senhorio, obras que alteram substancialmente a sua estrutura externa ou a disposição interna das suas divisões*** – as quais em nada se prendem com questões de manutenção do locado – o que não sucedeu, dando assim origem à injusta improcedência dos presentes autos de despejo.

Vejamos.

MATÉRIA DE FACTO QUE DEVERÁ SER DADA POR PROVADA

Constam dos presentes autos todos os elementos de prova que serviram de base à decisão sobre os pontos da matéria de facto em causa e, quanto a três pontos da matéria de facto constante da Base Instrutória (da Audiência de Discussão e Julgamento), os mesmos elementos de prova impõem decisão diversa insusceptível de ser destruída por quaisquer outras provas, pelo que se verifica o circunstancialismo previsto no n.° 1 do art. 712.° do CPC.

Com efeito, e levando em conta a apreciação crítica da prova constante dos autos, <u>o Mmo. Tribunal *a quo* deveria ter dado por provados os seguintes factos constantes da Base Instrutória</u>:

- *Somente durante o mês de Novembro de ___ um legal representante da A. teve conhecimento das obras e alterações que a R. levou a cabo no imóvel, por meio de observação desde o exterior* – a que corresponde o **ponto n.° 13 da Base Instrutória**

- *Só com a junção do Relatório Pericial nos presentes autos é que as obras efectuadas na Cave do locado se tornaram do conhecimento da A.* – a que corresponde o **ponto n.º 14-A da Base Instrutória**
- *Ao nível da cave do locado, a R. erigiu paredes e alterou a disposição das divisões* – a que corresponde uma parte muito relevante do **ponto n.º 15 da Base Instrutória**

Quanto ao facto de que «*Somente durante o mês de Novembro de ___ um legal representante da A. teve conhecimento das obras e alterações que a R. levou a cabo no imóvel, por meio de observação desde o exterior*» (**ponto n.º 13 da B.I.**), importa desde logo realçar que nenhum depoimento testemunhal contrariou, fosse como fosse, tal alegação, nem tão-pouco o fez qualquer elemento de prova documental, pericial, ou de outra natureza.

E, bem pelo contrário, aquele facto foi afirmado peremptoriamente por mais de uma testemunha, acompanhado da respectiva explicação circunstancial, e ainda de suporte documental absolutamente abundante e esclarecedor.

Na verdade, a <u>testemunha Dr.</u> ___, no depoimento de voltas 0 a final do lado A, da cassette n.º 1, e voltas 0 a 150 do lado B, da cassette n.º 1, afirmou peremptoriamente:

a) que exercia, **ele próprio**, as funções de gerente da A. em Novembro de ___;
b) que, nessa data, foi pela primeira vez alertado por um familiar de outro gerente para o facto de serem visíveis do exterior a alteração das cores das fachadas e empenas do hotel arrendado, bem como da disposição de divisões no Rés-do-Chão e porta de entrada do hotel;
c) que por isso decidiu, em representação da A., notificar a R. para a realização imediata de uma vistoria ao hotel arrendado;
d) que fez tal notificação por via da carta que constitui o documento de fls. 557;
e) que posteriormente incumbiu as testemunhas ___ e ___ de, em nome da A. se deslocarem ao Hotel ___ e ali realizarem um

levantamento das alterações realizadas, bem como fotografias das mesmas;

f) que tal diligência se realizou em Novembro de ___;

g) e que foi pelo resultado de tal levantamento e fotografias que pôde ter conhecimento das alterações descritas nos Factos dados por provados, à excepção do que concerne à Cave do edifício por esta não ter sido então vistoriada.

No mesmo sentido, depôs a <u>testemunha</u> ___, no depoimento de voltas 1660 a final do lado B, da cassette n.º 1, e voltas 0 a 1419 do lado A, da cassette n.º 2, a qual afirmou peremptoriamente:

a) ser a única administrativa e secretária ao serviço da empresa A. em Novembro de ___;

b) ter tido conhecimento directo do alerta feito por um familiar de outro gerente ao Dr.___ e, na sequência disso, ter sido **ela própria** a redigir a carta datada de 6 de Novembro de ___ que constitui o documento de fls.557 e a expedi-la pelo correio;

c) que ela mesmo deu instruções às testemunhas ___ e ___, para o efeito de estas se deslocarem ao Hotel ___ e ali realizarem o referido levantamento das alterações realizadas, bem como fotografias das mesmas;

d) que, para o mesmo efeito e para facilitar a tarefa de comparação com o estado anterior do Hotel ___, lhes forneceu um exemplar do documento de fls. 466 a 517, ou pelo menos de uma parte deste;

e) que tal diligência de levantamento se realizou em Novembro de ___;

f) e que foi pelo resultado de tal levantamento e fotografias que pôde também ter conhecimento das alterações descritas nos Factos dados por provados, à excepção do que concerne à Cave do edifício por esta não ter sido então vistoriada.

Ainda no mesmo sentido, depôs ___, o qual, no depoimento de voltas 150 a 1660 a final do lado B, da cassette n.º 1, confirmou:

a) ter, em Novembro de ___, sido **ele próprio** quem realizou com ___, o levantamento das alterações realizadas, bem como

fotografias das mesmas, hoje constantes de fls. 552 a fls. 555 dos autos;
b) ter recebido instruções do gerente Dr.___ e comunicadas pela ___, no sentido de realizar tal diligência, tendo-lhe sido facultado um exemplar do documento de fls. 466 a 517, ou pelo menos de uma parte deste, para tal efeito;
c) não ter visitado a Cave do Hotel naquela altura, concentrando as suas atenções sobretudo no Rés-do-Chão e fachada do edifício.
d) ter entregue tais fotografias à mesma ___ e reportado as suas conclusões à gerência da A. em Novembro de ___.

Ora, em acréscimo, aquele facto que se tornou absolutamente evidente em Audiência de Julgamento, ou seja de que «*Somente durante o mês de Novembro de ___ um legal representante da A. teve conhecimento das obras e alterações que a R. levou a cabo no imóvel, por meio de observação desde o exterior*» (**ponto n.° 13 da B.I.**), provou-se ainda pelos documentos seguintes:

- a carta datada de 6 de Novembro de ___ que constitui o documento de fls. 557;
- as fotografias realizadas em Novembro de ___ e <u>pessoalmente identificadas em Audiência de Julgamento pela testemunha</u> ___, hoje constantes de fls. 552 a fls. 557 dos autos;
- um exemplar do documento de fls. 466 a 517, ou uma sua parte, usado para realizar o confronto com as mencionadas alterações levadas a cabo pela R. no Hotel ___, hoje em apreço.

Relembre-se que, ao invés, nenhum depoimento testemunhal ou documento contrariou aquele facto, fosse em que medida fosse.

Portanto, deveria o Mmo.Tribunal *a quo* ter dado por provado que «*Somente durante o mês de Novembro de ___ um legal representante da A. teve conhecimento das obras e alterações que a R. levou a cabo no imóvel, por meio de observação desde o exterior*» (**ponto n.° 13 da B.I.**).

No tocante ao facto constante do **ponto n.° 14-A da Base Instrutória**, ou seja o facto de que «*Só com a junção do Relatório Pericial nos presentes autos é que as obras efectuadas na Cave do locado se* *tornaram do conhecimento da A.*» – e muito embora a prova produzida quanto a este último facto não seja comparável com a extensão e a diferente natureza das provas produzidas quanto ao facto correspondente ao ponto n.º 13 da B.I. que acabámos de analisar – de igual modo deveria o Mmo Tribunal *a quo* tê-lo considerado como provado, tendo em conta os seguintes elementos probatórios.

A já referida <u>testemunha Dr. ___</u>, no depoimento de voltas 0 a 150 do lado B, da cassette n.º 1, afirmou que, enquanto exerceu, **ele próprio**, as funções de gerente da A. nunca chegou a ter conhecimento de quaisquer alterações levadas a cabo, pela R., na Cave do hotel em questão.

Também a testemunha ___, no depoimento de voltas 150 a 1660 a final do lado B, da cassette n.º 1, esclareceu o Tribunal no sentido de que, em Novembro de ___, o levantamento das alterações realizadas pela R. no hotel **não se estendeu à Cave do mesmo**, uma vez que nem ele nem a a testemunha ___ chegaram alguma vez a visitar a Cave do hotel.

Finalmente, e com maior relevo ainda, foi a <u>testemunha ___</u>, no depoimento de voltas 1660 a final do lado B, da cassette n.º 1, e voltas 0 a 1419 do lado A, da cassette n.º 2, quem esclareceu que:

a) foi ela própria quem, na sede da A., recepcionou o Relatório Pericial de fls. 262 a 278, elaborado nos presentes autos e por douta determinação do Mmo.Juiz *a quo*, quando aquele foi notificado às partes em final do ano de ___;
b) foi ela própria quem, pela primeira vez, o entregou ao então gerente único da A., Dr. ___, tendo com este trocado impressões sobre o seu conteúdo, constatando a indignação do mesmo ao, assim, tomar pela primeira vez conhecimento que as alterações efectivamente levadas a cabo pela R. no hotel haviam-se estendido também à Cave, onde a R. <u>erigiu paredes, alterou a disposição de divisões, eliminou a cozinha e em seu lugar instalou escritórios uma copa e um quarto com instalação sanitária de quarto</u>.

Assim se explica, aliás, o que será evidente para qualquer pessoa de senso comum, e que é o facto de as (muitos extensas) alterações produzidas pela R. na Cave do hotel não terem sido descritas e alegadas na P.I. dos autos, mas sim somente no Articulado Superveniente, admitido a fls. 330(!).

Portanto, deveria o Mmo.Tribunal *a quo* ter dado por provado que «*Só com a junção do Relatório Pericial nos presentes autos é que as obras efectuadas na Cave do locado se tornaram do conhecimento da A.*» (**ponto n.º 14-A da B.I.**)

Veio a R. argumentar, a fls. 583, que, por via do documento de fls. 609 a 610 (carta datada de ___) a A. teria já em Maio de 2004 tido conhecimento daquelas alterações realizadas por aquela na Cave do hotel – o que é totalmente falacioso e distorcido!

Isto, porque não se confunde o facto de a A. em Maio de ___ ter sabido que a C.M.___ negara permissão à R. para realizar obras que pretendia levar a efeito na Cave, com o facto absolutamente insólito e insolente de, em final de ___ e por intermédio do Relatório Pericial referido, ficar a saber afinal que **a R. levou mesmo a efeito e consumou impunemente as alterações em causa, expressamente não permitidas pela C.M.___ !**

Por último, no tocante à parte de o **ponto n.º 15 da Base Instrutória,** onde se refere que «*Ao nível da cave do locado, a R. erigiu paredes e alterou a disposição das divisões*», de igual forma deveria o Mmo. Tribunal *a quo* ter considerado tal facto como provado, pois o mesmo não corresponde a mera conclusão,

E o mesmo resulta taxativamente demonstrado nos autos, como resulta do **Relatório Pericial**, onde se lê:

«*Ao nível da Cave <u>foram executadas paredes</u> e divisórias amovíveis em placa de gesso cartonado e de madeira na antiga cozinha, parte para escritórios e copa; e no antigo Bar, agora destinado a quarto com instalação sanitária*» (resposta ao quesito 7.º da Ré, fls. 264) (o sublinhado é nosso)

«*As alterações interiores realizadas na cave foram a <u>construção de paredes</u> e a montagem de divisórias amovíveis em placa de gesso car-*

tonado e de madeira na antiga cozinha, parte para escritórios e copa; e no antigo Bar, agora destinado a quarto com instalação sanitária» (resposta ao quesito 6.° da Autora, fls. 266) (o sublinhado é nosso)

Isto, ao invés do que se lê na Sentença recorrida, a final de fls. 681 v.°.

De resto, está a Apelante convicta de que o Mmo. Tribunal *a quo* foi vítima de alguma da confusão que a R. se esforçou desde sempre por sugestionar e tentar provocar nos presentes autos, no que concerne ao confronto entre: (1) o documento de fls. 466 a 517; (2) as fotografias de fls. 552 a 555; (3) o Relatório Pericial de fls. 262 a 278, e seus esclarecimentos subsequentes a fls. 301 e 302; (4) e o documento de fls. 518 a 548.

Esclareça-se, pois e desde logo, que:

(1) o documento de fls. 466 a 517 é um relatório da empresa ___ realizado em ___, que retrata a situação do hotel locado no ano de ___ (tendo constituído a base de uma anterior acção de despejo, movida pela A. à R., com o fundamento de o Hotel ___ ter deixado de servir refeições aos seus hóspedes, a qual veio a ser julgada improcedente);

(2) as fotografias de fls. 552 a 555 são as que foram realizadas em Novembro de ___ pelas testemunhas da Apelante ouvidas em Julgamento;

(3) o Relatório Pericial de fls. 262 a 278, datado de ___, e seus esclarecimentos subsequentes a fls. 301 e 302, datados de ___, retratam a situação do hotel locado no ano de ___, por observação directa *in loco*, constituindo o único elemento de prova que, relativamente à Cave do hotel, permite um confronto com aquele estudo da ___ de ___ (fls. 466 a 517);

(4) e o documento de fls. 518 a 548 é um relatório da empresa ___ LDA, realizado em ___, que retrata a situação do hotel locado no ano de ___, à excepção da Cave (onde não foi permitido o acesso) e que, ao nível da identidade exterior do hotel e da situação do Rés-do-Chão, permite uma imediata visualização das profundíssimas e muito significativas alterações realizadas no Hotel ___, <u>sobretudo no confronto com o relatório da mesma empresa ___ LDA, realizado em ___ (fls. 466 a 517).</u>

Ora, assim situados, pôde nos presentes autos, com extrema acuidade, apurar-se toda a extensão das alterações que a R. barbaramente introduziu no hotel que lhe está locado, dada a abundante prova de natureza técnica hoje existente nos mesmos.

Porém, dada a profusão de diferentes "levantamentos" ao hotel, também se poderia propiciar alguma malograda confusão.

Daí que, ao nível da fundamentação de facto da Sentença recorrida, o Mmo. Tribunal *a quo* tenha cometido também lapsos graves, ao considerar, a partir da 15.ª linha de fls. 682, que desde ___ a Apelante sabia já e tivera conhecimento de muitas das alterações na Cave.

E também ao afirmar, nas 1.ª a 3.ª linha de fls. 682, que a eliminação da cozinha do hotel foi apenas no sentido funcional, isto é de, deixar de ser utilizada.

Pois, na verdade, o que resulta de tais documento é que, bem pelo contrário, <u>em ___ a R. deixara apenas de utilizar a cozinha</u> do hotel, ou seja, deixara de servir refeições aos hóspedes do hotel, mas sem descaracterizar fisicamente a cozinha que passou a servir de armazém, **tal como se retira de fls. 468, onde se lê, a partir da 9.ª linha**: «*Dado que esta unidade hoteleira deixou de fornecer refeições, a cozinha foi considerada inoperacional e constitui, presentemente, a despensa geral*».

Ora, pelo contrário, na data da realização da Perícia Judicial, em ___, **a cozinha fora já total e fisicamente descaracterizada**, e alterada a disposição das divisões na Cave, tendo sido instalados **escritórios** na área da anterior cozinha (para além de um quarto com instalação sanitária!!) – como consta aliás do **24.º facto provado**, na redacção correcta dada pelo mesmo Tribunal *a quo*, a saber: «***<u>Ao nível da cave do locado, a R. eliminou a cozinha e em seu lugar instalou escritórios uma copa e instalação sanitária de quarto</u>***».

Portanto, errou o Mmo.Tribunal *a quo* na apreciação da matéria de facto, como acima se descreveu, pelo que deverão dar-se como provados os factos seguintes que mais uma vez se recuperam:

- *Somente durante o mês de Novembro de ___ um legal representante da A. teve conhecimento das obras e alterações que a R.*

levou a cabo no imóvel, por meio de observação desde o exterior – a que corresponde o **ponto n.º 13 da Base Instrutória**
- *Só com a junção do Relatório Pericial nos presentes autos é que as obras efectuadas na Cave do locado se tornaram do conhecimento da A.* – a que corresponde o **ponto n.º 14-A da Base Instrutória**
- *Ao nível da cave do locado, a R. erigiu paredes e alterou a disposição das divisões* – a que corresponde uma parte muito relevante do **ponto n.º 15 da Base Instrutória**

OS FACTOS PROVADOS

De facto, a inconformação da recorrente com a Sentença que veio a ser proferida em 1.ª Instância decorre não apenas da circunstância daqueles 3 (três) factos não terem sido dados por provados, mas também e sobretudo do facto de – atenta a própria factualidade dada por provada no Mmo. Tribunal *a quo* – ter como inadmissível, e mesmo **jurídica e eticamente incomportável**, a solução dada ao caso, que foi a de absolver totalmente a Ré inquilina, hoje Apelada.

Com todo o respeito pelo Mmo Juiz de 1.ª Instância *a quo*, que é muito, não pode a recorrente deixar de se insurgir contra a Sentença que consigna afinal uma **clamorosa Injustiça**, que urge corrigir.

Senão, vejamos os factos já dados por provados na 1.ª Instância.

Recuperando textualmente os factos provados, de acordo com a Sentença recorrida (cfr. fls. 675 a 678 v.º):

1.º
Por escritura pública outorgada, em ___, no ___.º Cartório Notarial de ___, a A. deu arrendamento à R. o prédio urbano sito na Rua ___, em ___, composto de sub-cave, cave, seis andares e, ainda, sétimo andar recuado, inscrito na respectiva matriz predial urbana da freguesia de ___ sob o art. ___, actualmente art. ___ da freguesia do ___.

2.º

Por escritura pública outorgada, em ___, no mesmo Cartório Notarial, a A. e a R., remodelaram inteiramente o contrato de arrendamento que haviam celebrado, o qual passou a reger-se pelos artigos constantes desta última escritura, a qual se junta, por fotocópia, e se dá aqui integralmente reproduzida para todos os efeitos legais.

3.º

Como consta da dita escritura, integrado no edifício arrendado e compreendido no arrendamento está o seguinte equipamento, propriedade da A:

- o sistema e aparelhagem de aquecimento e águas quentes (depósitos de gasóleo e águas, caldeira, queimadores, tubagem e radiadores);
- o sistema e aparelhagem de distribuição de águas frias (depósitos, tubagem, torneiras e chuveiros-misturadores);
- o sistema horário e telefónico privativo (relógio de ponto e outros);
- a instalação de ar condicionado, incluindo os aparelhos que se encontram no sétimo andar;
- os sistemas de ventilação e respectivos motores;
- as câmaras frigoríficas e respectivos motores e o frigorífico da copa (excepto o balcão frigorífico do bar e o frigorífico da cafetaria);
- a instalação sonora do hotel;
- os dois termo-acumuladores instalados no sétimo andar e os três aparelhos de ar condicionado;
- o sistema contra incêndios, mangueiras, agulhas e extintores;
- as antenas;
- todo o equipamento existente nas casas de banho (excepto os cortinados) e todo o equipamento existente nas demais casas de banho, gerais para os clientes e para o pessoal (exceptuados os móveis soltos);
- o elevador, o monta-cargas e o monta-pratos, respectivos motores e acessórios inerentes ao funcionamento;
- o posto transformador;
- a instalação eléctrica, compreendendo quadros, candeeiros, apliques, armaduras, balastros ou rosetas de tectos, fichas simples e transformadores e disjuntores;

– o sistema de sinalização e numeração de quartos, incluindo as centrais do controlo;
– o motor eléctrico e a bomba manual existente na lavandaria para esvaziamento do depósito de água;
– os reclamos luminosos; e,
– as prateleiras e as bancadas fixas.

4.º
O arrendamento foi celebrado pelo prazo de um ano, renovável nos termos da lei, motivo por que ainda hoje se mantém em vigor.

5.º
A renda mensal inicial foi fixada em ___ (cfr. o art. 2.º do contrato), sendo actualmente de € 3.996,87 (três mil, novecentos e noventa e seis euros e oitenta e sete cêntimos).

6.º
Nos termos da cláusula 3.ª do contrato, o prédio arrendado destina-se a hotel (exercício da indústria hoteleira), tendo nele a R. instalado o "Hotel ___".

7.º
De acordo com a cláusula 4.ª do contrato de arrendamento, a R. obrigou-se a conservar, de sua conta, tudo quanto dissesse respeito à parte interior do edifício, designadamente as portas, estores, vidros, soalhos, chaves, fechaduras, instalações eléctricas, instalações de águas, telefones internos, aquecimento, canalizações de esgotos e pinturas interiores, para cujos consertos não carece de autorização da senhoria, a ora A..

8.º
<u>A A. não deu qualquer autorização escrita para que a R. realizasse obras no locado, e esta também não avisou a senhoria da sua realização</u> (o sublinhado é nosso)

9.º
Ainda de acordo com a cláusula 4.ª do contrato de arrendamento, todas as obras ou modificações que pudessem alterar ou prejudicar a estrutura do imóvel só podiam ser feitas com autorização por escrito da

sociedade senhoria, ficando unicamente de conta desta as pinturas exteriores do prédio.

10.º

A A. e a R. esclareceram ainda, a este propósito, que, sempre que a inquilina quisesse modificar as paredes interiores no sentido de mudar as pinturas ou estuques para azulejos, ou vice-versa, podia fazê-lo.

11.º

Em data não apurada e que a A. não pode precisar, porque nada lhe foi comunicado sobre a matéria, a R., sem qualquer autorização da A., levou a cabo obras no prédio arrendado.

12.º

O aspecto exterior do prédio foi alterado e as alterações são as seguintes:

– Fachada principal: alteração das cores nas paredes (creme claro por amarelo e cinzento claro por branco ou amarelo na estrutura de betão armado aparente) e guardas metálicas (preto por verde garrafa); alteração da estereotomia e cor dos vãos envidraçados (alumínio anodizado à cor natural por castanho escuro).
– Empenas: alteração da cor das paredes (creme claro por amarelo).

13.º

A Cave e o Rés-do-Chão foram objecto de obras interiores. As alterações interiores realizadas no Rés-do-Chão foram as seguintes:

– demolição da divisória amovível que dividia as antigas salas de estar e de jantar; desmonte da porta de correr embutida na parede entre a antiga sala de jantar e o hall de acesso aos ascensores; demolição de parte da parede à frente do antigo PBX; desmonte da porta de correr de acesso à antiga sala de estar e demolição das paredes da antiga cabine telefónica; construção da divisória de separação entre o bar e o hall da recepção, revestida a mármore, onde existe um painel de azulejos pintados; construção da divisória amovível em placa de gesso cartonado entre o bar e a sala de estar; construção das paredes que limitam o posto de recepção e a construção da parede no vão da porta de correr desmontada.

14.º
A mudança das divisórias amovíveis para outro local resultou em aumento de área.

15.º
A R. não obteve licenciamento camarário para as obras que realizou e alteração das cores de origem na fachada principal e nas empenas. (o sublinhado é nosso)

16.º
Do lado direito dos quartos de cada piso (para quem esteja colocado de frente para o edifício), existia uma porta lateral, rasgada do tecto ao chão, para acesso à varanda, enquanto do seu lado esquerdo existia uma janela até ao chão, porta fixa, com bandeira de ventilação na sua parte superior.

17.º
As caixilharias dessas janelas e portas de acesso à varanda eram todas de alumínio anodizado (cinzentas claras) e os respectivos vidros transparentes.

18.º
A R. alterou aquelas aberturas, caixilharias e vidros, no que diz respeito à sua forma de abertura, formato e cor.

19.º
A porta lateral e a janela anteriormente existentes foram substituídas por portas de correr, sem qualquer bandeira de ventilação, as caixilharias passaram a ser em castanho/bronze e os vidros fuscos.

20.º
As sancas dos tectos das varandas foram pintadas pela R. em tons de branco / amarelado e, anteriormente, eram em tons de azul celeste.

21.º
A porta de entrada do edifício era uma porta convencional, tendo sido substituída por uma porta automática de correr em vidro.

22.º
A entrada do prédio era composta por dois degraus que davam acesso a uma pequena antecâmara exterior, através da qual se entrava directamente na parte interior do hotel, tendo essa entrada sido também alterada pela R., passando o acesso a fazer-se através de três degraus seguidos, no exterior do edifício, após os quais está colocada a nova porta automática, de correr, em vidro.

23.º
Nas paredes laterais do edifício arrendado (empenas), a R. colocou desenhos publicitários de promoção ao hotel consistentes no brasão de «___», que é o símbolo do hotel, pintados em "bordeaux" e a azul.

24.º
Ao nível da cave do locado, a R. eliminou a cozinha e em seu lugar instalou escritórios uma copa e instalação sanitária de quarto.

25.º
Nos anos ___ a R. procedeu à pintura exterior do imóvel porque a pintura existente se encontraria degradada e esbatida pelo tempo.

26.º
E as paredes externas do Hotel encontravam-se muito estragadas e havia infiltração para o interior do edifício designadamente para os quartos.

27.º
Porque o reboco exterior do edifício estava degradada a R. teve de mandar picá-lo e rebocá-lo de novo.

28.º
Nesse trabalho a R. gastou € 45.676,27.

29.º
A R. procedeu ainda à reparação e isolamento da cobertura do imóvel.

Ora, de tais factos provados, só poderia resultar a procedência do pedido de resolução do arrendamento, nos termos da lei e do contrato.

Isto é o que a recorrente se propõe demonstrar por via das presentes Alegações.

APRECIAÇÃO JURÍDICA DOS FACTOS PROVADOS

Na análise crítica daquela matéria de facto provada, ressalta como matéria de facto incontroversa, que:

De acordo com a cláusula 4.ª do contrato de arrendamento, a R. obrigou-se a conservar, de sua conta, tudo quanto dissesse respeito à parte interior do edifício, designadamente as portas, estores, vidros, soalhos, chaves, fechaduras, instalações eléctricas, instalações de águas, telefones internos, aquecimento, canalizações de esgotos e pinturas interiores, para cujos consertos não carece de autorização da senhoria, a ora A.. (7.º Facto Provado)

Ainda de acordo com a cláusula 4.ª do contrato de arrendamento, todas as obras ou modificações que pudessem alterar ou prejudicar a estrutura do imóvel só podiam ser feitas com autorização por escrito da sociedade senhoria, <u>ficando</u> unicamente <u>de conta desta as pinturas exteriores do prédio</u>. (9.º Facto Provado)

A A. não deu qualquer autorização escrita para que a R. realizasse obras no locado, e esta também não avisou a senhoria da sua realização. (8.º Facto Provado)

Ora, não obstante a A. não ter dado qualquer autorização escrita para que a R. realizasse obras no locado, e também o facto de a inquilina não ter avisado a senhoria da sua realização,

Em data não apurada e que a A. não pode precisar, porque nada lhe foi comunicado sobre a matéria, a R., sem qualquer autorização da A., levou a cabo obras no prédio arrendado. (11.º Facto Provado)

E, à revelia da senhoria, impunemente a inquilina consumou as seguintes alterações no prédio:

O aspecto exterior do prédio foi alterado e as alterações são as seguintes:

– *Fachada principal: alteração das cores nas paredes (creme claro por amarelo e cinzento claro por branco ou amarelo na estrutura de betão armado aparente) e guardas metálicas (preto por verde garrafa); alteração da estereotomia e cor dos vãos envidraçados (alumínio anodizado à cor natural por castanho escuro).*

– *Empenas: alteração da cor das paredes (creme claro por amarelo).* (12.º Facto Provado)

A Cave e o Rés-do-Chão foram objecto de obras interiores. As alterações interiores realizadas no Rés-do-Chão foram as seguintes:

– *demolição da divisória amovível que dividia as antigas salas de estar e de jantar; desmonte da porta de correr embutida na parede entre a antiga sala de jantar e o hall de acesso aos ascensores; demolição de parte da parede à frente do antigo PBX; desmonte da porta de correr de acesso à antiga sala de estar e demolição das paredes da antiga cabine telefónica; construção da divisória de separação entre o bar e o hall da recepção, revestida a mármore, onde existe um painel de azulejos pintados; construção da divisória amovível em placa de gesso cartonado entre o bar e a sala de estar; construção das paredes que limitam o posto de recepção e a construção da parede no vão da porta de correr desmontada.* (13.º Facto Provado)

A mudança das divisórias amovíveis para outro local resultou em aumento de área. (14.º Facto Provado)

<u>*A R. não obteve licenciamento camarário para as obras que realizou e alteração das cores de origem na fachada principal e nas empenas.*</u> (15.º Facto Provado)

Do lado direito dos quartos de cada piso (para quem esteja colocado de frente para o edifício), existia uma porta lateral, rasgada do tecto ao chão, para acesso à varanda, enquanto do seu lado esquerdo existia uma janela até ao chão, porta fixa, com bandeira de ventilação na sua parte superior. (16.º Facto Provado)

As caixilharias dessas janelas e portas de acesso à varanda eram todas de alumínio anodizado (cinzentas claras) e os respectivos vidros transparentes. (17.º Facto Provado)

A R. alterou aquelas aberturas, caixilharias e vidros, no que diz respeito à sua forma de abertura, formato e cor. (18.º Facto Provado)

A porta lateral e a janela anteriormente existentes foram substituídas por portas de correr, sem qualquer bandeira de ventilação, as caixilharias passaram a ser em castanho/bronze e os vidros fuscos. (19.º Facto Provado)

As sancas dos tectos das varandas foram pintadas pela R. em tons de branco / amarelado e, anteriormente, eram em tons de azul celeste. (20.º Facto Provado)

A porta de entrada do edifício era uma porta convencional, tendo sido substituída por uma porta automática de correr em vidro.(21.º Facto Provado)

A entrada do prédio era composta por dois degraus que davam acesso a uma pequena antecâmara exterior, através da qual se entrava directamente na parte interior do hotel, tendo essa entrada sido também alterada pela R., passando o acesso a fazer-se através de três degraus seguidos, no exterior do edifício, após os quais está colocada a nova porta automática, de correr, em vidro. (22.º Facto Provado)

Nas paredes laterais do edifício arrendado (empenas), a R. colocou desenhos publicitários de promoção ao hotel consistentes no brasão de «___», que é o símbolo do hotel, pintados em "bordeaux" e a azul. (23.º Facto Provado)

Não sendo despiciendo verificar, por simples observação, que se tratam de **desenhos de fantasia com a altura de um andar e meio**, visíveis de longa distância e que importam a **modificação substantiva**

da identidade do prédio (cfr. fls. 506 com as fotografias de fls. 523, 552 e 556).

Ao nível da cave do locado, a <u>R. eliminou a cozinha e em seu lugar instalou escritórios uma copa e instalação sanitária de quarto</u>. (24.º Facto Provado)

A tudo isto, devendo somar-se ainda o ponto n.º 15 da B.I. que deveria ainda o Mm. Tribunal *a quo* ter dado por provado, ou seja, que:

Ao nível da cave do locado, a R. erigiu paredes e alterou a disposição das divisões.

Portanto, a Apelada e Ré violou claramente a Cláusula 4.ª do Contrato de Arrendamento em questão, e produziu no hotel, sem consentimento escrito do senhorio, obras (inúmeras!) que alteraram «substancialmente a sua estrutura externa» e obras que alteraram substancialmente «a disposição interna das suas divisões», tal como consignado na alínea d) do art. 64.º do RAU aplicável.

Senão, Excelentíssimos Senhores Juízes Desembargadores, perguntemo-nos:

- **Ao nível do exterior do prédio, o que não foi objecto de alterações?**

Excelentíssimos Senhores Juízes Desembargadores, <u>não houve um centímetro quadrado que não mudasse de cor e de materiais e muitas vezes de forma!</u>

A saber, tal como se retira dos 12.º, 16.º, 17.º, 18.º, 19.º, 20.º, 21.º, 22.º e 23.º factos provados, os quais fastidioso transcrever uma vez mais.

Isto é, todo o aspecto exterior foi alterado!

A saber:

- As cores da fachada e empenas;
- Novos desenhos de fantasia, de enorme dimensão, nas empenas,

- Nas varandas, mudaram as cores, os revestimentos, os materiais, os vãos, a estereotomia!
- Até a porta de entrada, os degraus da entrada e a localização da entrada...
- ...Nada ficou igual ou foi preservado!

Se dúvidas ainda restassem, apesar de serem factos provados, faça-se um exercício de comparação de fotografias, entre as de fls. 505 a fls. 517 e as de fls. 523, 527, 552 a 556 e 571 e 572.

Excelentíssimos Senhores Juízes Desembargadores, perguntemo-nos ainda:

- **Ao nível da disposição interna das suas divisões, o que não foi objecto de alterações, quer no Rés-do-Chão quer na Cave do edifício?**

Excelentíssimos Senhores Juízes Desembargadores, as alterações foram muitíssimo amplas e substanciais, tendo sido alteradas áreas e funcionalidades do espaço, quer no Rés-do-Chão quer na Cave do edifício.

A saber, tal como se retira dos 13.º, 14.º e 24.º factos provados, e ainda do ponto n.º 15 da B.I. que deverá ter-se por provado, os quais também seria fastidioso transcrever uma vez mais e ainda das **conclusões Periciais de fls. 264, 266 e 278**,

ou seja:

- Aumento de área útil no Rés-do-Chão;
- Demolição de paredes no Rés-do-chão e construção de novas paredes (fls. 264, 266 e 278);
- Criação de novas divisórias;
- Demolição de divisórias que criavam áreas com funcionalidades distintas, para passar a mero lobby;
- Novas funcionalidades e áreas no que era a sala de jantar e cabine telefónica;
- Eliminação da cozinha do hotel e sua transformação em escritórios;

- Alteração da disposição das divisões na Cave, mediante construção de paredes e divisórias;
- Criação de um quarto com quarto de banho na Cave!

Por tais fundamentos e **razões absolutamente tangíveis**, está a Apelante convicta de que a Apelada violou flagrante e ostensivamente a lei, sendo **a permissividade e a complacência, ínsitas na Sentença recorrida, inaceitáveis e contrárias a todos os princípios que se destinam a proteger a propriedade privada**, mesmo no âmbito do Arrendamento.

Pois a Sentença recorrida, a manter-se, viria permitir que o inquilino fizesse e desfizesse – como fez a Apelada – no arrendado a seu bel-prazer, jamais incorrendo na situação prevista no citado art. 64.º do RAU, conquanto deixasse as fundações e a estrutura resistente do edifício inalteradas...

...o que é contrário à *ratio legis* e teleologia da alínea d) do art. 64.º do RAU.

Por outro lado, ainda, não deu o Mmo. Tribunal *a quo* a relevância que se impõe ao **conjunto** das alterações realizadas pela Apelada no hotel arrendado, tendo olhado para cada alteração introduzida como um facto isolado – o que não se coaduna com a situação de facto, submetida à apreciação da Justiça.

Excelentíssimos Senhores Juízes Desembargadores:

- **Que hotel tem hoje a Apelante?**

Certamente não pode aquele considerar-se o mesmo, pelas extensas e substanciais alterações acima descritas – as quais se inserem, **a um tempo, em AMBAS as situações alternativas** previstas na alínea d) do art. 64.º do RAU:

– alteração substancial da estrutura externa;

E

– alteração substancial da disposição interna das suas divisões.

De um hotel caracterizado por um estilo sóbrio, típico do pós-Guerra, construído com materiais de baixa manutenção, sem uma cor forte e obedecendo a uma estética determinada,

[como, aliás, <u>esclareceu a testemunha Arqt.º. ___</u>, no seu depoimento de voltas 1419 a final do lado A, da cassette n.º 2, e de voltas 0 a final do lado B, da cassete n.º 2, e de voltas 0 a voltas 1061 do lado A, da cassete n.º 3

[e como consta de fls. 22 a 25, em Parecer do Arqt.º ___]

[e como consta de fls. 22 a 25, em Parecer do Arqt.º ___]

passou a possuir um hotel que, a nível estético e de Arquitectura, constitui uma <u>manta de retalhos, incaracterístico, portador de enormes imagens de fantasia que se destacam na paisagem</u>, com <u>entrada diferente, com as divisões do Rés-do-chão e da Cave totalmente alteradas, sem cozinha, sem sala de jantar, sem cabine telefónica, com escritórios na Cave criados sem licença camarária e um quarto com casa de banho na Cave, absolutamente clandestino!</u>

E ainda **com traços do seu <u>aspecto verdadeiramentes aviltantes</u>, como se observa das actuais traseiras, ostentando uma cor diferente das empenas e fachada** – como se observa na **fotografia a fls. 556** (fotografia realizada em ___ à fachada tardoz e empena, como consta das linhas 14.ª a 17.ª de fls. 560).

De resto, cumpre acrescentar ainda que, se é verdade que os 25.º a 29.º Factos Provados se poderiam justificar pela necessidade de conservação de pinturas da mesma cor e/ou algumas reparações, por outro lado é absolutamente evidente que não explicam nem justificam a total remodelação interior e alteração das divisões no Rés do Chão e Cave, nem muito menos a descaracterização absoluta da identidade exterior e estética do hotel.

Entende a Apelante que, ao sentido da errada Decisão de Direito consubstanciada na Sentença em crise, não terá sido alheio o uso recorrente, abusivo e incorrecto da expressão «amovível», trazida "por empatia" dos articulados da Apelada para o Relatório Pericial, depois para a Base Instrutória, e finalmente para os pontos 13.º e 14.º da Matéria de Facto Assente, fazendo com que fossem encaradas como "de pouca monta" quaisquer alterações onde tal expressão viesse a constar...

O uso de tal expressão «amovível» apenas pode induzir em erro, sobretudo quanto a casos em que existe <u>uma ligação contínua de uma parede divisória entre o chão, o tecto e a parede, sem que a remoção da mesma se possa fazer sem obra</u>, como é o caso de todas as divisórias a que se alude nos pontos 13.º e 14.º da Matéria de Facto Assente!

Apenas porque são paredes divisórias construídas em materiais menos nobres e/ou pesados (como "pladur" ou gesso cartonado), não deixam de ser **paredes** divisórias, as quais podem – como foi o caso – alterar substancialmente a disposição interna das divisões de um imóvel.

Pois de resto, também uma parede de alvenaria será "amovível", porque pode ser derrubada e eliminada sem deixar vestígios, assim como um prédio inteiro ou um piso poderiam ser "amovíveis", uma vez que poderiam ser novamente executados em qualquer altura!

De resto, sabiamente a Jurisprudência tem entendido que, mesmo perante alterações "amovíveis", pode configurar-se uma situação justificativa de despejo – vide o Ac. Trib. Relação de Lisboa de 30/03/2000 (R. 1891/2000) in BMJ, tomo 494, pp. 353, onde se lê:

- *«(...) a montagem pelo inquilino sem autorização escrita do senhorio, de uma estrutura de madeira e zinco, ainda que amovível, no terraço de um 1.º andar onde um seu filho passou a cozinhar e a dormir integra obras consideráveis que alteram substancialmente a estrutura externa do locado, constituindo causa de resolução contratual pelo senhorio nos termos daquele normativo».*

Por outro lado, como se decidiu pelo Ac.Trib.Relação de Lisboa de 25/11/1986 (R. 11 747) in Col. Jur., 1986, tomo 5, pp. 123:

- *«Deve entender-se que a construção de duas divisões – um quarto e uma cozinha – em casa arrendada, alterou substancialmente a disposição interna daquela casa (...)»*

Sendo certo que uma alteração tão mínima quanto a abertura feita na placa da cobertura de uma garagem pode constituir uma alteração substancial da estrutura externa desse edifício, como se lê no Ac. Trib. Relação de Lisboa de 19/06/1986 (R. 17 840) in Col.Jur., 1986, tomo 3, pp. 133.

Em acréscimo, para que se produza uma alteração substancial da estrutura externa do prédio basta a alteração do seu aspecto e equilíbrio arquitectónico, como vem sendo consagrado unanimemente na Jurisprudência dos Tribunais Portugueses, mencionando-se, a título de exemplo:

- *"Alteração substancial da estrutura do prédio, como fundamento de acção de despejo, é a alteração da sua fisionomia, configuração, disposição <u>ou equilíbrio arquitectónico</u>"* – vide Ac. Rel. Coimbra de 27.4.1995 (R.1423/94), *in* BMJ, n.º 446, pp. 360; (o sublinhado é nosso)
- *"(…) constitui fundamento da resolução do contrato de arrendamento a modificação da estrutura do prédio que descaracterize a configuração exterior, rompendo o equilíbrio arquitectónico (…)* – vide Ac. Rel. Porto de 7.12.1995 (R.680/95), *in* BMJ n.º 452, pp. 486;
- *"Por estrutura externa do prédio entende-se a sua fisionomia (aspecto e configuração) e não a noção corrente em construção civil com correspondência na sua estrutura resistente"* – vide Ac. STJ de 14.1.1997 (P.142/96), *in* BMJ n.º 463, pp. 571.

Por tudo isto, em suma, para qualquer cidadão médio colocado na posição de senhorio, que é a da ora Apelante, em face da lei existente e do regime contratual, o caso concreto dos autos constituirá um flagrante caso de obras justificativas da **rescisão** do contrato de arrendamento.

Por último, ao arrepio das mais elementares regras do Direito Civil e Constitucional que tutelam o direito de propriedade, **não assumiu na Sentença recorrida qualquer significado** o facto de a Apelada ter vilipendiado o edifício arrendado com obras exteriores e interiores **absolutamente ilegais, porque feitas à revelia da C.M.**   .

Parte III – Conclusão 391

E nem o facto de a Apelada ter apresentado na C.M.___ um **pedido de licenciamento** de tais obras, o qual **veio a ser indeferido** (**fls. 634 a 650**)!

Bem como o facto de a Apelada ter feito tal pedido de licenciamento "a correr", em ___**, e depois de os presentes autos de despejo terem sido interpostos e** *à posteriori* **das próprias obras!** (*vide* a exposição de fls. 578)

O que consigna afinal, uma **solução judicial de irresponsabilização completa da inquilina, a custo da esfera patrimonial da Apelante.**

De onde se impõe extrair as seguintes

CONCLUSÕES:

I. Versa o presente recurso sobre a Decisão da matéria de Facto e sobre a Decisão da matéria de Direito, nos termos dos arts. 690.º e 690.º-A do CPC, respectivamente, verificando-se o circunstancialismo previsto no n.º 1 do art. 712.º do CPC, quanto à matéria de facto.

II. Levando em conta a prova constante dos autos, o Mmo. Tribunal *a quo* deveria ter dado por provados os seguintes factos constantes da Base Instrutória:

- *Somente durante o mês de Novembro de* ___ *um legal representante da A. teve conhecimento das obras e alterações que a R. levou a cabo no imóvel, por meio de observação desde o exterior* – a que corresponde o ponto n.º 13 da Base Instrutória;
- *Só com a junção do Relatório Pericial nos presentes autos é que as obras efectuadas na Cave do locado se tornaram do conhecimento da A.* – a que corresponde o ponto n.º 14-A da Base Instrutória;
- *Ao nível da cave do locado, a R. erigiu paredes e alterou a disposição das divisões* – a que corresponde uma parte muito relevante do ponto n.º 15 da Base Instrutória.

III. O ponto n.º 13 da B.I. deveria ter sido dado por provado atendendo aos depoimentos das testemunhas Dr.___, ___ e ___, à carta datada de 6 de Novembro de ___ que constitui o documento de fls. 557 (referido pelas mesmas testemunhas), às fotografias realizadas em Novembro de ___ e pessoalmente identificadas em Audiência de Julgamento pela testemunha ___, hoje constantes de fls. 552 a fls. 557, ao exemplar do documento de fls. 466 a 517, ou uma sua parte, usado para realizar o confronto com as mencionadas alterações levadas a cabo pela Apelada no Hotel ___, hoje em apreço, e ainda ao facto de que nenhum depoimento testemunhal ou documento contrariou aquele ponto n.º 13 da B.I., fosse em que medida fosse.

IV. O ponto n.º 14-A da B.I. deveria ter sido dado por provado atendendo aos depoimentos das testemunhas Dr.___, ___ e ___, e ainda à circunstância absolutamente esclarecedora de as (muitos extensas) alterações produzidas pela Apelada na Cave do hotel não terem sido descritas e alegadas na P.I. dos autos, mas sim somente no Articulado Superveniente, admitido a fls. 330.

V. A mencionada parte do ponto n.º 15 da B.I. deveria ter sido dada por provado atendendo a que não corresponde a mera conclusão e resulta taxativamente demonstrada nos autos, como resulta do **Relatório Pericial**, nomeadamente da resposta ao quesito 7.º da Ré, a fls. 264, da resposta ao quesito 6.º da Autora, a fls. 266, e de fls. 278.

VI. Assim sendo, deverá a Decisão sobre a Matéria de Facto Provada proferida pelo Mmo. Tribunal *a quo* ser rectificada, em conformidade, por via do presente recurso de Apelação, nos termos dos arts. 690.º-A e n.º 1 do art. 712.º do CPC, mediante o aditamento daqueles factos.

VII. Por outro lado, no tocante à Decisão de Direito configurada na douta Sentença recorrida, tendo em conta a matéria de facto que deveria ter sido dada por prova, a qual deverá acrescer,

VIII. e especialmente tendo também em conta os 7.º, 8.º, 9.º, 11.º, 12.º, 13.º, 14.º, 15.º, 16.º, 17.º, 18.º, 19.º, 20.º, 21.º, 22.º, 23.º e 24.º Factos Provados, a mesma padece de erro na aplicação da alínea d) do art. 64.º n.º 1 do RAU (D-L 321-B/90 de 15 de Outubro, com suas sucessivas alterações), ao não considerar que a Apelada tenha produzido quaisquer alterações <u>substanciais</u> no arrendado, quer ao nível da sua estrutura externa quer ao nível da disposição interior das suas divisões.

IX. Bem pelo contrário, aqueles 7.º, 8.º, 9.º, 11.º, 12.º, 13.º, 14.º, 15.º, 16.º, 17.º, 18.º, 19.º, 20.º, 21.º, 22.º, 23.º e 24.º Factos Provados, somados ainda à matéria de facto que deveria ter sido dada por prova, demonstram que todo o aspecto exterior do prédio foi alterado, nomeadamente:

- As cores da fachada e empenas;
- Novos desenhos de fantasia, de enorme dimensão, nas empenas,
- Nas varandas, mudaram as cores, os revestimentos, os materiais, os vãos, a estereotomia!
- Até a configuração da porta e degraus da entrada

X. Aqueles 7.º, 8.º, 9.º, 11.º, 12.º, 13.º, 14.º, 15.º, 16.º, 17.º, 18.º, 19.º, 20.º, 21.º, 22.º, 23.º e 24.º Factos Provados, somados ainda à matéria de facto que deveria ter sido dada por prova, demonstram ainda que, ao nível do Rés-do-Chão e da Cave do edifício, a Apelada produziu no arrendado alterações muitíssimo amplas e substanciais, tendo sido alteradas áreas e funcionalidades do espaço, nomeadamente:

- Aumento de área útil no Rés-do-Chão;
- Demolição de paredes no Rés-do-chão e construção de novas paredes (fls. 264, 266 e 278);
- Criação de novas divisórias;
- Demolição de divisórias que criavam áreas com funcionalidades distintas, para passar a mero lobby;
- Novas funcionalidades e áreas no que era a sala de jantar e cabine telefónica;
- Eliminação da cozinha do hotel e sua transformação em escritórios;
- Alteração da disposição das divisões na Cave;
- Criação de um quarto com quarto de banho na Cave!

XI. Verifica-se, no caso dos autos em apreço, que a inquilina realizou extensas e substanciais alterações, <u>as quais se inserem, em simul-</u>

tâneo, **em ambas as situações alternativas** previstas na alínea d) do art. 64.º do RAU, isto é alteração substancial da estrutura externa e alte-ração substancial da disposição interna das divisões do imóvel arrendado.

XII. Tal conclusão, aliás, corresponde à medida da gravidade das situações que, isoladamente, originaram o despejo nos casos submetidos aos:

a. Ac. Trib. Relação de Lisboa de 30/03/2000 (R. 1891/2000) in BMJ, tomo 494, pp. 353;
b. Ac. Trib. Relação de Lisboa de 25/11/1986 (R. 11 747) in Col.Jur., 1986, tomo 5, pp. 123:
c. Ac. Trib. Relação de Lisboa de 19/06/1986 (R. 17 840) in Col. Jur., 1986, tomo 3, pp. 133.
d. Ac. Rel. Coimbra de 27.4.1995 (R.1423/94), *in* BMJ, n.º 446, pp. 360;
e. Ac. Rel. Porto de 7.12.1995 (R.680/95), *in* BMJ n.º 452, pp.486;
f. Ac. STJ de 14.1.1997 (P.142/96), *in* BMJ n.º 463, pp. 571.

XIII. De resto, no caso dos autos deverá ser levada em linha de conta a natureza, a diversidade e **a extensão do conjunto** das alterações exteriores e interiores, realizadas pela mesma Apelada, as quais atentaram contra a identidade do imóvel, descaracterizando-o totalmente, como desde logo se evidencia, em parte, pela fotografia de fls. 556!

XIV. Tais alterações foram realizadas à revelia da Apelante e sem licenciamento de qualquer espécie (prévio ou posterior) – *vide* fls. 578, e fls. 634 a 650 – agravando o facto de a Apelada as ter tentado legalizar *a posteriori* e sem sucesso, e já depois de interpostos os presentes autos – o que revela bem o seu dolo.

XV. De onde, errou de Direito a Sentença recorrida, devendo a mesma ser revogada, subsumindo-se o caso dos autos na previsão da alínea d) do art. 64.º n.º 1 do RAU aplicável, simultaneamente por a Apelada ter realizado, sem consentimento escrito do senhorio, obras que alteraram substancialmente a estrutura externa do locado, e por ter realizado, sem consentimento escrito do senhorio, obras que alteraram substancialmente a disposição interna das suas divisões,

XVI. decretando-se a resolução do contrato de arrendamento dos autos, com plena e total justificação jurídica, mas também a nível ético e social.

Nestes termos, e nos demais de Direito do douto suprimento de Vossas Excelências, no qual desde já se louva a recorrente, deverá a douta Sentença recorrida ser revogada, aditando-se a matéria de facto provada como referido *supra*, e substituindo-se a mesma Sentença por Decisão condenatória da recorrida, na resolução do arrendamento nos autos e respectivo despejo, assim se fazendo a habitual e tão necessária ... **JUSTIÇA!**

Junta: comprovativo do pagamento de taxa de justiça inicial

O ADVOGADO

XVII. CONTRA-ALEGAÇÕES DE RECURSO DE APELAÇÃO (CÍVEL)

Tribunal de Família e Menores de ___
___ Juízo
Proc. n.º ___
(Apelação)

        Contra Alegações de Recurso que oferece a Apelada ___ no Tribunal da Relação de ___

Excelentíssimos Senhores Juízes Desembargadores,

DO INSIDIOSO "PROÉMIO" DO APELANTE

 Nos treze primeiros parágrafos das suas alegações, mais uma vez o R., ora recorrente, "veste a pele de cordeiro" e tenta fazer-se passar por uma vítima, ensaiando sobre a imaterialidade da Justiça.

 Parágrafos esses de penosa leitura porque, apesar de saber que no caso concreto a factualidade provada é inteiramente verdadeira, novamente o R. pretende inculcar no raciocínio dos seus leitores uma tese falsa e tenta debalde iludir a serena Instância com a insinuação de que foi objecto de uma infeliz "sorte" (a expressão é do apelante!) a que diz dever--se a douta Decisão da 1.ª Instância.

Daí que, antes de mais Excelentíssimos Senhores Juízes Desembargadores, e para que Vossas Execelências tenham desde logo a exacta noção do *modus* como o recorrente litiga nos Tribunais, se deva recordar porque razões foi aquele já condenado numa exemplar multa de 10 (dez) U.C.'s por Litigância de Má-Fé:

    a) porque, contrariamente ao que alegou, provou-se que foi o recorrente quem abandonou o lar conjugal [facto provado sob a alínea 3) da Fundamentação de Facto da douta Sentença do Mmo. Tribunal *a quo*] – recorde-se que, a este propósito, o R. alegou ter sido impedido de entrar em casa, nos arts. 28.º a 32.º da Contestação;

    b) porque, contrariamente ao que alegou, provou-se que o abandono do lar ocorreu em ____ [facto provado sob a alínea 3) da Fundamentação de Facto da douta Sentença do Mmo.Tribunal *a quo*] – recorde-se que, a este propósito e **apenas para obstar ao divórcio**, o R. alegou que a quebra da cohabitação ocorreu meses mais tarde, no art. 28.º da Contestação;

    c) porque, contrariamente ao que alegou, provou-se que o R. manifestou o propósito de não regressar ao lar conjugal [facto provado sob a alínea 5) da Fundamentação de Facto da douta Sentença do Mmo. Tribunal *a quo*] – recorde-se que, a este propósito, o R. alegou ter tentado por diversas vezes a reconciliação, nos arts. 33.º a 41.ºda Contestação;

    d) porque, contrariamente ao que alegou, provou-se que depois do abandono do lar o recorrente passou a viver em ____, em comunhão de cama, mesa e habitação com outra mulher [facto provado sob a alínea 7) da Fundamentação de Facto da douta Sentença do Mmo.Tribunal *a quo*] – *vide* a Réplica junta aos autos em ___;

    e) porque o R. alegou, na sua deprimente Contestação, um arrazoado fáctico totalmente falso e não provado acerca dos hábitos de vida da A. – *vide* os vergonhosos arts. 21.º a 23.º da Contestação e a Réplica junta aos autos em ___;

Em suma, foi condenado como Litigante de Má-Fé porque o R. negou a verdade e fabricou factos, descaradamente, tentando por todas as vias obstar ao divórcio, apesar de saber perfeitamente da existência de uma

Separação de Facto causada por sua iniciativa e prolongada por mais de três anos anteriores à data da entrada da P.I. em Juízo.

Ora, hoje, é o mesmo R. e recorrente quem se dirige ao Mmo. Tribunal *ad quem*, prosseguindo no mesmo intuito de obstar ao trânsito em julgado da douta Decisão da 1.ª Instância – o que consegue por via do disposto no art. 692.º n.º 2 alínea a) do Cód. Proc. Civil (efeito suspensivo da Apelação)...

E para tanto, no "proémio" das suas alegações, o R. não se coíbe de assumir uma vez mais a falsa posição de perseguido e de clamar ter sido vítima da "verdade processual".

Esquece o recorrente que, ao assumir tal atitude, manifesta afinal um mal disfarçado desprezo e uma insidiosa desconsideração pelo trabalho do Mmo. Tribunal *a quo*,

o qual não decidiu a matéria de facto leviana ou alietoriamente, mas sim, pelo contrário, com criteriosa valoração da prova abundante produzida pela A. ora recorrida.

De resto, ao contrário (uma vez mais) do que escreve o recorrente no "proémio" das suas alegações, a verdade é que foi aquele quem, com fria premeditação e nas circunstâncias descritas no art. 18.º da Réplica, decidiu sair do lar conjugal em ___, depois de ter já programada a sua futura vida em ___...

E, ao contrário também do que escreve aquele no "proémio" das suas alegações, não é verdade que tivesse havido qualquer intervenção de terceiros e muito menos dos filhos do casal no sentido da separação, tendo estes, em conjunto, repudiado a infeliz conduta do recorrente.

Porém, Excelentíssimos Senhores Juízes Desembargadores, o facto que permanece é que de forma incompreensível <u>o recorrente renunciou afinal a trazer ao objecto do presente recurso a matéria de facto dos autos</u>, o que é bem revelador da incapacidade que sempre teria em – na barra do Tribunal – demonstrar qualquer uma das ficções que invocou esforçadamente na sua Contestação.

Neste caso, pelo menos, a verdade material (aliás comesinha) foi a que efectivamente se provou, ao que não foi alheio o criterioso Juízo do Mmo. Tribunal *a quo*.

Mas passemos de imediato ao objecto da Apelação.

DO OBJECTO DO RECURSO

O recorrente cingiu o objecto da presente Apelação a três questões delimitadas:

a) a atribuição da exclusiva culpa na dissolução do casamento;
b) a retroactividade dos efeitos do divórcio à data da Separação de Facto (___);
c) a condenação como litigante de má-fé.

Todavia, como se passa a demonstrar, na apreciação de todas estas questões a douta Sentença recorrida foi irrepreensível.

Para apreciação de tais questões de Direito, julga-se imprescindível recuperar a **matéria de facto provada**, na qual o Mmo. Tribunal *a quo* fundamentou as suas decisões, a saber:

1) «No dia ___, A. e R. contraíram entre si casamento católico, com convenção antenupcial, pela qual convencionaram a separação absoluta de bens;
2) Em ___, A. e R. residiam habitualmente no imóvel sito na Rua ___, em ___, sendo esta a casa de morada da família;
3) Em ___, o R. levando consigo roupas e outros bens pessoais, abandonou o lar conjugal;
4) E passou a viver em ___, ___;
5) Não mais regressando ao lar conjugal;
6) O R. manifestou o propósito de não regressar ao lar conjugal;
7) Em ___, ___, o R. passou a viver em comunhão de cama, mesa e habitação com outra mulher.»

Assim situados, debrucemo-nos sobre a fundamentação utilizada pelo Mmo. Tribunal *a quo* ao atribuir ao R. e ora recorrente a <u>culpa exclusiva **pela cessação da coabitação**</u>, prevista no art. 1789.º n.º 2 do

Cód. Civil, questão diversa da que pretende aquele discutir e que diz respeito à atribuição da culpa na violação de deveres genéricos que constituam fundamento para divórcio litigioso com fundamento distinto da mera roptura da vida em comum, para os efeitos previstos no art. 1779.º e no art. 1787.º do Cód. Civil.

Isto é, teremos de analisar a fundamentação utilizada pelo Mmo. Tribunal *a quo* para decidir de acordo com o art. 1789.º n.º 2 do Cód. Civil, situados no regime jurídico do que a doutrina designa por «Divórcio Remédio» (art. 1781.º do Cód.Civil), ou seja o divórcio litigioso requerido com mero fundamento objectivo.

E não analisar uma questão diversa que seria a atribuição da culpa no âmbito do que a doutrina designa por «Divórcio Sanção» (arts. 1779.º e 1780.º do Cód. Civil), ou seja o divórcio litigioso requerido com fundamento objectivo e subjectivo contra um dos cônjuges.

Ora, para os efeitos previstos no art. 1789.º n.º 2 do Cód. Civil, ou seja a atribuição de uma culpa **pela cessação da coabitação**, o Mmo. Juiz *a quo* considerou:

- por um lado, a iniciativa do próprio recorrente em abandonar o lar conjugal;
- por outro lado, o facto de essa iniciativa estar desacompanhada de qualquer facto provado justificativo ou que pudesse demonstrar não ter sido uma decisão inteiramente livre;
- por outro lado ainda, ter-se tratado de uma iniciativa acompanhada de **outros factos provados**, tais como: «*O R. passou a viver em ___, ___*»; «*Em ___, ___, o R. passou a viver em comunhão de cama, mesa e habitação com outra mulher*»; «*Não mais regressando ao lar conjugal*» e «*O R. manifestou o propósito de não regressar ao lar conjugal*».

Ora, fundamentando-se neste conjunto de factos – e não apenas no já significativo livre abandono do lar – bem esteve o Mmo. Tribunal *a quo* em considerar que, face à matéria de facto no seu conjunto, se deveria atribuir ao R. e ora recorrente a culpa exclusiva **pela cessação da coabitação**, prevista no art. 1789.º n.º 2 do Cód. Civil.

Pois, se uma mera "saída de casa" nem sempre gera uma situação irreversível de separação, já uma "saída de casa" acompanhada dos aludidos factos complementares [«*O R. passou a viver em ___, ___*»; «*Em ___, ___, o R. passou a viver em comunhão de cama, mesa e habitação com outra mulher*»; «*Não mais regressando ao lar conjugal*» e «*O R. manifestou o propósito de não regressar ao lar conjugal*»], evidentemente compromete de forma **definitiva** e **culposa** a coabitação futura!

De resto, tal douta Decisão da 1.ª Instância está abundantemente fundamentada na douta Sentença recorrida (do 9.° § da Decisão de Direito ao seu 18.° §) e absolutamente conforme com todas as regras de experiência humana (!)...

Pois perante o que ficou provado (e perante tudo quanto o recorrente alegou e não provou), tornou-se patente ter sido ele exclusivamente o culpado pela **cessação definitiva da coabitação**.

De onde, havendo matéria de facto provada mais do que suficiente para decidir tal questão, o Mmo. Juiz *a quo* limitou-se a decidir no único sentido que impõe o n.° 2 do art. 1782.° do Código Civil, o qual reza que: «*Na acção de divórcio com fundamento em separação de facto, o juiz deve declarar a culpa dos cônjuges, quando a haja, nos termos do artigo 1787.°*».

Assim sendo, e já quanto à questão da retroactividade dos efeitos do divórcio, de acordo com o disposto no n.° 2 do art. 1789.° do Código Civil, uma vez provada também nos autos a data concreta da cessação da coabitação entre os cônjuges (___) e uma vez que a A. e ora recorrida requereu ao Tribunal nesse sentido (Pedido II. da P.I.), bem esteve também o Mmo. Tribunal *a quo* em fazer **retroagir** os efeitos do divórcio àquela data, pois assim o impunha a lei substantiva.

Finalmente, quanto à condenação do recorrente como litigante de má-fé, o Mmo. Tribunal *a quo* fundamentou a sua decisão considerando que:

«*O R. negou veementemente ter tido a iniciativa da separação, apresentando a versão de que foi a A. que impôs essa separação e de que esta* *ocorreu em finais de ___. Provou-se a versão alegada pela A., que é incompatível com a alegada pelo R. Ora, apesar de se tratar de uma acção de estado e, portanto, não ser admissível a confissão, daí não resulta que o R. possa, impunemente, negar factos que são pessoais, como fez, pelo que litigou de má-fé (...)».*

Ora, recuperando quanto acima se disse, nomeadamente:

- que, **contrariamente à alegação do recorrente**, provou-se que foi ele quem abandonou o lar conjugal;
- que, **contrariamente à alegação do recorrente**, provou-se que o abandono do lar ocorreu em ___;
- que, **contrariamente à alegação do recorrente**, provou-se que o R. manifestou o propósito de não regressar ao lar conjugal;
- que, **contrariamente à alegação do recorrente**, provou-se que depois do abandono do lar este passou a viver em ___, ___, em comunhão de cama, mesa e habitação com outra mulher;

torna-se absolutamente notória a Justiça e o rigor da Decisão do Mmo. Tribunal *a quo*, quanto à condenação do recorrente numa exemplar multa de 10 (dez) U.C.'s por Litigância de Má-Fé.

Portanto, impõe-se a manutenção da douta Sentença recorrida, nos seus precisos termos.

CONCLUSÕES:

I. A culpa atribuída na douta Sentença ao recorrente não é a culpa pelo divórcio *tout court*, nos termos contidos no art. 1779.° do Cód. Civil, onde se prevê o regime do «Divórcio-Sanção».

II. Pelo contrário, a culpa atribuída na douta Sentença ao recorrente é a culpa pela mera cessação da coabitação, prevista no **n.° 2 do art. 1789.°** do Código Civil, no âmbito do «Divórcio-Remédio».

III. A atribuição desta culpa ao recorrente foi fundamentada no facto provado do abandono do lar ter ocorrido por sua livre iniciativa, <u>acom-</u>

panhado pelos factos provados de que: «*O R. passou a viver em ___, ___*»; «*Em ___, ___, o R. passou a viver em comunhão de cama, mesa e habitação com outra mulher*»; «*Não mais regressando ao lar conjugal*» e «*O R. manifestou o propósito de não regressar ao lar conjugal*» – o que, no seu conjunto, determinou por exclusiva culpa do R. a impossibilidade de os cônjuges voltarem a coabitar.

IV. De acordo com todas as regras da experiência, bem esteve o Mmo. Tribunal *a quo* em atribuir tal culpa pela mera cessação da coabitação ao recorrente, em cumprimento do disposto no art. **1782.º n.º 2** do Código Civil.

V. Assim sendo, uma vez provada nos autos a data da cessação da coabitação entre os cônjuges e uma vez que a A. e ora recorrida requereu ao Tribunal nesse sentido (Pedido II. da P.I.), bem esteve o Mmo. Tribunal *a quo*, ainda, em fazer retroagir os efeitos do divórcio àquela data de ___.

VI. Igualmente se impunha a condenação do recorrente como Litigante de Má-Fé, por o mesmo ter violado os deveres impostos pelas alíneas a), b) e c) do n.º 2 do art. 456.º do Cód. Proc.Civil, nomeadamente porque aquele alegou sempre o contrário de quanto ficou provado quanto a: ter sido quem abandonou o lar conjugal; ter o abandono do lar ocorrido na data de ___; ter o recorrente manifestado o propósito de não regressar ao lar conjugal; ter o recorrente, depois do abandono do lar, passado a viver em ___, ___, em comunhão de cama, mesa e habitação com outra mulher...

VII. Bem esteve o Mmo. Tribunal *a quo* nesta questão, ao fundamentar a condenação do recorrente como Litigante de Má-Fé, considerando que: «*O R. negou veementemente ter tido a iniciativa da separação, apresentando a versão de que foi a A. que impôs essa separação e de que esta ocorreu em finais de ___. Provou-se a versão alegada pela A., que é incompatível com a alegada pelo R. Ora, apesar de se tratar de uma acção de estado e, portanto, não ser admissível a confissão, daí não resulta que o R. possa, impunemente, negar factos que são pessoais, como fez, pelo que litigou de má-fé (...)*».

VIII. Portanto, deve a douta Sentença de 1.ª Instância manter-se nos seus precisos termos, por ter procedido à correcta aplicação do Direito ao caso concreto.

Nestes termos,
e nos demais de Direito do douto suprimento de Vossas Excelências, no qual desde já se louva a recorrida, deverá a douta Sentença ser inteiramente mantida, nos seus precisos termos, negando-se provimento à Apelação *in totum*, assim se fazendo a habitual e tão necessária

... **JUSTIÇA!**

Junta: comprovativo do pagamento de taxa de justiça inicial.

O ADVOGADO

XVIII. ALEGAÇÕES DE RECURSO PARA A SECÇÃO CRIMINAL DO TRIBUNAL DA RELAÇÃO

___.º Juízo Criminal
___.ª Secção
Proc. n.º ___

Exma. Senhora Juíza
dos Juízos Criminais de ___

___, Assistente constituído nos presentes autos à margem identificados, em que são arguidos ___ e ___, em face do depósito em ___ da Sentença Final proferida nos presentes autos e por não se conformar com esta, vem da mesma interpor Recurso para o Tribunal da Relação de ___, com subida imediata nos autos, nos termos e ao abrigo do disposto nos art. 399.º, art. 406.º, art. 407.º n.º 2 alínea a), e arts. 427.º e segs., todos do Cód. Proc. Penal, incidindo sobre Matéria de Facto e sobre Matéria de Direito, para o que desde já formula a seguinte motivação, em conformidade com o que prescrevem os art. 410.º, art. 411.º e art. 412.º do mesmo diploma.

MOTIVAÇÃO

do recurso que oferece o Assistente e Lesado, ora Recorrente, ___ junto do TRIBUNAL DA RELAÇÃO DE ___

Excelentíssimos Senhores Juízes Desembargadores,

Com a devida vénia e consideração pelo Mmo. Tribunal *a quo*, a douta Sentença de que se recorre carece de revogação, pois consagra a

absoluta impunidade de ambos os arguidos, perante factos onde a responsabilidade criminal dos mesmos é notória e provada até documentalmente.

Mediante o abuso de procurações, os arguidos não apenas **(1)** causaram intencionalmente ao assistente um prejuízo patrimonial, de valor nunca inferior a EUR: 815.655,00 (oitocentos e quinze mil seiscentos e cinquenta e cinco euros)...

...como ainda **(2)** foi a arguida quem se apossou directamente da maior parte do património imobiliário que foi subtraído ao assistente.

Daí, Excelentíssimos Senhores Desembargadores, que a presente Apelação deva ser acolhida com toda a preocupação, e com a habitual profundidade de apreciação desta serena Instância, da qual por vezes não beneficiam os autos em 1.ª Instância.

1) O CERNE DOS FACTOS

A título meramente introdutório e considerando **apenas** os próprios documentos de fls. **12 a 23, 46 a 54, 124 a 129, 134 a 137 e 154 a 156** apreendem-se, de imediato, os factos em juízo:

(1) Em ___ faleceu ___, tendo sido habilitados como herdeiros sua mulher, ___, e os cinco filhos de ambos: ___ (o assistente), ___ (a arguida), ___, ___ e ___ – *vide* Escritura de Habilitação Notarial de fls. 12 a fls. 15.

(2) Meses depois, a ___, o assistente outorgou a Procuração nos autos em favor da arguida, dando-lhe poderes para – entre um extenso enunciado vulgarizado na prática notarial – proceder a partilhas, liquidar impostos, receber tornas, comprar, vender, permutar ou hipotecar bens ou direitos móveis ou imóveis, autorizando-a à prática de negócios consigo mesma, **mas não a dispensando da prestação de contas** – *vide* a Procuração Notarial de fls. 16 a fls. 19.

(3) Entre o assistente e a arguida existiam relações de plena confiança recíproca, sendo até os únicos sócios de sociedades comerciais, já

suas de pleno direito – *vide*, como exemplo, a Certidão do Registo Comercial de ___ LDA de fls. 20 a fls. 23.

(4) Também na qualidade de director da sociedade Off Shore ___ LIMITED, o assistente havia já em ___ conferido procuração atribuindo poderes de representação à arguida para – entre outros – comprar, adquirir, onerar e alienar quaisquer imóveis desta outra sociedade sitos em Portugal – *vide* a Procuração de fls. 124 a 129.

(5) Ora, largos anos depois da outorga de tais procurações, no ano de ___, **no espaço de apenas 11 dias e numa voragem de subtracção fraudulenta e criminosa**, a arguida fez uso daquelas procurações e, em representação do assistente, celebrou e assinou as seguintes 3 (três) escrituras públicas de **alienação de aliquotas que pertenciam ao assistente em 3 (três) valiosos imóveis situados no cento da cidade de** ___, a saber:

- Em ___, a Escritura de Compra e Venda do ___.° Cartório Notarial de ___, de fls. 134 a fls. 137;
- Em ___, a Escritura de Compra e Venda do ___.° Cartório Notarial de ___ de fls. 50 a fls. 53;
- Em ___, a Escritura de Compra e Venda do ___ .° Cartório Notarial de ___ de fls. 46 a fls. 49;

(6) Por vias das mencionadas 3 (três) escrituras, respectivamente, e agindo consciente e dolosamente sobre o património do assistente, a arguida ___ :

- Em nome e representação do assistente, **transmitiu para si própria (!)** a metade indivisa de uma loja (fracção autónoma «B»), sita na Avenida ___, tornejando para a Avenida ___ – *vide* fls. 134 a fls. 137;
- Em nome e representação do assistente, em conjunto com o arguido **transmitiu para os seus próprios dois filhos menores** (___ e ___) a metade indivisa de uma outra loja (fracção autónoma «A») composta por Rés-do-Chão e Cave, sita na Avenida ___ – *vide* fls. 50 a fls. 53;
- Em nome e representação do assistente, **transmitiu para si própria (!), para a sua irmã ___ e para o marido desta, ___**, 83,34% da metade indivisa de um prédio urbano inteiro, sito na ___, – *vide* fls. 46 a fls. 49;

(7) Tais aparentes "compras e vendas", de direitos a metade e parte de metade sobre imóveis situados no centro de ___, e de altíssimo valor locativo e venal, foram confessadamente **simuladas**, e escrituradas pelos seguintes "preços" absurdos e todos isentados de I.M.T. pelo baixo valor:

- À metade da loja da Avenida ___ foi atribuído o "preço" de Esc. 575.670$50 [EUR: 2.871,43], (valor inferior a uma renda mensal para comércio) – *vide* fls.134 a fls.137;
- À metade da loja composta com Rés-do-Chão e Cave, sita na Avenida ___, foi atribuído o "preço" de Esc. 2.686.320$00 [EUR: 13.399,30] (valor inferior a qualquer veículo automóvel novo)– *vide* fls. 50 a fls. 53;
- Aos 83,34% da metade do prédio sito na ___, foi atribuído o "preço" de Esc. 200.000$00 [EUR: 997,59] (valor de uma renda mensal para habitação de uma única fracção autónoma) – *vide* fls. 46 a fls. 49;

(8) Ou seja, de "uma penada", a arguida **saqueou o património imobiliário do assistente**, diminuindo-o (e apropriando-se da maior parte) **dos seguintes correspondentes valores de mercado**:

- **Metade de EUR: 265.000,00**, sendo este o valor mínimo de mercado da loja da Avenida ___ – *vide* fls. 154 a 156;
- **Metade de EUR: 616.250,00**, sendo este o valor mínimo da loja da Avenida ___ – *vide* fls. 154 a 156;
- **83,34% da metade de EUR: 900.000,00**, sendo este o valor mínimo do prédio sito na ___ – *vide* fls. 154 a 156;

São os próprios documentos autênticos, de fls. **12 a 23, 46 a 53, 124 a 129, 134 a 137 e 154 a 156** dos autos, que demonstram sem margem para dúvidas que a arguida abusou das procurações em causa e **lesou o património do assistente em EUR: 815.655,00 (oitocentos e quinze mil seiscentos e cinquenta e cinco euros)**...

...apropriando-se ela própria de grande parte desse mesmo património imobiliário.

Sendo evidente ainda – a um olhar atento da pessoa colocada na posição do cidadão médio – que **os "preços" que figuraram naquelas 3 (três) escrituras de compra e venda foram simulados... ou seja, falsos!**

Portanto, é patente nos presentes autos, desde a fase processual do Inquérito, que a arguida cometeu um odioso e grave crime patrimonial contra o assistente, configurando – pelo menos – um **Crime de Infidelidade** p.p. no artigo 224.º do Cód.Penal, sendo certo que a qualificação jurídica exacta seria a do cúmulo com a prática do Crime de Furto Qualificado p.p. pelo artigo 204.º n.º 2 alínea a), ou do Crime de Abuso de Confiança Qualificado p.p. pelo artigo 205.º n.º 4 alínea b), todos do Cód. Penal.

O prejuízo patrimonial infligido no assistente foi inegável para qualquer pessoa, e mesmo gravíssimo como se demonstrou, o que constitui um requisito do tipo objectivo do Crime de Infidelidade p.p. no artigo 224.º do Cód. Penal.

Então, excelentíssimos Senhores Desembargadores, pergunta-se:

- **como explicar a absolvição da arguida?**

Pergunta-se, ainda:

- **E como explicar que o Mmo.Tribunal** *a quo* **tenha considerado absolver a arguida com fundamento em que**: «(...) *não se apuraram factos minimamente indiciários que permitam concluir ter a arguida praticado quaisquer actos que se traduzam na diminuição do património do assistente, no aumento do seu passivo ou no não aumento do activo ou não diminuição do passivo*» (Sentença recorrida, fls. 666, último parágrafo)?

Excelentíssimo Senhores Juízes Desembargadores, não parece haver explicação possível para ambas as questões...

...E daí, aliás, a interposição do presente recurso, pois o caso submetido à Justiça dos tribunais foi notoriamente objecto de uma <u>**apreciação errada**</u>,

...tolerando a impunidade dos arguidos,

...e aceitando que os arguidos continuem até hoje manifestamente enriquecidos à custa do empobrecimento do assistente!

2) POSSÍVEIS FACTORES DE PERTURBAÇÃO DE UM JUÍZO ISENTO, POR PARTE DO MMO. TRIBUNAL *A QUO*

A)

Diga-se, em primeiro lugar – sem ironia alguma – que, desde o início dos autos, houve uma circunstância que, aparentemente pelo menos, interferiu numa correcta apreciação jurídica dos factos.

A circunstância que aparentemente interferiu numa correcta apreciação jurídica dos factos é a da existência das próprias procurações, por via das quais o assistente efectivamente havia conferido, em ___ e ___, amplos poderes à arguida para que aquela pudesse actuar em seu nome em todos os assuntos, incluindo transacções sobre imóveis nos termos e condições que julgasse convenientes.

Ora, a existência de procuração válida, pela qual o mandatário fica habilitado a intervir em nome do mandante, constitui <u>um requisito do tipo objectivo do Crime de Infidelidade</u> (art. 224.º C.P.).

Considera-se, por isso mesmo, que o Crime de Infidelidade é um crime específico próprio, pois só pode ser cometido (em autoria) pelo agente-procurador, mandatado por procuração válida e eficaz.

Ou seja, se não existir uma procuração válida ou se o agente estravazar os poderes que lhe foram atribuídos, não existirá Crime de Infidelidade sequer, podendo ocorrer outra espécie de ilícito.

Porém, desde o início dos presentes autos que se estabeleceu um mal entendido, por parte de alguns Dgnmos. Magistrados intervenientes, pois – sem apreender a exacta configuração do tipo de ilícito em causa – olhando para a arguida como titular de uma procuração com tão amplos poderes, <u>foram levianamente levados a considerar todos os seus actos como automaticamente consentidos pelo assistente....</u>

O mesmo é dizer-se que – segundo tal raciocínio eivado de erro jurídico – como o assistente deu autorização prévia para toda e qualquer espécie de acto, enquanto mandante não poderia depois queixar-se, ainda que tais actos fossem **grosseira e gravemente** lesivos do seu património.

O que é um contra-senso que esvaziaria de conteúdo o próprio tipo de ilícito do Crime de Infidelidade (!)

Pois, como dissemos, a existência de procuração válida, e a habilitação do mandatário com os necessários poderes, são apenas um requisito do tipo objectivo do Crime de Infidelidade (art. 224.º C.P.) e não dão origem à exclusão da ilicitude!

Porém, tentando explicar como tal circunstância foi perturbadora de um juízo de ilicitude e de censurabilidade quanto aos actos cometidos pelos arguidos, recordemos o que se revela no Despacho de Arquivamento a fls. 200, onde se lê:

«*O Ministério Público não acompanha a acusação particular deduzida pelo assistente. É que, atento o conteúdo da procuração junta aos autos (...) sendo que, pela mesma procuração ficou "a mandatária, desde já autorizada a usar a presente procuração para a prática de negócio consigo mesmo", atento o regime legal do "negócio consigo mesmo" entende-se que os actos jurídicos realizados – compras e vendas dos imóveis melhor descritos na acusação particular nos moldes e pelos preços ali, também, melhor discriminados – efectuados pela arguida e pelo arguido, o foram com fundamento em instrumento jurídico que lhes confeririam poderes para tanto. Ou seja, indícios suficientes não existem da verificação "in casu" dos elementos típicos do crime de infidelidade.*»

Este vício de raciocínio veio a ser sanado judicialmente por via do justíssimo Despacho de Pronúncia dos Arguidos, de fls. 233 a 241.

No entanto, o mesmo vício de raciocínio – ou seja a perturbação do juízo de ilicitude/censurabilidade sobre os factos cometidos pelos arguidos pelo factor da existência de procurações que deram poderes para os actos – **também veio a repetir-se na Sentença recorrida**, no 2.º parágrafo de fls. 665, onde se lê:

«(...) *A procuração outorgada pelo assistente (seu irmão e respectivas mulheres) concede à arguida plenos poderes para dispor do património deste. Na verdade, consta da procuração que o assistente constitui bastante procuradora a arguida ___ para "... comprar, vender, permutar ou hipotecar bens e direitos móveis ou imóveis..." tendo ficado mandatária autorizada "... a usar a presente procuração para prática de negócios consigo mesmo...".*

E foi isso que aconteceu. A arguida realizou negócios consigo mesma, vendendo a si e a terceiros por si representados partes alíquotas de imóveis de que o assistente era proprietário por preços simbólicos.

Ora, não restam dúvidas que os actos jurídicos realizados pela arguida (compra e venda de imóveis) o foram com fundamento em instrumentos jurídico que lhe conferia poderes para tanto.»

Excelentíssimos Senhores Juízes Desembargadores, seriam fastidioso lembrar novamente que a outorga de procuração válida e eficaz para a prática dos actos em causa não prejudica o preenchimento do tipo de ilícito da Infidelidade, constituindo, pelo contrário, um requisito do tipo objectivo. Um requisito de punibilidade do agente.

Daí que a existência das procurações usadas pela arguida e a atribuição dos poderes que lhe foram conferidos pelo assistente em nada prejudiquem – antes pelo contrário – a existência e a verificação do Crime de Infidelidade, praticado à evidência pela mesma.

Ou seja, a existência de procurações do assistente dando poderes à arguida em momento prévio às suas condutas criminosas não pode interferir no juízo de ilicitude e de censurabilidade sobre tais condutas, sendo um mero requisito imposto pela tipicidade.

Acresce que nenhuma das procurações em causa outorgadas pelo assistente titulava em si mesma, ou titulou, qualquer alienação em favor da arguida – como se pratica no comércio jurídico, no âmbito das procurações irrevogáveis e isentadas da prestação de contas, nomeadamente abrangidas pelo artigo 2.° n.° 3 alínea c) do Código do IMT (D-L n.° 287/2003, de 12/11).

Não foi nunca o caso. As procurações sempre foram revogáveis e não dispensaram a arguida da prestação de contas.

Portanto, urge rectificar aquele erro de raciocínio que se perpetuou até este momento nos presentes autos.

B)

Em segundo lugar, parece ter existido outro factor de perturbação que terá interferido numa correcta apreciação jurídica dos factos por parte do Mmo. Tribunal *a quo*.

O que se verificou, desde o início da Audiência de Discussão e Julgamento, é que:

a) a prova do crime era tangível pelos próprios documentos já nos autos desde o Inquérito, de fls. 12 a 23, 46 a 53, 124 a 129, 134 a 137 e 154 a 156;
b) por isso, a atenção do Tribunal *a quo*, nas longas 7 (sete) Sessões de Audiência de Julgamento, centrou-se – afinal quase exclusivamente – na tese da defesa apresentada pelos arguidos, comprometendo o necessário Juízo isento e/ou imparcial.

Numa palavra – acreditamos honestamente que – **só se explica a absolvição dos arguidos por ter faltado o necessário distanciamento ao Tribunal de Julgamento**, o qual se deixou influenciar pela fábula mistificadora apresentada pela defesa da arguida.

Senão vejamos.

Excelentíssimo Senhores Juízes Desembargadores, como se defendeu a arguida?

Desde a sua Contestação, de fls. 282 a fls. 287, que a arguida alegou ter agido a mando de sua mãe, porque, numa reunião de família, se decidiu "salvaguardar" o património do assistente. Isto, porque alegadamente o assistente era pródigo e jogador nos casinos. Portanto, e para que o assistente não esbanjasse o seu património, a arguida realizou as três escrituras sem o consultar. Na Contestação ao Pedido Cível, a fls. 290 e 291, a arguida declara que não obteve qualquer valor pelas 3 (três) alienações de aliquotas de imóveis do assistente em questão. Em ambas as Contestações, a arguida nem sequer comprovou documentalmente qualquer um dos factos invocados!

Ora bem: o que é isto senão a confissão material e integral dos factos?

Confissão material e integral que se prolongou, aliás, pelo primeiro depoimento do Julgamento – o depoimento da arguida, citado *infra* nestas alegações.

Com efeito, tentando envergar as vestes de cordeiro e diabolizando o assistente com episódios rocambolescos, a arguida:

- Confessou que as 3 (três) citadas escrituras públicas foram totalmente simuladas: <u>nem existiu qualquer negociação de preços para as compras e vendas</u>; <u>nem os preços foram sequer pagos</u>; <u>os preços foram simplesmente ficcionados sem qualquer correspondência à verdade</u>; <u>não existiu portanto qualquer compra e venda</u>; <u>e os negócios dissimulados foram na verdade</u> **doacções** <u>sem quaisquer contrapartidas para a esfera patrimonial do assistente</u>;
- Reconheceu ter agido contra a vontade do assistente, com plena consciência de estar a retirar património imobiliário da esfera patrimonial daquele;
- Admitiu que, depois da morte do pai de ambos (__ em __), o assistente ausentou-se para o estrangeiro, tendo-lhe deixado as procurações para tratar de inúmeros assuntos mas sem ter sido ele a elaborar as respectivas minutas dos mandatos;
- Confessou que <u>em   o assistente já se encontrava em Portugal, aquando da realização das 3 (três) escrituras</u>, e que ainda assim não o consultou para o efeito das transacções em causa;
- Invocou que o assistente também lhe devia dinheiro, relativamente a negócios que conduziu com ele no âmbito de outras sociedades comerciais... e justificou assim uma alegada compensação.

Ora, situando-nos no art. 224.º do Cód.Penal, **a própria defesa invocada pela arguida reconhece que se verificam todos os <u>elementos objectivos</u> e <u>elementos subjectivos</u> do tipo de ilícito**, a saber:

a) a existência de acto jurídico que confiou à arguida o encargo de dispor, administrar ou fiscalizar interesses patrimoniais do assistente (as procurações);

b) a subtracção sem contrapartida de 3 (três) valiosos direitos reais sobre bens imobiliários (causando automaticamente um prejuízo patrimonial importante);
c) a actuação contra a vontade e contra o interesse do titular do património (grave violação dos deveres de mandatária);
d) ter agido com total conhecimento sobre aqueles elementos objectivos do tipo e sobre o alcance e efeitos dos 3 (três) negócios jurídicos lesivos (elemento intelectual do dolo);
e) ter representado o facto e actuado com a intenção de o realizar (elemento volitivo do dolo).

De onde, mesmo até na perspectiva da defesa da arguida, esta **confessou materialmente** ter actuado sob forma de crime consumado, em autoria material e directa e, também ainda de acordo com a defesa da arguida, não se verificaram nem foram invocadas quaisquer causas de exclusão da ilicitude ou da culpa – nos termos dos artigos 31.º a 39.º do Cód. Penal – até porque nunca esteve em causa afastar perigo que ameaçasse a vida, a integridade física, a honra ou a liberdade de alguém (art. 35.º Cód.Penal).

A arguida nem sequer invocou – nem isso seria credível, pois trata-se de uma cidadã portuguesa perfeitamente esclarecida e mulher de negócios como se registou no facto provado n.º 12 – ter actuado sem consciência da ilicitude!!

Ou seja – tudo o que a arguida se limitou a invocar em sua defesa diz unicamente respeito às **motivações da sua actuação**. Segundo a arguida, ela teria agido por sugestão da sua mãe, na sequência de uma alegada reunião de família, por "boas razões", e para bem do assistente (?!), numa espécie de paternalismo sobre o seu património (apesar de o assistente ter plena capacidade jurídica e não se encontrar interditado), e no sentido de manter os bens do assistente dentro do universo da família (**tentando fazer ignorar o seu vultoso enriquecimento – e dos seus filhos – à custa dos bens do assistente!**).

Acontece que nem estas alegações – juridicamente atendíveis, mas apenas em sede de medida da culpa – vieram a obter sustentação em prova, como se pretenderá demonstrar no presente recurso.

Porém, o que é certo é que a arguida sempre confessou, afinal, todos os factos e elementos subjectivos que integram o crime de Infidelidade de que vinha acusada pelo assistente.

De onde, acreditamos que uma possível explicação para a (incompreensível) absolvição dos arguidos possam ter origem no carácter emotivo da defesa da arguida, contribuindo para que o Mmo.Tribunal *a quo* menorizasse de forma inaceitável para um Estado de Direito os **factos objectivos aqui em causa** nos presentes autos.

Daí a necessidade de maior discernimento e serenidade na apreciação dos factos, que se obterá seguramente na presente Instância de recurso.

Tanto mais que **os arguidos sempre confessaram materialmente os factos!**

E logram até hoje permanecer na titularidade dos bens do assistente!

3) OBJECTO DO RECURSO DE APELAÇÃO

A presente Apelação tem por objecto os vários vícios de que padece, visivelmente, a douta Sentença proferida pelo Mmo.Tribunal *a quo*, quer de Direito quer de Facto, como se demonstrará.

Designadamente, em primeiro lugar tem por objecto graves erros estruturantes da Fundamentação e da Decisão de Direito, os quais, uma vez rectificados, só por si deverão conduzir à condenação dos arguidos; e tal sequer sem considerar qualquer alteração da matéria de facto julgada.

A título puramente introdutório, verifica-se que:

a) o emaranhado de motivações que a arguida invocou para a sua actuação foi reproduzido desordenamente na Fundamentação da douta Sentença – em prejuízo do enquadramento lógico e ordenado ao tipo de ilícito em apreço constante do art. 224.º do Cód. Penal;

b) não existiu qualquer hierarquização dos depoimentos testemunhais, entre si, face ao contributo dos mesmos para a análise das questões nucleares da factualidade típica e objectiva – antes sendo reproduzidos em sumário (deficiente e muito omissivo em aspectos cruciais) e somados sem discernimento acerca das matérias para esclarecimento das quais terão servido, e que foram quase todas matérias circunstanciais e sobre a motivação da arguida, os hábitos de vida do assistente, etc;

c) a análise da prova documental é insuficiente, inconclusiva e foi menosprezada totalmente;

d) **o Mmo. Tribunal** *a quo* **passou inacreditavelmente ao largo da questão civil da nulidade – por simulação – das 3 (três) escrituras públicas celebradas pela arguida e arguido**; passando ao largo também da injustiça flagrante que consubstancia manter o *status quo* patrimonial, pelo qual <u>os direitos patrimoniais do assistente passaram para a esfera jurídica da arguida sem contrapartida alguma (!) e ainda hoje assim se mantêm</u>;

e) o Mmo. Tribunal *a quo* não valorou em nada as afirmações (confissões) dos arguidos em sede de imputação objectiva ao art. 224.º do Cód. Penal – tendo, ao invés, confundido os factos que dizem respeito à motivação da arguida com os factos da ilicitude típica;

f) o Mmo. Tribunal *a quo* absolveu os arguidos de um crime que sempre confessaram materialmente haver cometido(!);

g) o Mmo. Tribunal *a quo* considerou não existirem nem indícios sequer do prejuízo patrimonial sofrido pelo assistente – contrariando as simples regras da experiência comum e não levando em conta o documento de fls. 154, nem sequer como indício...

Ao nível dos Vícios de Direito, o presente recurso tem ainda por objecto a decisão de absolver os arguidos do pedido de indemnização civil, formulado nos autos, cujo provimento entendeu que dependeria da condenação criminal.

Em segundo lugar, a presente Apelação tem também por objecto graves erros na apreciação e julgamento da Matéria de Facto considerada na douta Sentença recorrida, os quais, uma vez rectificados, alicerçariam ainda de modo mais perene a devida condenação da arguida e do arguido, sendo valoráveis igualmente em sede da medida das penas que será necessário vir a estatuir a ambos os arguidos.

Sem grandes considerações preliminares sobre este aspecto, dir-se-á desde já que o aspecto dos erros na apreciação da factualidade que mais avulta – quanto à necessidade de rectificação – é precisamente o da **importância do prejuízo patrimonial sofrido pelo assistente**, avaliado pelo Mmo. Tribunal *a quo* com a singeleza da conclusão já acima transcrita:

«(...) *não se apuraram factos minimamente indiciários que permitam concluir ter a arguida praticado quaisquer actos que se traduzam na diminuição do património do assistente, no aumento do seu passivo ou no não aumento do activo ou não diminuição do passivo*» (Sentença recorrida, fls. 666, último parágrafo)

Sobretudo quando é evidente que foram subtraídos ao assistente 2 (dois) direitos a metades indivisas e 1 (um) direito a 83,34% em metade indivisa, respectivamente na propriedade de 3 (três) imóveis situados no centro de ___, e que foram vários os depoimentos testemunhais que confirmaram os seguintes valores de mercado relativos a cada um dos imóveis atingidos, como dissémos:

- EUR: 265.000,00, que é o valor mínimo de mercado da loja da Avenida ___ – *vide* fls. 154;
- EUR: 616.250,00, que é o valor mínimo de mercado da loja da Avenida ___ – *vide* fls. 154;
- EUR: 900.000,00, que é o valor mínimo de mercado do prédio sito na ___ – *vide* fls. 154;

Atentemos então em tais questões com a necessária profundidade.

4) VÍCIOS DE DIREITO DA SENTENÇA RECORRIDA (RESPONSABILIDADE CRIMINAL E INDEMNIZAÇÃO CIVIL)

Cotejando a Sentença recorrida, verifica-se que deu o Mmo. Tribunal *a quo* por provados os seguintes factos.

«*Matéria de facto provada da acusação particular*
1 – Os arguidos são casados no regime de separação de bens.
2 – A arguida é irmã do assistente e ambos são filhos de ___ e de ___.
3 – A sociedade "___ Limited", registada em Gilbratar, conferiu à arguida ___, em ___, os poderes constantes do documento de fls. 124, entre eles o poder de onerar e alienar quaisquer imóveis em Portugal em nome da sociedade.
4 – No dia ___, na freguesia ___, em ___, com última morada na Rua ___, faleceu ___.
5 – Por morte de ___ sucederam como únicos herdeiros sua mulher ___ e cinco filhos ___, ___, ___, a arguida ___ e o assistente ___.
6 – O assistente, seu irmão ___ e respectivas mulheres outorgaram, no ___.º Cartório Notarial de ___, no dia ___ a procuração a favor da arguida, constante de fls. 16 a 19.
7 – No uso das procurações, referidas em 3 e 6, actuando em nome do assistente e da "___ Limited", a arguida realizou os negócios a que correspondem às escrituras outorgadas a ___, ___ e ___, melhor descriminadas no art. *12.º a), b), c) e d) da acusação particular e que aqui se dá por integralmente reproduzido.*
8 – A venda de metade da fracção que corresponde ao rés-do-chão lado direito do prédio urbano, em regime de propriedade horizontal, sito na Avenida ___, em ___ pelo preço de 565.670$50 se apresenta diminuta face ao valor da aquisição que o assistente teve de prestar em ___, no valor de 13.800.000$00.
9 – O imóvel sito na ___ foi adquirido, em comum e partes iguais, pelo assistente e pela sociedade "___, Lda", em ___, pelo preço de 80.000.000$00.
10 – Em ___, a firma "___ Lda" procedeu à avaliação dos imóveis, nos seguintes valores:

a) Avenida ___ – 265.000,00;

b) Avenida ___ – 616.250,00;
c) ___ – 900.000,00.

11 – Os arguidos não têm antecedentes criminais nem processos pendentes.
12 – A arguida ___ é sócia do restaurante "___", sito na Avenida ___, actualmente sem actividade. É proprietária de uma loja de artigos orientais, sita em ___, auferindo de rendas um montante de 10.000,00 trimestral.
13 – Nada tem declarado para efeitos de IRC.
14 – O arguido explora, desde ___, o restaurante "___" e a cervejaria "___", ambos sitos no ___, em ___.
15 – Declarou (a sociedade "___, Lda") para efeito de IRC, o total de proveitos 275.135,38 nos exercícios de ___ e de ___ e 271.143,21 no ano de 2007.

Matéria de facto provada da contestação dos arguidos
16 – A arguida agiu no interesse da família e por mandato da sua mãe ___ para salvaguardar o património da família.
17 – Em ___, o assistente começou a frequentar casinos (Estoril, Las Vegas, Atlanta, Macau), onde começou a esbanjar dinheiro.
18 – Preocupados com o estado em que as propriedades e as sociedades se encontravam, a família reuniu-se e decidiu mandatar a arguida para proceder à realização das escrituras em causa nos autos.
19 – A arguida é pessoa de bem com comportamento social irrepreensível.
20 – O arguido/demandado não possui nenhuma procuração outorgada a seu favor pelo assistente/demandante. Não transaccionou qualquer imóvel nem recebeu qualquer valor.
21 – A arguida/demandada agiu em nome de outrem como objectivo de preservar o património da família.
22 – Não recebeu qualquer valor pelas transacções efectuadas.
23 – As transacções foram efectuadas no uso de poderes que lhe foram conferidos pelo assistente.»

Assente tal factualidade, julgamos que a sua apreciação crítica durante a operação da aplicação do Direito se enquadra já na designada

questão-de-Direito[28]. Daí o termos identificado os seguintes vícios da Sentença recorrida como *Vícios de Direito*. Pois os mesmo surgem perfeitamente delimitáveis, a jusante dos factos provados, participando da construção da fundamentação onde se alicerçaram os últimos parágrafos da Decisão (fls. 662 a 668).

Ora, como motivação da decisão de facto, de fls. 651 a fls. 662 o Mmo. Tribunal *a quo* alonga-se, **em 12 páginas**, numa sucessão de sumários de depoimentos – os dos arguidos, o do assistente e os de 21 (vinte e uma) (!) testemunhas – sem destrinçar qualquer importância relativa entre tais 24 depoimentos, tudo tratando por igual, e praticamente apenas mencionando aspectos circunstanciais e de motivação quanto à actuação da arguida e aos hábitos de vida atribuídos ao assistente.

Na mesma motivação da decisão de facto, o Mmo.Tribunal *a quo* analisa a prova documental existente nos autos num único e **confrangedor** parágrafo, a fls. 662, no qual se lê:

«*Considerou-se, também, o teor dos documentos juntos aos autos, nomedadamente os de fls. 12 a 54, 110 a 137, 154 a 156, 160 a 162, 165, 268, 373, 374, 607 a 610, 617 a 626 e 641*».

Prosseguindo na análise da Sentença recorrida, e permanecendo o leitor da mesma na expectativa da Fundamentação da Decisão do Mmo. Tribunal *a quo*, surgem, a fls. 663, considerações gerais e genéricas acerca do crime de Infidelidade em abstracto e, no 4.º parágrafo de fls. 663, apresenta-se então uma primeira conclusão, a qual, salvo o devido respeito, está manifestamente errada.

---

[28] Situando, como faz CASTANHEIRA NEVES, a diferenciação da questão-de-facto da questão-de-direito, no contexto metodológico da análise do caso jurídico, enquanto categorias distintas que operam em momentos diferentes do processo de solução de um caso jurídico. Para uma sucinta revalorização do problema, vide A. CASTANHEIRA NEVES, Metodologia Jurídica, Problemas Fundamentais, "Stvdia Ivridica", 1, Coimbra Editora, 1993, pp.162 ss.; para um aprofundamento exaustivo sobre esta problemática, vide CASTANHEIRA NEVES, Questão-de-facto, Questão-de-Direito ou o Problema Metodológico da Juridicidade, Almedina, Coimbra, 1967.

Considerou o Mmo. Tribunal *a quo* que o arguido ___, por não dispor de procuração conferida pelo assistente, não pode ser responsabilizado criminalmente por comparticipação no Crime de Infidelidade (p.p. art. 224.º C.P.).

Está manifestamente errado, e é entendimento que **viola o disposto nos** arts. **26.º, 27.º e 28.º do Cód. Penal**, porque as múltiplas formas de comparticipação não são excluídas no caso dos crimes específicos próprios, ainda que o comparticipante não partilhe da qualidade especial do autor.

Nada impede a participação (por instigação ou cumplicidade) no facto praticado por outrém, também nos crimes específicos próprios, como prescreve o artigo 28.º n.º 1 do Cód.Penal.

Ora, como no caso da escritura pública de fls. 50 a 53 o arguido ___ outorgou em nome dos seus dois filhos menores (___ e ___), fazendo ingressar na esfera patrimonial deles o bem que era da propriedade do assistente, e agindo com pleno conhecimento da simulação que estava a ser operada, o mesmo arguido agiu como CÚMPLICE (art. 27.º n.º 1 e n.º 2) na prática do crime de Infidelidade.

Em acréscimo, considerou o Mmo. Tribunal *a quo* que o arguido ___ "apenas esteve presente" numa das escrituras em representação dos seus filhos que eram menores (4.º parágrafo de fls. 663).

Mais uma vez falso. Falso, porque o arguido **outorgou** em nome dos seus dois filhos menores (___ e ___), **fazendo com essa actuação ingressar na esfera patrimonial deles o bem que era da propriedade do assistente**, e agindo com pleno conhecimento da simulação que estava a ser operada.

Portanto, devem ser rectificados, em sede do presente recurso, estes dois erros jurídicos do Mmo.Tribunal *a quo* que conduziram à conclusão do 5.º parágrafo de fls. 663, onde se lê:

«*Fica prejudicada a apreciação da cumplicidade de que o arguido vem acusado*».

A qual deverá igualmente ser revogada.

E prosseguindo na análise da Sentença recorrida, apresentam-se mais considerações gerais e genéricas acerca do crime de Infidelidade em abstracto, encontrando-se adiante, no 1.º parágrafo de fls. 665, colocada a questão de a arguida ter utilizado, abusivamente ou não «*a procuração dos autos em desacordo com a vontade do assistente ao outorgar as escrituras de ___, ___ e ___ de ___.*»

A este propósito, como vimos supra, o Mmo. Tribunal *a quo* limitou-se a enunciar que:

«*A procuração outorgada pelo assistente (seu irmão e respectivas mulheres) concede à arguida plenos poderes para dispor do património deste. Na verdade, consta da procuração que o assistente constitui bastante procuradora a arguida ___ para "... comprar, vender, permutar ou hipotecar bens e direitos móveis ou imóveis..." tendo ficado mandatária autorizada "... a usar a presente procuração para prática de negócios consigo mesmo...".*

E foi isso que aconteceu. A arguida realizou negócios consigo mesma, vendendo a si e a terceiros por si representados partes alíquotas de imóveis de que o assistente era proprietário por preços simbólicos.

Ora, não restam dúvidas que os actos jurídicos realizados pela arguida (compra e venda de imóveis) o foram com fundamento em instrumentos jurídico que lhe conferia poderes para tanto.»

Aqui, entendemos que se impunha ao Mmo. Tribunal *a quo* extrair conclusões evidentes, precisamente em resposta àquela questão de a arguida ter utilizado abusivamente ou não «*a procuração dos autos em desacordo com a vontade do assistente ao outorgar as escrituras de ___, ___ e ___ de ___.*»

Situando-nos no domínio da apreciação crítica da factualidade já dada por assente pelo próprio Tribunal, **este deveria ter considerado expressamente, pelo menos, que**:

I. Da conjugação dos factos provados da acusação particular n.º 7, n.º 6 e n.º 10, com os factos provados da contestação dos arguidos n.º 22 e n.º 23, resulta evidenciado terem ambos os arguidos, em ___ e por meio da escritura pública de fls. 50 a 53, procedido a um negócio simulado de compra e venda, a que correspondeu um negócio dissimulado de doação, em prejuízo directo do património próprio do assistente e em benefício dos filhos menores de ambos os arguidos (___ e ___), para os quais foi transmitida, sem qualquer contrapartida, a metade indivisa que pertencia ao assistente da loja composta por Rés-do-Chão e Cave do prédio urbano sito na Avenida ___, em ___. A esta metade indivisa da fracção autónoma em causa correspondeu o valor aproximado de EUR:308.125,00, de acordo com o documento de fls. 154, importância em que o assistente foi directamente lesado no seu património.

II. Da conjugação dos factos provados da acusação particular n.º 7, n.º 6, n.º 9 e n.º 10, com os factos provados da contestação dos arguidos n.º 22 e n.º 23, resulta evidenciado ter a arguida, em ___ e por meio da escritura pública de fls. 46 a 49, procedido a um negócio simulado de compra e venda, a que correspondeu um negócio dissimulado de doação, em prejuízo directo do património próprio do assistente e em benefício de si própria, de sua irmã ___ e do marido desta ___, para os quais foi transmitida, sem qualquer contrapartida, 83,34% da metade indivisa que pertencia ao assistente do prédio urbano sito na ___, em ___. A estes 83,34% da metade indivisa de prédio correspondeu o valor aproximado de EUR: 375.030,00 (ou seja 83,34% de EUR: 450.000,00), de acordo com o documento de fls. 154, importância em que o assistente foi directamente lesado no seu património.

III. [E mesmo quanto ao direito patrimonial que fora primeiramente da sociedade Off Shore ___ LIMITED] **Da conjugação dos factos provados da acusação particular n.º 7, n.º 3, n.º 8 e n.º 10, com os factos provados da contestação dos arguidos n.º 22 e n.º 23,** resulta evidenciado ter a arguida, em ___ e por meio da escritura pública de fls. 134 a 137, a qual foi precedida nesse mesmo dia da escritura pública de fls. 130 a 133, procedido a um negócio simulado de compra e venda, a que correspondeu um negócio dissimulado de doação, em prejuízo directo do património próprio do assistente e em seu próprio benefício, tendo sido transmitida para a arguida, sem qualquer contrapartida, a metade indivisa que pertencia ao assistente da loja sita na Avenida ___, tornejando para a Avenida ___, em ___. A esta metade indivisa da fracção autónoma em causa correspondeu o valor aproximado de EUR: 132.500,00, de acordo com o documento de fls. 154, importância em que o assistente foi directamente lesado no seu património.

Portanto, devem ser incluídas tais considerações críticas na Fundamentação da Sentença recorrida, pois são as mesmas que permitem a subsunção directa dos factos nos autos ao tipo de ilícito p.p. no art. 224.º do Cód. Penal.

Ao invés de assim ter procedido, e sempre com a devida vénia e consideração pelo Mmo.Tribunal *a quo*, nas últimas 8 linhas de fls. 665, este demonstra claramente a influência determinante a que se sujeitou quanto a algumas afirmações de testemunhas – pretensamente verdadeiras – sobre as quais o Tribunal firmou a ideia de que: «(...) *podemos concluir que a arguida ___ era a pessoa de confiança do pai e que este, por querer resolver os assuntos da herança e por o assistente ser um jogador compulsivo, decidiu quem seriam os proprietários dos imóveis. A arguida agiu sem qualquer intenção de prejudicar o assistente fazendo o que o pai lhe havia pedido*».

Excelentíssimos Senhores Desembargadores, **causa perplexidade a credulidade** do Mmo. Tribunal *a quo* quanto à fábula mistificadora apresentada pela defesa da arguida. A arguida logrou que o Tribunal acreditasse no anátema da diabolização do assistente (jogador nos casinos, esbanjador – vide os factos provados da contestação n.º 16, n.º 17 e n.º 18.º) e na sua própria exaltação (pessoa da confiança da família, pessoa incapaz de pecar – vide o facto provado da contestação n.º 19), e, assim mistificado, desconsiderou todas as evidências que pudessem levar à incontornável condenação!

Só isso explica que considere nas últimas 8 linhas de fls. 665, como vimos, que afinal a arguida actuou **a mando do seu falecido pai**!!

Esta conclusão está em notória e insanável contradição com o facto provado da contestação n.º 16, **onde se reza que a arguida actuou afinal a mando da mãe!!**

E também em contradição insanável com o facto provado da contestação n.º 18 (onde se alude a um "mandato familiar"!)

Mas quer actuasse a mando do pai, quer actuasse a mando da mãe, quer actuasse por "muito boas" outras razões, tais circunstâncias enquadram-se apenas nos **motivos que determinaram o agente** de acordo com o art. 71.º n.º 2 alínea c) do Cód.Penal – ou seja dizem respeito às **motivações** da arguida.

Isto é, nunca devendo prejudicar as consequências jurídicas (art. 224.º C.P.) da sua actuação naquelas 3 (três) escrituras – tal como confessou sempre a arguida – que são as de ter preenchido todos os elementos objectivos e elementos subjectivos do tipo de ilícito, como vimos acima:

a) a existência de acto jurídico que confiou à arguida o encargo de dispor, administrar ou fiscalizar interesses patrimoniais do assistente (as procurações);
b) a subtracção sem contrapartida de 3 (três) valiosos direitos reais sobre bens imobiliários (causando automaticamente um prejuízo patrimonial importante);
c) a actuação contra a vontade e contra o interesse do titular do património (grave violação dos deveres de mandatária);
d) ter agido com total conhecimento sobre aqueles elementos objectivos do tipo e sobre o alcance e efeitos dos 3 (três) negócios jurídicos lesivos (elemento intelectual do dolo);
e) ter representado o facto e actuado com a intenção de o realizar (elemento volitivo do dolo).

Pois o ter actuado "por bem" (na perspectiva de quem?), ou a mando do pai (pré-falecido, e cinco anos antes!), ou a mando da mãe, ou por decisão em reunião de família **não constituem qualquer causa de exclusão da ilicitude ou da culpa**, como já dissémos, sendo valoráveis como possíveis atenuantes em sede de escolha e medida da pena (arts. 70.º e segs. do Cód. Penal).

Excelentíssimos Senhores Desembargadores, pedimos um pouco mais da Vossa paciência para explicarmos algo que escapou totalmente ao Mmo. Tribunal *a quo*, em sede da apreciação crítica da matéria de facto.

O Mmo. Tribunal *a quo* confundiu o que foram as motivações da actuação da arguida, com os aspectos do tipo subjectivo – os quais se verificaram todos na verdade: **a arguida celebrou as 3 (três) escrituras e fê-lo porque quis, de modo directo, e representando na perfeição que estava a subtrair o património imobiliário ao assistente**.

Acreditamos que o Mmo.Tribunal *a quo* se confundiu também por não ter conseguido distanciar-se da autêntica novela que as mais de vinte testemunhas da arguida foram reproduzindo.

Todavia, **mesmo ao nível da motivação da arguida**, mesmo nessa matéria, **a arguida apresentou 3 (três), nada menos que 3 (três), versões incompatíveis entre si** – perante a benevolente credulidade do Mmo. Tribunal *a quo* que se limitou a ouvir, em prejuízo do necessário juízo crítico.

E são essas "alternativas de motivação", **incompatíveis entre si**, que demonstram a falsidade de toda a defesa da arguida e explicam aquela contradição notória e insanável entre a conclusão das últimas 8 linhas de fls. 665 e os factos provados da contestação n.º 16 e n.º 18.

Com efeito:

1) na Contestação de fls. 282 a 287 e 290 a 291, a arguida alegou ter preparado e realizado as 3 (três) escrituras no interesse da família e por mandato de sua mãe, após uma reunião de família anterior aos dias ___, ___ e ___ de ___. Esta foi a versão que veio a verter-se para os factos provados da contestação n.º 16 e n.º 18, na douta Sentença recorrida;
2) Mas, no decurso do seu depoimento, "metendo pés pelas mãos", quer a arguida quer o arguido vieram alegar ter preparado e realizado as 3 (três) escrituras por ordem do pai pré--falecido, o qual deixara instruções nesse sentido... Esta nova versão veio a ser explorada pela defesa no decurso dos depoimentos das testemunhas por si arroladas (com aspectos muito curiosos que analisaremos em sede de Vícios de Facto da Sentença Recorrida *infra*) e veio, por isso, a ficar plasmada nas últimas 8 linhas de fls. 665, revelando como o Mmo. Tribunal *a quo* se deixou confundir quanto a algo que constitui uma contradição insanável;

3) Para cúmulo, também no decurso do depoimento da arguida, esta alegou ter realizado as 3 (três) escrituras **para se compensar de dinheiro que o assistente lhe devia** a vários títulos (!) conforme consta das linhas a 12.ª a 17.ª de fls. 652 e das linhas 3.ª a 6.ª de fls. 653. Esta terceira versão foi a única corroborada pela testemunha ___, no seu depoimento crucial que o Mmo.Tribunal *a quo* optou por quase nem referir, de fls. 654 a fls. 655. Esta terceira versão consta ainda das linhas 21.ª a 23.ª de fls.666, em sede de "Fundamentação fáctico-conclusiva e jurídica" da Sentença recorrida.

Então a arguida agiu porque a mãe mandou? Porque o pai assim tinha determinado antes de falecer? Ou porque o assistente lhe devia dinheiro?...

Assim se explicam as contradições – que urge corrigir neste recurso – de que padece a Sentença recorrida, quanto à motivação da arguida. E aqui jaz também a explicação desta admirável frase que bem exprime como a arguida "meteu pés pelas mãos" no seu depoimento, ao dizer que realizou as 3 (três) escrituras «(...) *uma vez que era para compensar o montante que este* (o assistente) *não entregou à arguida pela venda do terreno no Algarve, esclarecendo que esta foi a decisão de sua mãe, mas que tal "já estava destinado" pelo seu pai que, ainda, em vida havia decidido* (...)» – fls. 652, linhas 15.ª a 19.ª.

Em suma, errou de Direito o Mmo.Tribunal *a quo* na "Fundamentação fáctico-conclusiva e jurídica" da Sentença recorrida, incorrendo em contradição insanável nas últimas 8 linhas de fls. 665 em confronto com os factos provados da contestação n.º 16 e n.º 18, e mesmo com as 21.ª a 25.ª linhas de fls. 666.

Deverá, em seu lugar, a Sentença recorrida ser rectificada para a seguinte conclusão:

- Para efeitos do disposto no art. 71.º n.º 2 alínea c) do Cód. Penal, o Tribunal considerou os motivos que determinaram o agente, de acordo com os factos provados da contestação n.º 16 e n.º 18.

Adiante, ainda na "Fundamentação fáctico-conclusiva e jurídica" da Sentença recorrida, erra novamente o Tribunal *a quo* ao considerar, nas linhas 9.ª a 11.ª de fls. 666 que:

«Não se provou ter a arguida agido com dolo directo ou necessário, no sentido da consciência ou conhecimento da inevitabilidade do resultado»

É uma conclusão que resulta claramente da confusão entre o que foram as motivações da actuação da arguida, e os aspectos do tipo subjectivo. A arguida celebrou as 3 (três) escrituras e fê-lo porque quis, de modo directo, e representando na perfeição que estava a subtrair o património imobiliário ao assistente, muito embora tenha **alegado** que estaria a fazer "o que era justo" ou imposto pela sua mãe, ou qualquer outra das alternativas.

É uma conclusão que viola o disposto no art. 14.º do Código Penal, conjugado com o art. 224.º do mesmo diploma, pois não procede à correcta aplicação do Direito aos factos provados n.º 7, n.º 8, n.º 16, n.º 18 e sobretudo n.º 18.

Portanto, deverá, em seu lugar, a Sentença recorrida ser rectificada para a seguinte conclusão:

- A arguida actuou com dolo directo e plena consciência da ilicitude, desejando o resultado previsto no art. 224.º do Cód. Penal, pois tinha conhecimento de que iria causar um prejuízo patrimonial importante ao assistente ao retirar da sua esfera patrimonial os direitos reais em causa, e tudo fez para o conseguir.

Entrando na última parte da "Fundamentação da Decisão jurídico--penal", de fls. 666 a fls. 667 o Mmo. Tribunal *a quo* comete a falha mais evidente ao nível da apreciação jurídica, ao considerar que:

«Quanto ao prejuízo, nada se apurou no sentido dele ter existido, no montante de 1.781.250,00, apurado, apenas, com base numa avaliação, feita em ___, pela firma "___ Lda".
Segundo o depoimento da arguida, os preços constante das escrituras, das metades indivisas dos imóveis da Av. ___ e Av. ___, não foram,

na verdade, entregues ao assistente e que foram indicados só para "corrigir". O assistente vendeu um terreno no Algarve sem lhe ter dado a sua parte (1/3) e, em consequência sua mãe ___ decidiu que ele nada receberia. Tal facto foi corroborado pela testemunha ___.

Considerando o atrás dito, o prejuízo deve considerar-se importante, sempre que o valor seja considerado elevado, isto é, que seja superior a 50 unidades de conta, isto é, 4.450,00, o que não é o caso dos autos.

Assim, e no que toca à arguida, não se apuraram factos minimamente indiciários que permitam concluir ter a arguida praticado quaisquer actos que se traduzam na diminuição do património do assistente, no aumento do seu passivo ou no não aumento do activo ou não diminuição do passivo.

Dúvidas não restam de que a arguida terá que ser absolvida do crime de infidelidade de que vem acusada.»

Em suma: nesta apreciação jurídica o Mmo.Tribunal *a quo* contraria todas as regras da experiência comum e contradiz-se mesmo com os factos provados n.° 7, n.° 8 e n.° 9, e também com o facto provado n.° 10, ao concluir que:

«(...) **não se apuraram factos minimamente indiciários que permitam concluir ter a arguida praticado quaisquer actos que se traduzam na diminuição do património do assistente, no aumento do seu passivo ou no não aumento do activo ou não diminuição do passivo**»

Pois se, por via do <u>facto provado n.° 7 se demonstra que foram subtraídos à esfera patrimonial do assistente três metades indivisas de valiosos imóveis situados no centro da cidade de</u> ___, como é possível concluir que o seu património não diminuiu?!

Como é possível considerar que não se verificou o importante prejuízo patrimonial previsto como requisito no art. 224.° do Cód. Penal?

Só, naturalmente, forçando a realidade e cometendo flagrantes erros de apreciação jurídica, como fez o Mmo. Tribunal *a quo*.

É certo que – por erro manifesto no Pedido de Indemnização Civil (apresentado pelo seu anterior mandatário) – o assistente reclamou um prejuízo de EUR: 1.781.2500,00, que corresponde à totalidade dos seguintes valores:

- EUR: 265.000,00, que é o valor mínimo de mercado da loja da Avenida ___ – *vide* fls. 154;
- EUR: 616.250,00, que é o valor mínimo da loja da Avenida ___ – *vide* fls. 154;
- EUR: 900.000,00, que é o valor mínimo do prédio sito na ___ – *vide* fls. 154 ;

Tal pedido padece de excesso, por erro manifesto na formulação do Pedido de Indemnização Civil. Pois o assistente **deveria ter peticionado metade** desses valores (e 83,34% da metade no caso do prédio da ___), ou seja o total de EUR: 815.655,00 (oitocentos e quinze mil seiscentos e cinquenta e cinco euros), já que só lhe foram subtraídas as metades indivisas (e 83,34% da metade no caso do prédio da ___) que possuía naqueles três bens imóveis.

Mas como pôde o Mmo. Tribunal *a quo* passar a considerar que não houve prejuízo importante?

Pelo contrário e pelo já exposto, impunha-se que a Sentença recorrida considerasse verificado o **prejuízo patrimonial importante na esfera do assistente**:

a) em valor correspondente a EUR: 815.655,00 (oitocentos e quinze mil seiscentos e cinquenta e cinco euros), tendo por referência o facto provado n.º 7 e a avaliação que consta do facto provado n.º 10; ou, pelo menos,

b) em valor correspondente à soma de metade de EUR: 68.834,10 (valor mencionado no facto provado n.º 8), com 83,34% da metade de EUR: 399.038,31 (valor mencionado no facto provado n.º 9 e no documento de fls. 54), e com o valor indeterminado da metade indivisa da loja composta por Rés-do-Chão e Cave sita na Avenida ___.

Note-se que, ainda que para apurar o valor do património subtraído ao assistente o Mmo. Tribunal *a quo* se tivesse limitado a somar apenas os valores ridículos e simulados que constaram das 3 (três) escrituras em apreço, ainda assim, dizíamos, o valor do prejuízo patrimonial sofrido pelo assistente seria de EUR: 17.268,32, ou seja **sempre importante para os efeitos interpretativos do art. 224.º do Cód. Penal**, uma vez que (ver facto provado sob o n.º 7):

- À metade da loja da Avenida ___ foi atribuído o "preço" de Esc. 575.670$50 [EUR: 2.871,43], (valor inferior a uma renda mensal para comércio) – *vide* fls. 134 a fls. 137;
- À metade da loja composta com Rés-do-Chão e Cave, sita na Avenida ___, foi atribuído o "preço" de Esc. 2.686.320$00 [EUR: 13.399,30] (valor inferior a qualquer veículo automóvel novo)– *vide* fls. 50 a fls. 53;
- Aos 83,34% da metade do prédio sito na ___, foi atribuído o "preço" de Esc. 200.000$00 [EUR: 997,59] (valor de uma renda mensal para habitação de uma única fracção autónoma) – *vide* fls. 46 a fls. 49;

Excelentíssimos Senhores Desembargadores, não é aceitável que na Sentença recorrida o Tribunal aceite como lícita a tese da "correcção" operada pela arguida, ou seja de uma compensação – linhas 20.ª a 24.ª de fls. 666 – pois a arguida subtraiu bens próprios ao assistente, que naturalmente seriam mais tarde património dos seus 4 filhos e mulher – e nunca passariam a ser da arguida e seus filhos!

De resto, pretensos direitos de crédito da arguida sobre o assistente não têm nem tiveram em Juízo a menor credibilidade ou sustentação em prova documental – nem um bilhete, nem uma carta, um email ou um fax!

Acresce, que **jamais se demonstrou em qualquer documento ou depoimento testemunhal que os bens subtraídos ao assistente não fossem seus bens próprios!**

Assim como **jamais se demonstrou em qualquer documento ou depoimento testemunhal que o assistente jogasse nos casinos com dinheiro que não fosse exclusivamente seu!**

Logo, só mesmo porque o Mmo. Tribunal *a quo* se deixou influenciar emocionalmente pelas fábulas da defesa da arguida (família de chineses, propriedade colectiva, patriarcado do falecido ___) é que pôde deixar passar sem qualquer consideração racional esta situação de enorme injustiça que a arguida cometeu sobre o assistente – apossar-se em 11 dias dos seus bens imóveis, abusando de procurações!

Foram estas as consequências de o Mmo. Tribunal *a quo* ter dado relevo absoluto à prova testemunhal, em prejuízo da serena apreciação da prova documental, como se referiu acima ao mencionarmos que, como motivação da decisão de facto, o Mmo.Tribunal *a quo* se alongou em 12 (doze) páginas, sem destrinçar qualquer importância relativa entre 24 depoimentos, e analisando a prova documental dos autos na oração única que citámos:

«*Considerou-se, também, o teor dos documentos juntos aos autos, nomeadamente os de fls. 12 a 54, 110 a 137, 154 a 156, 160 a 162, 165, 268, 373, 374, 607 a 610, 617 a 626 e 641*».

Ou seja, temos razões para crer que o Mmo.Tribunal *a quo* não deu o mínimo relevo à prova documental.

Pois a 1.ª Instância não atribuiu qualquer consequência aos factos objectivos constantes dos documentos de fls. <u>12 a 23, 46 a 53, 124 a 129, 134 a 137 e 154 a 156</u> e confessados pelos arguidos, parecendo mesmo não os ter valorado sequer – e isto apesar de nenhuma das testemunhas os ter posto em causa, e muito menos os arguidos que bem conheciam (e recordavam) tais documentos e factos.

Impunha-se ainda uma outra consideração de análise fáctico-jurídica, a respeito de consequência patrimoniais do crime de Infidelidade cometido, a propósito do facto provado da contestação n.º 22.

É que – como é evidente para qualquer pessoa (!) – se «*A arguida não recebeu qualquer valor* (leia-se valor correspondente aos três preços) *pelas transacções efectuadas*», também é certo que, por via das Escrituras de Compra e Venda de ___ (fls. 134 a fls. 137), ___ (fls. 50 a fls. 53) e ___ (fls. 46 a fls. 49), **a arguida e os seus filhos menores foram investidos –**

e sem qualquer contrapartida para o assistente – na propriedade de metades indivisas nos imóveis:

- Loja da Avenida ___;
- Loja composta com Rés-do-Chão e Cave, sita na Avenida ___ (onde funcionou e continua o Restaurante ___)
- Prédio sito na ___, neste caso apenas em 83,34%.

Ou seja, se não recebeu os preços recebeu os próprios direitos reais a que correspondem muito avultados valores patrimoniais.

Conclusão que o Mmo.Tribunal *a quo* deveria ter expressamente consagrado na "Fundamentação da Decisão jurídico-penal" da Sentença recorrida – como é óbvio.

Até mesmo só por referência aos facto provado n.º 7, e facto provado n.º 22.

Esta circunstância é particularmente gravosa, em sede de escolha e determinação de medida da pena, de acordo com o art. 70 n.º 2 alínea a) e alínea e) do Cód.Penal.

Portanto, errou de Direito o Mmo. Tribunal *a quo* ao decidir absolver os arguidos do crime de infidelidade – quer na parte final da "Fundamentação da Decisão jurídico-penal" da Sentença recorrida, quer na Decisão final da mesma. Violou assim o art. 224.º e o art. 30.º do Cód. Penal.

Pelo que se impõe a revogação da Sentença em conformidade com o exposto.

Isto é:

- A arguida deverá ser condenada pela prática do crime de Infidelidade – quando não mesmo de Furto Qualificado ou Abuso de Confiança Qualificado – sob forma consumada e em autoria material;
- O arguido deverá ser condenado pela prática do crime de Infidelidade – quando não mesmo de Furto Qualificado ou Abuso de Confiança Qualificado – sob forma de consumada, e por comparticipação em cumplicidade com a autora material.

Todavia, o Mmo. Tribunal *a quo* errou também na apreciação do Pedido Cível, a fls. 667, onde se lê:

«*3 – PEDIDO CÍVEL*

O assistente ___ deduziu pedido de indemnização requerendo a condenação dos arguidos a pagar-lhe o montante de 1.781.250,00, correspondente ao valor comercial dos imóveis, quando colocados no mercado para venda à data de ___, acrescido de juros legais a contar da data da notificação do presente pedido até integral pagamento.

Prescreve o art. 129.º do CP que a indemnização de perdas e danos emergentes de um crime é regulada pela lei civil.

Para o "quantum" indemnizatório terá o julgador de se socorrer das regras estabelecidas do Código Civil, designadamente das contidas nos arts. 483.º e seguintes e 562.º e seguintes.

Nos termos do art. 483.º do CC "aquele que, com dolo ou mera culpa, violar ilicitamente o direito de outrem...fica obrigado a indemnizar o lesado pelos danos resultantes da violação".

Os pressupostos da responsabilidade civil por facto ilícito são, pois, a violação de um direito, a ilicitude do facto danoso, o nexo de imputação do facto do agente, o dano, um nexo de causalidade entre o facto e os danos sofridos pelo lesado.

Não se tendo provado ter sido a arguida a autora dos factos e, como tal, não se verificando os pressupostos dessa responsabilidade, o pedido não poderá proceder.

Fica, igualmente, prejudicada a apreciação das restantes questões suscitadas pelo assistente, nomeadamente, a nulidade das escrituras públicas de compra e venda, constante de fls. 46 a 53, 134 a 137, o cancelamento de todas as inscrições que se encontrem feitas na sequência das escrituras de compra e venda anteriores, bem como a condenação dos arguidos a reconhecer o assistente e a mulher como os únicos titulares do direito de propriedade dos imóveis em apreço.»

No início da Sentença recorrida, o Mmo. Tribunal *a quo* esteve bem ao considerar que o assistente – em tempo e pelo modo próprio – apresentou pedido de indemnização civil, requerendo:

a) a condenação dos arguidos a pagar-lhe o montante de EUR: 1.781.250,00 por ser este o valor correspondente ao valor comercial dos imóveis, quando colocados no mercado para venda – que na verdade é excessivo e se explica por lapso manifesto, como referimos *supra*, devendo considerar-se apenas a metade deste valor, ou sejam EUR: 890.625,00 (oitocentos e noventa mil seiscentos e vinte e cinco euros), uma vez que o assistente era apenas o dono de metade dos mesmos imóveis;

b) juros legais sobre o valor indicado a contar da data de notificação do pedido;

c) a declaração de nulidade das escrituras públicas de compra e venda de fls. 46 a 53 e 134 a 137;

d) a decisão de ordenar o cancelamento de todas as inscrições que se encontrem feitas na sequência das escrituras de compra e venda referidas;

e) a condenação dos arguidos a reconhecer-lhe a propriedade sobre os imóveis e a revogação das procurações.

Porém a Decisão daquele Pedido Cível é aberrante perante a situação de facto em causa nos autos.

Excelentíssimos Senhores Desembargadores, atento tudo quanto se expôs em análise da responsabilidade criminal dos arguidos, **a Sentença recorrida deverá necessariamente ser revogada na totalidade da parte transcrita em que se refere ao Pedido Cível**.

Assim sendo e pelo que demonstram (1) os documentos e (2) os próprios factos considerados por provados pelo Mmo. Tribunal *a quo*, deverá, em sede do presente recurso de Apelação:

a) a arguida ser condenada a pagar ao assistente uma indemnização correspondente ao valor do prejuízo causado dolosamente sobre o património do assistente, ou sejam EUR: 815.655,00 (oitocentos e quinze mil seiscentos e cinquenta e cinco euros), acrescidos de juros legais sobre o valor indicado a contar da data de notificação do pedido, nos termos do art. 129.º do Cód. Penal e dos arts. 483.º e segs. do Cód. Civil;

b) o arguido ser condenado solidariamente a pagar ao assistente uma parte da mesma indemnização correspondente ao valor do prejuízo causado dolosamente sobre o património do assistente com a Escritura de Compra e Venda de ___, celebrada no ___ .º Cartório Notarial de ___, constante de fls. 50 a fls. 53, ou sejam EUR: 308.125,00 (trezentos e oito mil cento e vinte e cinco euros), acrescidos de juros legais sobre o valor indicado a contar da data de notificação do pedido, nos termos do art. 129.º do Cód. Penal e dos arts. 483.º e segs. do Cód. Civil.

E ficarão, ainda assim, por apreciar e julgar os avultados proveitos com rendas comerciais que os arguidos obtiveram na administração dos imóveis subtraídos ao assistente, desde ___ até hoje!

Em alternativa e pelas mesmas razões, deverá, em sede do presente recurso de Apelação:

a) ser declarada a nulidade das escrituras públicas de compra e venda de fls. 46 a 53 e 134 a 137, fundada na simulação das compras e vendas tituladas pelas mesmas, notórias e confessadas pelos arguidos, tendo os negócios dissimulados correspondido a doacções;
b) ser ordenado o cancelamento de todas as inscrições prediais que se encontrem feitas na sequência das escrituras de compra e venda de fls. 46 a 53 e 134 a 137;

Esta última alternativa terá, todavia, o problema de vir a interferir com eventuais direitos que hajam sido entretanto transmitidos a terceiros, como se verifica nomeadamente no caso do Prédio sito na ___, freguesia do ___, o qual, segundo sabe o assistente foi já alienado na totalidade em ___ pelo preço de EUR: 997.595,79, tendo-lhe sido entregue a parte deste valor correspondente à proporção de que continuou titular e à proporção de que a sociedade ___ LDA também permaneceu titular depois da Escritura de Compra e Venda de ___, celebrada no ___ .º Cartório Notarial de ___ de fls. 46 a fls. 49. Relativamente aos demais imóveis, o assistente desconheceu qual foi o destino dado pelos arguidos.

Deverá, portanto, **ser revogada na íntegra também a parte dispositiva, penal e civil, da Sentença recorrida**, que ora se transcreve, substituindo-se a mesma pelas condenações dos arguidos na matéria criminal e na matéria civil, conforme se expôs, e inclusivé quanto a custas:

«4 – DECISÃO

Tudo visto e ponderado, julgo improcedente a acusação particular e, em consequência, absolvo os arguidos ___ e ___ pela prática de um crime de infidelidade previsto e punido pelos arts. 224.º n.ºs 1 e 4 CP e 30.º n.ºs 1 e 4 CP.

Sem custas.

Condeno o assistente em 3UC de taxa de justiça – arts. 515.º CPP e 83.º n.º 2 CCJ.

Julgo improcedente o pedido de indemnização civil e, em consequência, absolvo os arguidos do montante peticionado.

Custas cíveis a cargo do assistente.»

Julgamos, pois, quanto aos vícios de Direito da Sentença recorrida, ter procedido à exaustiva indicação (art. 412.º n.º 2 CPP):

a) das normas jurídicas violadas;
b) do sentido em que, no entendimento do recorrente, as mesmas normas deveriam ter sido interpretadas pelo Tribunal;
c) do sentido com que deveriam ter sido *aplicadas*;
d) das normas jurídicas que deveriam ter sido aplicadas.

5) VÍCIOS DE FACTO DA SENTENÇA RECORRIDA

A) MATÉRIA DE FACTO QUE DEVERÁ SER DADA POR PROVADA (EM ACRÉSCIMO)

Constam dos presentes autos todos os elementos de prova que serviram de base à fixação da matéria de facto dada por provada, por parte do Mmo. Tribunal *a quo*, bem como todos os elementos de prova que serviram de base à decisão de dar por não provados os demais pontos da matéria de facto em causa.

Porém, verifica-se que quanto a 4 (quatro) pontos da matéria de facto julgados pelo Mmo. Tribunal *a quo* como "Matéria de facto não provada" na Sentença recorrida, os mesmos elementos de prova **impõem**

decisão diversa insusceptível de ser destruída por quaisquer outras provas, pelo que se verifica o circunstancialismo previsto no art. 431.º do CPP.

Com efeito, e levando em conta a apreciação crítica da prova constante dos autos, o Mmo. Tribunal *a quo* deveria ter ainda dado por provados **pelo menos** os seguintes factos constantes da "Matéria de facto não provada" na Sentença recorrida:

- *As escrituras de compra e venda referidas no ponto 7 da matéria de facto dada como provada foram realizados contra a vontade do assistente e da sociedade "___ Limited" que não incumbiram a arguida de qualquer venda ou negócio de transferência de propriedade de bens* – a que corresponde o **ponto n.º 6** da "Matéria de facto não provada" na Sentença recorrida;
- *O assistente não pediu à arguida para proceder à venda de metade da fracção que corresponde ao rés-do-chão lado direito do prédio urbano, em regime de propriedade horizontal, sito na Avenida ___, em ___* – a que corresponde o **ponto n.º 7** da "Matéria de facto não provada" na Sentença recorrida;
- *O assistente não incumbiu à arguida a venda do imóvel da Avenida ___, nem sequer do imóvel da ___* – a que corresponde o **ponto n.º 8** da "Matéria de facto não provada" na Sentença recorrida;
- *O assistente, apenas, tomou conhecimento dos actos praticados pelos arguidos em ___* – a que corresponde o **ponto n.º 10** da "Matéria de facto não provada" na Sentença recorrida.

Quanto aos citados factos **n.º 6, n.º 7** e **n.º 8** da "Matéria de facto não provada" na Sentença recorrida importa desde logo realçar que nenhum depoimento testemunhal os contrariou, fosse como fosse, nem tão-pouco o fez qualquer elemento de prova documental, pericial, ou de outra natureza.

Em acréscimo, desde logo o depoimento de ambos os arguidos é esclarecedor quanto a este aspecto.

Nomeadamente, pelos seguintes trechos do **depoimento da arguida**

___ (cfr. Acta de Audiência de Discussão e Julgamento de ___), os quais passamos a transcrever:

«*Nasci em* ___ »
(cassete n.º 1 da Sessão de Audiência de Julgamento de 7-4-2008, lado A, de voltas 90 a voltas 92)

«*P: Olhe, sabe em que ano é que foi a abertura do restaurante no* ___?
R: Era para inaugurar em ___ em Setembro mas não conseguiram. Foi em ___ ou ___.
P: Não foi nessa data de ___ na abertura do restaurante no ___ que voltou o Sr. ___ de Macau?
R: Ele estava em Macau para tratar de importação das mercadorias e equipamento e cozinheiro.
P: Mas estava em Macau?
R: Foi de cá de propósito para arranjar cozinheiro para lá, porque aqui não conseguia cozinheiro.»
(cassete n.º 1 da Sessão de Audiência de Julgamento de ___, lado A, de voltas 2836 a voltas 2890)

«*P: O que estou a perguntar é se de ___ a ___, ___ sendo a abertura do restaurante no ___, o Sr. ___ esteve ou não fora de Portugal?*
R: Eu estou a dizer, ele sempre está fora, está cá, está fora.
P: Pronto. Sempre está fora então de Portugal.
R: Agora diz que se ele foi residir eu não sei se oficialmente ele estava a residir, porque ele nunca está aqui muito tempo, nunca está em Macau muito tempo, está em Canadá, está todo assim.
P: Ausente, não é? Olhe, eu pergunto-lhe o seguinte, quem é que tratou de fazer a relação de bens por óbito do Senhor seu Pai e de pagar o imposto sucessório dos bens?
R: Se é dinheiro, é sempre eu.
P: Foi a Senhora D. ___?
R: Para tratar com o meu padrinho, o Dr. ___, sempre.
P: Mas isto é, dos 5 irmãos quem é que era a pessoa encarregada de fazer por exemplo a relação de bens e o pagamento do imposto sucessório?
R: Eu.»
(cassete n.º 1 da Sessão de Audiência de Julgamento de 7-4-2008, lado A, de voltas 2904 a voltas 2996)

Referindo-se à Procuração, a arguida esclareceu que quem elaborou a sua minuta foi o seu advogado, dizendo:

«*Quem fez a minuta foi o Dr. ___* »
(cassete n.° 1 da Sessão de Audiência de Julgamento de ___, lado A, de voltas 3220 a 3223)

«*P: O que lhe estava a perguntar era se antes de fazerem estas escrituras e quando as fizeram em ___, ___ e ___ de ___, se a Senhora ___ falou com o seu irmão ___ antes de celebrar estas escrituras?*
R: Não falei. Falei com a minha irmã, se devia falar com ele
P: Não falou. Diz que a sua Mãe e a sua irmã mais velha ___...
R: E ele já não tinha dinheiro porque já tinha perdido tudo no Casino ___.
P: ___, é isso?
R: Sim.
P: Portanto, ___ e a Sr.ª D. ___, ___ é que falaram com ele, segundo o que a Senhora diz. E ele deu o seu assentimento, ele deu o seu acordo, é isso?
(silêncio)
Juíza: Deu o acordo para quê?
R: Para compensar a parte metade do Algarve com a metade parte dele no edifício da Avenida ___.
P: Só na ___?
R: Daquela parte.
Juíza: Que é metade indivisa? Que é o que consta da escritura
R: Sim
P: Compensar com a Av. ___, e em relação à ___, o que é que foi perguntado ao Senhor ___?
R: ___? Ele já sabia que eu ia pôr em meu nome, o meu Pai já... tinha destinado.
P: Mas foi perguntado, em ___, se ele estava de acordo que a Senhora fizesse este negócio?
R: Já estava acordado desde altura das Procurações.
P: Olhe, diga-me lá o seguinte. Há coisas aqui que eu estou de facto a achar estranho, mas é o seguinte. Se bem percebi, em ___ o Senhor seu irmão terá vindo para Portugal fazer a abertura do restaurante no ___, não é?

R: Já estava cá antes. Acompanhou as obras e tudo. Não vem só aquela altura para inauguração. Acompanhou e viu tudo e dizia o que eles queria.

P: Olhe e em ___ ele estava cá? Ou não?

R: Noventa e Nove? Estava. Estava na ___, no restaurante...

P: Estava em Agosto de ___. Então consegue-me explicar porque é que não foi ele, se estava de acordo, a ir fazer estas escrituras que foram feitas no dia ___, no dia ___ e no dia ___ de Agosto? Porque é que foi a Senhora compradora e em nome dele e não foi ele?

R: Então, tinha procuração para fazer... e estava destinada...

P: Mas creio que seria simples ou conversar com ele – a Senhora diz que não falou com ele – que foi a Senhora ___ e a Senhora ___.

R: Não. Não pude alertar. Por isso, foi isso que minha irmã e minha Mãe disse faça favor faça já como deve ser, senão também, se não segurava também, não tinha nada.

P: A sua Mãe e a sua irmã?

R: Sim.

P: Mas eu estou a perguntar sobre o ___. Quem é que falou com ele? Se ele estava cá porque é que não lhe perguntaram?

Juíza: Ó Senhor Doutor, penso que a Senhora Arguida já lhe respondeu. Não tinha que falar com o irmão porque já estava decidido. A Mãe e a irmã mais velha disse faz isso e não tem que falar com o irmão.

P: Pelo menos ficamos com isso esclarecido. Muito obrigado Senhora Doutora. Quem é que foram os beneficiários destes três negócios? Vamos ver por exemplo na Avenida ___, nós temos aqui as escrituras. Eu vou pedir muita desculpa mas isto torna-se um pouco complicado e às tantas os documentos são de facto o nossa melhor guia. Porque não deixam dúvidas a dado respeito nomeadamente os valores que foram indicados como preços, etc. ... Temos no dia ___ de Agosto de ___ uma escritura em que intervêm a Senhora ___ e o Senhor ___. E que basicamente aquilo que fazem é uma venda do que era património de ___ – e que também tinham poderes para representar ___ – venda de uma metade desta fracção na Av. ___, rés-do-chão Loja com a cave, fazem uma venda de metade desta Loja por dois mil seiscentos e oitenta e seis contos. Há aqui uma venda em que a Senhora ___ intervém aliás como procuradora de ___ e da mulher e vende a metade que era do Senhor ___ desta fracção, aos seus dois filhos menores por 2.686 contos. Quem foram os beneficiários deste negócio?

R: o Senhor ___.

P: Foi o beneficiário?!

R: Sim. O terreno lá no Algarve era 1.500 metros quadrados.

P: A Senhora está a afirmar coisas que não têm a ver ...

R: Portanto não é pelo valor. Ele tinha metade, eu metade, e não me deu. Então ele próprio diz para compensar outra metade. Ele não quero saber se eu sou prejudicada ou não porque (...?) renda muito maior. Eu não é pelo valor eu fiz porque meu Pai e minha Mãe, que me mandou fazer, senão vendia tudo, hoje já não vende nada.

P: Peço desculpa, mas isso são considerações que faz. Eu vou-lhe perguntar factos. Recorda-se de quem foram os sujeitos activos nesta operação? Isto é aqueles que receberam esta metade? Quem é que ficou titular dessa metade? Recorda-se?

R: Sim. Em vez de eu, à minha Mãe disse eu não quero nada com esta idade. Em vez de ser a minha, meu nome, eu ponho já em nome dos meus filhos. E eram menores, que o Pai tinha de representar.

P: Eu vou-lhe lembrar os beneficiários, isto é as pessoas que adquiriram são ___ e ___.

R: São os meus filhos.

P: Eram menores à altura?

R: Sim Senhor.

P: Conforme consta da escritura. Sabe quem é que faz a administração dos bens imóveis dos menores? Das pessoas com menos de 18 anos?

R: São os Pais. Mas neste caso é diferente porque o meu irmão ficou com metade dum terreno.

P: Mas a Senhora tem consciência de que os beneficiários desta compra e venda...

R: Este preço é por causa de nominal. Não é uma compra e venda, é só para corrigir o nome.

P: Já lhe vou perguntar em relação ao preço. Houve algum pagamento quanto a isto?

R: Não.

P: Não houve nenhum pagamento?

R: Eu não recebi.

P: Olhe, acha que para o património do Sr. ___, o valor que aqui está 2.686 contos será o valor real daquilo que estava a alienar aqui pela sua intervenção? Acha que este valor tem correspondência à realidade?

R: Eu não tinha nada que receber desta escritura.

P: Eu não perguntei se a Senhora recebeu. Perguntei-lhe se tem ideia se este valor corresponde àquilo que estava a ser retirado do património do Senhor ___.

R: Nós estávamos agora a compensar uns e outras.

P: O valor, é um valor real?

R: Este valor é denominal, só por questões de mudar de corrigir o nome.

P: Eu creio que já percebemos, portanto. Não houve pagamento. Este valor que está aqui não foi o valor atribuído à loja. Foi um valor que puseram?

R: Para compensar parte dele, porque também não recebi a parte dele.

P: Olhe, a Senhora sabe que idade é que tem o seu irmão, ___?

R: Menos 1 ano que eu. Eu tenho ... vou fazer 59, portanto ele vai fazer 58.

P: Ele vai fazer 58, portanto há oito anos tinha 50. Nesta altura da escritura ele teria 49 anos. Sabe se ele era uma pessoa responsável na sua vida ou precisava que alguém tomasse conta dos assuntos dele?

Juíza: Ò Senhor Doutor não faz muito sentido essa pergunta. A senhora arguida já explicou porque é que fez as escrituras. Não é? Por ordem dos Pais e porque... Numa dada altura deixaram de ter confiança no irmão e isso é... isso é de ordem muito pessoal.

P: Onde eu queria chegar era se, uma vez que a preocupação da arguida terá vindo através do Pais, que o ___ se tinha tornado um jogador compulsivo e incontrolável, porque razão não pensaram interditá-lo, por exemplo?

R: Meu Pai disse que sim. Mas nós temos pena porque é nosso irmão. Não ia fazer. Se fosse verdade eu é que tinha de fazer um processo contra ele e não fiz. Tanta coisa que ele fez a mim e eu não fiz.

P: Sim. Eu estou a falar em processo de interdição. A Senhora sabe o que é, não é? Portanto, deixar de poder administrar as suas coisas e haver um familiar que tome conta dos assuntos.

R: Toda gente diz isso para mim, o meu padrinho, os amigos, todos.

P: E não fizeram isso?

R: Eu não era capaz de fazer isso.

P: Tiveram pena dele, é isso?

R: Não é pena. É meu irmão eu não sou capaz de fazer isso.

P: Não foi capaz.

R: É meu irmão, isso não se faz.

P: Olhe, em relação aqui à escritura que também está junta ao processo relativamente à loja da ___, creio que a Senhora nos terá dito – e peço desculpa se terei percebido mal – que a metade da ___ que lhe pertencia, portanto não estamos a falar desta escritura, foi transmitida para os seus filhos em Agosto de ___, é isso?

R: Sim Senhor.

P: A metade que era sua – não é? – passou para os seus filhos em Agosto de ___. É isso?

R: Eu passei sim Senhor.

P: Então, quando em ___ a Senhora ___ intervém primeiro numa escritura em que a ___ vende a ___ metade desta fracção e logo a seguir no mesmo dia e no mesmo Notário vende a si própria, portanto creio que estamos de acordo em que metade que era do seu irmão passou para si?

R: Este quando o meu irmão falou, eu da ___ tirei cinquenta por cento para ___. Portanto ficou 50% para mim. Então quando recebia renda eu mandava metade da renda para ele. (…?) O meu sobrinho disse olhe o meu Pai disse faz favor os 50% da renda para a conta Caixa Geral de Depósitos ou ...

P: Aquilo que pretendo esclarecer era...

R: Ele diz que não tinha metade, mas eu tinha metade.

P: Não sei se tinha se não tinha. Mas o que eu queria perceber era o seguinte. Deste imóvel há aqui a venda de uma metade que estava na ___.

R: Sim, porque era da ___ inteira.

P: Passou primeiro para ___ e depois passou para ___.

R: Sim porque eu não podia, sendo eu procuradora de ___, passar para mim e como eu tenho conhecimento, é melhor eu passar para ele do que passar outra pessoa depois ainda vai acusar que estou a vender a outra pessoa.

P: Passou primeiro para ele e depois para si?

R: Sim.

P: Portanto essa metade. Pelo valor de Esc. 565.000$00?

R: Este é nominal!

P: Pronto. Mais uma vez... Não houve pagamentos, houve doação.

R: Não houve pagamento, foi só para corrigir.

P: Alguma vez prestou contas ao Sr. ___ deste valor? E deste acto de alienação, feito com uma procuração? Alguma vez prestou contas ao mandatário?

R: Quando ele quer contas eu apresento. Ele fica logo zangado comigo e diz que não me deve nada.

P: Alguma prestou contas a ele destes três negócios? Que fez?

R: Ele é que não pede contas.

P: O que eu estou a perguntar é se a Senhora deu satisfação do que fez? Porque, olhe, eu não lhe vou explicar o regime legal, mas quando alguém administra o património de outra pessoa tem que prestar contas. Tem que dizer o que é que fez.

R: Sim. Despesa ele não paga. Rendimento quer a metade. Quando recebia renda quer a metade, Não quer descontar nada. Paguei obras, paguei tudo, condomínio, seguro. Não paga. Não quer saber. E depois ainda por cima fica zangado comigo.»

(cassete n.º 1 da Sessão de Audiência de Julgamento de ___., lado B, de voltas 0000 a voltas 1840)

Ainda, nomeadamente, pelos seguintes trechos do **depoimento do arguido** ___. (cfr. Acta de Audiência de Discussão e Julgamento de ___.), os quais passamos a transcrever:

«

P: Senhor ___., o Senhor sabe também que é arguido e no fundo é nessa qualidade também que estamos a ouvi-lo. À data de ___., quando faleceu o seu sogro e depois, uns meses depois, é feita esta procuração, era ou não era a ___.também uma pessoa da inteira e absoluta confiança de ___ e de ___.?

R: Sem dúvida nenhuma.

P: Portanto, sempre foi a pessoa de confiança do seu sogro, de toda a família, geria, e não havia razões nenhumas para achar que viesse a fazer alguma coisa que não fosse devida, e ___ e ___, muito naturalmente – é assim ou não é? – confiaram também nela quando passaram esta procuração?

R: Parece que sim, ou viram-se obrigados pelo meu sogro a fazê-lo.

P: Bom, eu aí tentei ajudá-lo dizendo-lhe que a procuração foi feita em ___. O sogro faleceu antes disso em ___. Ou seja vários meses...

R: Não sei, desconheço.

P: Desconhece, mas tem ideia que terá sido, ou apresenta como explicação possível.

R: Sim Senhor.

P: Mas aquilo que gostava que o Senhor aqui afirmasse, para que não houvesse dúvidas quanto a isto, é que ___ e ___ confiavam e confiaram, pelo visto, inteiramente na senhora sua mulher. Tinham uma confiança.

R: Não me vai obrigar a dizer que desconfiavam. Porque se foi uma directiva do meu sogro e da minha sogra ao qual ambos se viram obrigados...

P: Mas como é que se obrigam adultos de 49 anos a fazerem uma coisa que eles não querem?

R: Isso só tem que perguntar a eles.

P: Iremos perguntar. A um deles não, porque infelizmente faleceu. Eu vou colocar a questão de outra maneira. A ___ era ou não era da inteira confiança dos irmãos em ___ depois da morte do Pai?

R: Era. É suposto. Ainda hoje continua a ser de toda a família.

P: Mas portanto era uma pessoa de confiança dos irmãos.

R: Se me pergunta se eles assinaram por ser uma pessoa de confiança, já é diferente.

P: Eu não lhe perguntei se eles assinaram por ser de confiança. Eu perguntei se era ou não uma pessoa de confiança para eles, da inteira confiança para eles.

R: Não sei. Que a minha mulher era uma pessoa de confiança do meu sogro e da minha sogra sempre foi.»

(cassete n.º 2 da Sessão de Audiência de Discussão e Julgamento de ___, Lado B, de voltas 1658 a 1927)

«*P: Olhe, só para finalizar. O Sr., enfim, está aqui, vá lá, implicado nestes autos porque assinou aqui uma dada escritura que – e é esta que no fundo o relaciona com este processo. Sabe quem foram os destinatários da escritura em que interveio na venda de metade que era do Sr. ___. Quem foram os destinatários?*

R: (imperceptível) **Não sei.**

P: Este valor que está aqui foi pago a alguém? 2.686 contos.

R: Não sei.

P: O Sr. interveio em representação dos seus filhos. Foi paga alguma coisa pelos seus filhos por terem, aliás, eles pagaram alguma coisa ao comprarem esta metade?

R: Se eles pagaram, ou se a Mãe pagou por eles, ou se a Avó pagou por eles, ou se a Tia pagou por eles, desconheço.
P: Desconhece. Sabe se este valor é o valor real de metade daquela Loja? ...Dois mil e seiscentos contos.
R: Se é o valor real que vale aquela loja?
P: Sim, da Av. ___. Rés-do-chão Loja e com cave.
R: Senhor Doutor eu não sei (...) está toda estragada. Não sei qual é o valor.
P: Acha que a Loja pode valor 5 mil contos?! Ou pelo contrário mais de 100.000 contos? Estamos a falar de uma Loja na Av. ___.
R: Não sei, não sei.
P: Não faz ideia nenhuma?
R: Não sei, não estou a ver.
P: Quando interveio nessa escritura, digamos que não tinha noção de que e de quem é que ia pagar a quem e qual era o valor que lá estava?
R: (?) muito, muito afastado dos negócios do meu sogro e da minha sogra.
P: Já comprou algum imóvel?
R: Já.
P: Então tem ideia quanto é que poderá valer aquela Loja na ___, em plena ___, com uso comercial?
R: Agora? No estado em que está?
P: Sim, no estado em que está.
R: Não sei. Aquilo está tudo danificado. Aquilo está tudo, tudo estragado. Por causa da construção de um prédio ao lado.
P: Olhe, e à data de ___? Estava assim?
(silêncio)
P: Estava assim destruída? Quando é que aconteceu essa calamidade nesse prédio? Quando é que ficou danificada a Loja da Av. ___?
R: Quando começaram a fazer as fundações.
P: Quando foi isso?
R: Não sei dizer.
P: ___? ___?
R: Não tenho ideia.
P: Não tem ideia se foi em ___, há nove anos atrás?
R: Não tenho ideia.
P: Não era ali que funcionava o ___?

R: *Era, era.*
P: E não tem ideia quando é que fechou?
(silêncio)
P: Olhe diga-me lá o seguinte o Sr. relatou aqui, e também a Sr.ª sua mulher antes de si, que houve aqui vários negócios, coisas ruinosas em que a Sr.ª ___ ficou lesada em negócios. O restaurante do ___ não era propriedade duma sociedade ___ Lda?
R: *Sim. Sim. Sim. Sim. Era. Era.*
P: Quando o Sr. diz que a Sr.ª sua mulher perdeu 80.000 contos foi no âmbito deste negócio desta sociedade ___ Lda?
R: *Com o João, sim.*
P: Nós estamos a falar de um negócio que estava encabeçado por uma sociedade. Correu mal e ela perdeu 80.000 contos. É isso?»
(cassete n.º 2 da Sessão de Audiência de Discussão e Julgamento de ___, Lado B, de voltas 2085 a 2440)

Naturalmente, ainda, pelos seguintes trechos do **depoimento do assistente** ___ (cfr. Acta de Audiência de Discussão e Julgamento de ___):

«P: Nesta altura de ___ havia algumas instruções – pergunto eu – do pai, para virem a dividir ou alterar a propriedade dos seguintes imóveis, portanto daqueles 3 que estão no processo, o Sr. sabe perfeitamente quais são: da Loja onde estava o restaurante ___, Av. ___; da ___; e do prédio da ___?
R: *Oh Sr. Dr. acha que pai faz isto a filho que trabalhou durante 42 anos para ele? Fez um património de família que vale centenas de milhões de escudos, agora vai tirar as coisas que eu lutei, fiz sacrifícios durante 42 anos com o meu pai e tira-me tudo? Isto é uma invenção! Uma história falsa para tirar os meus bens todos. Houve uma inveja na família. Como eu sempre trabalhei e o meu pai dava muito valor (…)*
P: Desculpe interromper mas eu preciso que responda sim ou não. O seu pai deixou algumas instruções para que viesse a ser alterada a propriedade destes 3 imóveis na parte que estava em seu nome?
R: *Não.*
P: Eu creio que a sua explicação foi claríssima.»
(cassete n.º 1 da Sessão de Audiência de Discussão e Julgamento de ___, Lado A, voltas 1930 a 2178)

«*P: Olhe, agora vou-lhe perguntar muito claramente. A procuração já sabemos que existe, já enfim o Sr. explicou as circunstâncias do seu surgimento, vou-lhe perguntar se alguma vez deu instruções à ___, sua irmã, para passar a propriedade ou vender ou doar – que parece ter sido o caso – doar, as partes da sua compropriedade nas Lojas da ___ onde era o Jade, na Loja da ___ e/ou no prédio da ___? Alguma vez lhe deu instruções para ela mudar a propriedade e retirar o seu nome ou as partes que estavam em seu nome?*
R: Nunca na minha vida.
P: Alguma vez autorizaria isso?
R: Nunca. Porque eu também tenho os meus quatro filhos para sustentar. Agora tirar as coisas sem pagarem, isto é um roubo.
P: Vamos avançar um pouco no tempo e vamos especificamente para as datas em que surgem essas escrituras. São três de rajada. Dia ___ de Agosto de ___. Dia ___ de Agosto de ___ e dia ___ de Agosto de ___. Como é que o Sr. ___ tomou conhecimento de que o seu nome nestas propriedades ou que as partes de que era proprietário tinham sido objecto destas escrituras em Agosto de ___? Como é que tomou conhecimento disto? Já estava cá em Portugal quando tomou conhecimento?
R: Sim, sim. Tomei conhecimento porque houve um mediador que quis comprar os terrenos da ___.
P: Quem era esse mediador?
R: Chama ___.
P: O ___ que vai também ser ouvido neste processo. O Senhor voltou de Macau quando?
R: Voltei de Macau em ___.
P: Voltou por alguma razão especial?
**R: Para abrir um restaurante que minha irmã sugeriu para abrir no ___ (...)*»
(cassete n.º 1 da Sessão de Audiência de Discussão e Julgamento de ___, Lado A, voltas 2441 em diante)

«*P: E então como é que tomou conhecimento de que estes prédios já não estavam em seu nome? E de que já isto tinha sido alterado? Estava-nos a contar que...*
R: Através do mediador ___. À volta de ___ em Abril ou Maio ele veio falar comigo para saber se estava interessado em vender este terreno lá na ___. Então esta altura falei com a ___ para dizer olha tem

uma pessoa interessada para comprar este prédio. Em mês de Abril e Maio, sim. Entretanto houve vários mediadores a me contactarem.

P: *Outros mediadores contactaram-no também para isso, para esse prédio?*

R: *Sim. Exacto sim. Então eu falei com a ___ e disse olha eu só vendia o prédio por 200.000 contos. Se houvesse essa oferta eu acho que era bom negócio para vender. Porque aquela altura esse prédio foi comprado em meu nome 50%, ___ Lda 50%. Por isso a minha obrigação foi informar o meu sócio. Então veio uma oferta do ___. Falou comigo então eu preciso elementos para apresentar o registo. Então eu pedi a ___ para dar uma certidão do registo para eu apresentar ao comprador. Então quando a ___ me entregou essa certidão fiquei um bocadinho surpreendido, porque a certidão não era actualizada. Parece que tem sido de ___ ou ___. Então entreguei ao ___ para confirmarem este terreno. Então passado, então o preço foi combinado. Então o ___ telefonou-me um dia para dizer ó ___, desculpa, o terreno já não é seu. Já tem um novo proprietário. Eu fiquei surpreendido. Eu sei quem era ___. E você só fica com uma percentagem metade dos 16,66%. Então eu liguei para ___ para marcar reunião sobre esse assunto. Marquei várias vezes, ela fugia. Fugia. Nunca queria enfrentar esta situação porque tinha medo. Porque nunca acreditei, confiei numa procuração à minha irmã durante longos anos. Nunca pensei que podia trair um irmão que sempre está ao lado a ser protector (…)»*

(cassete n.º 1 da Sessão de Audiência de Discussão e Julgamento de ___, Lado A, voltas 2841 a 3140)

«P: *Olhe aquilo que lhe vou perguntar é se foi por vontade da sua Mãe, ___, que ___ fez estas doações das suas partes nas Av. ___, ___, na Loja da ___ e na ___? Foi por ordem ou vontade de sua Mãe?*

R: *Não.*

P: *O Sr. contou à sua Mãe em algum momento o que é que a ___ fez, ou não?*

R: *Sim. Eu falei logo após por razão deste roubo da ___, então mandei uma solicitadora investigar porque estava a desconfiar, porque quem rouba uma coisa é capaz de roubar o resto, então mandei uma solicitadora averiguar os restantes bens. Então descobriu que o restaurante Jade também tinha sido roubado. Então eu peguei essa certidão, fui lá falar com minha Mãe. Então eu disse ó Mãe sabe que a tua filha*

___ me roubou a parte legítima da Av. ___ restaurante ___? Minha Mãe bateu no peito assim. Está a dizer "minha filha nunca faz uma coisa destas!" Eu disse olhe Mãe, juntamente a minha irmã ___ que também estava lá, puxei do documento para mostrar à minha Mãe e ela disse "ó ___ fica com calma que eu vou falar com a ___ e isso tem que ser resolvido porque a propriedade é tua". Então passado alguns dias a minha Mãe junto com ___ deslocou ao consultório de Dr. ___, chorando pediu ao Dr. ___ para ir ao nosso restaurante para falar comigo e com a ___ para resolver a questão deste roubo do Av. ___. Então Dr. ___ ligou-me para dizer que tem que ir trabalhar de segunda a sábado. Único dia que está livre é domingo, se eu podia estar lá. Eu disse está bem, Doutor. Então num domingo apareceu Dr. ___. ___ também estava lá. ___ também estava lá e minha Mãe, eu sentados na mesa, e o Dr. ___ falou com a minha irmã assim "então ___ porque você anda a fazer esta coisa, porque ___ também tem 4 filhos". Você não pode tirar uma coisa legítima de ___ sem razão nenhuma. Então a ___ inventou uma história. Estava a dizer que eu tinha vendido um terreno lá no Algarve, que ela faz parte também 50% do terreno. E eu mostrei documento para o Dr. ___ e estava a dizer que isso é mentira. Porque está aqui as pessoas registadas nesta propriedade. Estava ___, meu irmão ___, mais um casal que é madrinha da minha filha, Eng.º ___. Nunca ___, não estava registado. Então ___ calou. E estava a dizer que "está bem então vou registar a minha parte tem que ser transferido (…) Então você já transferiu para a sua filha menor como você vai devolver a parte do ___? ___ está a dizer como minha parte está inteira eu devolvo minha parte para ___. Então o Dr. ___ disse que sim e está bem.

P: E ela fez alguma vez isso?

R: Depois passada uma semana eu liguei para o Dr. ___ a dizer Dr. ___ a coisa está combinada não foram feita porque ___ está a negar para fazer isso. Então o Dr. ___ sugeriu ó João única coisa para você fazer agora eu arranjo um bom advogado (…) para fazer uma queixa crime.»

(cassete n.º 1 da Sessão de Audiência de Discussão e Julgamento de ___, Lado B, voltas 636 a 1403)

Note-se, Excelentíssimos Senhores Juizes Desembargadores, que sobre aqueles factos **n.º 6, n.º 7** e **n.º 8** da "Matéria de facto não provada" na Sentença recorrida, poucos mais depoimentos poderiam ter qualquer relevância, dado que assim "escutámos" as afirmações dos próprios agentes/arguidos (!), as quais são absolutamente esclarecedoras, para além das afirmações do assistente.

No entanto, destaca-se com particular relevância nos presentes autos, o depoimento de <u>uma testemunha que não apresenta qualquer ligação familiar aos sujeitos processuais, nem manifestou qualquer interesse no sentido de favorecer um deles</u>. Isto, **em contraste com as inúmeras testemunhas que depuseram com a finalidade evidente de evitarem a condenação criminal de um membro da comunidade chinesa**, ao invés de contribuírem para a descoberta da verdade...

O testemunho em causa é o do Dr. ___, referido pelo Mmo.Tribunal *a quo* (embora com muito significativas omissões) como 1.º depoimento testemunhal indicado na "Motivação da decisão de facto", de fls. 654 a fls.655 da Sentença recorrida.

Tal depoimento incidiu sobre circunstâncias posteriores às datas de 20, 25 e 31 de Agosto de 1999 – datas da realização des 3 (três) escrituras públicas por parte da arguida – e contem, afinal, **a explicação integral da motivação da actuação da arguida**.

Designadamente porque, a pedido de ___ (mãe da arguida), **o referido Dr. ___ mediou uma reunião entre ___ (a arguida) e ___ (o assistente), realizada na presença da referida ___ (mãe da arguida) e ainda de ___ (irmã da arguida e do assistente).**

Antes e durante essa reunião, por **conversas directas com ___ (mãe da arguida)**, o Dr. ___ foi informado de que esta **não teve qualquer iniciativa nem mandatou a arguida para a realização das 3 (três) escrituras em causa**.

Durante a mencionada reunião, o Dr. ___ ouviu também, da própria arguida, a confissão integral dos factos, bem como o **reconhecimento de esta ter agido por sua própria autodeterminação**.

Na mesma reunião o Dr. ___ ouviu a própria arguida revelar que **a razão de ter subtraído ao seu irmão ___ os valiosos três direitos reais**

em causa neste autos foi a de estar convencida de que este lhe deveria 1/3 (um terço) ou 1/2 (metade) do valor da venda de terrenos sitos no Algarve – factos, aliás, reproduzidos pelo Mmo.Tribunal *a quo*, nas linhas 14.ª a 17.ª de fls. 652 (pág.9 Sentença) e linhas 21.ª a 22.ª de fls. 666 (pág. 23 Sentença) – ou seja, **a arguida declarou claramente que agiu para se compensar, por ajuste de contas, e de *motu proprio*.**

A arguida não actuou, portanto:

a) nem por ordem do pai;
b) nem por ordem da mãe;
c) nem por "mandato" da família.

A motivação da arguida foi a de "fazer direito por linhas tortas", de acordo com a sua convicção acerca do que lhe seria devido pelo assistente – ou seja, **na convicção exacta de subtrair património** ao seu irmão.

De resto, ainda na referida reunião, o Dr. ___ ouviu a própria arguida mostrar-se **arrependida** e **prometer que iria reverter a situação gerada com as 3 escrituras de   ,   e   de Agosto de   , por forma a repor os bens na esfera patrimonial do assistente (o que nunca fez)**, depois de ter sido presencialmente esclarecida, em face de documentação, de que estava afinal enganada, pois nada teria a haver do assistente quanto à venda de terrenos do Algarve.

Vejamos então, atentamente, o depoimento desta testemunha (cfr. Acta de Audiência de Discussão e Julgamento de ___):

«**P:** *O Sr. Conhecia o Sr. ___?*
R: Sim.
P: ...falecido em ___, foi ele que fundou o restaurante ___? Conhecia o restaurante ___?
R: Sim.
P: Conhece o Sr. ___ e a D. ___?
R: Sim
P: Ora bem, consegue-nos dizer se até ao falecimento do Sr. ___, quem é que trabalhava no restaurante ___ com ele?

R: (imperceptível).....
P: O Sr. ___ trabalhou lá?
R: (imperceptível)...
P: O Sr. ___ trabalhava no restaurante todos os dias?
R: (imperceptível)....
P: Tem ideia ou aconteceu consigo alguma conversa relativa a um conflito entre a ___ e o ___ que terão falado consigo, sobre algum conflito entre eles?
R: Eu lembro...um dia, uma irmã dele, irmã ___ foi ao meu consultório.
P: Irmã, qual, chamada ___ ou ___?
R: ___, não, é a que vive em Macau.
P: ___, será?
R: Sim, irmã chega a consultório e pedir ajuda e disse "___ com ___ está zangado. Quero ajuda para fazer uma reunião de família". Eu disse, a princípio eu disse " Eu não conheço esta família tudo, não sabe a história tudo...".
P: Em que data é que foi isso? Terá sido em ___, quando faleceu o pai? Ou já mais tarde em ___?
R: ___. O pai já morreu.
P: O pai já tinha morrido?
R: Tinha morrido.
P: Sim, ok, diga, diga...
R: Eu disse que a princípio não quer, tinha muito trabalho, não quer, mas depois, irmã de ___ chorava, disse "Faz favor, eu quero ajuda", mas eu disse..." Porque é que quer ajuda?" Irmã de ___ disse "___ e ___ está muito zangado." Eu disse "Porquê?". Tradutor: O ___ ficou muito zangado porque inicialmente o restaurante estava em nome de ___ e ___, mas depois ___ tirar o nome de ___ e põe no nome dos filhos de ___.
P: Não terá sido isso em ___? Porque só em ___ é que isso aconteceu em termos de escritura. O Sr. disse que terá sido em ___, depois do Sr. ___... A Reunião terá sido depois do estabelecimento mudar de nome, quando a parte que era do ___ passou para os filhos da ___, não é?
R: Exactamente.
P: Isso terá sido em ___?
R: Fez reunião porque antes o Sr. ___ procura mãe de ___ e perguntou se ___ tirou o nome de ___ e ficou de acordo com o ___. E mãe

de ___ disse " Não sabia se ficou de acordo com ___". E mãe de ___ disse que "___ não fazia isso.... ___ não faz isso".
 P: E o Sr. ___ o que é que disse?
 R: Estava só a falar com elas. ___ não estava no consultório...só mãe de ___. Depois disse : "Vou-lhe ajudar a fazer reunião e...."
 P: O Sr. chegou depois a fazer alguma reunião com o ___ e a ___?
 R: Sim, Domingo.
 P: E como é que foi? O que é que se passou aí?
 R: Quando eu cheguei lá, eu primeiro perguntar ___ " Esta história de tirar nome do ___ e pôr o dos teus filhos?" E ela disse "Sim". E eu disse "Porquê?" ___ disse "___ tem terreno... ___ tem outro dinheiro de ___ e no Algarve tem uma terra e vendeu, ___ não sabia de nada e por isso tirar este nome...".
 P: Exacto, para compensar uma coisa à outra....Então diga-me lá o seguinte, o Sr. falou com a Sra. ___? A Sra. ___ disse-lhe alguma vez que foi ela que disse à ___ para tirar o nome do ___ do restaurante ___ e meter em nome dos filhos dela?
 R: Não.
 P: Acha que isso é possível, que a ___ é que tenha dado as instruções..
 R: Mãe de ___ disse "___ não fazer isso, ___ está engano".
 P: A Sra. ___ pensava que era mentira, é isso?
 R: É, que não tinha esta história.
 P: E o Sr. foi confirmar com a Sra. ___ e ela disse-lhe que sim, que era verdade?
 R: Sim, que era verdade.
 P: Não foi por ordens ou instruções de ___ que a ___ foi fazer isso?
 R: A mãe não saber isso, mas disse que não sabe. Eu perguntar à mãe de ___ "Tu sabe isto?" e ela disse "Não, não sabe e ___ não faz isto."
 P: Isto é, a ___ não acreditava que a ___ pudesse fazer isto?
 R: Sim.
 P: O Sr. viu a própria ___ a falar consigo?
 R: Eu perguntar.
 P: Ah pronto
 R: "Porque ___ fazer isto? Tu sabe? " E ela disse "Não sabe". Depois eu perguntar a ___ "Porque tu vendeu terra no Algarve e não levar dinheiro para ___?" ___ disse "Esta terra ___, não pode ser de

___, não há nada com ligação. ___ esta terra não tem nome". Depois ___ levou tudo papel para a mesa para eu ver e eu disse "___ tem razão".

P: O Sr. achou que ele tinha razão?

R: ___ tinha razão. Tirar nome de ___, por exemplo, sem licença de ___, eu disse "Aqui ___, tu não razão.". Depois eu perguntar "___, tu fazer isso? Mudar nome para os teus filhos...Teu filho e filha ainda estão muito pequenos. Como volta para ___?" E ela disse " Eu mudar o nome, não poder o nome de meu filho e minha filha, mas eu mudar o meu nome para o de ___".

P: Se bem percebi, ela tinha feito isto porque o ___ tinha vendido um terreno no Algarve e lhe devia dinheiro e o ___ disse que uma coisa não tinha a ver com outra e mostrou uns papéis ao Sr. ___ e o Sr. ___ achou que ele tinha razão, que uma coisa não tinha a ver com a outra.

R: E não tinha nada. ___ depois não disse nada. Depois enquanto falava, falava, falava, depois ___ disse "Ok, volta nome para ti, amanhã eu vou lá mudar, tirar o meu nome para o ___". Disse "Reunião já acabou" e ela disse "Sim, reunião já acabou". Acabou, nós todos contentes, a continuar o almoço no restaurante. Mais de uma semana, chegou no meu consultório e disse "___ não mudar o nome" e eu disse "Na reunião, ela mudar nome" e ela disse "___ não mudar" e eu disse "Se não mudar, falar para advogado e vá para Tribunal....."

P: Mas ela disse-lhe a si, o Sr. viu, que ela disse que iria pôr a parte dela em nome do irmão, uma vez que já não podia fazer isso com os filhos porque eram menores, não é?

R: Sim.

P: E depois não fez isso que o Sr. tenha conhecimento, ela chegou a pôr outra vez metade em nome do ___? Sabe se ela voltou a fazer isso?

R: Não, ela não voltou a fazer isso, porque ___ foi a consultório fazer reunião e por isso falar contigo e dizer não mudar o nome.

(Esclarecimentos dos arguidos)

P: Eu não percebi quando é que ocorreu essa reunião. Em que ano?

R: Já não lembra muito sério. Mas eu só sabe quando ___ já mudar o nome, depois por esta altura.

P: Há quantos anos o Dr. ___ não vai ao ___?

R: Eu nunca vou lá, só vou lá umas cinco vezes, quando fazer anos, já não lembro.

P: Lembra-se quando é que o ___ fechou?
R: **Não sabe. Quando fechou, ___ vai ao consultório tinha problema, articulações, leva outra pessoa, vai ao consultório, eu ajuda, depois disse para mim" Ali fazer uma obra, obra estragar tudo..., restaurante já está fechado".**
P: O restaurante fechou antes da expo?
R: **Não sei, eu não vou lá ao restaurante.**
P: Quando a expo abriu, a ___ onde é que estava? No ___ ou no restaurante ___?
R: **Nunca vi a ___ no restaurante ___...**
P: O que se lembra é que essa reunião sucedeu logo após a morte do pai ou muitos anos depois?
R: **....depois de eu ver papel. Se não mudar o nome, eu não sabe, quando mudar de nome depois eu,**
P: é por isso que é preciso saber quando o restaurante ___ fechou.
R: **Não fechou comigo, eu não sabe de nada. Eu só saber que ela quer fazer reunião quando tratar de mudar de nome. Só depois fazer a reunião.**
P: E nessa reunião estava a ___?
R: **Toda a família.**
P: Diga lá quem é que estava na mesa?
R: **Mesa tem ___, ___, ___, ___, ___.**
P: O marido da ___ estava?
R: **Marido da ___ não estar lá.**
P: E estava o Dr. ___ e a sua esposa?
R: **Minha esposa parece que não estava. Ela não sabe falar cantonês, não sabe falar português, não, parece que não.**
P: Então foram estas pessoas?
R: **Sim.**
P: Lembra-se em que mesa é que foi?
R: **Foi na mesa redonda, lá do fundo.**
P: E a D. ___ falou nessa reunião?
R: **Não falou.**
P: Quem falou em primeiro lugar? O ___?
R: **Eu, eu chamado para fazer reunião...**
P: Diga-me uma coisa, se o ___ tem a certeza que houve um problema relativamente à venda dos terrenos no Algarve e o ___ também lhe

disse que não tinha dado o dinheiro à ___, porque é que o ___ teve pelo ___ e não teve pela ___?

R: Isto da terra eu não conheço. ___ disse e ___ leva papel para a mesa e pergunta à ___ "Isto é dela?" e ___ disse "Sim, isto é dela". E ___ disse "Esta terra não tem nome, não é tua, é outra pessoa". Tinha nome de três sócios, não sei, já não lembro.

P: Mas a ___ disse "Quero a minha parte" ou não disse?

R: ___ disse que tinha uma parte, mas ___ disse "Tu não estás dentro, tu estás engano".

P: E engano porquê?

R: Engano porque esta terra, é tudo engano, Tu está a fazer confusão, esta terra não é tua.

P: E o ___ acreditou nele e não acreditou na ___?

R: Sim, mas não tem nome. Terra não tem nome. Papel em cima da mesa não tinha nome de ___.

P: Está bem, mas isso pode haver um negócio por trás disso.

R: É a sua palavra, eu quero ver papel.

P: O Dr. ___ conhece bem a família ou não?

R: Não conheço muito bem. Eu conheço esta família, irmã cliente, ___, filho cliente.

P: O ___ nessa altura em ___ tinha dinheiro dele para ir comprar um terreno no Algarve?

R: Eu não sei isto. Não sabe se tem dinheiro dele ou não tem dinheiro.

(Esclarecimentos do Tribunal)

P: Está a dizer que não conhece bem a família. Não conheceu bem o ___? O pai da ___? Chegou a falar com ele?

R: Pai da ___, nunca o viu.»

(cassete n.º 2 da Sessão de Audiência de Discussão e Julgamento de ___, lado B de voltas 1379 a voltas 1630, e cassete n.º 3 da Sessão de Audiência de Discussão e Julgamento de ___ lado A de voltas 000 a 1232).

O testemunho do Dr. ___ não foi devidamente tido em conta por parte do Mmo. Tribunal *a quo*, sendo que proveio de uma testemunha com **razão de ciência** directa sobre os factos que descreveu, e de uma **pessoa**

isenta, distanciada emocionalmente de todos os intervenientes nos autos.

O seu testemunho é valioso porque a testemunha foi procurada pela mãe da arguida e do assistente (___), numa tentativa derradeira para tentar resolver o conflito que subjaz ao crime de Infidelidade em apreço, precisamente por aquele Dr. ___ ser pessoa de confiança da família, além de reputado médico da comunidade chinesa de Lisboa.

Os factos sobre os quais depôs o Dr. ___, em especial aquela reunião, foram aliás também confirmados no seguinte **trecho do depoimento do assistente**___ (cfr. Acta de Audiência de Discussão e Julgamento de ___), já acima transcrito e localizado nas fitas magnéticas:

«*P: Olhe aquilo que lhe vou perguntar é se foi por vontade da sua Mãe, ___, que ___ fez estas doações das suas partes nas Av. ___, ___, na Loja da ___ e na ___? Foi por ordem ou vontade de sua Mãe?*
R: Não.
P: O Sr. contou à sua Mãe em algum momento o que é que a ___ fez, ou não?
R: Sim. Eu falei logo após por razão deste roubo da ___, então mandei uma solicitadora investigar porque estava a desconfiar, porque quem rouba uma coisa é capaz de roubar o resto, então mandei uma solicitadora averiguar os restantes bens. Então descobriu que o restaurante ___ também tinha sido roubado. Então eu peguei essa certidão, fui lá falar com minha Mãe. Então eu disse ó Mãe sabe que a tua filha ___ me roubou a parte legítima da Av. ___ restaurante ___? Minha Mãe bateu no peito assim. Está a dizer "minha filha nunca faz uma coisa destas!" Eu disse olhe Mãe, juntamente a minha irmã ___ que também estava lá, puxei do documento para mostrar à minha Mãe e ela disse "ó ___ fica com calma que eu vou falar com a ___ e isso tem que ser resolvido porque a propriedade é tua". Então passado alguns dias a minha Mãe junto com ___ deslocou ao consultório de Dr. ___, chorando pediu ao Dr. ___ para ir ao nosso restaurante para falar comigo e com a ___ para resolver a questão deste roubo do Av. ___. Então Dr. ___ ligou-me para dizer que tem que ir trabalhar de segunda a sábado. Único dia que está livre é domingo, se eu podia estar lá. Eu disse está bem, Doutor. Então num domingo apareceu Dr. ___. ___ também estava

lá. ___ *também estava lá e minha Mãe, eu sentados na mesa, e o Dr.* ___ *falou com a minha irmã assim "então* ___ *porque você anda a fazer esta coisa, porque* ___ *também tem 4 filhos". Você não pode tirar uma coisa legítima de* ___ *sem razão nenhuma. Então a* ___ *inventou uma história. Estava a dizer que eu tinha vendido um terreno lá no Algarve, que ela faz parte também 50% do terreno. E eu mostrei documento para o Dr.* ___ *e estava a dizer que isso é mentira. Porque está aqui as pessoas registadas nesta propriedade. Estava* ___, *meu irmão* ___, *mais um casal que é madrinha da minha filha, Eng.°* ___. *Nunca* ___, *não estava registado. Então* ___ *calou. E estava a dizer que "está bem então vou registar a minha parte tem que ser transferido (...) Então você já transferiu para a sua filha menor como você vai devolver a parte do* ___? ___ *está a dizer como minha parte está inteira eu devolvo minha parte para* ___. *Então o Dr.* ___ *disse que sim e está bem.*

P: E ela fez alguma vez isso?

R: Depois passada uma semana eu liguei para o Dr. ___ *a dizer Dr.* ___ *a coisa está combinada não foram feita porque* ___ *está a negar para fazer isso. Então o Dr.* ___ *sugeriu ó* ___ *única coisa para você fazer agora eu arranjo um bom advogado (...) para fazer uma queixa crime.»*

Ou seja, na mencionada reunião, a testemunha ___ ouviu, de parte a parte, as razões directamente da boca de ___ e ___, e tudo se esclareceu na presença de ___ e ___. Porém, na Audiência de Julgamento, e para tentar que o Mmo. Tribunal *a quo* minorasse tais factos (absolutamente esclarecedores):

a) a arguida optou por nada mencionar no seu depoimento, quanto à intervenção do Dr. ___, **nem nas declarações finais que ofereceu no encerramento da produção da prova**;

b) a defesa da arguida **prescindiu** simplesmente de ouvir em Julgamento a testemunha ___ (irmã da arguida e do assistente, que também esteve naquela reunião com o Dr. ___) – *vide* a Acta de Audiência de ___, parte final fls. 601;

c) a defesa da arguida **prescindiu** simplesmente de ouvir em Julgamento a testemunha ___ (mãe da arguida e do assistente) – *vide* a Acta de Audiência de ___, parte final, a fls. 601. É certo que, no caso desta testemunha, chegou a fazer-se uma primeira tentativa de a ouvir (vide a Acta de Audiência de ___, parte final fls. 558), tendo o início do depoimento sido interrompido e anulado, por alegada tradução deficiente...

Por tantas e tais razões objectivas, deveria o Mmo. Tribunal *a quo* ter dado por provado, pelo menos, que:

- *As escrituras de compra e venda referidas no ponto 7 da matéria de facto dada como provada foram realizados contra a vontade do assistente e da sociedade "___ Limited" que não incumbiram a arguida de qualquer venda ou negócio de transferência de propriedade de bens* – a que corresponde o **ponto n.º 6** da "Matéria de facto não provada" na Sentença recorrida;
- *O assistente não pediu à arguida para proceder à venda de metade da fracção que corresponde ao rés-do-chão lado direito do prédio urbano, em regime de propriedade horizontal, sito na Avenida ___, em ___* – a que corresponde o **ponto n.º 7 d**a "Matéria de facto não provada" na Sentença recorrida;
- *O assistente não incumbiu à arguida a venda do imóvel da Avenida ___, nem sequer do imóvel da ___* – a que corresponde o **ponto n.º 8** da "Matéria de facto não provada" na Sentença recorrida;

No tocante ao facto constante do **ponto n.º 10** da "Matéria de facto não provada" na Sentença recorrida, ou seja o de que: «*O assistente, apenas, tomou conhecimento dos actos praticados pelos arguidos em ___*»,

foi o próprio assistente JOÃO LOY (cfr. Acta de Audiência de Discussão e Julgamento de ___) quem logo esclareceu que, como acima transcrevemos e localizámos nas fitas magnéticas:

«*P: E então como é que tomou conhecimento de que estes prédios já não estavam em seu nome? E de que já isto tinha sido alterado? Estava--nos a contar que...*
R: Através do mediador ___. À volta de ___ em Abril ou Maio ele veio falar comigo para saber se estava interessado em vender este terreno lá na ___. Então esta altura falei com a ___ para dizer olha tem uma pessoa interessada para comprar este prédio. Em mês de Abril e Maio, sim. Entretanto houve vários mediadores a me contactarem.

P: Outros mediadores contactaram-no também para isso, para esse prédio?

R: Sim. Exacto sim. Então eu falei com a ___ e disse olha eu só vendia o prédio por 200.000 contos. Se houvesse essa oferta eu acho que era bom negócio para vender. Porque aquela altura esse prédio foi comprado em meu nome 50%, ___ Lda 50%. Por isso a minha obrigação foi informar o meu sócio. Então veio uma oferta do ___. Falou comigo então eu preciso elementos para apresentar o registo. Então eu pedi a ___ para dar uma certidão do registo para eu apresentar ao comprador. Então quando a ___ me entregou essa certidão fiquei um bocadinho surpreendido, porque a certidão não era actualizada. Parece que tem sido de ___ ou ___. Então entreguei ao ___ para confirmarem este terreno. Então passado, então o preço foi combinado. Então o ___ telefonou-me um dia para dizer ó ___, desculpa, o terreno já não é seu. Já tem um novo proprietário. Eu fiquei surpreendido. Eu sei quem era ___. E você só fica com uma percentagem metade dos 16,66%. Então eu liguei para ___ para marcar reunião sobre esse assunto. Marquei várias vezes, ela fugia. Fugia. Nunca queria enfrentar esta situação porque tinha medo. Porque nunca acreditei, confiei numa procuração à minha irmã durante longos anos. Nunca pensei que podia trair um irmão que sempre está ao lado a ser protector (…)»

Por outro lado, tal facto constante do **ponto n.º 10** da "Matéria de facto não provada" na Sentença recorrida, não foi objecto de qualquer contradição por parte de um depoimento testemunhal que fosse, nem tão-pouco de qualquer elemento de prova documental, pericial, ou de outra natureza.

Bem pelo contrário, e se dúvidas restassem sobre esta questão específica, houve duas testemunhas que as dissiparam totalmente, a saber: ___ e ___.

Atentemos nos seus depoimentos.

Depoimento de ___ (cfr. Acta de Audiência de Discussão e Julgamento de ___), o qual declarou:

«*P: Qual é a sua actividade (...) e o que é que faz no dia a dia, nomeadamente relativamente a imóveis, se tem alguma actividade nesse ramo?*

R: *Portanto, para além naturalmente da minha especialidade, eu sou fundamentalmente gerente e promotor imobiliário.*

P: Tem alguma firma?

R: **Exactamente**

P: Como é que se chama a firma?

R: ___.

P: Olhe, o Sr. aliás já foi ouvido antes neste processo, na fase de inquérito já lá vai algum tempo, o Sr. conhece o Sr. ___?

R: **Conheço, sim senhor.**

P: Há quanto tempo o conhece?

R: **Mais de 20 anos.**

P: Mais de 20 anos. Recorda-se em que circunstâncias é que o conheceu?

R: **Recordo-me. Foi-me apresentado através de um compadre meu, em ___, creio que no Restaurante ___.**

P: Surgiu depois com ele algum relacionamento que tivesse a ver com a actividade imobiliária?

R: **Surgiu sim.**

P: O Sr. tem ou não tem de certa forma proposto ou assessorado o Sr. ___ quanto a negócios imobiliários?

R: **Portanto à data havia de facto um negócio imobiliário que era apetecível eventualmente em Portugal, o Sr. ___ mostrou-se disponível para entrar nesse ramo de actividade e pediu-me se eu estava disponível para o assessorar nesse termos, o que eu anuí, naturalmente eu até cheguei a ter uma empresa com ele, especificamente para construir um empreendimento no Algarve.**

P: Então, havia de facto uma relação coesa e duradoura. Olhe, o Sr. conhece um prédio que é sito na ___ com R/c, 1.°andar, garagem e cave, com uma área de 600 m^2, cfr. Consta aqui da certidão de registo predial dos autos. Conhece este prédio, sabe qual é?

R: **Conheço, sim senhor.**

P: Temos aqui uma escritura de compra e venda do ano de ___ (...) Temos aqui uma escritura de compra e venda do imóvel, perdão, por parte de uma sociedade chamada ___ Lda. e por parte do Sr. ___ que a terão adquirido por 80 milhões de escudos à data de ___ este prédio, por partes iguais para ambos em comum e partes iguais. O Sr. esteve presente, colaborou, de alguma maneira interveio nesta compra? Conte-nos por favor se foi o caso.

R: *Sr. Dr. é o seguinte, eu, em relação aos números de polícia tenho alguma dificuldade em, digamos, correlacioná-los porque são 3 terrenos, são 3 prédios.*

P: E este em concreto é um deles em que depois veio a fazer-se um contrato promessa onde se dizia que era prevista a construção de 6 pisos (...)

R: *Bem, em todos eles era prevista a construção de 6 pisos, uma vez que isso fazia parte do plano de urbanização da Câmara Municipal.*

P: Então este era um deles?

R: *Exactamente, e a minha assessoria fundamental é num 1.° terreno que é comprado pelo Sr. ___ .*

P: Sozinho?

R: *Sozinho. Depois há um segundo terreno que é comprado por ___ Lda. e depois há um 3.° terreno, eu quando digo terreno, é porque são prédios, não é, que aí já, enfim, não me recordo bem, mas creio que é, sei, que é comprado por ___, Lda. também e eventualmente o ___ também, mas sinceramente, os 2 primeiros estou, tenho mais certeza porque acompanhei, digamos, mais de perto a transacção.*

P: Foi o Sr. que lhe chamou à atenção dele para este negócio ou foi ele que descobriu sozinho?

R: *Não, fui eu que apresentei o negócio.*

P: Pode-nos dizer porquê, como tudo se passou, como é que isso se passou?

R: *Não, na altura houve essa aproximação, houve um conhecimento e de facto quer dizer apareceu, ele queria investir no imobiliário, até eventualmente queria investir montantes maiores, mas eu achei por bem, enfim, numa fase inicial, apresentar-lhe esse primeiro projecto, que era um projecto que à data me parecia, digamos, com potencial em termos imobiliários.*

P: Olhe (...) posso dizer-lhe que o primeiro foi comprado pelo ___ (...) não é certamente este que foi comprado pelo ___ e por ___ Lda, mas posso dizer-lhe que este é o mesmo prédio sobre o qual depois veio a ser prometida uma venda e vendido a terceiros em ___ e já depois de algumas complicações, alguns factos que nós tentamos esclarecer, mas esta ligação não lhe permite identificar qual o prédio? Aquele que depois veio a ser vendido, em que veio a haver uma alteração de propriedade e que os proprietários passaram a ser outras pessoas, ___.

R: Bom, é assim, os primeiros dois prédios, foi aprovado um projecto que eu acompanhei e foi feita uma venda e foi construído um edifício a uma sociedade "___ Lda".

P: Os dois primeiros foram adquiridos por uma sociedade "___ Lda", é isso?

R: Exactamente, e construiu o edifício. O terceiro prédio que foi feito um projecto, foi aprovado o projecto e segundo sei foi prometido ou foi vendido a uma empresa, a uma terceira empresa que não era a "___"

P: Será (...)___?

R: Eventualmente, não posso concretizar porque havia várias pessoas interessadas e essa concretização não passou por mim.

P: Então é certamente sobre esse terceiro prédio que estamos a falar porque os dois primeiros foram adquiridos pela "___Lda." (...). Olhe, o Sr. sabe quem é que deu o dinheiro para a compra do prédo comprado em nome de ___? estamos a falar do primeiro prédio (...)

R: Bom, em todos os negócios que fiz, imobiliários, quem dava o dinheiro era o Sr. ___.

P: E quando foram comprados por ___Lda e ___, havia alguma compartipação que viesse dada, ou qualquer coisa, qualquer dinheiro que viesse da sociedade ___?

R: Oh, Sr. Dr, vamos ver uma coisa, quem assinava os cheques era o Sr. ___, agora se os cheques eram de uma conta conjunta ou não, não consigo concretizar. Agora quem dava os cheques era o Sr. João Loy e creio que houve cheques pessoais.

P: Houve cheques pessoais dele?

R: Sim, creio que sim.

P: Pronto, é exactamente nesse sentido que o Sr. está aqui a ser ouvido, precisamente para nos esclarecer sobre esses aspectos.

R: Perdão, se as contas eram solidárias ou não, não sei.

P: Olhe, com quem é que discutiu a hipótese de compra, por ser um bom negócio, do tal terceiro terreno que é o que não foi vendido à "___". Com quem é que discutiu e com quem é negociou ou ajudou a negociar,

R: Sempre com o Sr. ___.

P: Alguma vez interveio a Sra. ___?

R: Não.

P: Ou o pai do Sr. ___, o Sr. ___?

R: Com o pai do Sr. ___, eu cheguei a ter, digamos, algumas reuniões porque eu frequentava o restaurante. O pai do Sr. ___diaria-

mente estava no restaurante e enfim era uma pessoa que de vez em quando trocava algumas impressões e nomeadamente na perspectiva de aquilo poder vir a ser um bom negócio ou não.

P: *Portanto, do ponto de vista da família do Sr. ___, a pessoa da família que angariou e descobriu esse negócio foi o Sr. ___, é isso?*

R: Sim, por minha indicação.

P: *Através do Sr. Engenheiro.*

R: Exactamente.

P: *O Sr. ___é que negociou e tratou e descobriu no fundo este negócio (...)*

R: Através de mim, perdão, e através de intermediários que eu conhecia que naturalmente apresentaram os prédios.

P: *Exactamente, olhe o Sr. sabe dizer-me alguma coisa sobre quando surge a hipótese de venda, quando surgem os tais vários interessados já na compra deste prédio, isto é, em ___, não há dúvida, há uma escritura, o prédio foi comprado, tal como o Sr. Engenheiro disse, por ___e pela sociedade ___, em ___. Mais tarde, em ___, ou pelo menos depois de ___, porque em ___há aqui uma circunstância que faz alterar este prédio, mas o Sr. ___continua lá com a sua (...), mas na altura de ___, segundo temos dados até esta data, apareceram vários interessados, que foi uma coisa que o Sr. Engenheiro disse, sabe alguma coisa sobre esta altura, portanto, que interessados eram, o que é que aconteceu nesta altura?*

R: Não, eu sei que apareceram vários interessados. Naturalmente o prédio estava, creio que estava, creio não, tenho a certeza que estava no mercado para ser transaccionado e, bom, sei que foi transaccionado, agora, quer dizer,

P: *Sabe se houve, por exemplo, uma oferta inicial (...) no valor de 200 mil contos?*

R: Sim, houve, aliás, creio que essa oferta teve intervenção de uma pessoa minha conhecida.

P: *Sabe quem era essa pessoa?*

R: Sim, o Sr. ___.

P: *Ia perguntar-lhe se conhece o Sr. ___?*

R: Conheço, exactamente, que teve uma reunião com o Sr. ___no sentido de concretizar a transacção através de um cliente dele porque naturalmente ele tinha interesses porque creio que recebia uma percentagem correspondente a essa comercialização, intermediação, exactamente.

P: Mas teve conhecimento através desse Sr. ___que havia um proposta ou alguém interessado em comprar por exemplo por 200 mil contos?

R: Creio que era mesmo essa proposta, aliás, os valores andavam nessa ordem, agora, o Sr. Dr, quer dizer, se havia descontos, se eram 180 ou 200, mas quer dizer a ordem de valores eram os 200 mil contos, na altura, exactamente.

P: E esse valor corresponderia ao que o prédio tinha na altura?

R: Não, eram as propostas que na altura estavam, digamos, estavam a ser discutidas.

P: Eu estou aqui a ver o seu depoimento anterior, a ver se havia aqui mais alguma circunstância que nos pudesse esclarecer. Não vejo aqui nada de especial, mas, portanto estava a dizer-nos quem é que estava do lado da família ___encarregado ou a encabeçar pelo menos esses contactos para a venda. Era o Sr. ___, ou havia mais algum familiar nessa altura que também tivesse junto do Sr. ___para propor essa venda?

R: Não, vamos ver, o Sr. ___aparecia disponibilizado para fazer o negócio, mas a sensação que eu tenho é que a irmã do Sr. ___também estava, digamos, com disponibilidade e poderes para fazer o negócio.

P: Sabe exactamente o que aconteceu a dado momento que veio a incompatibilizar os dois ou criar algum conflito entre os dois, ou não tem conhecimento disso?

R: Entre os dois, quem?

P: ___e ___.

R: Bom, eu creio, isto através, do conhecimento que eu tenho, foi a transmissão de umas propriedades do Sr. ___para outras entidades através de uma procuração que foi usada pela D. ___. Creio que foi isso que criou enfim esta eventual situação de conflitualidade.

P: Olhe, relativamente a outros imóveis (...) quanto é que poderá valer no mercado a fracção, loja, R/c A, com R/c e C/v na Avenida ___, n.º 3, que era precisamente onde estava situado o ___?

R: Oh, Sr. Dr, eu, quer dizer, é um bocado difícil, eu, é que inclusivamente, eu num depoimento creio que cheguei a dar um valor, mas sinceramente eu acho que foi há mais de oito anos ou dez, não sei, e neste momento eu dizer-lhe o valor daquilo, fica um pouco difícil, porque eu não me lembro das áreas, eu como sou engenheiro avaliador, trabalhei num banco, gosto de rigor nisso, portanto,

P: Sem dúvida, então eu vou indicar-lhe um valor para o Sr. nos dizer se pelo menos isso é absolutamente garantido que valha. Estamos a falar dessa loja onde está o restaurante ___ (...). Acha que pelo menos valerá, pelo menos, 616 mil euros?

R: Oh Sr. Dr, vemos ver uma coisa, aquilo no mínimo o que pode valer em função das avaliações que há agora por parte do novo Código do IMI e do IMT, obviamente o factor de localização, naquele sítio, para comércio, poderá ser na ordem dos 2,4, 2,5. Considerando que, para efeitos de IMI, isso são 625 Euros ou 612 Euros por cada m^2 e considerando que aquele edifício tem 40 anos e um coeficiente de vestutez da ordem dos 0,6, 0,7, desculpe estes termos técnicos, mas aquilo deve ter cerca de 300, não me pode precisar que área é que tem a loja?

P: Ora bem, vamos lá ver se eu descubro isso (...), o que eu posso dizer, em termos de implantação, isto tem R/c e C/v, em termos de implantação, isto são 265,36 m^2.

R: Pois, isso deve duplicar porque tem R/c e C/v.

P: Se duplicar, são 410 m^2.

R: Que valor é que me falou, perdão?

P: Falei-lhe no valor que consta de fls. 64, 616 mil euros.

R: Vale mais hoje.

P: Olhe e em relação a uma loja na Avenida ___ que torneja para a Avenida ___, onde esteve instalado um Banco até há pouco tempo um Banco como inquilino. Valerá esta loja ___, pelo menos, 265 mil euros?

R: Olhe, Sr. Dr, em relação a essa loja, o que eu sei é que há um processo de litígio com os proprietários das outras fracções, embora eu tenha conhecimento que foi feita a aprovação da transferência, porque inicialmente era uma habitação e embora eu tenha sabido que foi licenciado pela Câmara a transformação de habitação para comércio, creio que isso não foi objecto de consenso entre todos os proprietários e portanto há ali problemas, digamos, com o condomínio.

P: Mas quanto à utilização,

R: Quanto à utilização, é evidente que esses problemas, não sei quantificar quais são e isso é evidente que influencia o valor do bem. Se aquela loja fosse com alvará para comércio, se tivesse legalizada, é evidente que considerando um cruzamento nobre, valeria muito dinheiro.

P: Muito mais que este valor, 265 mil euros?

R: Muito mais, naturalmente.

P: E se fosse habitacional? Vamos pensar na pior das hipóteses. Vale ou não vale sobejamente isto ou mais que 265 mil euros?
R: Sim, poderá valer esse valor, sim.
P: Se houver dúvidas, será para mais ou para menos?
R: Não, para habitação, creio que está correcto esse valor. Até pode valer mais, mas esse valor está correcto.
P: (...) Vou-lhe fazer aqui duas questões. Uma que diz respeito a saber também se o Sr. Engenheiro alguma vez colaborou com a Sra. ___numa dada altura em que estivesse para ser adquirido por ela um prédio na Avenida ___, construído pelo Sr. Engenheiro.
R: Creio que houve um contacto sobre isso, mas como eu tinha um stand de vendas e tinha staff a fazer as vendas directas, a D. ___contactou directamente esse staff. Ligou-me a posteriori mas foi por uma questão relacionada com isso, que acabou por não se concretizar o negócio.
P: Mas houve contactos no sentido dela investir ou adquirir o apartamento neste prédio?
R: Sim, houve.
P: Sabe se ela chegou a efectuar uma reserva desse apartamento?
R: Oiça, Sr. Dr. é o seguinte, eu sei que a D. ___ligou-me por causa desse apartamento, telefonou-me e sinceramente sei que o negócio não se concretizou.
P: Não tem mais nenhum pormenor sobre isso?
R: Oh Sr. Dr. eu para ser rigoroso, não me recordo, mas havia um cheque que era pré datado ou não podia entrar no banco,
P: Ia perguntar-lhe se sabia se havia um cheque passado por ela no valor de 0 (?) escudos?
R: Não, Sr. Dr. isso eu não posso afirmar.
P: Sr. Engenheiro, vou também só perguntar, porque foi aqui falado (...), a questão das vendas feitas dos outros tais prédios no ___ à empresa "___Lda.". Consegue-nos dizer como é que foram vendidos, por quem é que foram vendidos, qual é que foi a receita? Tem alguma ideia sobre este assunto?
R: Portanto, esses edifícios com o projecto aprovado foram comprados por essa empresa "___Lda." por minha indicação e minha apresentação e foram vendidos e creio que na altura por 300 e tal mil contos. Não consigo precisar, as centenas sei que eram 300, as dezenas, 360 ou 320, não me recordo. Mas que foi na casa dos trezentos, nas centenas, tenho a certeza e simultaneamente com essa venda, a D. ___, o

Sr. ___e a ___Lda., que agora não sei, porque eu não sei qual é a fronteira em termos de responsabilidade jurídica destas 3 entidades, fizeram uma promessa de compra e venda de um centro comercial que iria ser construído nesse edifício.

P: De venda?

R: Não, de compra, ou seja, eles venderam os terrenos a um construtor e nesse projecto estava previsto a existência de um centro comercial nos dois primeiros pisos, e eles fizeram simultaneamente uma promessa de compra desse espaços.

P: Estou a perceber, mas receberam os 300 e tal mil contos e ainda uma posição de compra nesses espaços.

R: Não, desse dinheiro foi deduzida a entrada para,

P: Ah, ou seja, foi, vá lá, um passo de cada vez, primeiro receberam os 300 e tal mil contos e depois fizeram a promessa de compra,

R: Exactamente, foi simultâneo, mas,

P: Exacto, mas o Sr. Engenheiro disse que não se chegou a fazer a compra desse centro comercial.

R: Fez-se a promessa de compra.

P: Sabe se chegou a ser investido dinheiro que não depois não foi reembolsado? Chegaram a pagar sinal?

R: Chegaram a pagar sinal e reforço, creio eu.

P: Pagaram sinal e reforço de sinal. Tem ideia de valores?

R: Oh Sr. Dr. eu creio que o sinal e o reforço do sinal andará na casa dos 150 mil contos, quer dizer, não consigo ser rigoroso, mas tem esta ordem de grandeza.

P: E o que se passou com esse dinheiro que foi investido? Sabe alguma coisa?

R: Olhe, tanto quanto eu sei, a escritura definitiva não veio depois a ser feita e tanto quanto eu sei a questão está a ser, digamos, foi objecto de um processo em Tribunal e eu não sei qual é a situação desse processo.

P: Olhe, para finalizar relativamente então ao restante deste dinheiro, ou seja, aquilo que foi pago pela "___" para comprar os dois prédios, mas não foi utilizado na sinalização e reforço na compra, tem ideia de qual o destino desse dinheiro, para onde foi?

R: Não.»

(cassete n.° 1 da Sessão de Audiência de Discussão e Julgamento de ___, Lado A de voltas 000 a final do mesmo Lado).

Depoimento de _____ (última testemunha ouvida, cfr. Acta de Audiência de Discussão e Julgamento de 29-04-2008):

«*P: Que idade é que tem?*
R: 74.
P: Recorda-se de um nome de uma empresa chamada ___, Lda?
R: Recordo, sim senhor.
P: O Sr. alguma vez entrou em contacto com alguém desta firma, ou alguém desta firma entrou em contacto consigo?
R: Sim, eu entrei em contacto com eles.
P: Então, pode explicar ao Tribunal em que circunstâncias é que entrou em contacto com esta firma? Como é que surge citada aqui nos autos?
R: Fui sócio de uma mediadora na altura, como intermediário da venda de um terreno que o Sr. ___ tinha aqui no ___.
P: Então, o Sr. contactou-os a eles ou eles contactaram-no a si?
R: Eu fui encarregado de encontrar-me com o grupo no terreno, e então veio a pessoa interessada e depois tivemos conversas alongadas com o Sr. ___ para cá e para lá várias vezes. Ficámos de encontrar um acordo sobre o preço.
P: O Sr. recorda-se em que data é que isso terá sido?
R: ___. Deve ter começado em fins de ___ até eu andar envolvido nisso até princípios do ano de ___.
P: Existe algum documento que o Sr. vá lá possa consultar ou tenha para se situar no tempo e que até possa ajudá-lo a fixar-se,
R: Sim, houve um contrato promessa de compra e venda que já não sei se fui eu que fiz ou se emendaram o que eu fiz, tinha a ver com o chefe, isso não tem data mas como fui eu que marquei, sempre foi mais ou menos dentro de ___.
P: Olhe, interessava-me também que o Sr. me explicasse então é que circunstâncias é que foi angariar esses compradores, se teve conversas com os Sr. ___ ou não a propósito de um prédio na ___, foi sobre este imóvel? Disse-nos que em ___ teve contactos com esta ___ ... aqui de facto nos autos existe um fax com um contrato promessa mas só tem a data de ___. O Sr. recorda-se de quem era esse prédio?
R: Recordo-me de quem era ou de quem eu pensava que era quando fiz a venda dele.
P: Explique ao Tribunal o que é que isso quer dizer?
R: Quando eu fui encarregado daquilo, a princípio até pensava que fosse do Sr. ___, mas depois pronto.

P: Mas porque é que pensava que era dele?

R: Porque era ele que conhecia e quem me pediu para arranjar comprador para aquilo.

P: Havia algum documento nessa altura que demonstrasse que aquilo era só do Sr. ___?

R: Não, não, pensava eu. Quando ele me deu a documentação é que eu vi que aquilo era dele e de uma firma, subentende-se que era. Depois pela caderneta predial, eu vi, metade da firma e metade do Sr. ___. Pronto, mas ele era gerente da firma, era conhecido. Disse que, digamos, estava mandatado.

P: Houve alguma circunstância anormal no desenrolar desses contactos? Aconteceu alguma coisa inesperada?

R: Houve, aconteceu uma coisa muito inesperada, que foi depois da venda estar praticamente, pronto, chegado a um acordo, não é, portanto o preço nas condições de pagamento era de duzentos mil contos o preço do terreno dele, pagava trinta mil contos de sinal mais trinta mil contos quando viesse não sei o quê da Câmara, aquelas provas, está a perceber? Quando isso estava tudo certo, quando isso estava assim, possivelmente em vias de ser assinado e as pessoas se juntarem, apareceu-me lá no escritório uma pessoa que era do lado da firma do Sr. Eng. ___ a dizer "Eh Sr. ___, há aqui uma grande bronca, o terreno não é do ___", eu fiquei, eu tinha uma certidão tirada em ___, donde constava que aquilo foi registado em nome da firma e dele em ___, eu estava descansado. Fui a correr pedir a um solicitador que fosse tirar uma certidão à Conservatória e aquilo já estava em nome de outras pessoas.

P: O Sr. trouxe consigo essa certidão?

R: Trouxe.

P: Em que data é que pediu essa segunda certidão? O Sr. pode consultar esses documentos que tem aí.

R: Eu sei, a certidão foi pedida em ___ e aí é que eu verifiquei que uns anos depois da certidão que eu tinha era muito antiga, também tenho aqui uma cópia, era de ___, salvo erro, era de ___, é que vi que em ___ o terreno foi adquirido por outras pessoas, uma parte pela D. ___ e outra parte por uma outra senhora, 66% a essa senhora, 33% à ___ e diz que foi por compra a ___.

P: O Sr. ficou surpreendido quando viu isso?

R: Sim, fui eu que fui dar a notícia ao Sr. ___.

P: Mas como é que isso se passou?
R: Fui ao restaurante de ___e disse "Olhe tome lá" e ele disse "Não pode ser!" e eu disse "Tome lá que eu não quero saber disso" Eh apanhei uma vergonha. Tive que arranjar uma pessoa para dizer ao Sr. Eng. ___, porque conhecia, não conhecia, mas temos um amigo em comum e uma pessoa não está para se meter em coisas destas, não é?... Pronto e depois fui-me desligando disto.
P: Mostrou-se surpreendido o Sr. ___? Ficou chocado?
R: Mostrou-se chocado e até não acreditava, eu também não acreditei, mas perante a certidão que me exibiram, ficou surpreso, deu-me um trabalhão a mim, pronto.

(Esclarecimentos dos arguidos)

P: Não percebi nada do seu depoimento, quem é o Sr. Eng. ___?
R: Era o senhor que vinha da firma, era o gerente da firma compradora.
P: Mas qual firma?
R: ___Lda. Eu era mediador e havia uma firma que se chamava ___ ou uma coisa assim e estava lá o Sr. Eng. ___, vamos personalizar as coisas e reuniões que eu tinha com o Sr. ___ que vinha representá-los, chegámos a cordo sobre,
P: Chegaram a acordo sobre o quê?
R: Para vender o terreno.
P: Mas o Sr, foi incumbido para vender esse terreno por quem?
R: Pelo Sr. ___.
P: Mas o Sr. sabia que aquilo não era só do Sr. ___?
R: Sabia ?! Por acaso até acabei de dizer que pensava que fosse só dele, mas quando eu comecei a mexe no assunto pedi os documentos,
P: Então esse acordo foi, para tirar essa certidão devia ter sido tirada antes.
R: Não, porque ele me deu uma.
P: Deu-lhe uma, então de quem era o terreno?
R: ___Lda. e ___.
P: Então e quem é que representava a ___Lda?
R: Para mim, era o ___.
P: Mas para si porquê?
R: Porque ele o disse e,

P: ah, só porque ele disse.
R: Não, não, Sr. Dr. desculpe, tenho quase a certeza absoluta, esse documento não trouxe, que ele me mostrou, como eu sabia que eu ia pedir, que me trouxe uma certidão da Conservatória do Registo Comercial.
P: Mas o que é que dizia?
R: Oh, Sr. Dr. não me lembro.
P: Quem era o gerente?
R: Penso que fosse o ___.
P: Pensa, não tem a certeza?
R: Sr. Dr. penso que na altura,
P: não tem a certeza,
R: Sr. Dr, não, porque o tempo, penso que com certeza na altura,
P: Então esse negócio frustrou-se?
R: Exactamente.
P: É só isso que tem a depôr?
R: Pois é.»
(cassete n.º 1 da Sessão de Audiência de Discussão e Julgamento de ___, lado A de voltas 000 a voltas 693).

Assim sendo, é patente que o Mmo. Tribunal *a quo* deveria ter dado por provado que:

- *O assistente, apenas, tomou conhecimento dos actos praticados pelos arguidos em ___* – a que corresponde o **ponto n.º 10** da "Matéria de facto não provada" na Sentença recorrida.

Isto, até por falta de impugnação e ou contradição por parte dos arguidos e de todas as demais testemunhas.

Daí que, ao nível da fundamentação de facto da Sentença recorrida, o Mmo. Tribunal *a quo* tenha cometido também lapsos graves, ao ter deixado de considerar como plenamente provados os referidos **facto n.º 6, facto n.º 7, facto n.º 8 e facto n.º 10** da "Matéria de facto não provada" em causa.

Portanto, errou o Mmo. Tribunal *a quo* na apreciação da prova e da matéria de facto, como acima se descreveu.

Tais **facto n.º 6, facto n.º 7, facto n.º 8 e facto n.º 10** deverão pois ser também levados em conta, em sede de apreciação jurídica e de Decisão de Direito, reforçando a fundamentação da condenação dos arguidos como já se demonstrou *supra*:

a) quer na matéria da responsabilidade criminal;
b) quer na matéria de responsabilidade cível

O que se requer.

Mas, **recuperemos ainda estes dois referidos depoimentos, onde claramente se abordou e provaram aspectos relevantes relativos aos valores dos imóveis em questão.**

Com já dissemos *supra*, e ainda a título de factos que o Mmo. Tribunal *a quo* deveria ter dado por provados, o aspecto dos erros na apreciação da factualidade que mais avulta – quanto à necessidade de rectificação – é precisamente o da **importância do prejuízo patrimonial sofrido pelo assistente**, avaliado pelo Mmo. Tribunal *a quo* com a singeleza da conclusão já acima transcrita:

«(...) *não se apuraram factos minimamente indiciários que permitam concluir ter a arguida praticado quaisquer actos que se traduzam na diminuição do património do assistente, no aumento do seu passivo ou no não aumento do activo ou não diminuição do passivo*» (Sentença recorrida, fls. 666, último parágrafo)

Ora, considerando que **o documento de fls. 154 não foi alvo de qualquer espécie de impugnação** ou de afirmação que o contrariasse,

Considerando ainda que o Mmo. Tribunal *a quo* **consignou no facto n.º 10 da matéria de facto provada** que: «*Em Janeiro de ___, a firma "___ Lda" procedeu à avaliação dos imóveis, nos seguintes valores: a) Avenida ___ – 265.000,00; b) Avenida ___ – 616.250,00; c) ___ – 900.000,00.*»

A prova daqueles valores sai apenas reforçada e consolidada com os seguintes trechos dos depoimentos já citados e devidamente referenciados às fitas magnéticas.

___ (cfr. Acta de Audiência de Discussão e Julgamento de ___), o qual declarou:

«*P: Exactamente, olhe o Sr. sabe dizer-me alguma coisa sobre quando surge a hipótese de venda, quando surgem os tais vários interessados já na compra deste prédio, isto é, em ___, não há dúvida, há uma escritura, o prédio foi comprado, tal como o Sr. Engenheiro disse, por ___ e pela sociedade ___, em ___. Mais tarde, em ___, ou pelo menos depois de ___, porque em ___ há aqui uma circunstância que faz alterar este prédio, mas o Sr. ___ continua lá com a sua (...), mas na altura de ___, segundo temos dados até esta data, apareceram vários interessados, que foi uma coisa que o Sr. Engenheiro disse, sabe alguma coisa sobre esta altura, portanto, que interessados eram, o que é que aconteceu nesta altura?*
R: Não, eu sei que apareceram vários interessados. Naturalmente o prédio estava, creio que estava, creio não, tenho a certeza que estava no mercado para ser transaccionado e, bom, sei que foi transaccionado, agora, quer dizer,
P: Sabe se houve, por exemplo, uma oferta inicial (...) no valor de 200 mil contos?
R: Sim, houve, aliás, creio que essa oferta teve intervenção de uma pessoa minha conhecida.
P: Sabe quem era essa pessoa?
R: Sim, o Sr. ___.
P: Ia perguntar-lhe se conhece o Sr. ___?
R: Conheço, exactamente, que teve uma reunião com o Sr. ___ no sentido de concretizar a transacção através de um cliente dele porque naturalmente ele tinha interesses porque creio que recebia uma percentagem correspondente a essa comercialização, intermediação, exactamente.
P: Mas teve conhecimento através desse Sr. ___ que havia um proposta ou alguém interessado em comprar por exemplo por 200 mil contos?
R: Creio que era mesmo essa proposta, aliás, os valores andavam nessa ordem, agora, o Sr. Dr, quer dizer, se havia descontos, se eram 180 ou 200, mas quer dizer a ordem de valores eram os 200 mil contos, na altura, exactamente.
P: E esse valor corresponderia ao que o prédio tinha na altura?
R: Não, eram as propostas que na altura estavam, digamos, estavam a ser discutidas.»

«*P: Olhe, relativamente a outros imóveis (...) quanto é que poderá valer no mercado a fracção, loja, R/c A, com R/c e C/v na Avenida ___, que era precisamente onde estava situado o ___?*

R: Oh, Sr. Dr, eu, quer dizer, é um bocado difícil, eu, é que inclusivamente, eu num depoimento creio que cheguei a dar um valor, mas sinceramente eu acho que foi há mais de oito anos ou dez, não sei, e neste momento eu dizer-lhe o valor daquilo, fica um pouco difícil, porque eu não me lembro das áreas, eu como sou engenheiro avaliador, trabalhei num banco, gosto de rigor nisso, portanto,

P: Sem dúvida, então eu vou indicar-lhe um valor para o Sr. nos dizer se pelo menos isso é absolutamente garantido que valha. Estamos a falar dessa loja onde está o restaurante Jade (...). Acha que pelo menos valerá, pelo menos, 616 mil euros?

R: Oh Sr. Dr. vemos ver uma coisa, aquilo no mínimo o que pode valer em função das avaliações que há agora por parte do novo Código do IMI e do IMT, obviamente o factor de localização, naquele sítio, para comércio, poderá ser na ordem dos 2,4, 2,5. Considerando que, para efeitos de IMI, isso são 625 Euros ou 612 Euros por cada m^2 e considerando que aquele edifício tem 40 anos e um coeficiente de vestutez da ordem dos 0,6, 0,7, desculpe estes termos técnicos, mas aquilo deve ter cerca de 300, não me pode precisar que área é que tem a loja?

P: Ora bem, vamos lá ver se eu descubro isso (...), o que eu posso dizer, em termos de implantação, isto tem R/c e C/v, em termos de implantação, isto são 265,36 m^2.

R: Pois, isso deve duplicar porque tem R/c e C/v.

P: Se duplicar, são 410 m^2.

R: Que valor é que me falou, perdão?

P: Falei-lhe no valor que conta de fls. 64, 616 mil euros.

R: Vale mais hoje.

P: Olhe e em relação a uma loja na Avenida ___que torneja para a Avenida ___, onde esteve instalado um Banco até há pouco tempo um Banco como inquilino. Valerá esta loja na ___, pelo menos, 265 mil euros?

R: Olhe, Sr. Dr. em relação a essa loja, o que eu sei é que há um processo de litígio com os proprietários das outras fracções, embora eu tenha conhecimento que foi feita a aprovação da transferência, porque inicialmente era uma habitação e embora eu tenha sabido que foi licenciado pela Câmara a transformação de habitação para comércio, creio

que isso não foi objecto de consenso entre todos os proprietários e portanto há ali problemas, digamos, com o condomínio.

P: *Mas quanto à utilização,*

R: *Quanto à utilização, é evidente que esses problemas, não sei quantificar quais são e isso é evidente que influencia o valor do bem. Se aquela loja fosse com alvará para comércio, se tivesse legalizada, é evidente que considerando um cruzamento nobre, valeria muito dinheiro.*

P: *Muito mais que este valor, 265 mil euros?*

R: *Muito mais, naturalmente.*

P: *E se fosse habitacional? Vamos pensar na pior das hipóteses. Vale ou não vale sobejamente isto ou mais que 265 mil euros?*

R: *Sim, poderá valer esse valor, sim.*

P: *Se houver dúvidas, será para mais ou para menos?*

R: *Não, para habitação, creio que está correcto esse valor. Até pode valer mais, mas esse valor está correcto.»*

E ainda ___ (última testemunha ouvida, cfr. Acta de Audiência de Discussão e Julgamento de ___):

«**R:** *Houve, aconteceu uma coisa muito inesperada, que foi depois da venda estar praticamente, pronto, chegado a um acordo, não é, portanto o preço nas condições de pagamento era de duzentos mil contos o preço do terreno dele, pagava trinta mil contos de sinal mais trinta mil contos quando viesse não sei o quê da Câmara, aquelas provas, está a perceber? Quando isso estava tudo certo, quando isso estava assim, possivelmente em vias de ser assinado e as pessoas se juntarem, apareceu-me lá no escritório uma pessoa que era do lado da firma do Sr. Eng. ___ a dizer "Eh Sr. ___, há aqui uma grande bronca, o terreno não é do ___",»*

E ainda, também, o depoimento do próprio assistente, uma vez que,

Na cassete n.º 1 da Sessão de Audiência de Discussão e Julgamento de ___, Lado A, voltas 3250 a final e 2841, e Lado B de voltas 0000 a 212, o assistente ___:

   a) avalia a Loja da Av. ___ em EUR: 300.000,00, por ter sido esta a oferta de compra recebida do Banco Popular, que pagava uma renda mensal de EUR: 4.500,00;

b) avalia a Loja da Av. ___entre 120.000 contos a 150.000 contos;
c) quanto ao prédio da ___refere que o mesmo tinha proposta para compra de 200.000 contos.

Ora, por conjugação de todos aqueles elementos de prova com as 3 (três) escrituras de fls. 134 a 137, 50 a 53 e 46 a 49, deveria o Mmo. Tribunal *a quo* ter obviamente ter inserido na matéria de facto provada da Sentença recorrida e dado por provado que:

- Com a sua intervenção no facto provado n.º 7, a arguida diminuiu o património do assistente em direitos reais aos quais corresponde o valor total de EUR: 815.655,00 (oitocentos e quinze mil seiscentos e cinquenta e cinco euros).

B) MATÉRIA DE FACTO QUE NÃO DEVERÁ SER DADA POR PROVADA

Ainda que – em nosso entender – sejam estes seguintes 2 (dois) factos inócuos quanto à exclusão da ilicitude ou da culpa do comportamento da arguida, pois quer actuasse por sugestão de outrém que actuasse por sua livre iniciativa, a arguida cometeu sempre um gravíssimo crime de Infidelidade, ainda assim, dizíamos, os seguintes 2 (dois) factos que foram dados por provados pelo Mmo. Tribunal *a quo*, foram-no em notório erro na apreciação da prova e da matéria de facto, a saber:

- *A arguida agiu no interesse da família e por mandato da sua mãe ___para salvaguardar o património da família* – que corresponde o **ponto n.º 16** da "Matéria de facto provada da contestação dos arguidos", de acordo com a Sentença recorrida;
- *Preocupados com o estado em que as propriedades e as sociedades se encontravam, a família reuniu-se e decidiu mandatar a arguida para proceder à realização das escrituras em causa nos autos* – que corresponde o **ponto n.º 18** da "Matéria de facto provada da contestação dos arguidos", de acordo com a Sentença recorrida.

Estes factos são totalmente falsos. Uma vez que nem a arguida actuou por mandato da sua mãe, nem existiu qualquer uma reunião de família pela qual esta tivesse encarregue a arguida de realizar as 3 (três) escrituras em apreço.

Isto, não obstante as afirmações (contraditórias, como já se viu) da própria arguida e do arguido, e também não obstante algumas insinuações feitas pelo ilustre mandatário dos arguidos, a que foram anuindo algumas testemunhas, sempre com base em "ouvir dizer" – *vide* o art. 129.º e o art. 130.º do CPP.

Excelentíssimos Juizes Desembargadores, aqui chegados nas presentes alegações, já a realidade dos factos resulta francamente esclarecida mediante as provas a que aludimos.

A respeito da inveracidade da afirmação de que a arguida actuou por mandato da sua mãe,

Relembre-se o seguinte trecho do já citado depoimento de ___:

«R: Fez reunião porque antes o Sr. ___procura mãe de ___e perguntou se ___tirou o nome de ___e ficou de acordo com o ___. E mãe de ___disse " Não sabia se ficou de acordo com ___". E mãe de ___disse que "___não fazia isso.... ___não faz isso".
P: E o Sr. ___o que é que disse?
R: Estava só a falar com elas. João não estava no consultório...só mãe de ___. Depois disse : "Vou-lhe ajudar a fazer reunião e...."
P: O Sr. Chegou depois a fazer alguma reunião com o ___ e a ___?
R: Sim, Domingo.
P: E como é que foi? O que é que se passou aí?
R: Quando eu cheguei lá, eu primeiro perguntar ___ "Esta história de tirar nome do ___e pôr o dos teus filhos?" E ela disse "Sim". E eu disse "Porquê?" ___disse "___tem terreno... ___tem outro dinheiro de ___e no Algarve tem uma terra e vendeu, ___não sabia de nada e por isso tirar este nome...".
P: Exacto, para compensar uma coisa à outra....Então diga-me lá o seguinte, o Sr. falou com a Sra. ___? A Sra. ___disse-lhe alguma vez que foi ela que disse à ___para tirar o nome do ___do restaurante ___e meter em nome dos filhos dela?

R: Não.

P: Acha que isso é possível, que a ___ é que tenha dado as instruções..

R: Mãe de ___ disse "___ não fazer isso, ___ está engano".

P: A Sra. ___ pensava que era mentira, é isso?

R: É, que não tinha esta história.

P: E o Sr. foi confirmar com a Sra. ___ e ela disse-lhe que sim, que era verdade?

R: Sim, que era verdade.

P: Não foi por ordens ou instruções de ___ que a ___ foi fazer isso?

R: A mãe não saber isso, mas disse que não sabe. Eu perguntar à mãe de ___ "Tu sabe isto?" e ela disse "Não, não sabe e ___ não faz isto."

P: Isto é, a ___ não acreditava que a ___ pudesse fazer isto?

R: Sim.

P: O Sr. viu a própria ___ a falar consigo?

R: Eu perguntar.

P: Ah pronto

R: "Porque ___ fazer isto? Tu sabe?" E ela disse "Não sabe". Depois eu perguntar a ___ "Porque tu vendeu terra no Algarve e não levar dinheiro para ___?" ___ disse "Esta terra ___, não pode ser de ___, não há nada com ligação. ___ esta terra não tem nome". Depois ___ levou tudo papel para a mesa pare eu ver e eu disse "___ tem razão".

P: O Sr. achou que ele tinha razão?

R: ___ tinha razão. Tirar nome de ___, por exemplo, sem licença de ___, eu disse "Aqui ___, tu não razão.". Depois eu perguntar "___, tu fazer isso? Mudar nome para os teus filhos...Teu filho e filha ainda estão muito pequenos. Como volta para ___?" E ela disse " Eu mudar o nome, não poder o nome de meu filho e minha filha, mas eu mudar o meu nome para o de ___".

P: Se bem percebi, ela tinha feito isto porque o ___ tinha vendido um terreno no Algarve e lhe devia dinheiro e o ___ disse que uma coisa não tinha a ver com outra e mostrou uns papéis ao Sr. ___ e o Sr. ___ achou que ele tinha razão, que uma coisa não tinha a ver com a outra.

R: E não tinha nada. ___ depois não disse nada. Depois enquanto falava, falava, falava, depois ___ disse "Ok, volta nome para ti, amanhã eu vou lá mudar, tirar o meu nome para o ___". Disse "Reunião já acabou" e ela disse "Sim, reunião já acabou". Acabou, nós todos contentes, a continuar o almoço no restaurante. Mais de uma semana, chegou no meu consultório e disse "___não mudar o nome" e eu disse "Na reunião, ela mudar nome" e ela disse "___não mudar" e eu disse "Se não mudar, falar para advogado e vá para Tribunal....."

P: Mas ela disse-lhe a si, o Sr. viu, que ela disse que iria pôr a parte dela em nome do irmão, uma vez que já não podia fazer isso com os filhos porque eram menores, não é?

R: Sim.

P: E depois não fez isso que o Sr. tenha conhecimento, ela chegou a pôr outra vez metade em nome do ___? Sabe se ela voltou a fazer isso?

R: Não, ela não voltou a fazer isso, porque ___foi a consultório fazer reunião e por isso falar contigo e dizer não mudar o nome.»

E relembrem-se ainda, pela última vez, o seguinte trecho do já citado depoimento de ___ (assistente):

«*P: Olhe aquilo que lhe vou perguntar é se foi por vontade da sua Mãe, ___, que ___fez estas doações das suas partes nas Av. ___, ___, na Loja da ___e na ___? Foi por ordem ou vontade de sua Mãe?*

R: Não.

P: O Sr. contou à sua Mãe em algum momento o que é que a ___fez, ou não?

R: Sim. Eu falei logo após por razão deste roubo da ___, então mandei uma solicitadora investigar porque estava a desconfiar, porque quem rouba uma coisa é capaz de roubar o resto, então mandei uma solicitadora averiguar os restantes bens. Então descobriu que o restaurante ___também tinha sido roubado. Então eu peguei essa certidão, fui lá falar com minha Mãe. Então eu disse ó Mãe sabe que a tua filha ___me roubou a parte legítima da Av. ___restaurante ___? Minha Mãe bateu no peito assim. Está a dizer "minha filha nunca faz uma coisa destas!" Eu disse olhe Mãe, juntamente a minha irmã ___ que também estava lá, puxei do documento para mostrar à minha Mãe e ela disse "ó ___fica com calma que eu vou falar com a ___e isso tem que ser resolvido porque a propriedade é tua". Então passado alguns dias a minha Mãe junto com ___deslocou ao consultório de Dr. ___, chorando pediu ao Dr. ___para ir ao nosso restaurante para falar comigo e com a

___para resolver a questão deste roubo do Av. ___. Então Dr. ___ligou--me para dizer que tem que ir trabalhar de segunda a sábado. Único dia que está livre é domingo, se eu podia estar lá. Eu disse está bem, Doutor. Então num domingo apareceu Dr. ___. ___também estava lá. ___também estava lá e minha Mãe, eu sentados na mesa, e o Dr. ___falou com a minha irmã assim "então ___porque você anda a fazer esta coisa, porque ___também tem 4 filhos". Você não pode tirar uma coisa legítima de ___sem razão nenhuma. Então a ___inventou uma história. Estava a dizer que eu tinha vendido um terreno lá no Algarve, que ela faz parte também 50% do terreno. E eu mostrei documento para o Dr. ___e estava a dizer que isso é mentira. Porque está aqui as pessoas registadas nesta propriedade. Estava ___, meu irmão ___, mais um casal que é madrinha da minha filha, Eng.º ___. Nunca ___, não estava registado. Então ___calou. E estava a dizer que "está bem então vou registar a minha parte tem que ser transferido (...) Então você já transferiu para a sua filha menor como você vai devolver a parte do ___? ___está a dizer como minha parte está inteira eu devolvo minha parte para ___. Então o Dr. ___disse que sim e está bem.
P: E ela fez alguma vez isso?
R: Depois passada uma semana eu liguei para o Dr. ___a dizer Dr. ___a coisa está combinada não foram feita porque ___está a negar para fazer isso. Então o Dr. ___sugeriu ó ___única coisa para você fazer agora eu arranjo um bom advogado (...) para fazer uma queixa crime.»

Além disto, deveriam ter prejudicado inteiramente a **credibilidade** das suas declarações a tal respeito – isto é, a respeito de ter agido por mandato de sua mãe – **as contradições em que incorreu a arguida** apresentando 3 (três) versões alternativas e incompatíveis entre si para a sua motivação:

1) na Contestação de fls. 282 a 287 e 290 a 291, a arguida alegou ter preparado e realizado as 3 (três) escrituras no interesse da família e por mandato de sua mãe, após uma reunião de família anterior aos dias ___, ___ e ___ de Agosto de ___;
2) no decurso do seu depoimento, "metendo pés pelas mãos", alegando ter preparado e realizado as 3 (três) escrituras por ordem do pai pré-falecido (cinco anos antes), o qual deixara instruções nesse sentido...

3) e, também no decurso do seu depoimento da arguida, alegou ter realizado as 3 (três) escrituras **para se compensar de dinheiro que o assistente lhe devia** a vários títulos (!) conforme consta das linhas a 12.ª a 17.ª de fls. 652 e das linhas 3.ª a 6.ª de fls. 653.

Mas – por uma questão de reposição da verdade – também para desmentir cabalmente as dúvidas acerca da <u>vontade real do falecido pai   </u>, (à qual também se segurou a arguida no sentido de justificar os seus actos) relembre-se o depoimento de ___ (cfr. Acta de Audiência de Discussão e Julgamento de ___).

A testemunha ___começou por se identificar como sendo irmã da arguida e do assistente. **<u>Assim tendo constituído – aliás e afinal – a única dos familiares directos de   e   a depor em Audiência de Discussão e Julgamento</u>**. Mais informou os autos de que reside no Canadá. Isto, <u>na cassete</u> n.º <u>2 da Sessão de Audiência de Discussão e Julgamento de   , Lado A, de voltas 0000 a 0100</u>.

A <u>voltas 2195</u> da mesma cassete n.º 2 e Lado A afirma que não esteve em qualquer reunião de família para discutir que fazer com os imóveis de ___ **(esclarecimento que confronta directamente com facto provado n.º 18)**.

A <u>voltas 2998</u> da mesma cassete e Lado A afirma que quando ___faleceu já tudo estava dividido.

E finalmente surge o trecho perceptível onde se ouve o seguinte:

«*P: (…) A Senhora vivia cá nessa altura, quando o seu pai faleceu?*
R: Não.
P: Olhe, o que é que em concreto, das coisas que já disse e já disse várias, o seu pai disse em relação a várias prédios. Por exemplo em relação aos prédios de Loures? De Odivelas, ou Loures. O que é que era para ficar para quem?
R: Era um prédio só para as raparigas...
P: Só para as filhas, e o outro?
(…)

P: Era um prédio só para as filhas, e o outro era para quem?
R: Para a Mãe, o ___ e o ___ (...)
P: Pronto, mas o que o seu Pai queria era que fosse um prédio para as suas filhas e o outro, segundo disse, para a Mãe e os dois filhos, é isso?
(...)
P: E diga-me lá o seguinte, é verdade o que a Senhora disse que em relação aos outros imóveis devia ficar metade para o ___ e metade para a ___?
R: Quais?
P: Quais. O restaurante ___, por exemplo.
R: Sim.
P: Metade para o ___ metade para a ___?
R: Sim.
P: E uma loja que existe na ___? Não sei se conhece.
R: Conheço.
P: Era como? Metade para o ___ metade para a ___?
R: Sim.
P: E em relação ao prédio da ___. Sabe qual é?
R: É um terreno.
P: Não, não é um terreno é um prédio. Mas é no ___. Pode ser um terreno. ___. ___.
R: Já está construído, não é?
P: Não sei se já está construído. Já existia um rés-do-chão e 1.º andar. É em relação a esse prédio. Sabe?
R: É da ___ e do ___.
P: Pois, exactamente. Isso era o que o Pai tinha mandado.

(arguidos insurgem-se na Audiência e interrompem os trabalhos)»
(cassete n.º 2 da Sessão de Audiência de Discussão e Julgamento de ___, Lado B, de voltas 0000 a 0947)

Ou seja, para além da mãe ___ nunca ter interferido nos factos submetidos a Juízo, igualmente <u>o falecido **jamais** quis que o assistente deixasse de deter a metade indivisa nos imóveis</u>:

- Loja da Avenida ___;
- Loja da Avenida ___;
- Prédio sito na ___.

Direitos reais estes que à data do seu óbito eram já bens próprios do assistente___ .

De resto, é bem revelador o que a arguida optou por fazer em Audiência de Discussão e Julgamento.

Com efeito, a arguida optou por prescindir simplesmente de ouvir em Julgamento a testemunha ___ (mãe da arguida e do assistente) – *vide* a Acta de Audiência de 15-04-2008, parte final fls. 601.

E, como também já dissemos, depois do depoimento de ___, a arguida optou também por **prescindir** simplesmente de ouvir em Julgamento a testemunha___ (irmã da arguida e do assistente, que também esteve na reunião com o Dr. ___) – *vide* a Acta de Audiência de ___, parte final fls. 601.

Logo, havendo prova em contrário e por falta da necessária corroboração, o Mmo.Tribunal *a quo* não deveria ter dado por provado que:

- *A arguida agiu no interesse da família e por mandato da sua mãe ___ para salvaguardar o património da família* – que corresponde o **ponto n.º 16** da "Matéria de facto provada da contestação dos arguidos", de acordo com a Sentença recorrida;

A respeito da inveracidade da afirmação de que tivesse existido qualquer uma reunião de família pela qual a arguida tivesse sido encarregue de realizar as 3 (três) escrituras em apreço (ponto n.º 18 da "Matéria de facto provada da contestação dos arguidos", de acordo com a Sentença recorrida), desde logo o depoimento de ambos os arguidos é imediatamente esclarecedor quanto a este aspecto.

É que, nem os arguidos conseguiram dizer que existiu **uma** reunião de família, tendo-se sempre quedado por vagas afirmações de que aquela era a vontade da mãe, ou do falecido pai - mas nunca tendo por uma única vez referido que tivesse havido **uma reunião da família**, em qualquer data ou local, na qual tivesse sido "deliberada" uma decisão como aquela!

Vejamos.

Nomeadamente, pelo seguinte trecho do depoimento da arguida ___ (cfr. Acta de Audiência de Discussão e Julgamento de ___), já acima transcrito e devidamente situado nas fitas magnéticas:

«*P: O que lhe estava a perguntar era se antes de fazerem estas escrituras e quando as fizeram em ___, ___e ___de Agosto de ___, se a Senhora ___falou com o seu irmão ___antes de celebrar estas escrituras?*
*R: **Não falei. Falei com a minha irmã, se devia falar com ele.***
P: Não falou. Diz que a sua Mãe e a sua irmã mais velha ___...
*R: **E ele já não tinha dinheiro porque já tinha perdido tudo no Casino ___**.*
P: ___. é isso?
*R: **Sim**.*
P: Portanto, ___e a Sr.ª D. ___, ___é que falaram com ele, segundo o que a Senhora diz. E ele deu o seu assentimento, ele deu o seu acordo, é isso?
(silêncio)
Juíza: Deu o acordo para quê?
*R: **Para compensar a parte metade do Algarve com a metade parte dele no edifício da Avenida ___**.*
P: Só na ___?
*R: **Daquela parte**.*
Juíza: Que é metade indivisa? Que é o que consta da escritura
*R: **Sim***
P: Compensar com a Av. ___, e em relação à ___, o que é que foi perguntado ao Senhor ___?
*R: **___? Ele já sabia que eu ia pôr em meu nome, o meu Pai já... tinha destinado**.*
P: Mas foi perguntado, em Agosto de ___, se ele estava de acordo que a Senhora fizesse este negócio?
R: Já estava acordado desde altura das Procurações.»

Ainda, nomeadamente, pelo seguinte trecho do depoimento do arguido ___ (cfr. Acta de Audiência de Discussão e Julgamento de ___) já acima transcrito e devidamente situado nas fitas magnéticas:

«*P: Senhor ___, o Senhor sabe também que é arguido e no fundo é nessa qualidade também que estamos a ouvi-lo. À data de ___, quando*

faleceu o seu sogro e depois, uns meses depois, é feita esta procuração, era ou não era a ___também uma pessoa da inteira e absoluta confiança de ___ e de ___?
 R: Sem dúvida nenhuma.
 P: Portanto, sempre foi a pessoa de confiança do seu sogro, de toda a família, geria, e não havia razões nenhumas para achar que viesse a fazer alguma coisa que não fosse devida, e ___ e ___, muito naturalmente – é assim ou não é? – confiaram também nela quando passaram esta procuração?
 R: Parece que sim, ou viram-se obrigados pelo meu sogro a fazê-lo.
 P: Bom, eu aí tentei ajudá-lo dizendo-lhe que a procuração foi feita em ___. O sogro faleceu ___. Ou seja vários meses…
 R: Não sei, desconheço.
 P: Desconhece, mas tem ideia que terá sido, ou apresenta como explicação possível.
 R: Sim Senhor.
 P: Mas aquilo que gostava que o Senhor aqui afirmasse, para que não houvesse dúvidas quanto a isto, é que ___e ___confiavam e confiaram, pelo visto, inteiramente na senhora sua mulher. Tinham uma confiança.
 R: Não me vai obrigar a dizer que desconfiavam. Porque se foi uma directiva do meu sogro e da minha sogra ao qual ambos se viram obrigados…
 P: Mas como é que se obrigam adultos de 49 anos a fazerem uma coisa que eles não querem?
 R: Isso só tem que perguntar a eles.»

Logo, o Mmo. Tribunal *a quo* **não deveria** ter dado por provado que:

- *Preocupados com o estado em que as propriedades e as sociedades se encontravam, a família reuniu-se e decidiu mandatar a arguida para proceder à realização das escrituras em causa nos autos* – que corresponde o **ponto n.º 18** da "Matéria de facto provada da contestação dos arguidos", de acordo com a Sentença recorrida.

Portanto, errou o Mmo. Tribunal *a quo* na apreciação da prova e da matéria de facto, como acima se descreveu.

Tais **facto n.º 16 e facto n.º 18** deverão pois ser retirados da Matéria de Facto Provada, deixando de ser objecto de apreciação jurídica em sede da Decisão de Direito, reforçando a fundamentação da condenação dos arguidos como já se demonstrou *supra*:

c) quer na matéria da responsabilidade criminal;
d) quer na matéria de responsabilidade cível.

O que se requer.

6) LEGITIMIDADE DO ASSISTENTE PARA A APELAÇÃO

O assistente tem plena legitimidade para a presente Apelação, nos termos do art. 401.º n.º 1 alínea d) do CPP, entendendo-se que foram proferidas contra si quer a decisão penal quer a decisão do pedido cível, como se acolhe no Acórdão do STJ de 09-01-2002 (P. 2751/01), em Col. Jur. 2002, tomo 1, pp.160 e no Acórdão da Relação do Porto de 14-2-2007 (P. 6850/2003), em Col.Jur. 2007, tomo 1, pp.216..

7) CONSIDERAÇÕES FINAIS

Excelentíssimo Senhores Juízes Desembargadores, a defesa dos arguidos no seu legítimo exercício irá certamente, uma vez mais, tentar confundir a serena Instância, com mistificações e fábulas onde o assistente vem pintado como demónio e a arguida e o arguido como pessoas santas.

Porém, os autos falam por si.

Sendo insustentável a manutenção do estado de coisas ao nível patrimonial, uma vez que os arguidos estão, ainda hoje e desde ___, na posse e fruição das metades dos imóveis que constituíam bens próprios do assistente (apesar da Queixa Crime ter sido apresentada logo no ano ___).

Julgamos oportuno, apenas, referir ainda que o assistente tem a nacionalidade portuguesa, a arguida tem a nacionalidade portuguesa, e ambos estão inseridos na sociedade moderna do nosso País, ambos a trabalharem, pelo menos desde ___– data em que se deu a abertura do conhecido restaurante chinês «___».

São ambos adultos, e pessoas de muita maturidade e pais de filhos também adultos.

O arguido não tem a etnia chinesa e igualmente tem a nacionalidade portuguesa.

Todos são pessoas esclarecidas, que progrediram na vida à custa de muito trabalho e conhecem bem o universo dos negócios jurídicos e do significado de uma escritura pública.

Logo, qualquer "ingenuidade" dos arguidos não passa de pura ficção.

8) CONCLUSÕES:

I. O Mmo. Tribunal *a quo* proferiu uma Sentença notoriamente injusta, ao decidir absolver ambos os arguidos, não obstante estes terem confessado materialmente factos integradores do crime de Infidelidade, p.p. pelo art. 224.º do Cód.Penal.

II. Mais notória e incomportavelmente injusta quanto os arguidos subtraíram 3 (três) importantes direitos reais da esfera patrimonial do assistente, sem qualquer contrapartida, causando-lhe intencionalmente um prejuízo patrimonial de EUR:815.655,00 (oitocentos e quinze mil seiscentos e cinquenta e cinco euros), e apossando-se a arguida directamente da maior parte do património imobiliário que foi subtraído ao assistente.

III. A Sentença recorrida padece de erros na Fundamentação de Direito – ao nível da apreciação jurídica dos documentos e dos factos – assim como de erros nas próprias Decisões de Direito, quer em matéria criminal quer em matéria cível.

IV. A Sentença recorrida padece também de erros ao nível da apreciação da prova e da Decisão quanto à matéria de facto provada e não provada.

V. Pelo que deverá a Sentença recorrida ser revogada e substituída por Acórdão em conformidade com o exposto nas presentes alegações.

VI. À conduta continuada dos arguidos corresponde a prática em comparticipação de – pelo menos – um **Crime de Infidelidade** p.p. no artigo 224.º do Cód. Penal, conjugado com o art. 30.º do mesmo diploma, sendo certo que a qualificação jurídica exacta seria a do cúmulo com a prática do Crime de Furto Qualificado p.p. pelo artigo 204.º n.º 2 alínea a), ou do Crime de Abuso de Confiança Qualificado p.p. pelo artigo 205.º n.º 4 alínea b), todos do Cód.Penal.

VII. As procurações de que se serviram os arguidos, datadas de 1993 e 1994 respectivamente, constituíram um requisito do tipo objectivo do Crime de Infidelidade (art. 224.º C.P.), o qual configura um crime específico próprio. Ou seja, se não existissem tais procurações ou se os agentes tivessem estravazado os poderes que pelas mesmas lhe foram atribuídos, não existiria Crime de Infidelidade sequer, podendo ocorrer outra espécie de ilícito.

O Mmo. Tribunal *a quo* (aparentemente pelo menos) errou de Direito ao fazer influir no juízo de ilicitude e de censurabilidade dos actos dos arguidos o facto de eles terem agido, em ___, ao abrigo de procurações conferidas pelo assistente em ___ e ___. Violou portanto a interpretação correcta do mesmo art. 224.º do Cód. Penal, ao diminuir a gravidade daquele juízo de ilicitude e de censurabilidade dos actos dos arguidos, na parte onde que arguida actuou «com fundamento em instrumentos jurídicos que lhe conferiam poderes para tanto.»

VIII. Faltou ao Mmo. Tribunal *a quo* o necessário distanciamento na serena apreciação dos factos, o qual se deixou influenciar pela fábula mistificadora apresentada pela defesa da arguida, dando origem a que o Mmo. Tribunal *a quo* tenha confundido – na Sentença recorrida – o que seriam factos para analisar na imputação objectiva e subjectiva ao art. 224.º do Cód. Penal, com o que seriam factos relativos aos motivos que determinaram a actuação dos arguidos, relevantes apenas em sede de medida da culpa e escolha e medida da pena, para os efeitos dos arts. 70.º e segs. do Cód. Penal.

IX. Desde a sua Contestação, de fls. 282 a fls. 287, que a arguida alegou ter agido a mando de sua mãe, porque, numa reunião de família, se decidiu "salvaguardar" o património do assistente. Na Contestação ao Pedido Cível, a fls. 290 e 291, a arguida declara que não obteve qualquer valor pelas 3 (três) alienações de aliquotas de imóveis do assistente em questão. A arguida confessou ter agido contra a vontade do assistente e reconheceu que as 3 (três) citadas escrituras públicas foram totalmente simuladas: nem existiu qualquer negociação de preços para as compras e vendas; nem os preços foram sequer pagos; os preços foram simplesmente ficcionados sem qualquer correspondência à verdade; não existiu portanto qualquer compra e venda; e os negócios dissimulados foram na verdade **doacções** sem quaisquer contrapartidas para a esfera patrimonial do assistente;

X. Logo, numa correcta imputação ao tipo de ilícito do art. 224.º do Cód. Penal, o Mmo.Tribunal *a quo* deveria ter concluído – mesmo em face da matéria que deu por provada – que **se verificam todos os elementos objectivos e elementos subjectivos do tipo de ilícito**, na modalidade de dolo directo, e sem que se verificasse uma qualquer causa de exclusão da ilicitude ou da culpa – nos termos dos artigos 31.º a 39.º do Cód. Penal – até porque nunca esteve em causa afastar perigo que ameaçasse a vida, a integridade física, a honra ou a liberdade de alguém (art. 35.º Cód. Penal).

XI. Não o fazendo, o Mmo. Tribunal *a quo* violou o disposto nos arts. 30.º, 70.º e segs. e 224.º do Cód. Penal.

XII. Considerou, erradamente, o Mmo.Tribunal *a quo* que o arguido ___, por não dispor de procuração conferida pelo assistente, não pode ser responsabilizado criminalmente por comparticipação no Crime de Infidelidade (p.p. art. 224.º C.P.). Tal configura um entendimento errado e que **viola o disposto nos arts. 26.º, 27.º e 28.º do Cód. Penal**, porque as múltiplas formas de comparticipação não são excluídas no caso dos crimes específicos próprios, ainda que o comparticipante não partilhe da qualidade especial do autor.

XIII. Nada impede a participação (por instigação ou cumplicidade) no facto praticado por outrém, também nos crimes específicos próprios, como prescreve o artigo 28.º n.º 1 do Cód.Penal.

XIV. Ora, como no caso da escritura pública de fls. 50 a 53 o arguido __**outorgou**__ em nome dos seus dois filhos menores (___ e ___), fazendo com esse acto ingressar na esfera patrimonial deles o bem que era da propriedade do assistente, e agindo com pleno conhecimento da simulação que estava a ser operada, o mesmo arguido agiu como **CÚMPLICE** (art. 27.º n.º 1 e n.º 2) na prática do crime de Infidelidade.

XV. Como tal, devem ser rectificados em sede do presente recurso estes erros jurídicos do Mmo. Tribunal *a quo*.

XVI. Atenta a factualidade dada por provada pelo Mmo. Tribunal *a quo*, na Fundamentação jurídica da Sentença recorrida deveriam constar expressamente as seguintes 3 (três) conclusões, em resposta à questão de saber-se se a arguida utilizou abusivamente ou não «a procuração dos autos em desacordo com a vontade do assistente ao outorgar as escrituras de 20, 25 e 31 de Agosto de 1999.»:

A) Da conjugação dos factos provados da acusação particular n.º 7, n.º 6 e n.º 10, com os factos provados da contestação dos arguidos n.º 22 e n.º 23, resulta evidenciado terem ambos os arguidos, em ___ de Agosto de ___ e por meio da escritura pública de fls. 50 a 53, procedido a um negócio simulado de compra e venda, a que correspondeu um negócio dissimulado de doação, em prejuízo directo do património próprio do assistente e em benefício dos filhos menores de ambos os arguidos (___ e ___), para os quais foi transmitida, sem qualquer contrapartida, a metade indivisa que pertencia ao assistente da loja composta por Rés-do-Chão e Cave do prédio urbano sito na Avenida ___, em ___. A esta metade indivisa da fracção autónoma em causa correspondeu o valor aproximado de EUR: 308.125,00, de acordo com o documento de fls.154, importância em que o assistente foi directamente lesado no seu património.

B) Da conjugação dos factos provados da acusação particular n.º 7, n.º 6, n.º 9 e n.º 10, com os factos provados da contestação dos arguidos n.º 22 e n.º 23, resulta evidenciado ter a arguida, em ___ de Agosto de ___ e por meio da escritura pública de fls. 46 a 49, procedido a um negócio simulado de compra e venda, a que correspondeu um negócio dissimulado de doação, em prejuízo directo do património próprio do assistente e em benefício de si própria, de sua irmã ___ e do marido desta ___, para os quais foi transmitida, sem qualquer contrapartida, 83,34% da metade indivisa que pertencia ao assistente do prédio urbano sito na ___, em ___. Aos 83,34% desta metade indivisa de prédio correspondeu o valor aproximado de EUR: 375.030,00, de acordo com o documento de fls. 154, importância em que o assistente foi directamente lesado no seu património.

C) [E mesmo quanto ao direito patrimonial que fora primeiramente da sociedade Off Shore ___ LIMITED] Da conjugação dos factos provados da acusação particular n.º 7, n.º 3, n.º 8 e n.º 10, com os factos provados da contestação dos arguidos n.º 22 e n.º 23, resulta evidenciado ter a arguida, em ___ de Agosto de ___ e por meio da escritura pública de fls. 134 a 137, a qual foi precedida nesse mesmo dia da escritura pública de fls. 130 a 133, procedido a um negócio simulado de compra e venda, a que correspondeu um negócio dissimulado de doação, em prejuízo directo do património próprio do assistente e em seu próprio benefício, tendo sido transmitida para a arguida, sem qualquer contrapartida, a metade indivisa que pertencia ao assistente da loja sita na Avenida ___, tornejando para a Avenida ___, em ___. A esta metade indivisa da fracção autónoma em causa correspondeu o valor aproximado de EUR: 132.500,00, de acordo com o documento de fls. 154, importância em que o assistente foi directamente lesado no seu património.

XVII. Deverá revogar-se a consideração do Mmo. Tribunal *a quo* onde se lê:«(...) podemos concluir que a arguida ___ era a pessoa de confiança do pai e que este, por querer resolver os assuntos da herança e por o assistente ser um jogador compulsivo, decidiu que seriam os proprietários dos imóveis. A arguida agiu sem qualquer intenção de prejudicar o assistente fazendo o que o pai lhe havia pedido», por a mesma se encontrar em contradição insanável com o facto provado da contestação n.º 16, onde se reza que a arguida actuou afinal a mando de sua mãe e também em contradição insanável com o facto provado da contestação n.º 18 (onde se alude a um "mandato familiar"!).

XVIII. Porém, quer tivesse actuado a mando do pai, a mando da mãe, a mando da família ou por "muito boas" outras razões, o Mmo. Tribunal *a quo* deveria ter enquadrado tais circunstâncias apenas nos **motivos que determinaram o agente** de acordo com o art. 71.º n.º 2 alínea c) do Cód. Penal – ou seja sem prejudicar as consequências jurídicas (art. 224.º C.P.) da sua actuação.

XIX. O Mmo. Tribunal *a quo* deveria ter, ainda, procedido à imputação objectiva e subjectiva em face do art. 224.º do Cód. Penal, dando por verificados todos os seus elementos típicos, a saber:

- *a)* a existência de acto jurídico que confiou à arguida o encargo de dispor, administrar ou fiscalizar interesses patrimoniais do assistente (as procurações);
- *b)* a subtracção sem contrapartida de 3 (três) valiosos direitos reais sobre bens imobiliários (causando automaticamente um prejuízo patrimonial importante);
- *c)* a actuação contra a vontade e contra o interesse do titular do património (grave violação dos deveres de mandatária);
- *d)* ter agido com total conhecimento sobre aqueles elementos objectivos do tipo e sobre o alcance e efeitos dos 3 (três) negócios jurídicos lesivos (elemento intelectual do dolo);
- *e)* ter representado o facto e actuado com a intenção de o realizar (elemento volitivo do dolo).

XX. O Mmo. Tribunal *a quo* deveria ter, ainda, considerado não terem existido causas de exclusão da ilicitude ou da culpa, por parte dos arguidos, em face dos arts. 31.º a 39.º do Cód.Penal.

XXI. Ainda quanto à motivação da arguida, o Mmo. Tribunal *a quo* deveria ter considerado que:

- Para efeitos do disposto no art. 71.º n.º 2 alínea c) do Cód. Penal, o Tribunal considerou os motivos que determinaram o agente, de acordo com os factos provados da contestação n.º 16 e n.º 18.

XXII. Errou o Mmo.Tribunal *a quo*, também, ao considerar, nas linhas 9.ª a 11.ª de fls.666 que: «Não se provou ter a arguida agido com dolo directo ou necessário, no sentido da consciência ou conhecimento da inevitabilidade do resultado». Esta configura uma conclusão que resulta claramente da confusão entre o que foram as motivações da actuação da arguida, e os aspectos do tipo subjectivo. A arguida celebrou as 3 (três) escrituras e fê-lo porque quis, de modo directo, e representando na perfeição que estava a subtrair o património imobiliário ao assistente, muito embora tenha **alegado** que estaria a fazer "o que era justo" ou imposto pela sua mãe, ou qualquer outra das alternativas. De onde, aquela conclusão viola o disposto no art. 14.º do Código Penal, conjugado com o art. 224.º do mesmo diploma, pois não procede à correcta aplicação do Direito aos factos provados n.º 7, n.º 8, n.º 16, n.º 18 e sobretudo n.º 18. Portanto, deverá, em seu lugar, a Sentença recorrida ser rectificada para a seguinte conclusão:

- A arguida actuou com dolo directo e plena consciência da ilicitude, desejando o resultado previsto no art. 224.º do Cód. Penal, pois tinha conhecimento de que iria causar um prejuízo patrimonial importante ao assistente ao retirar da sua esfera patrimonial os direitos reais em causa, e tudo fez para o conseguir.

XXIII. Errou o Mmo. Tribunal *a quo*, também, ao considerar que: «Quanto ao prejuízo, nada se apurou no sentido dele ter existido (...) Considerando o atrás dito, o prejuízo deve considerar-se importante, sempre que o valor seja considerado elevado, isto é, que seja superior a 50 unidades de conta, isto é, 4.450,00, o que não é o caso dos autos. Assim, e no que toca à arguida, não se apuraram factos minimamente indiciários que permitam concluir ter a arguida praticado quaisquer actos que se traduzam na diminuição do património do assistente, no aumento do seu passivo ou no não aumento do activo ou não diminuição do passivo. Dúvidas não restam de que a arguida terá que ser absolvida do crime de infidelidade de que vem acusada.».

XXIV. Nesta apreciação jurídica o Mmo.Tribunal *a quo* contraria todas as regras da experiência comum e contradiz-se mesmo com os factos provados n.º 7, n.º 8 e n.º 9, e também com o facto provado n.º 10. Pois se, por via do <u>facto provado n.º 7 se demonstra que foram subtraídos à esfera patrimonial do assistente duas metades indivisas e 83,34% de uma metade indivisa de valiosos imóveis situados no centro da cidade de   </u>, impõe-se à evidência concluir que o seu património diminuiu (!).

XXV. Impõe-se, pelo contrário, que a Sentença recorrida passe a considerar ter-se verificado o **prejuízo patrimonial importante na esfera do assistente** em valor correspondente a EUR: 815.655,00 (oitocentos e quinze mil seiscentos e cinquenta e cinco euros), tendo por referência o facto provado n.º 7 e a avaliação que consta do facto provado n.º 10.

XXVI. Ou, pelo menos, que a Sentença recorrida passe a considerar ter-se verificado o **prejuízo patrimonial importante na esfera do assistente** em valor correspondente à da soma de metade de EUR: 68.834,10 (valor mencionado no facto provado n.º 8), com 83,34% da metade de EUR: 399.038,31 (valor mencionado no facto provado n.º 9 e no documento de fls. 54), e com o valor indeterminado da metade indivisa da loja composta por Rés-do-Chão e Cave sita na Avenida ___.

XXVII. Ainda que para apurar o valor do património subtraído ao assistente o Mmo. Tribunal *a quo* se tivesse limitado a somar apenas os valores ridículos e simulados que constaram das 3 (três) escrituras em apreço, ainda assim, dizíamos, o valor do prejuízo patrimonial sofrido pelo assistente seria de EUR: 17.268,32, ou seja **sempre importante para os efeitos interpretativos do art. 224.º do Cód. Penal**, uma vez que (ver facto provado sob o n.º 7):

- À metade da loja da Avenida ___ foi atribuído o "preço" de Esc. 575.670$50 [EUR: 2.871,43], (valor inferior a uma renda mensal para comércio) – *vide* fls. 134 a fls. 137;
- À metade da loja composta com Rés-do-Chão e Cave, sita na Avenida ___, foi atribuído o "preço" de Esc. 2.686.320$00 [EUR: 13.399,30] (valor inferior a qualquer veículo automóvel novo) – *vide* fls. 50 a fls. 53;
- Aos 83,34% da metade do prédio sito na ___, foi atribuído o "preço" de Esc. 200.000$00 [EUR: 997,59] (valor de uma renda mensal para habitação de uma única fracção autónoma) – *vide* fls. 46 a fls. 49;

XXVIII. O Mmo. Tribunal *a quo* não deu o mínimo relevo à prova documental, tendo-a analisado apenas conforme se diz na oração única que citamos: «*Considerou-se, também, o teor dos documentos juntos aos autos, nomedadamente os de fls. 12 a 54, 110 a 137, 154 a 156, 160 a 162, 165, 268, 373, 374, 607 a 610, 617 a 626 e 641*».

XXIX. Impõe-se, pelo contrário e a propósito dos factos provados n.º 7 e n.º 22, que na Sentença recorrida passe a considerar que se «*A arguida não recebeu qualquer valor* (leia-se valor correspondente aos três preços) *pelas transacções efectuadas*», por outro lado é certo que, por via das Escrituras de Compra e Venda de ___de Agosto de ___ (fls. 134 a fls. 137), ___de Agosto de ___ (fls. 50 a fls. 53) e ___de Agosto de ___ (de fls. 46 a fls. 49), a arguida e os seus filhos menores foram investidos – e sem qualquer contrapartida para o assistente – na propriedade de metades indivisas nos imóveis:

- Loja da Avenida ___;
- Loja composta com Rés-do-Chão e Cave, sita na Avenida ___ (onde funcionou e continua o Restaurante ___)
- Prédio sito na ___, neste caso apenas em 83,34%.

XXX. Esta circunstância deverá ser considerada como particularmente gravosa, em sede de escolha e determinação de medida da pena, de acordo com o art. 70 n.º 2 alínea a) e alínea e) do Cód. Penal.

XXXI. Portanto, errou de Direito o Mmo.Tribunal *a quo* ao decidir absolver os arguidos do crime de Infidelidade – quer na parte final da "Fundamentação da Decisão jurídico-penal" da Sentença recorrida, quer na Decisão final da mesma. Violou assim o art. 224.º e o art. 30.º do Cód. Penal.

XXXII. Pelo que se impõe a revogação da Sentença em conformidade com o exposto.

XXXIII. Isto é:

- A arguida deverá ser condenada pela prática do crime de Infidelidade – quando não mesmo de Furto Qualificado ou Abuso de Confiança Qualificado – sob forma consumada e em autoria material;

• O arguido deverá ser condenado pela prática do crime de Infidelidade – quando não mesmo de Furto Qualificado ou Abuso de Confiança Qualificado – sob forma de consumada, e por comparticipação em cumplicidade com a autora material.

XXXIV. O Mmo. Tribunal *a quo* errou também na apreciação do Pedido Cível, sendo a respectiva Decisão aberrante perante a situação de facto em causa nos autos. De onde, a Sentença recorrida deverá necessariamente ser revogada na totalidade da parte transcrita em que se refere ao Pedido Cível.

XXXV. Pelo que demonstram (1) os documentos e (2) os próprios factos considerados por provados pelo Mmo. Tribunal *a quo*, deverá, em sede do presente recurso de Apelação:

a) a arguida ser condenada a pagar ao assistente uma indemnização correspondente ao valor do prejuízo causado dolosamente sobre o património do assistente, ou sejam EUR: 815.655,00 (oitocentos e quinze mil seiscentos e cinquenta e cinco euros), acrescidos de juros legais sobre o valor indicado a contar da data de notificação do pedido, nos termos do art. 129.º do Cód. Penal e dos arts. 483.º e segs. do Cód. Civil;

b) o arguido ser condenado solidariamente a pagar ao assistente uma parte da mesma indemnização correspondente ao valor do prejuízo causado dolosamente sobre o património do assistente com a Escritura de Compra e Venda de ___de Agosto de ___, celebrada no ___.º Cartório Notarial de ___, constante de fls. 50 a fls. 53, ou sejam EUR: 308.125,00 (trezentos e oito mil cento e vinte e cinco euros), acrescidos de juros legais sobre o valor indicado a contar da data de notificação do pedido, nos termos do art. 129.º do Cód. Penal e dos arts. 483.º e segs. do Cód. Civil.

XXXVI. Em alternativa (não obstante as dificuldades actuais por os prédios poderem já ter sido transaccionados para terceiros) e pelas mesmas razões, deverá, em sede do presente recurso de Apelação:

a) ser declarada a nulidade das escrituras públicas de compra e venda de fls. 46 a 53 e 134 a 137, fundada na simulação das compras e vendas tituladas pelas mesmas, notórias e confessadas pelos arguidos, tendo os negócios dissimulados correspondido a doacções;

b) ser ordenado o cancelamento de todas as inscrições prediais que se encontrem feitas na sequência das escrituras de compra e venda de fls. 46 a 53 e 134 a 137.

XXXVII. Deverá, portanto, ser revogada na íntegra também a parte dispositiva da Sentença recorrida.

XXXVIII. Ao nível da fundamentação de facto da Sentença recorrida, o Mmo. Tribunal *a quo* cometeu também lapsos graves, ao ter deixado de considerar como plenamente provados os referidos **facto n.° 6, facto n.° 7, facto n.° 8 e facto n.° 10** da "Matéria de facto não provada" em causa.

XXXIX. Constam dos presentes autos todos os elementos de prova que serviram de base à fixação da matéria de facto dada por provada, por parte do Mmo.Tribunal *a quo*, bem como todos os elementos de prova que serviram de base à decisão de dar por não provados os demais pontos da matéria de facto em causa, pelo que se verifica o circunstancialismo previsto no art. 431.° do CPP.

XL. Assim, e levando em conta a apreciação crítica da prova constante dos autos, designadamente dos depoimentos transcritos nas presentes alegações, <u>o Mmo. Tribunal *a quo* deveria ter ainda dado por provados **pelo menos** os seguintes factos</u> constantes da "Matéria de facto não provada" na Sentença recorrida:

- *As escrituras de compra e venda referidas no ponto 7 da matéria de facto dada como provada foram realizadas contra a vontade do assistente e da sociedade "___Limited" que não incumbiram a arguida de qualquer venda ou negócio de transferência de propriedade de bens* – a que corresponde o **ponto n.° 6** da "Matéria de facto não provada" na Sentença recorrida;
- *O assistente não pediu à arguida para proceder à venda de metade da fracção que corresponde ao rés-do-chão lado direito do prédio urbano, em regime de propriedade horizontal, sito na Avenida ___, em ___* – a que corresponde o **ponto n.° 7** da "Matéria de facto não provada" na Sentença recorrida;

- *O assistente não incumbiu à arguida a venda do imóvel da Avenida ___, nem sequer do imóvel da ___* – a que corresponde o **ponto n.° 8** da "Matéria de facto não provada" na Sentença recorrida;
- *O assistente, apenas, tomou conhecimento dos actos praticados pelos arguidos em ___* – a que corresponde o **ponto n.° 10** da "Matéria de facto não provada" na Sentença recorrida;

XLI. Ainda no domínio dos factos que o Mmo.Tribunal *a quo* deveria ter dado por provados, avulta um outro conjunto de factos que se prende precisamente com a prova da **importância do prejuízo patrimonial sofrido pelo assistente**, avaliado erradamente pelo Mmo. Tribunal *a quo* com a singeleza da seguinte conclusão: «(...) *não se apuraram factos minimamente indiciários que permitam concluir ter a arguida praticado quaisquer actos que se traduzam na diminuição do património do assistente, no aumento do seu passivo ou no não aumento do activo ou não diminuição do passivo*» (Sentença recorrida, fls. 666, último parágrafo).

XLII. Ora, considerando que o documento de fls. 154 não foi alvo de qualquer espécie de impugnação ou de afirmação que o contrariasse, considerando ainda que o Mmo. Tribunal *a quo* **consignou no facto n.° 10 da matéria de facto provada** que: «Em ___, a firma "Teplac – ___, Lda" procedeu à avaliação dos imóveis, nos seguintes valores: a) Avenida ___ – 265.000,00; b) Avenida ___ – 616.250,00; c) ___ – 900.000,00.», levando também em conta os depoimentos transcritos das testemunhas ___ e ___ (última testemunha ouvida, cfr. Acta de Audiência de Discussão e Julgamento de ___), levando também em conta o depoimento do assistente ___, e por conjugação com as 3 (três) escrituras de fls. 134 a 137, 50 a 53 e 46 a 49, deveria o Mmo.Tribunal *a quo* ter obviamente ter inserido na matéria de facto provada da Sentença recorrida e dado por provado que:

- Com a sua intervenção no facto provado n.° 7, a arguida diminuiu o património do assistente em direitos reais aos quais corresponde o valor total de EUR: 815.655,00 (oitocentos e quinze mil seiscentos e cinquenta e cinco euros).

XLIII. Tais facto n.° 6, facto n.° 7, facto n.° 8 e facto n.° 10 da matéria considerada não provada e tal facto relativo ao prejuízo patrimonial sofrido pelo assistente, deverão pois ser também levados em conta, em sede de apreciação jurídica e de Decisão de Direito, reforçando a fundamentação da condenação dos arguidos como já se demonstrou *supra*: a) quer na matéria da responsabilidade criminal; b) quer na matéria de responsabilidade cível – o que se requer.

XLIV. Por último, existem 2 (dois) factos que foram dados por provados pelo Mmo.Tribunal *a quo* em notório erro na apreciação da prova e da matéria de facto, a saber:

- *A arguida agiu no interesse da família e por mandato da sua mãe __para salvaguardar o património da família* – que corresponde o **ponto n.º 16** da "Matéria de facto provada da contestação dos arguidos", de acordo com a Sentença recorrida;
- *Preocupados com o estado em que as propriedades e as sociedades se encontravam, a família reuniu-se e decidiu mandatar a arguida para proceder à realização das escrituras em causa nos autos* – que corresponde o **ponto n.º 18** da "Matéria de facto provada da contestação dos arguidos", de acordo com a Sentença recorrida.

XLV. Com a verificação dos elementos de prova transcritos e aludidos nas presentes alegações, verifica-se que o Mmo.Tribunal *a quo* errou na apreciação da prova, não existindo qualquer suporte que justificasse dar por provados aqueles dois últimos factos.

XLVI. Portanto, tais **facto n.º 16 e facto n.º 18** deverão ser retirados da Matéria de Facto Provada, deixando de ser objecto de apreciação jurídica em sede da Decisão de Direito, reforçando-se assim a fundamentação da condenação dos arguidos como já se demonstrou *supra*: a) quer na matéria da responsabilidade criminal; b) quer na matéria de responsabilidade cível – o que se requer.

XLVII. Verifica-se plena legitimidade do assistente para a presente Apelação, nos termos do art. 401.º n.º 1 alínea d) do CPP, entendendo-se que foram proferidas contra si quer a decisão penal quer a decisão do pedido cível, como se acolhe no Acórdão do STJ de 09-01-2002 (P. 2751/01), em Col. Jur. 2002, tomo 1, pp.160 e no Acórdão da Relação do Porto de 14-2-2007 (P. 6850/2003), em Col.Jur. 2007, tomo 1, pp. 216.

XLVIII. Portanto, a Decisão recorrida não serve os fins do Direito e da justiça, devendo a mesma ser revogada em conformiedade com o exposto.

Nestes termos, e nos demais de Direito do douto suprimento de V. Exas., no qual se louva o assistente, lesado e recorrente, deverá o presente recurso obter provimento, revogando-se em conformidade as Decisões e a fundamentação da Sentença recorrida nos termos expostos, fazendo Vossas Excelências assim a habitual e tão necessária **Justiça!**

Junta: comprovativo do pagamento de taxa inicial de justiça

O ADVOGADO

XIX. ALEGAÇÕES DE RECURSO DE REVISTA

Tribunal da Relação de Évora
___.ª Secção
Proc. n.º ___
(Revista)
(Assistência Judiciária)

Alegações de Revista que oferece a recorrente SOCIEDADE ___ LDA no Supremo Tribunal de Justiça

Venerandos Senhores Juízes Conselheiros,

OBJECTO DA REVISTA

O presente recurso tem por objecto o douto Acórdão do Tribunal da Relação de Évora proferido em ___, o qual confirmou a Sentença proferida em 1.ª Instância pelo Mmo. Tribunal *a quo* da Comarca de Loulé.

Ambas as mencionadas Decisões judiciais julgaram improcedente a acção dos autos e julgaram-na integralmente improcedente, absolvendo o R. de todos os pedidos, o que de modo algum se aceita atento o Direito vigente e a gritante Injustiça consignada em tais Decisões.

Versa o presente recurso exclusivamente sobre matéria de Direito, naturalmente, como aliás sucedeu com a anterior Apelação nos termos do art. 690.º do CPC.

QUESTÃO PRÉVIA INCIDENTAL

A Págs.4 do douto Acórdão recorrido e sem fundamentar, considerou o Mmo Tribunal da Relação *a quo* que não se verificava «*o circunstancialismo previsto no art. 706.° n.° 1 do C.P.C.*» e não admitiu a junção dos documentos de fls. 808 a 822.

Documentos esses só por si suficientes para indiciar, salvo melhor opinião, que não se poderia aceitar como justa e equitativa a solução de Direito elegida pelo Mmo. Tribunal de 1.ª Instância para o caso dos autos – causa essa que foi submetida à Justiça dos Tribunais já em ___.

Com efeito, aqueles documentos de fls. 808 a 822 são:

a) uma carta de ___ pela qual a recorrente propunha ao recorrido a realização de um acordo que pusesse fim ao litígio, mediante a definição do valor de 850.000 contos como o valor correspondente ao ressarcimento dos prejuízos económicos reclamados por via dos presentes autos;

b) uma carta de ___ pela qual o recorrido propunha à recorrente uma prorrogação do prazo concedido pela 1.ª Instância para Suspensão da Instância, com o objectivo de melhor se analisar a proposta de acordo anterior;

c) uma carta de ___ pela qual o recorrido dava conta de ter deliberado «*adoptar os procedimentos necessários tendentes à resolução extrajudicial do litígio*», considerando embora o valor pedido para acordo «*ainda excessivo*» e propunha à recorrente uma nova prorrogação do prazo concedido pela 1.ª Instância para Suspensão da Instância, com o objectivo de melhor se analisar a proposta de acordo mencionada;

d) uma carta de ___ pela qual a recorrente contra-propunha ao recorrido a definição do valor de 700.000 contos a pronto pagamento ou 800.000 contos em prestações, como o valor correspondente ao ressarcimento dos prejuízos económicos reclamados por via dos presentes autos;

e) uma carta de ___ pela qual o recorrido reafirmava pretender finalizar os presentes autos por acordo, não obstante o facto da inexistência no orçamento de previsão orçamental ter impossibilitado uma resposta imediata;

f) uma carta de ___ pela qual o recorrido afirmava ter aceite a proposta de pagamento faseada, restando apenas a aprovação pelo Tribunal de Contas;

g) uma carta de ___ pela qual a recorrente aceitava o pagamento em prestações dos 800.000 contos acordados e sugeria ao recorrido a minuta do respectivo e concreto termo de transacção a levar ao Tribunal da 1.ª Instância.

Ora, atenta a data e o teor dos documentos em causa, verifica-se na verdade o circunstancialismo previsto no art. 706.º n.º 1 do C.P.C., porquanto só a Sentença que veio a ser proferida em ___ pela 1.ª Instância tornou necessária a junção dos mesmos.

Isto porque, se nos autos já diversos **outros documentos demonstravam à saciedade que o recorrido tinha plena consciência de que, e aceitava que, tinha a obrigação de indemnizar a recorrente** – nomeadamente os Docs. n.º 10 e n.º 11 juntos com a P.I.; os requerimentos juntos aos autos em ___, a fls. e ___, a fls. ; e os Despachos exarados nos autos em ___, a fls. e ___, a fls. – a junção dos documentos de fls. 808 a 822 fatalmente provaria pelo menos **que o recorrido tinha plena consciência de que, e aceitava, que tinha a obrigação de indemnizar a recorrente e <u>na medida de um muito significativo montante.</u>**

Daí resulta que, porque cumpridos os pressupostos da boa lei de processo, a junção dos documentos de fls. 808 a 822 deveria ter sido admitida, devendo hoje este Venerando Tribunal ordená-la.

PRELIMINARES À APRECIAÇÃO DO FUNDO DA QUESTÃO

Venerandos Senhores Juízes Conselheiros, pergunta-se:

- porque é que o Instituto ___ admitia pagar 800.000 contos à recorrente como solução positiva para o caso dos autos, na defesa dos interesses do Estado?

Com efeito, o crivo da multiplicidade de assessores jurídicos pelos quais o correspondente procedimento administrativo seguramente passou deveria, no mínimo, indiciar que existem fortes e válidas **razões** para a recorrida considerar que os presentes autos têm todo o mérito de facto e de Direito.

Razões essas que não foram devidamente tidas em conta pelo Tribunal de 1.ª Instância e que rapidamente não foram objecto de apreciação pelo Mmo. Tribunal da Relação *a quo*, explicando-se o teor das Decisões judiciais anteriormente proferidas por **erros de Direito**, com a devida vénia e salvo o devido respeito.

Vejamos.

Como logo se retira dos autos a causa de pedir reporta-se a factos ocorridos desde 1977 até hoje e prendem-se com as consequências patrimoniais sofridas pela recorrente com a «Descolonização», durante a qual o Estado Português foi confrontado com a urgente necessidade de obter alojamento e alimentação para os chamados «Retornados».

Nesse âmbito, o Estado Português, actuando por intermédio do extinto Instituto de Apoio ao Retorno de Nacionais (IARN), tomou a iniciativa e foi o responsável pela **ocupação** inicial dos fogos em causa nos autos – ou seja **de todo o parque turístico da recorrida** – devendo ainda o Estado Português ser considerado como o responsável por todos os subsequentes desenvolvimentos desta medida política e administrativa, nomeadamente em face da re-ocupação de que tais fogos foram sendo objecto, por parte de terceiros.

Dizíamos que, situando-se a matéria dos autos nesse enquadramento conjuntural e nas ocorrências absolutamente anómalas que se lhe seguiram, não pode de modo algum aceitar-se a solução consignada na Sentença e no douto Acórdão recorridos, os quais absolveram pura e simplesmente o Réu – o – de todos os pedidos indemnizatórios formulados pela A., ora novamente recorrente, deixando esta, a final, como a **única parte lesada** pela colaboração que prestou em tempo oportuno ao Estado Português – tomado como "pessoa de Bem" pela recorrente –, facultando alojamento e alguma assistência àqueles concidadãos, quando isso se mostrou necessário.

Efectivamente, Venerandos Juízes Conselheiros, não obstante as doutas considerações exaradas nas Decisões recorridas, a verdade é que o caso dos autos encerra em si :

a) uma envolvência fáctica e política reportada a 1977 e ao problema social do realojamento dos «Retornados»;
b) assim como uma série de diligências e intensas e pacientes negociações com a Administração Pública, sobretudo desde ___ até ___ no sentido de <u>a A. vir a ser justamente indemnizada pelo R.</u> (*vide* os Docs. n.º 10 e n.º 11 juntos com a P.I.; os requerimentos juntos aos autos em ___, a fls. e ___, a fls.; os Despachos exarados nos autos em ___, a fls. e ___, a fls.; e os documentos de fls. 808 a 882 cuja junção se requereu na Apelação, ao abrigo do disposto no art. 706.º n.º 1 do CPC)

conjunto de circunstâncias que "fugiram" totalmente ao alcance de ambas as Decisões recorridas e que, talvez por esse motivo, as tornem tão incompreensíveis.

De facto, a inconformação da recorrente com a Sentença que veio a ser proferida em 1.ª Instância e com o douto Acórdão ora recorrido não decorre apenas de um mero entendimento diferente das questões dos autos à luz das normas vigentes, mas também e sobretudo do facto de ter como inadmissível, e mesmo **jurídica e eticamente incomportável**, a solução dada ao caso – que foi a de absolver totalmente o recorrido.

Com todo o respeito pelos Mmos Juízes Desembargadores *a quo*, que é muito, não pode a recorrente deixar de se insurgir da forma mais veemente contra a Sentença e o douto Acórdão recorrido, o qual mais uma vez consigna afinal uma **clamorosa Injustiça**, que urge corrigir.

Isto é o que recorrente se propõe demonstrar por via das presentes Alegações.

APRECIAÇÃO JURÍDICA DOS FACTOS PROVADOS

Recuperando textualmente os factos provados exarados nas págs. 4 a 7 do douto Acórdão recorrido:

A – A autora é uma sociedade que se dedica à exploração turística do conjunto denominado Apartamentos ___;

B – A autora e o IARN aceitaram até Março de 1979 e desde finais de 1977 o acordo contido no documento número 1, junto à petição inicial, nos termos do qual: o IARN poderia utilizar os ___apartamentos, com capacidade para 240 pessoas, situados em ___ e denominados Apartamentos ___, pelo período mínimo de seis meses, período que seria renovado por iguais períodos se nenhuma das partes avisasse a outra com a antecedência mínima de trinta dias de que não pretendiam manter o acordo; comprometendo-se o IARN a pagar a quantia mensal de ___; os apartamentos seriam entregues com todos os móveis e utensílios de que dispunham; as despesas de água e electricidade seriam suportadas pelos apartamentos ___ e as relativas ao consumo de gás ficariam a cargo do IARN; o IARN obrigava-se a entregar a totalidade dos apartamentos completamente livres e desocupados, findo que fosse o referido prazo ou as suas renovações no estado de conservação em que se encontravam à data em que deles tomou posse, com todo o mobiliário e equipamento neles instalado.

C – Em Março de 1979, o IARN dirigiu à autora o ofício de que o documento junto com o n.º 2 à petição inicial constitui cópia e através do qual pretendia alterar o acordo referido na alínea B) de forma a pagar, em vez da quantia mensal fixa de ___, uma importância variável em função da efectiva ocupação dos apartamentos.

D – A autora, através da carta, que o documento junto com o n.º 3 à petição inicial constitui cópia, rejeitou a proposta, formulando uma contraproposta, no sentido de ser garantida à autora uma receita mínima.

E – Nessa carta referia a autora que caso o IARN não aceitasse a contraproposta procederia à rescisão do contrato, devendo o IARN entregar os apartamentos à autora até 14 de Agosto de 1979.

F – O IARN enviou à autora a carta de que o documento junto com o n.º 4 à petição inicial constitui cópia, e que aqui se dá por reproduzido, informando-a que não aceitava a proposta e que procederia à desocupação dos apartamentos no mais curto espaço de tempo;

G – O IARN e após a sua extinção, o ___, pagaram à autora a quantia de ___ desde 1 de Maio de 1979 a ___.

H – Em ___ foi celebrado entre a autora e o réu um protocolo de intenções de que o documento junto com o n.º 10 à petição inicial, que se dá por reproduzido, constitui cópia, onde se lê que foi encontrada uma solução global para a problemática pendente entre as partes que assenta nos seguintes pressupostos: O ___ diligenciará entregar no mais curto espaço de tempo quatro dos cinco blocos ocupados por desalojados, procederá a uma vistoria para verificar quais as obras necessárias de restauro dos ditos quatro blocos, em relação ao bloco que ficar ocupado será estipulada uma mensalidade até determinado prazo.

I – O réu enviou à autora o documento junto à petição inicial com o n.º 13 que aqui se dá por reproduzido, em que comunica que a partir do dia ___ dá por rescindido o contrato de alojamento, considerando cessada a sua responsabilidade em ___.

J – O IARN realizou diligências no sentido de proceder à desocupação dos apartamentos, tarefa que se revelou difícil já que as pessoas desalojadas, à revelia do IARN e da autora, voltavam a reocupar os apartamentos, tendo logrado desocupar até ___, pelo menos vinte apartamentos, espalhados pelos vários blocos de apartamentos, os quais tentou entregar à autora, sendo que o legal representante da mesma, Sr. ___ não aceitou tal entrega por não respeitar à totalidade dos apartamentos ocupados e porque tais apartamentos não se encontravam reparados, que a autora não efectuou nos apartamentos qualquer reparação e que alguns dos apartamentos, situados num dos blocos, se mantêm ocupados por pessoas que ali foram inicialmente colocadas pelo IARN.

K – Em ___, o réu já havia desocupado um apartamento e entregue a chave à autora.

L – ___, sócio fundador da ora autora obteve, em data anterior ao acordo referido em B) e à própria constituição da autora, dos respectivos proprietários autorização para proceder à exploração turística dos quarenta e três apartamentos referidos em A) e B) e que na escritura de constituição de sociedade ora autora, outorgada em 14 de Abril de 1978, ele e a esposa declararam ceder tal posição à ora autora.

M – Com vista à resolução do litígio que opunha as duas partes foram encetadas negociações entre a autora e alguns responsáveis do IARN, da sua comissão liquidatária, após a extinção do mesmo, e mais tarde, do __ e que alguns destes responsáveis preconizavam o pagamento à autora de quantias como contrapartida pela ocupação dos apartamentos e indemnizações.

N – A __ do IARN, ___, na sequência de negociações havidas com a autora, elaborou em __ um parecer destinado a ser submetido a apreciação superior, designadamente ao então secretário de Estado competente, no qual reconhecia como justa indemnização a pagar à autora na quantia de trezentos e trinta milhões de escudos, sendo duzentos e dez milhões, a título de ocupação indevida e oitenta e três milhões de escudos, a título de obras de restauro e substituição de equipamento e trinta e sete milhões de escudos, a título de correcção monetária e juros compensatórios, que a ora autora aceitou tais quantias como forma de pôr termo ao litígio entre as partes e que o texto desse parecer foi comunicado superiormente em ___.

O – O parecer referido assentava no pressuposto que a desocupação dos apartamentos ocorreria até ___.

P – O parecer previa que a autora poderia auferir, em ___, da exploração dos apartamentos, a quantia de cinquenta mil contos.

Q – Os preços das diárias das unidades hoteleiras do Algarve subiram desde ___ até ao final de ___ a uma taxa média anual de 25%, decrescendo depois em ___ e ___ para 15% e em ___ e ___ para 10%.

R – A exploração dos ___ apartamentos era a única actividade e fonte de rendimento da autora.

S – A autora sempre referiu que recebia a quantia referida na alínea G) condicionalmente.

Apreciando estes factos provados considerou o Mmo. Tribunal da Relação *a quo* que:

1) o contrato vigente entre a recorrente e o recorrido era misto e integrava elementos da prestação de serviços e do depósito, sendo como tal livremente revogável (art. 1170.º n.º 1 CC);
2) a carta mencionada na alínea F) dos factos provados não operou a rescisão do contrato mencionado na alínea B) dos factos provados;
3) a rescisão do contrato só foi operada por via da carta mencionada na alínea I) dos factos provados, ou seja em ___;
4) e, como tal, por terem sido prestados os valores mencionados na alínea G) dos factos provados, não há lugar a direito indemnizatório por parte da recorrente;
5) por outra parte, considerou também o Mmo.Tribunal da Relação *a quo* que não existe matéria de facto provada susceptível de integrar o aludido pedido indemnizatório por parte da recorrente.

Discorda inteiramente a recorrente das considerações jurídicas acima referidas sob os n.º 2) a n.º 5), como se passa a demonstrar, pelo que deverá o douto Acórdão ser revogado.

No entender da recorrente, conjugando os factos provados e integrando-os no seu objectivo enquadramento circunstancial, **resultou demonstrado em 1.ª Instância que**:

1. Em finais de 1977 e tendo por base o documento n.º 1 da P.I., o IARN e a recorrente aceitaram que esta fornecesse alojamento aos «Retornados», nos 43 apartamentos com capacidade para 240 pessoas cuja exploração esta última dispunha [facto provado sob a alínea B)];
2. As condições de tal acordo foram taxativamente definidas no documento n.º 1 da P.I. e passaram a vigorar entre as duas mencionadas partes – o IARN e a recorrente – sendo inteiramente pacífico que ambas as partes assim o desejaram, encarando-se como partes legítimas em tal contrato, na mais inteira e recíproca Boa-Fé;

3. Tendo por base tal contrato, os ___ apartamentos com capacidade para 240 pessoas sob exploração da recorrente foram efectiva e totalmente **ocupados por quem o IARN indicou** e **naturalmente impedindo assim que a recorrente lhes desse outro destino económico**;

4. De resto, no acordo estabelecido entre as partes não foi previsto qualquer limite temporal para a sua vigência, mas apenas que *«Este contrato terá a duração mínima de seis meses. A partir do período inicial qualquer das partes interessadas poderá res-cindir o contrato com um aviso prévio de 30 dias»* [cláusula b) do Doc. n.º 1 da P.I.] (o sublinhado é nosso);

5. Ora, em plena vigência de tal contrato, a partir de Março de 1979 as partes envolvidas em tal acordo vieram a trocar declarações de vontade entre si, conforme descrito nos factos provados sob as alíneas C), D), E) e F);

6. Recuperemos tais comunicações, começando pela forma como ficaram sumariadas nos factos provados:

«C – Em ___, o IARN dirigiu à autora o ofício de que o documento junto com o n.º 2 à petição inicial constitui cópia e através do qual pretendia alterar o acordo referido na alínea B) de forma a pagar, em vez da quantia mensal fixa de ___, uma importância variável em função da efectiva ocupação dos apartamentos.

D – A autora, através da carta, que o documento junto com o n.º 3 à petição inicial constitui cópia, rejeitou a proposta, formulando uma contraproposta, no sentido de ser garantida à autora uma receita mínima.

E – Nessa carta referia a autora que caso o IARN não aceitasse a contraproposta procederia à rescisão do contrato, devendo o IARN entregar os apartamentos à autora até ___.

F – O IARN enviou à autora a carta de que o documento junto com o n.º 4 à petição inicial constitui cópia, e que aqui se dá por reproduzido, informando-a que não aceitava a proposta e que procederia à desocupação dos apartamentos no mais curto espaço de tempo;» (os sublinhados são nossos).

7. Ora, os factos provados acima referidos só são inteiramente perceptíveis se compulsarmos os Documentos neles referidos – os Docs. n.º 3 e n.º 4 da P.I.

8. E desta operação só pode resultar o entendimento contrário ao que consta do douto Acórdão recorrido, ou seja, que **em 1979** verificou-se **a rescisão do contrato, o que ocorreu por vontade da recorrente e foi aceite pelo IARN**. Vejamos atentamente porquê;

9. No último parágrafo do Doc. n.º 3 da P.I., datado de ___, a recorrente afirmou: «(...) *se tal não for aceite por V. Exas. até ao próximo dia 15 de Julho, consideraremos rescindido o contrato firmado em ___, nos termos da alínea b) devendo V.Exas. mandar evacuar os ___ apartamentos ocupados entregando-os até ___ de 1979, alínea e)* ».

10. Nas resposta a esta comunicação no último parágrafo do Doc. n.º 4 da P.I., datado de ___ 1979, o IARN afirmou: «*Consequentemente teremos que aceitar o último* (parágrafo da carta de ___ de 1979), *com a salvaguarda do acordo inicial, mais exactamente; proceder-se-á à evacuação no mais curto espaço de tempo, uma vez declinado por V. Exa. o citado acordo*».

11. Resulta de tais declarações, portanto, um perfeito e completo encontro de vontades e de declarações no sentido da **rescisão do contrato em 1979 – por iniciativa da recorrente a qual foi aceite pelo IARN, nos termos das alíneas b) e e) do contrato respectivo** [Doc. n.º 1 da P.I.], ou seja, mediante um aviso prévio de 30 dias e devendo o IARN entregar à recorrente os ___ apartamentos livres e o respectivo equipamento, no estado em que haviam sido entregues aos «Retornados».

12. De onde, a relação jurídica que passou a existir entre a recorrente e o recorrido desde 1979 não se integra no contrato celebrado em 1977 [vide alínea B) dos factos provados e Doc. n.º 1 da P.I.];

13. **Porém, a desocupação não se verificou em 1979, por culpa do recorrente;**

14. Pelo contrário e como também resulta dos factos provados, **em ___** (dois anos volvidos da rescisão do contrato de alojamento), **o recorrido havia desocupado apenas 1 (um) apartamento** – *vide* o facto provado sob a alínea K) – **e até Janeiro de ___** (quatro anos depois da rescisão do contrato de alojamento), **só há registo de ter evacuado 20 (vinte) apartamentos** num universo de ___ – *vide* o facto provado sob a alínea J).

15. Ou seja, o Estado Português, na pessoa do IARN, foi incapaz de restituir à recorrente os ___ apartamentos ocupados pelos «Retornados» na data da cessação do contrato de alojamento, em 1979.

16. É um facto assente, da mais extrema importância.

Aliás, Venerandos Senhores Juízes Conselheiros, em demonstração de as partes terem reconhecido a verificação plena da rescisão do contrato em causa **em 1979**, pergunta-se:

- **Porque outra razão procederia o IARN à desocupação e à entrega de apartamentos a partir dessa data?**

Falharam portanto o Tribunal de 1.ª Instância e Mmo. Tribunal da Relação *a quo* na apreciação desta questão ao considerarem que o contrato existente entre a recorrente e o recorrido vigorou até ___.

17. Acresce que, como se provou, **até** ___ o Estado Português foi incapaz de restituir à recorrente mais do que 1 (um) dos apartamentos ocupados pelos «Retornados» e **até** ___ apenas houve registo da desocupação de 20 (vinte) apartamentos, sem registo de qualquer reparação e alguns deles, segundo a recorrente, imediatamente reocupados pelas pessoas inicialmente ali colocadas pelo IARN [factos provados sob as alíneas K) e J)];

18. Tentativas de restituição essas que a recorrente não pôde aceitar, entre outras razões, porque os apartamentos desocupados se encontravam «*espalhados pelos vários blocos de apartamentos*» [facto provado sob a alínea J)] – o que naturalmente a **impedia de explorar turisticamente** tais apartamentos, considerando que todos os blocos tinham vários fogos ocupados por «Retornados» que, como é do conhecimento público, viviam nas piores condições;

19. Importa, por outro lado, considerar que a extinção do IARN se deu definitivamente em ___ e que, por via legal lhe sucedeu em todos os direitos e obrigações o Réu e ora recorrido, ___, cuja <u>responsabilidade face à recorrente sempre foi por este assumida</u> – *vide* os factos provados sob as alíneas G) e H); assim como os Docs. n.º 10 e n.º 11 juntos com a P.I.; e os documentos de fls. 808 a 822;

20. Daí se explica que – encontrando-se os apartamentos facultados pela primeira ainda ocupados por quem havia sido indicado pelo IARN – o recorrido ___ interviesse nos factos provados sob as alíneas G) e H), que aqui se recuperam:

> «G – *O IARN e após a sua extinção, o* ___, *pagaram à autora a quantia de Esc. 31.907.157$00 desde* ___ *a* ___.
>
> *H – Em 18 de Janeiro de* ___ *foi celebrado entre a autora e o réu um protocolo de intenções de que o documento junto com o*

*n.º 10 à petição inicial, que se dá por reproduzido, constitui cópia, onde se lê que foi encontrada **uma solução global para a problemática pendente entre as partes** que assenta nos seguintes pressupostos: O ___ diligenciará entregar no mais curto espaço de tempo quatro dos **cinco blocos ocupados por desalojados**, procederá a uma vistoria para verificar quais as obras necessárias de restauro dos ditos quatro blocos, em relação ao bloco que ficar ocupado será estipulada uma mensalidade até determinado prazo.»* (os sublinhados são nossos).

21. E daí se explica também que – ainda porque os apartamentos facultados pela recorrente continuavam ocupados por quem havia sido indicado pelo IARN – em Outubro de ___, **o recorrido se sentisse responsável** perante aquela, tentando porém "dar a volta ao assunto" por via do facto provado sob a alínea I), que aqui se recupera:

«I – O réu enviou à autora o documento junto à petição inicial com o n.º 13 que aqui se dá por reproduzido, em que comunica que a partir do dia ___ dá por rescindido o contrato de alojamento, considerando cessada a sua responsabilidade em ___».

22. Naturalmente que **esta última declaração do recorrido careceu de qualquer eficácia**: porque o único contrato de que versam os autos cessara os seus efeitos desde 1979, como se demonstrou acima e como o recorrido assumiu ao dar início às desocupações; e porque, seguramente, não é pelo facto de o declarante afirmar que cessa a suas responsabilidade em ___ que tal facto produz qualquer efeito jurídico, no caso em apreço...

23. Ora, porque o IARN e o recorrido CRSS não foram capazes de restituir à recorrente os ___ apartamentos, **ou sequer um dos blocos de apartamentos** ocupados pelos «Retornados» na data da cessação do contrato de alojamento, em 1979, se explica o **facto provado sob a alínea S)**;

24. E porque o recorrido sabia ter grandes responsabilidades ainda face à recorrente se explicam os factos provados sob as alíneas **M)**, **N)** e **O)**, que aqui se recuperam:

«M – Com vista à resolução do litígio que opunha as duas partes foram encetadas negociações entre a autora e alguns

responsáveis do IARN, da sua comissão liquidatária, após a extinção do mesmo, e mais tarde, do ___ e que alguns destes responsáveis preconizavam o pagamento à autora de quantias como contrapartida pela ocupação dos apartamentos e indemnizações.

N – A ___ do IARN, Dr.ª ___, na sequência de negociações havidas com a autora, elaborou em ___ um parecer destinado a ser submetido a apreciação superior, designadamente ao então secretário de Estado competente, no qual reconhecia como justa indemnização a pagar à autora na quantia de trezentos e trinta milhões de escudos, sendo duzentos e dez milhões, a título de ocupação indevida e oitenta e três milhões de escudos, a título de obras de restauro e substituição de equipamento e trinta e sete milhões de escudos, a título de correcção monetária e juros compensatórios, que a ora autora aceitou tais quantias como forma de pôr termo ao litígio entre as partes e que o texto desse parecer foi comunicado superiormente em ___.

O – O parecer referido assentava no pressuposto que a desocupação dos apartamentos ocorreria até ___.»

25. Isto é claramente demonstrativo que **o próprio recorrido também nunca considerou os pagamentos referidos na alínea G) como tendo sido liberatórios** da enorme responsabilidade patrimonial em que incorreu perante a recorrente, gerada pela situação do alojamento dos «Retornados».

26. Assim como o demonstram, à evidência, os documentos de fls. 808 a 822.

Falharam portanto o Tribunal de 1.ª Instância e Mmo.Tribunal da Relação *a quo* na apreciação desta questão ao considerarem que por terem sido prestados os valores mencionados na alínea G) dos factos provados, não há lugar a direito indemnizatório por parte da recorrente.

27. Temos, portanto, <u>justificada</u> a vontade do recorrido ___ em acordar com a recorrente o cálculo da **indemnização** que a esta era devida pelas diversas situações de que decorreram prejuízos sérios para a Apelante SOCIEDADE ___ LDA;

28. E tal vontade do recorrido ___ em acordar com a recorrente o cálculo da indemnização que a esta era devida decorria das seguintes situações:

28.1. A não restituição dos ___ apartamentos livres e devolutos em 1979, tendo restituído apenas 1 (um) até ___ e tendo desocupado apenas 20 (vinte) até ___, mas dispersos por vários blocos;
28.2. A não restituição do equipamento disponibilizado com os ___ apartamentos;
28.3. A falta de reparação dos ___ apartamentos.
29. Por último, à parte de certos factos que não carecem por ora de maiores considerações, como os factos provados sob as alíneas A), P) e Q), um outro remanesce com o maior significado para a matéria do presente recurso e que é o <u>facto provado sob a alínea R)</u> e que aqui se recupera:

«R – **<u>A exploração dos quarenta e três apartamentos era a única actividade e fonte de rendimento da autora</u>**» (os sublinhados são nossos).

QUESTÕES DE DIREITO RELATIVAS AOS DANOS SOFRIDOS PELA RECORRENTE E SUA DEVIDA INDEMNIZAÇÃO

- INCUMPRIMENTO DAS OBRIGAÇÕES *POST PACTUM FINITUM* PREVISTAS NO "CONTRATO DE ALOJAMENTO" DE 1977

Ao invés do que considerou o Mmo.Tribunal da Relação *a quo* deveria no douto Acórdão recorrido ter sido reconhecido que era ao IARN – e posteriormente ao recorrido – que competia mandar evacuar, evacuar e restituir à recorrente, <u>logo em 1979</u>, os ___ apartamentos em causa nos autos, por via do que foi convencionado em 1977, no contrato aludido na alínea A) dos factos provados, plasmado no Doc. n.° 1 da P.I., designadamente nas condições previstas na sua alínea e), tal qual veio a constar, aliás, da alínea B) dos factos provados, na parte que adiante se sublinha:

«*B – A autora e o IARN aceitaram até Março de 1979 e desde finais de 1977 o acordo contido no documento número 1, junto à petição inicial, nos termos do qual: o IARN poderia utilizar os ___ apartamentos, com capacidade para 240 pessoas, situados em ___ e denominados Apartamentos ___, pelo período mínimo de seis meses, período que seria reno-*

vado por iguais períodos se nenhuma das partes avisasse a outra com a antecedência mínima de trinta dias de que não pretendiam manter o acordo; comprometendo-se o IARN a pagar a quantia mensal de Esc. 340.000$00; os apartamentos seriam entregues com todos os móveis e utensílios de que dispunham; as despesas de água e electricidade seriam suportadas pelos apartamentos Golfmar e as relativas ao consumo de gás ficariam a cargo do IARN; <u>o IARN obrigava-se a entregar a totalidade dos apartamentos completamente livres e desocupados, findo que fosse o referido prazo ou as suas renovações no estado de conservação em que se encontravam à data em que deles tomou posse, com todo o mobiliário e equipamento neles instalado</u>.» (os sublinhados são nossos).

Isto, não obstante o contrato ter cessado os seus efeitos em 1979.

Porque tal cláusula que prevê as obrigações acessórias de o IARN evacuar e restituir a totalidade dos ___ apartamentos «*completamente livres e desocupados*» e «*no estado de conservação em que se encontravam à data*» em que foram ocupados – todas constantes da alínea e) do Doc. n.º 1 da P.I. – **é uma cláusula à qual, <u>pelo acordo e pela vontade das partes</u>, foi atribuída uma pós-eficácia que vai para além do momento da cessação** *stricto senso* **do contrato**, designada pela Doutrina Portuguesa como uma **eficácia *Post Pactum Finitum*[29]**.

Uma pós-eficácia que se compreende no princípio da Boa-Fé e no Princípio da Integralidade, como princípios gerais do cumprimento das Obrigações, e cuja sede legal se reporta, entre nós, ao <u>n.º 2 do art. 762.º</u> e ao <u>n.º 1 do art. 763.º</u> do Cód.Civil.

Aliás, o tipo de cláusula em questão está vulgarizada nos contratos de arrendamento <u>e outros</u>, sendo absolutamente válida e eficaz, e só faz sentido e tem alguma utilidade jurídica depois da cessação dos efeitos genéricos do contrato (*Post Pactum Finitum*).

De onde, **não se compreende nem se admite** a solução dada pelo Mmo. Tribunal da Relação *a quo* a esta questão, considerando errada-

---

[29] Entre nós estudada pelo Prof. Doutor António Menezes Cordeiro.

mente confirmada a Sentença de 1.ª Instância onde, com alguma ligeireza, se concluiu que:

«(...) *a responsabilidade da ocupação dos apartamentos pelos retornados após aquela data não pode ser imputada ao réu*» (5.º § pág. 12 da Sentença da 1.ª Instância);
e que:

«(...) *o incumprimento da obrigação de entrega dos apartamentos devolutos no termo do contrato não pode ser assacada à culpa do réu, não podendo pois ser responsabilizado a ressarcir a autora pela sua não efectivação, artigo 798, 799 e 790 do Código Civil*» (2.º § pág. 13, idem);

Ao invés disso e perante os factos provados sob as alíneas J) e K), **deveriam os Mmos. Tribunais *a quo* ter considerado, obviamente, que o recorrido incorreu em incumprimento contratual, por não ter restituído, em 1979, os apartamentos em questão à recorrente**, nos termos da cláusula e) do contrato (Doc. n.º 1 da P.I.) e ao que se obrigara de acordo com o facto provado sob a alínea F).

• OS DANOS SOFRIDOS PELA RECORRENTE

Por outro lado, ao arrepio das mais elementares regras do Direito Civil, **não assumiu na Sentença e no douto Acórdão recorridos qualquer significado** o significado e o alcance do facto provado sob a alínea R) e que aqui se recupera:

«*R – A exploração dos quarenta e três apartamentos era a única actividade e fonte de rendimento da autora*»;

Ora, pelo contrário, e por mais dificuldades que (na sua P.I.) a recorrente possa ter tido na quantificação dos seus prejuízos, nem por isso poderiam os Mmos. Tribunais *a quo* alguma vez deixar de atender aos **gravíssimos danos que a recorrente sofreu** pelo facto de ter tido os ___ apartamentos (com capacidade para alojar 240 pessoas) ou pelo menos os cinco blocos dos mesmos apartamentos sitos em ___, ___, abusivamente ocupados desde a data do termo do contrato celebrado com o IARN, ou seja **desde 1979**.

Gravíssimos danos esses **sempre reconhecidos e contabilizados pelo próprio recorrido**, como o demonstram, à evidência, os documentos de fls. 808 a 822, e como se retira dos factos provados sob as alíneas H), M) e N).

Ora, partindo desde logo daqueles factos, deveria o Mmo. Tribunal da Relação *a quo* ter considerado que os 31.907.157$00 pagos à recorrida desde 1 de Maio de 1979 a ___ [facto provado sob a alínea G)] não poderiam, só por si, **ser entendidos como suficientes para cobrir o vasto prejuízo causado nos anos subsequentes a 1979.**

Isto, até porque **nem o IARN nem o próprio recorrido alguma vez tiveram tal pagamento como liberatório** – como resulta dos factos provados sob as alíneas **M)**, **N)** e **O)**, que aqui se recuperam novamente:

«M – Com vista à resolução do litígio que opunha as duas partes foram encetadas negociações entre a autora e alguns responsáveis do IARN, da sua comissão liquidatária, após a extinção do mesmo, e mais tarde, do ___ e que alguns destes responsáveis preconizavam o pagamento à autora de quantias como contrapartida pela ocupação dos apartamentos e indemnizações.

*N – A ___ do IARN, Dr.ª ___, na sequência de negociações havidas com a autora, elaborou em ___ um parecer destinado a ser submetido a apreciação superior, designadamente ao então secretário de Estado competente, no qual **reconhecia como justa indemnização a pagar à autora na quantia de trezentos e trinta milhões de escudos, sendo duzentos e dez milhões, a título de ocupação indevida e oitenta e três milhões de escudos, a título de obras de restauro e substituição de equipamento e trinta e sete milhões de escudos, a título de correcção monetária e juros compensatórios**, que a ora autora aceitou tais quantias como forma de pôr termo ao litígio entre as partes e que o texto desse parecer foi comunicado superiormente ___* (os sublinhados são nossos).

O – O parecer referido assentava no pressuposto que a desocupação dos apartamentos ocorreria até ___.»

Nem a recorrente assumiu tal pagamento como minimamente representativo do seu prejuízo como resulta da alínea **S)** dos factos provados.

Por outro lado, no tocante à caracterização dos prejuízos sofridos pela recorrente, **esta alegou e conseguiu provar**, **pelo menos**, que:

- foi validamente rescindido o contrato de alojamento sobre os 43 apartamentos que a recorrente explorava em ___, em 1979 – alíneas B), C), D), E) e F) dos factos provados;
- porém, por incúria do IARN e do recorrido ___, todos os blocos de tais apartamentos permaneceram ocupados para além de ___;
- e, até ___ o Estado Português foi incapaz de restituir à recorrente mais do que 1 (um) dos apartamentos ocupados pelos «Retornados» e até ___ apenas houve registo da desocupação de 20 (vinte) apartamentos **dispersos por vários blocos**, sem registo de qualquer reparação e alguns deles, segundo a recorrente, imediatamente reocupados pelas pessoas inicialmente ali colocadas pelo IARN [factos provados sob as alíneas K) e J)];
- A exploração dos ___ apartamentos era a única actividade e fonte de rendimento da recorrente – alínea R) dos factos provados;
- Pelo que **a recorrente foi impedida, desde 1979, de os explorar turística e economicamente**.

Consideremos ainda o facto provado sob a alínea Q), a saber:

«*Q – Os preços das diárias das unidades hoteleiras do Algarve subiram desde ___ até ao final de ___ a uma taxa média anual de 25%, decrescendo depois em ___ e ___ para 15% e em ___ e ___ para 10%.*»

Ora, salvo melhor opinião, tiveram ambos os Mmos.Tribunais *a quo*, neste factualidade provada, base material mais do que suficiente para considerar que eram devidos à recorrente, pelo menos, Esc. 247.000.000$00, relativos à ocupação indevida dos apartamentos desde final de 1979 até ___ [alínea a) do pedido da P.I.]; pelo menos, Esc. 588.420.000$00, relativos a juros de mora vencidos até ___ [alínea b) do pedido da P.I.]; pelo menos, Esc. 845.130.000$00, relativos à ocupação indevida dos apartamentos desde ___ até ___ [alínea c) do pedido da P.I.]; e, pelo menos, Esc. 193.000.000$00, relativos às obras de restauro e substituição de equipamento dos apartamentos [alínea d) do pedido da P.I.].

Isto, sem prejuízo da possibilidade de ter lançado mão do disposto no art. 661.º n.º 2 do CPC (condenação em valor a liquidar) ou mesmo da descida dos autos novamente à 1.ª Instância para ampliação da Base Instrutória e produção de nova prova, ao abrigo do art. 712.º n.º 5 do CPC.

Mas nunca ingnorando o tão sério prejuízo que por ambas as partes sempre foi reconhecido. Até porque, como dispõe o art. 569.º do Cód. Civil: «*Quem exigir a indemnização não necessita de indicar a importância exacta em que avalia os danos* (...)».

Pois, ainda que os Mmos.Tribunais *a quo* entendessem que careciam os autos de elementos suficientes para condenar o recorrido em montante determinado, impor-se-ia <u>oficiosamente determinar</u> a sua liquidação posterior, conforme consignado na melhor Jurisprudência deste Venerando Supremo Tribunal, uma vez que:

«*Os factos alegados pelo autor e dados como provados, mostrando que o réu cometeu culposamente violação ilícita do direito do autor, com essa conduta ocasionando um prejuízo ao mesmo autor, preenchem os requisitos que o artigo 483.º do Código Civil exige para que se verifique a responsabilidade civil por actos ilícitos*» – vide, Ac.STJ de 3/10/1991 in BMJ, 410, pp. 663;

«*Apurado um direito com expressão quantitativa em acção declarativa, pode ser relegada a fixação do montante para execução de sentença*» – vide Ac. STJ de 27/1/1993 in Col. Jur., 1993, 1 pp. 89;

«*É lícito o tribunal deixar oficiosamente a liquidação da indemnização para execução de sentença, quando não existem apurados quaisquer elementos que permitam, em consciência, a fixação de qualquer indemnização*» – vide Ac.STJ de 15/5/1001, in BMJ 407, pp. 321.

No mesmo sentido e ainda com particular acuidade na questão vertente, considerou o Tribunal da Relação de Coimbra que:

«*A aplicabilidade do n.º 2 do art. 661.º do Cód. Proc. Civil não depende de ter sido formulado um pedido genérico pelo autor. Sabendo-se que há danos que não foi possível quantificar com rigor, entre lançar mão da equidade no termos do* art. 569.º *do Cód.Civil e deixar para outra oportunidade a fixação exacta destes, é preferível esta segunda alternativa»* – vide Ac. RC de 12.5.1998 in BMJ 447, pp. 571.

- A RESPONSABILIDADE DO RECORRIDO ___

A responsabilidade civil e contratual que gera a obrigação de indemnizar a recorrente por parte do recorrido, no caso *sub judice*, decorre dos n.º 2 do art. 762.º e ao n.º 1 do art. 763.º do Cód.Civil e dos arts. 798.º, 799.º e 790.º também do Código Civil, e **deriva do incumprimento do contrato**, pois as diligências que o IARN e o recorrido fizeram para restituir os ___ apartamentos à recorrida em 1979, descritas nos factos provados sob as alíneas J) e K) não foram suficientes para o cumprimento da obrigação prevista na alínea e) do contrato (Doc. n.º 1 da P.I.).

Isto é, deveriam tais entidades ter sido muito mais diligentes, e não o foram, sendo certo que ao recorrido competia alegar e provar ter feito tudo quanto estava ao seu alcance para cumprir a obrigação prevista na alínea e) do contrato em apreço – Doc. n.º 1 da P.I. e alínea B) dos factos provados.

De onde, errou de Direito o Mmo.Tribunal da Relação *a quo* ao não condenar o recorrido nos termos peticionados – à excepção do pedido constante da alínea e) do pedido da P.I., porque admite-se que a recorrente não alegou factualidade suficiente para que os Mmos. Tribunais *a quo* pudessem ter considerado os danos no seu bom nome comercial.

- A LEGITIMIDADE DA RECORRENTE FACE AO RECORRIDO

Embora seja questão que não colheu pronúncia por qualquer um dos Mmos. Tribunais *a quo*, não se diga que o facto provado sob a alínea L) prejudica no que quer que seja a relação jurídica entre a recorrente e o recorrido – **sob pena da mais grosseira violação do preceituado no art. 334.º do Código Civil** (Abuso de Direito), na modalidade de ***Venire Contra Factum Proprio***.

Isto porque a recorrida tinha e teve de facto o direito à exploração económica dos apartamentos em questão, sendo sempre encarada pelo recorrente como a única entidade com tal direito – até para os efeitos que se provaram sob as alíneas G), H), I), J), M), N), O), P) dos Factos Provados – e sendo notoriamente quem disponibilizou a sua utilização aos «Retornados» até ao dia de hoje!

Recorde-se ainda o facto provado sob a alínea a) dos Factos Provados:

«A – *A autora é uma sociedade que se dedica à exploração turística do conjunto denominado Apartamentos* ___;»

E, se dúvidas se colocassem neste domínio, por invocação de relações estabelecidas entre a recorrente e terceiros, essas sim não foram convenientemente articuladas e demonstradas nos presentes autos.

Razões pelas quais deve o douto Acórdão recorrido ser revogado e substituído.

Revogado porque – contra todas as concepções admissíveis de solução para o caso vertente e mesmo contra as expectativas do recorrido – consigna afinal uma **solução de irresponsabilização completa do «Estado Providência», a custo da esfera patrimonial da recorrente particular**...

De onde se impõe extrair as seguintes

CONCLUSÕES:

I. Deve ser admitida a junção dos documentos de fls. 808 a 822, por esta ter sido requerida em sede de Apelação, verificando-se o circunstancialismo previsto no art. 706.° n.° 1 do C.P.C., levando em conta que só a Sentença que veio a ser proferida em ___ pela 1.ª Instância tornou necessária a junção dos mesmos.

II. Ao contrário do que veio a considerar o Mmo. Tribunal *a quo*, dos factos provados sob as alíneas C), D), E) e F) e do teor dos os

Docs. n.º 3 e n.º 4 da P.I. nestes referidos resulta inequivocamente que **em 1979 verificou-se a rescisão do contrato que vigorava entre o recorrido e a recorrente, aludido na alínea B) dos mesmos factos provados**, o que ocorreu por vontade da recorrente e foi aceite pelo IARN.

III. Isto porque, **das declarações trocadas em 1979 resulta um perfeito e completo encontro de vontades e de declarações no sentido da rescisão do contrato** – por iniciativa da recorrente a qual foi aceite pelo IARN, nos termos das alíneas b) e e) do contrato respectivo [vide alínea A) dos factos provados e Doc. n.º 1 da P.I.].

IV. De onde, a relação jurídica que passou a existir entre a recorrente e o recorrido desde 1979 não se integra no contrato celebrado em 1977 [vide alínea A) dos factos provados e Doc. n.º 1 da P.I.].

V. **Foi, aliás, por a rescisão do contrato ter ocorrido em 1979 que o IARN iniciou, a partir dessa data, a desocupação dos apartamentos em causa**, como resulta dos factos provados sob a alínea K) e sob a alínea J) – <u>o que de outra forma não se compreenderia.</u>

VI. Falharam portanto o Tribunal de 1.ª Instância e Mmo. Tribunal da Relação *a quo* na apreciação desta questão ao considerarem que o contrato existente entre a recorrente e o recorrido vigorou até ___ .

VII. Porém, a desocupação dos bens imóveis não se verificou integralmente em 1979, por culpa do recorrido, uma vez que o IARN estava obrigada a entregar à recorrente os ___ apartamentos livres e o respectivo equipamento, no estado em que haviam sido entregues aos «Retornados» e não o fez.

VIII. Ou seja, o Estado Português, na pessoa do IARN, foi incapaz de restituir à recorrente a totalidade dos ___ apartamentos ocupados pelos «Retornados» na data da cessação do contrato de alojamento, em 1979, prolongando-se esta situação lesiva dos legítimos interesses patrimoniais da recorrente até, pelo menos, ___ .

IX. Tendo o IARN (e depois o recorrido) sido incapaz de restituir à recorrente mais do que o que vem descrito nas alíneas K) e J) dos Factos

Provados, até ao ano de ___, aquele incorreu perante a recorrente em incumprimento da cláusula e) do "contrato de alojamento" (Doc. n.º 1 da P.I.), à qual havia sido conferida uma eficácia *Post Pactum Finitum* e na correspondente obrigação de indemnizar, por força do disposto nos arts. 762.º n.º 2, 763.º, 798.º, 799.º e 790.º do Código Civil.

X. Foi, **aliás, por o recorrente ter assumido a existência evidente da sua obrigação de indemnizar que se explicam** os factos provados sob as alíneas H), M), N) e O) – **os quais de outra forma seriam absurdos**.

XI. Falharam o Tribunal de 1.ª Instância e Mmo. Tribunal da Relação *a quo* na apreciação desta questão ao considerarem que por terem sido prestados os valores mencionados na alínea G) dos factos provados, não há lugar a direito indemnizatório por parte da recorrente.

XII. Isto, porque os pagamentos referidos nas alíneas G) e **S)** dos Factos Provados não foram considerados liberatórios daquela obrigação de indemnizar, como se demonstra pelos factos descritos nas alíneas M), N), O), P), Q) dos Factos Provados e ainda pelos documentos de fls. 808 a 822.

XIII. Portanto, deverá o recorrente ser condenado a indemnizar a recorrida por todos os danos sofridos e os lucros cessantes, sem prejuízo do abatimento do valor referido na alínea G) dos Factos Provados.

XIV. Os danos sofridos pela recorrente e os lucros cessantes – no pagamento dos quais deverá o recorrente ser condenado – resultam da não restituição dos ___ apartamentos sitos em ___ livres e devolutos em 1979, da não restituição do equipamento disponibilizado e da falta de reparação dos mesmos apartamentos.

XV. Considerando os factos provados sob as alíneas H), K), J), M), N), O), Q) e R), tiveram ambos os Mmos.Tribunais *a quo*, neste factualidade provada, base fáctica suficiente para considerar que eram devidos à recorrente, pelo menos, Esc. 247.000.000$00, relativos à ocupação indevida dos apartamentos desde final de 1979 até ___ [alínea a) do pedido da P.I.]; pelo menos Esc. 588.420.000$00, relativos a juros de mora vencidos até ___ [alínea b) do pedido da P.I.]; pelo menos Esc. 845.130.000$00, relativos à ocupação indevida dos apartamentos desde ___ até ___ [alínea c) do pedido da P.I.]; e, pelo menos, Esc. 193.000.000$00, relativos às obras de restauro e substituição de equipamento dos apartamentos [alínea d) do pedido da P.I.].

XVI. Caso assim não se entenda, deveria o Mmo.Tribunal da Relação *a quo* ter lançado mão do disposto no art. 661.º n.º 2 do CPC (condenação em valor a liquidar) ou mesmo ordenar a descida dos autos novamente à 1.ª Instância para ampliação da Base Instrutória e produção de nova prova, ao abrigo do art. 712.º n.º 5 do CPC;

XVII. Pois, ainda que os Mmos.Tribunais *a quo* entendessem que careciam os autos de elementos suficientes para condenar o recorrido em montante determinado, impor-se-ia oficiosamente determinar a sua liquidação posterior (art. 661.º n.º 2 CPC), conforme consignado na melhor Jurisprudência deste Venerando Supremo Tribunal.

XVIII. Urge a revogação do douto Acórdão recorrido por, contra todas as concepções admissíveis de solução para o caso vertente e mesmo contra as expectativas do recorrido, consignar como solução final para o caso nos autos uma de irresponsabilização completa do «Estado Providência», a custo da esfera patrimonial de um particular, que é a recorrente.

Nestes termos, e nos demais de Direito do douto suprimento de Vossas Excelências Venerandos Juízes Conselheiros, no qual desde já se louva o recorrente, e independentemente do diferimento da questão prévia incidental exposta, deverá o douto Acórdão recorrido ser revogado e substituído por Decisão condenatória do recorrido nos valores peticionados, ou em montante a liquidar nos termos do art. 661.º n.º 2 do CPC, ou ainda ordenando a descida dos autos novamente à 1.ª Instância para ampliação da Base Instrutória e produção de nova prova sobre o valor dos danos a considerar na condenação, ao abrigo do art. 712.º n.º 5 do CPC , assim se fazendo a habitual e tão necessária **. . . JUSTIÇA!**

Junta: comprovativo da notificação do mandatário da parte contrária.

O ADVOGADO

XX. CONTRA ALEGAÇÕES DE RECURSO PARA O PLENO DA SECÇÃO DE CONTENCIOSO ADMINISTRATIVO DO SUPREMO TRIBUNAL ADMINISTRATIVO

Supremo Tribunal Administrativo
1.ª Secção
1.ª Subsecção
Rec. n.º ___

Contra Alegações de Direito que oferecem os recorridos ___, no Pleno da Secção de Contencioso Administrativo do Supremo Tribunal Administrativo

Venerandos Senhores Juízes Conselheiros,

É sem que lhe assista razão que o recorrente Gabinete de Sua Excelência o Ministro ___ se insurge contra o douto Acórdão proferido pela 1.ª Sub-Secção deste Venerando Supremo Tribunal.

No douto Acórdão recorrido, os Venerandos Juízes Conselheiros deste Supremo Tribunal consideraram, e muito bem, que o Estado Português <u>não poderia</u>, no caso dos autos, proceder à compensação de créditos por força do disposto no art. 853.º n.º 1 alínea c) do Código Civil.

Com efeito, e sem deixar dúvidas ou ressalvas quanto ao âmbito normativo da citada disposição, o mesmo art. 853.º n.º 1 alínea c) do Código Civil dispõe que:

«Não podem extinguir-se por compensação: (...) Os créditos do Estado ou de outras pessoas colectivas públicas, excepto quando a lei o autorize».

Ora, no caso vertente, <u>não existe lei especial que autorize o Estado a realizar a compensação que o recorrente pretende</u>.

Portanto, não se tratando de lacuna legal e estando o caso dos autos inteiramente a coberto do referido art. 853.º n.º 1 alínea c) do Código Civil, efectivamente o Estado Português <u>não poderia</u>, no caso dos autos, proceder à compensação de créditos.

A lei proíbe-o.

Todavia, num puro exercício académico, o ora recorrente defende que tal proibição não deve ser eficaz, pugnando por uma *interpretação restritiva* que retirasse o caso dos autos do âmbito de aplicação daquele art. 853.º n.º 1 alínea c) do Código Civil, alegando para isso que:

- os destinatários do art. 853.º n.º 1 alínea c) do Código Civil são apenas os particulares (!);
- a *ratio legis* do preceito é apenas a de «evitar a perturbação dos serviços de contabilidade do Estado» (!);
- a proibição prevista é estabelecida em benefício do Estado.

Ora, com a devida vénia e salvo o devido respeito pelo Gabinete de Sua Excelência o Ministro ___, <u>estes argumentos não são válidos nem suficientes para obliterar a proibição contida no citado art. 853.º n.º 1 alínea c) do Código Civil</u>.

Vejamos.

Antes de mais, para que a *interpretação restritiva* que o recorrente propõe pudesse operar-se, era necessário que a seu favor estivesse algum elemento literal da norma, pois, como dispõe o art. 9.º n.º 2 do mesmo Código Civil, acerca das regras de interpretação da lei:

«Não pode, porém, ser considerado pelo intérprete o pensamento

legislativo que não tenha na letra da lei um mínimo de correspondência verbal, ainda que imperfeitamente expresso».

E não existe na norma em questão qualquer elemento que permita realizar tal *interpretação restritiva*.

Bem pelo contrário, o que no art. 853.º n.º 1 alínea c) do Código Civil se dispõe, quando reza «(...) *excepto quando a lei o autorize»*, equivale a dizer que só podem extinguir-se por compensação os créditos do Estado quando uma lei especial o autorize (como é o caso v.g. de várias previsões normativas em sede de Direito Fiscal).

Ou seja, em suma, não pode interpretar-se o art. 853.º n.º 1 alínea c) do Código Civil por forma a que só os particulares não pudessem recorrer ao instituto jurídico da compensação face ao Estado, podendo livremente o Estado recorrer ao instituto jurídico da compensação face aos particulares!

Por outra via,
esquece o ora recorrente que há compensação quando duas pessoas sejam reciprocamente credor e devedor (art. 847.º n.º 1 do Código Civil).

Ora, se assim é, como pode o recorrente alegar que os destinatários do art. 853.º n.º 1 alínea c) do Código Civil são apenas os particulares?

Que sentido teria a proibição do art. 853.º n.º 1 alínea c) do Código Civil?

Lembre-se que, como dispõe o art. 9.º n.º 3 do Código Civil:

«Na fixação do sentido e alcance da lei, o intérprete presumirá que o legislador consagrou as soluções mais acertadas e soube exprimir o seu pensamento em termos adequados».

Ora, evidentemente, se o legislador tivesse querido estabelecer que só os particulares não pudessem recorrer ao instituto jurídico da compensação face ao Estado, podendo livremente o Estado recorrer ao instituto jurídico da compensação face aos particulares, nesse caso evidentemente tê-lo-ia consagrado mediante uma redacção (até bem simples) perfeitamente diferente da que se consagrou no art. 853.º n.º 1 alínea c) do Código Civil.

Portanto, como se demonstrou, carece completamente de razão o recorrido quando afirma que os destinatários do art. 853.º n.º 1 alínea c) do Código Civil são apenas os particulares, o que vai contra o sentido da norma, contra as mais elementares regras de interpretação da lei e até porque qualquer operação de compensação encerra em si mesma a interacção entre duas posições opostas de crédito e duas simultâneas posições opostas de débito.

Igualmente não é sério dizer-se – nem pode colher – que a *ratio legis* do preceito é apenas a de «evitar a perturbação dos serviços de contabilidade do Estado»(!)

Esta afirmação simplista e redutora – que reduz a pó o Direito Civil subjugando-o aos fins do Direito das Finanças Públicas... – não traduz de forma alguma a teleologia da norma em questão, nem as circunstâncias em que a mesma foi elaborada (occasio legis), nem muito menos a enquadra na unidade do sistema jurídico.

Serão, pelo contrário, razões muito mais abrangentes as que fizeram o legislador consagrar a proibição da compensação de créditos do Estado, deixando a possibilidade de a mesma ser autorizada mediante lei especial.

Entre elas estarão certamente as diferentes naturezas jurídicas dos créditos de Direito Público face aos créditos de Direito Privado,

bem como estarão certamente as diferentes competências materiais dos Foros Administrativo e Civil, para a averiguação judicial das características de cada um dos créditos que possam estar em consideração numa compensação.

De resto, no caso em apreço, bem se discute que o Estado tenha qualquer crédito sobre os recorridos – o que foi questão que este Venerando Supremo Tribunal não chegou a apreciar, em face da proibição contida no art. 853.º n.º 1 alínea c) do Código Civil.

Por último, não há qualquer razão que possa sustentar o entendimento de que a proibição prevista no art. 853.º n.º 1 alínea c) do Código Civil foi estabelecida em benefício do Estado – como alega o recorrente. Isso é algo que absolutamente fica por demonstrar.

Muito pelo contrário, terão sido razões de Segurança Jurídica e de zelo por uma harmoniosa unidade do sistema jurídico as que terão levado o legislador a preferir que os créditos do Estado e das pessoas colectivas públicas não possam extinguir-se pela simples manifestação de vontade de um dos credores-devedores.

Aliás, o entendimento de que a proibição prevista no art. 853.º n.º 1 alínea c) do Código Civil é efectiva e não comporta excepções para além das que forem consagradas em lei especial, há muito é pacífica no Venerando Supremo Tribunal de Justiça – vide, v.g. Ac. STJ de 19/5/1992, BMJ, n.º 417, pp. 718.

Portanto, deverá o presente recurso improceder *in totum*, mantendo-se incólume o douto Acórdão proferido pela 1.ª Sub-Secção deste Venerando Supremo Tribunal ora recorrido.

Finalmente – sem conceder e por mera cautela de patrocínio – se o presente recurso houvesse de ter provimento, nesse caso, deverá a presente Instância apreciar os demais fundamentos do recurso contencioso de anulação consubstanciado nestes autos, nomeadamente apreciando as seguintes questões:

(1) O Despacho administrativo posto em crise pelo recurso contencioso de anulação atribuiu o valor da indemnização definitiva que caberia aos requerentes, nos termos do n.º 4 do art. 8.º do D-L n.º 199/88 de 31.5 (com a redacção conferida pelo D-L n.º 38/95 de 14.2), acolhendo na íntegra a decisão anterior de Sua Excelência o Ministro ___, por Despacho datado de ___, onde o mesmo valor fora definitivamente fixado;

(2) Portanto, acolhendo os fundamentos exarados neste último citado Despacho de ___, igualmente o Despacho administrativo posto em crise pelo recurso contencioso de anulação configura a decisão definitiva de reconhecimento de um direito de crédito do Estado Português no valor de Esc.: ___, determinando, também definitivamente, a correspondente

compensação parcial da Indemnização Definitiva a atribuir à sociedade indemnizanda ___, pelo que produziu efeitos directos e lesivos na esfera jurídica dos requerentes. Porém,

(3) tal suposto direito de crédito no valor de Esc.___ por parte do Estado Português, considerado no Despacho administrativo posto em crise pelo recurso contencioso de anulação e no Despacho datado de ___ com base na informação n.º___ datada de ___ da Auditoria Jurídica do respectivo Ministério ___ – nos autos de fls. 85 a fls. 89 – , é inexistente.

(4) Como tal, a compensação parcial da Indemnização Definitiva a atribuir à sociedade ___ e calculada em Esc.___, no âmbito do processo administrativo que correu termos na Divisão de Infra-estruturas Rurais, Hidráulica, Engenharia Agrícola e Ambiente da Direcção Regional de Agricultura de ___, sob o n.º ___ de ___, com aquele valor de Esc.___, determinada e decidida pelo Despacho de ___ e acolhida no Despacho recorrido, não tem suporte legal à luz dos art. 847.º e segs. do Cód. Civil.

(5) De onde, o Despacho administrativo posto em crise pelo recurso contencioso de anulação padece do vício de violação da lei.

(6) Isto, porque o Instituto Público que, na qualidade de entidade ocupante do prédio rústico em questão ("Herdade ___"), realizou as benfeitorias que estariam na origem de tal falso direito de crédito por parte do Estado Português, entre ___ e ___, renunciou à propriedade e ao valor de todas as benfeitorias realizadas e a realizar, móveis ou imóveis na "Herdade ___", em favor da Sociedade Agrícola Pecuniária, reservatária e anterior proprietária da "Herdade ___", por contrato celebrado em ___ – nos termos da cláusula última do mencionado contrato junto à petição de recurso a fls.92 a 94.

(7) Tal contrato é válido e eficaz e foi efectivamente cumprido pelas partes contratantes quanto a todo o seu conteúdo, tanto mais que o Instituto Público em questão – ___, mais tarde sucedido pelo ___ – foi constituído nos termos do Dec-Lei n.º ___ de ___, gozando de personalidade jurídica e autonomia administrativa, e aquele contrato foi subscrito pelo seu Director e legal representante, tendo o respectivo documento dado entrada nos competentes serviços do Ministério ___ em ___.

(8) Assim, teve lugar a válida renúncia ao eventual direito de crédito em questão previsto no art. 1273.º n.º 2 do Cód. Civil, pelo que, nos termos do art. 853.º n.º 2 última parte do mesmo diploma, não podia o Despacho administrativo posto em crise pelo recurso contencioso de anulação determinar a compensação em causa.

(9) Portanto, o Despacho administrativo posto em crise pelo recurso contencioso de anulação errou de Direito, ao considerar válido um suposto crédito por benfeitorias pura e simplesmente inexistente e ao determinar uma compensação (parcial) em clara violação do mencionado art. 853.º n.º 2 do Cód. Civil.

(10) Pondo em causa não só o contrato celebrado em ___, mas também as legítimas expectativas geradas pelo mesmo, o Despacho administrativo posto em crise pelo recurso contencioso de anulação criou ainda o total descrédito nos actos da Administração Pública e, assim, violou também o disposto no art. 6.º-A do próprio Cód. Proc. Administrativo.

(11) Acresce que, ao considerar o valor dos investimentos realizados pelo ___ (mais tarde sucedido pelo ___) no total de Esc.___, como o valor do crédito do Estado Português pela perda das benfeitorias realizadas na "Herdade ___", o Despacho administrativo posto em crise pelo recurso contencioso de anulação violou também as disposições conjugadas dos arts. 1273.º n.º 2 e 473.º do Cód. Civil, por total desconsideração das regras do enriquecimento sem causa.

(12) Porquanto, para o cálculo do valor de tal eventual crédito do Estado Português pela perda das benfeitorias realizadas na "Herdade ___", à luz do citado art. 1273.º, deveria considerar-se apenas a medida do estrito enriquecimento por parte do beneficiário último das benfeitorias, avaliado no momento em que destas tomou posse – ___ – e nunca o valor dos gastos efectuados pelo anterior possuidor.

(13) Em acréscimo, para calcular o valor das benfeitorias em questão, para os efeitos previstos no n.º 2 do art. 1273.º do Cód. Civil, o Estado Português não destrinçou o que foram benfeitorias necessárias, úteis ou voluptuárias e não teve minimamente em conta a deterioração natural – e respectiva perda de valor – das benfeitorias realizadas, as quais, recorde-se, foram-no somente entre ___ e ___.

(14) De resto, as benfeitorias em questão foram destinadas à adaptação do prédio rústico ocupado para o exercício da actividade própria do ___, pelo que praticamente nada beneficiaram os requerentes ou a sociedade ___, tendo a respectiva amortização revertido ao longo do tempo da ocupação unicamente a favor daquele Instituto Público, que as utilizou e desgastou tornando o valor das mesmas irrisório.

(15) Também por este prisma, o Despacho administrativo posto em crise pelo recurso contencioso de anulação violou os preceitos dos arts. 1273.º n.º 2 e 473.º do Cód. Civil, demonstrando uma total arbi-

trariedade no cálculo das supostas benfeitorias, em total desrespeito dos princípios básicos da Justiça.

(16) Contudo, o Despacho administrativo posto em crise pelo recurso contencioso de anulação padece ainda de vários vícios de violação de lei, geradores da sua anulabilidade, decorrentes da violação de vários preceitos do Cód. Proc. Administrativo.

(17) Tanto porque, em primeiro lugar, o correcto cálculo do hipotético crédito por benfeitorias a ter em conta na pretendida compensação, como vimos, implicaria as diligências mínimas necessárias de instrução do processo, as quais, como se torna evidente, seriam a vistoria e a avaliação das benfeitorias na data da sua entrega à sociedade ___ ou, em alternativa, pelo menos a promoção de vistoria e avaliação possíveis daquelas benfeitorias na presente data.

(18) Logo, a não promoção destas diligências no âmbito do respectivo procedimento administrativo que deu origem ao Despacho administrativo posto em crise pelo recurso contencioso de anulação, importou a violação dos arts. 56.º e 87.º do Cód. Proc. Administrativo, por a Administração Pública não ter lançado mão a todos os meios de prova legais ao seu alcance para atingir a verdade material, no sentido da tomada de uma decisão justa.

(19) Por outro lado, ainda no âmbito do respectivo procedimento administrativo que deu origem ao Despacho administrativo posto em crise pelo recurso contencioso de anulação e para fixação do valor das benfeitorias em apreço, teria sido imprescindível promover-se a audiência dos interessados, aos quais, evidentemente, deveria ter sido facultado o direito ao contraditório e à designação de peritos pela sua parte. Pelo contrário, os interessados, neste caso concreto, não foram consultados e/ou ouvidos sobre a questão das benfeitorias em apreço colocada em termos do necessário pormenor, nem sequer foram alguma vez informados – até hoje – de que benfeitorias, em concreto, se tratam(!)

(20) Assim sendo, o Estado Português violou os arts. 6.º-A, 7.º, 8.º, 92.º, 94.º, 96.º, 100.º e segs do Cód. Proc. Administrativo.

(21) Por fim, a deficiente instrução do mesmo procedimento administrativo que deu origem ao Despacho administrativo posto em crise pelo recurso contencioso de anulação, o qual, baseando-se nos fundamentos do Despacho datado de ___, decidiu oficiosamente uma compensação parcial do valor da Indemnização Definitiva legalmente atribuído à sociedade indemnizanda, tudo com base em mera informação da Auditoria Jurídica do Ministério ___, sem o devido suporte objectivo, surge na esfera jurídica

dos requerentes como uma arbitrária e não fundamentada privação da quase totalidade da indemnização que lhes havia sido atribuída nos termos do D-L n.°199/88 de 31 de Maio, com a redacção conferida pelo D-L n.° 38/95 de 14 de Fevereiro, consubstanciando uma ilegítima e abusiva defesa dos interesses patrimoniais do Estado Português, assim violando o próprio art. 6.° do Cód. Proc. Administrativo.

(22) A este respeito, o Despacho administrativo posto em crise pelo recurso contencioso de anulação padece ainda de notória falta de fundamentação, por se socorrer da adopção de fundamentos insuficientes e que não esclarecem concretamente a motivação do acto, sobretudo quanto à quantificação do alegado crédito do Estado Português e privou os requerentes de toda e qualquer compreensibilidade do Despacho recorrido, portanto, o Despacho recorrido violou também o art. 125.°, n.° 1 e n.° 2 do Cód. Proc. Administrativo.

(23) Assim sendo, todo este procedimento que esteve na origem do Despacho administrativo posto em crise pelo recurso contencioso de anulação constituiu um modo inaceitável de excluir os requerentes da formação das decisões ou deliberações que lhes digam directamente respeito, em clara violação também do disposto no art. 267.° n.° 4 da própria Constituição da República Portuguesa.

(24) Por tantos e tais motivos e por todos os vícios de violação de lei acima enunciados, o Despacho administrativo posto em crise pelo recurso contencioso de anulação é **anulável**, nos termos do art. 135.° do Cód. Proc. Administrativo.

De onde se impõe extrair as seguintes...

CONCLUSÕES:

I. O douto Acórdão proferido pela 1.ª Sub-Secção deste Venerando Supremo Tribunal deverá manter-se na íntegra, por ter procedido à correcta aplicação do Direito ao caso vertente, nomeadamente por ter realizado uma correcta interpretação da norma contida no art. 853.° n.° 1 alínea c) do Código Civil.

II. Com efeito o art. 853.° n.° 1 alínea c) do Código Civil consagra a proibição de que os créditos do Estado e das pessoas colectivas públicas possam extinguir-se por compensação, apenas a admitindo se para tal existir uma lei especial (como é o caso v.g. de disposições legais em sede de Direito Fiscal).

III. Não pode colher a interpretação restritiva daquele preceito, segundo a qual a regra não se aplicaria quando a compensação fosse realizada por declaração do Estado, pois tal interpretação viola frontalmente a letra do art. 853.º n.º 1 alínea c) do Código Civil, quando reza «(...) *excepto quando a lei o autorize*». Este facto demonstra que o legislador previu o caso e dispôs que só podem extinguir-se por compensação os créditos do Estado quando uma lei especial o autorize.

IV. Portanto, é errado dizer-se que o Estado não é destinatário daquela norma, tanto mais que qualquer operação de compensação encerra em si mesma a interacção entre duas posições opostas de crédito e duas simultâneas posições opostas de débito.

V. É redutor e errado considerar que a *ratio legis* do mesmo art. 853.º n.º 1 alínea c) do Código Civil é apenas a de «evitar a perturbação dos serviços de contabilidade do Estado» (!), até porque não há o mínimo elemento indicador nesse sentido.

VI. Pelo contrário, num bosquejo pela teleologia da norma em questão encontram-se certamente as diferentes naturezas jurídicas dos créditos de Direito Público face aos créditos de Direito Privado, bem como as diferentes competências materiais dos Foros Administrativo e Civil, para a averiguação judicial das características de cada um dos créditos que possam estar em consideração numa compensação.

VII. Finalmente, não está demonstrado que a proibição prevista no art. 853.º n.º 1 alínea c) do Código Civil tenha sido estabelecida em benefício do Estado o que violaria o Princípio da Igualdade previsto no art. 13.º da Constituição da República Portuguesa, mas ainda que assim fosse, trata-se sempre de uma <u>norma geral e abstracta claramente aplicável ao caso vertente – por falta de uma lei especial em sentido contrário</u>.

VIII. Assim sendo deverá o presente recurso improceder *in totum*. Porém – sem conceder e por mera cautela de patrocínio – se o presente recurso houvesse de ter provimento, nesse caso, deverá a presente Instância apreciar os demais fundamentos do recurso contencioso de anulação consubstanciado nestes autos, provendo o mesmo a final.

Nestes termos,

e nos demais de Direito do douto suprimento de Vossas Excelências, Venerando Juizes Conselheiros, no qual desde já se louvam os recorrentes, deverá ser **confirmado** na íntegra o douto Acórdão proferido pela 1.ª Sub-Secção deste Venerando Supremo Tribunal, só assim se realizando a habitual e tão necessária ...
   ... JUSTIÇA!

O ADVOGADO